教育部　财政部中等职业学校教师素质提高计划成果
财政事务专业师资培训包开发项目(LBZD056)

乡镇社区财政事务

Xiangzhen Shequ Caizheng Shiwu

教育部　财政部　组编
金双华　主编
贺蕊莉　执行主编

中国财政经济出版社

图书在版编目（CIP）数据

乡镇社区财政事务/贺蕊莉主编．—北京：中国财政经济出版社，2011.8

教育部　财政部中等职业学校教师素质提高计划成果　财政事务专业师资培训包开发项目．LBZD056

ISBN 978－7－5095－3137－2

Ⅰ.①乡…　Ⅱ.①贺…　Ⅲ.①乡镇－财政管理－中国－中等专业学校－师资培训－教学参考资料 ②社区－财政管理－中国－中等专业学校－师资培训－教学参考资料　Ⅳ.①F812.8

中国版本图书馆 CIP 数据核字（2011）第 191418 号

责任编辑：张　军　　责任校对：胡永立

封面设计：陈　瑶　　版式设计：董生平

内容提要

本书是教育部和财政部“中等职业学校教师素质提高计划”中“财政事务专业师资培训包开发项目（LBZD056）”的成果之一，系针对财政事务专业中职学生目标就业的岗位——乡镇财政岗位、城市社区岗位中的财政相关事务岗位而撰写。全书共有5个模块、11个单元、40个任务，结构是依据财政职业岗位、财政事务岗位和岗位间逻辑关系安排。

本书可作为中等职业学校财政事务专业教师上岗层级、提高层级和骨干层级的培训指导用书。

中国财政经济出版社出版

URL：http：//www.cfeph.cn

E－mail：cfeph@cfeph.cn

社址：北京市海淀区阜成路甲 28 号　邮政编码：100142

营销中心电话：88190406　北京财经书店电话：64033436　84041336

北京富生印刷厂印刷　各地新华书店经销

787×1092 毫米　16 开　19 印张　452 000 字

2011 年 12 月第 1 版　2011 年 12 月北京第 1 次印刷

定价：45.00 元

ISBN 978－7－5095－3137－2/F·2658

（图书出现印装问题，本社负责调换）

质量投诉电话：88190744

教育部　财政部中等职业学校教师素质提高计划成果
系列丛书

财政事务专业师资培训包开发项目
(LBZD056)

项目牵头单位　东北财经大学
项 目 负 责 人　金双华

出版说明

根据2005年全国职业教育工作会议精神和《国务院关于大力发展职业教育的决定》（国发［2005］35号），教育部、财政部2006年12月印发了《关于实施中等职业学校教师素质提高计划的意见》（教职成［2006］13号），决定“十一五”期间中央财政投入5亿元用于实施中等职业学校师资队伍建设相关项目。其中，安排4 000万元，支持39个培训工作基础好、相关学科优势明显的全国重点建设职教师资培养培训基地牵头，联合有关高等学校、职业学校、行业企业，共同开发中等职业学校重点专业师资培训方案、课程和教材（以下简称“培训包项目”）。

经过四年多的努力，培训包项目取得了丰富成果。一是开发了中等职业学校70个专业的教师培训包，内容包括专业教师的教学能力标准、培训方案、专业核心课程教材、专业教学法教材和培训质量评价指标体系5方面成果。二是开发了中等职业学校校长资格培训、提高培训和高级研修3个校长培训包，内容包括校长岗位职责和能力标准、培训方案、培训教材、培训质量评价指标体系4方面成果。三是取得了7项职教师资公共基础研究成果，内容包括中等职业学校德育课教师、职业指导和心理健康教育教师培训方案、培训教材，教师培训项目体系、教师资格制度、教师培训教育类公共课程、职业教育教学法和现代教育技术、教师培训网站建设等课程教材、政策研究、制度设计和信息平台等。上述成果，共整理汇编出300多本正式出版物。

培训包项目的实施具有如下特点：一是系统设计框架。项目成果涵盖了从标准、方案到教材、评价的一整套内容，成果之间紧密衔接。同时，针对职教师资队伍建设的基础性问题，设计了专门的公共基础研究课题。二是坚持调研先行。项目承担单位进行了3 000多次调研，深度访谈2 000多次，发放问卷200多万份，调研范围覆盖了70多个行业和全国所有省（区、市），收集了大量翔实的一手数据和材料，为提高成果的科学性奠定了坚实基础。三是多方广泛参与。在39个项目牵头单位组织下，另有110多所国内外高等学校和科研机构、260多个行业企业、36个政府管理部门、277所职业院校参加了开发工作，参与研发人员2 100多人，形成了政府、学校、行业、企业和科研机构共同参与的研发模式。四是突出职教特色。项目成果打破学科体系，根据职业学校教学特点，结合产业发展实际，将行动导向、工作过程系统化、任务驱动等理念应用到项目开发中，体现了职教师资培训内容和方式方法的特殊性。五是研究实践并进。几年来，项目承担单位在职业学校进行了1 000多次成果试验。阶段性成果形成后，在中等职业学校专业骨干教师国家级培训、省级培训、企业实践等活动中先行试用，不断总结经验、修改完善，提高了项目成果的针对性、应用性。六是严格过程管理。两部成立了专家指导委员会和项目管理办公室，在项目实施过程中先后组织研讨、培训和推进会近30次，来自职业教育办学、研究和管理一线的数十位领导、专家和实践工作者对成果进行了严格把关，确保了项目开发的正确方向。

作为“十一五”期间教育部、财政部实施的中等职业学校教师素质提高计划的重要内容，培训包项目的实施及所取得的成果，对于进一步完善职业教育师资培养培训体系，推动职教师资培训工作的科学化、规范化具有基础性和开创性意义。这一系列成果，既是职教师资培养培训机构开展教师培训活动的专门教材，也是职业学校教师在职自学的重要读物，同时也将为各级职业教育管理部门加强和改进职教教师管理和培训工作提供有益借鉴。希望各级教育行政部门、职教师资培训机构和职业学校要充分利用好这些成果。

为了高质量完成项目开发任务，全体项目承担单位和项目开发人员付出了巨大努力，中等职业学校教师素质提高计划专家指导委员会、项目管理办公室及相关方面的专家和同志投入了大量心血，承担出版任务的11家出版社开展了富有成效的工作。在此，我们一并表示衷心的感谢！

编写委员会

2011年10月

前 言

在教育部领导的关怀下，在各位专家的精心指导下，东北财经大学财政事务项目组顺利地完成了本书——《乡镇社区财政事务》的编写工作。本书的编写过程，也是主、参编人员悉心学习的过程，是教学思维转变的一个过程，获益匪浅。本书传承于项目的前期调研结果，针对财政事务专业中职学生目标就业的岗位——乡镇财政岗位、城市社区岗位中的财政相关事务岗位（简称社区财政事务岗位，下同）而撰写，因此书的名称有别于传统财政教材的命名方法。从扩大教材内涵量和尽力拓展财政事务专业中职学生就业岗位的角度出发，本书在介绍乡镇财政事务的同时还介绍了街道财政事务，合称乡镇街道财政事务（参见图 1）。

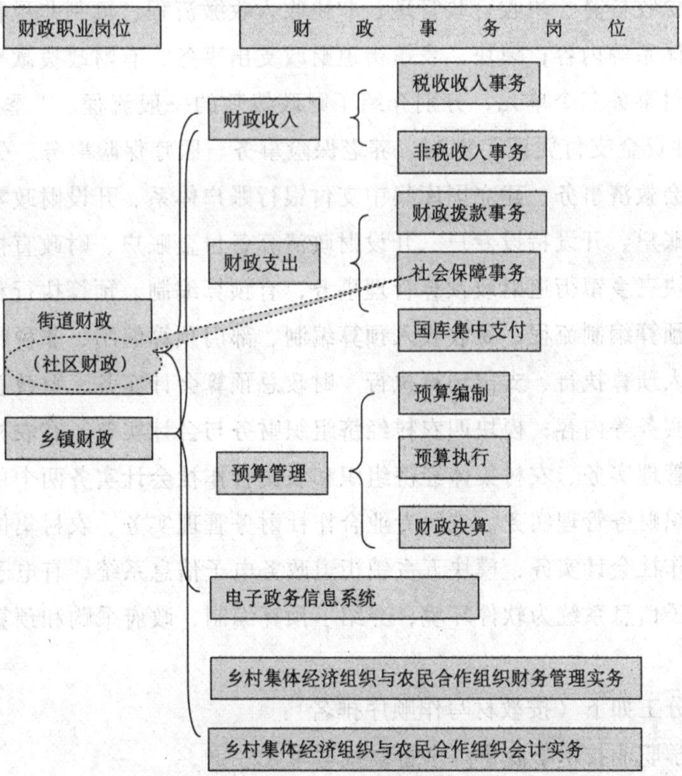

图 1　财政职业岗位与财政事务岗位关系示意图

财政是一项具有宏观性的事务，在我国，财政又有一定的保密性，因而许多人不是很了解这项工作，尤其是对于中职学生来说，财政往往是一个抽象而遥远的名词，感性认识不足。撰写本书的一个原则就是，尽量利用大量的图表和案例来说明原本比较抽象的问题，以增加读者的感性认识；尽量以生动的语言来增强教材的可读性，以启发中职教师思考如何去提高学生的学习兴趣。本书除针对中国传统的《财政学》教材中只讲为什么做不讲怎么做的弊端，以大量的财政工作实务作为写作切入点，从而弥补传统教材缺陷外，还具有如下特点：（1）纳入了最新的财政改革实践。本书吸纳了近年来的财政改革成果，如财政部代地方履行债务的管理与核算、国库集中支付制度改革、政府采购、政府收支分类科目改革、财政绩效评价以及非税收入预算编制，等等。（2）吸收了最新的财政理论研究成果。虽然本书是一本关于财政事务实务的教材，但仍然注重理论指导，以增强本书的实践支撑和理论比重。如政府公共管理理论、财政精细化管理理论、财政转移支付理论以及关于土地财政和社会保障方面的最新研究，都对完善本书写作有极大的帮助。（3）结构完整，内容翔实。本教材对教学内容进行了详略取舍，既立足于财政实践，又兼顾了学术传统的逻辑性，保证了教材结构的完整性，也充实了内容，便于中职教师学习和把握。

本书共有5个模块、11个单元、40个任务。全书结构是依据财政职业岗位、财政事务岗位和岗位间逻辑关系安排，财政职业岗位和财政事务岗位关系参见图1。模块一乡镇街道财政收入事务，有税收收入事务和非税收入事务两个单元，分别介绍了税款征收、税务检查、税收计算、税收核算、税收行政管理、非税收入收缴流程、填制非税收入收缴票据及建立非税收入账户体系等内容；模块二乡镇街道财政支出事务，有财政拨款事务、社会保障事务和国库集中支付事务三个单元，分别介绍了财政拨款的一般流程、“季度分月用款计划”的编制、“财政性资金支付凭证”填制、养老保险事务、医疗保险事务、失业保险事务、住房保障事务、社会救济事务、建立国库集中支付银行账户体系、开设财政零余额账户、开设预算单位零余额账户、开设特设专户、开设财政清算备付金账户、财政直接支付和财政授权支付等事务；模块三乡镇街道财政预算管理事务，有预算编制、预算执行和财政决算三个单元，分别介绍了预算编制流程、税收收入预算编制、部门预算编制、非税收入预算编制、预算执行程序、收入预算执行、支出预算执行、财政总预算会计实务、财政总决算、部门决算和财政绩效评价实务等内容；模块四农村经济组织财务与会计实务，有农村集体经济组织与农民合作社财务管理实务、农村集体经济组织和农民合作社会计实务两个单元，分别介绍了农村集体经济组织财务管理实务、农民专业合作社财务管理实务、农村集体经济组织会计实务和农民专业合作社会计实务；模块五乡镇街道政务电子信息系统，有电子信息系统一个单元，以兰贝斯电子信息系统为软件环境，介绍了预算编制、政府采购和预算执行的电子政务处理。

全书的写作分工如下（按教材写作顺序排名）：

东北财经大学职业技术学院讲师李智敏撰写单元一；

东北财经大学财政税务学院教授贺蕊莉撰写单元二，单元六的任务一、任务二和任务四，单元七的任务一、任务二和任务四，以及单元八；

福建省南平市武夷旅游商贸学校讲师曾佑方撰写单元三；

大连市金融职业技术中专助理讲师陈琳、高级讲师沈玲、助理讲师梁爽共同撰写单元四；

辽东学院经济学院讲师苑梅撰写单元五，单元六的任务三，单元七的任务三；

东北财经大学职业技术学院副教授王满亭撰写单元九；

大连市商业学校讲师陈广宇撰写单元十；

东北财经大学职业技术学院讲师尹聪春撰写单元十一，东北财经大学财政税务学院硕士研究生隋晓杰协助。

参加本书审稿的有：财政部行政政法司副司长张更华，哈尔滨商业大学王曙光教授，东南财经大学吴斌副教授，浙江省财政厅干部培训中心张亚平校长，河南省财政厅干部培训中心李正家副校长。全书由贺蕊莉总纂。在本书编写过程中，得到了职业教育专家石伟平、邓泽民、杨铭铎、冯晓、沈汉达、张扬莉、卜军、王奕俊、师惠丽的耐心细致的指导，在此表示深深的谢意！本项目和本教材的写作也得到了教育部领导的关心、东北财经大学职业技术学院领导的大力支持，在此表示衷心的感谢！

由于时间仓促，书中难免存在诸多问题与不足，恳请专家与读者谅解！

编　者

2011 年 6 月 20 日

目 录

模块一
财政收入事务

单元一　税收收入事务

学习目标：

取得税收收入是财政收入的起始环节，也是获得财政分配对象的重要步骤。通过本单元的学习，需要掌握如下内容：

1. 税款征收。了解税款征收的流程和征收方式等。

2. 税务稽查。学习如何进行税务检查，了解税务检查的内容及税务检查的方法等。

3. 税收计算。学习流转税、所得税、财产税等主要税种的计算方法，满足税款征收和税务检查工作需要。

4. 税收核算。学习税收会计的税务核算方法、会计科目的设置与运用。

5. 税收行政管理。了解乡镇街道财政机构的主要工作岗位职责及工作流程，了解基层税务所的税收行政管理工作情况。

税收收入是财政分配的起点，也是财政事务中重要的不可或缺的工作内容，通过本单元的学习，要求学员将税收知识与税收事务实践联系起来，能够胜任税收管理工作。

【案例】 云海市西城区光明路税务所是一基层税务所，承担辖区内的基层税收管理事务。该所的税款征收、税务检查、税收计算、税收核算和税收行政管理事务如下。

任务一　税款征收

1.1.1　任务描述

税款征收是税务机关依据法律、行政法规确定的标准和范围，将纳税人依法向国家缴纳的税款及时足额组织入库的一系列活动的总称。

税款征收是税收征管活动的中心环节，也是纳税人履行纳税义务的体现。依据不同的划分标准，税款征收的方式不同，但不论采用何种税款征收方式，都要按照特定的征收工作流程进行。

1.1.2 任务分析

进行税款征收，首先要确定税款征收的方式及适用对象，这是本任务学习的重点。在确定了征收方式的前提下，应确定采用何种程序征收税款。税款征收的工作流程，包括一般申报税款、查补税款、预缴税款的工作流程；延期缴纳税款；催缴管理；滞纳金加收；税款追征；多缴税款和税款退还等事务的处理。鉴于中职教师财政事务特点和教材篇幅问题，在此仅介绍税款征收的基本工作流程，不涉及税款征收中的具体事务。

1.1.3 相关知识

1.1.3.1 税款征收主要方式及适用对象

税款征收方式是指税务机关对纳税人应纳的税款从计算核定到征收入库所采取的具体征税方式或方法。税款征收的方式按不同的标准分类主要有：

（1）针对应纳税额的确定方式而言，可划分为查账征收、核定征收、查验征收和定期定额征收。查账征收是纳税人根据税法规定自行计算应纳税款并向税务机关申报，经税务机关审查核实后填写“税收缴款书”，纳税人持税收缴款书向国库经收处缴纳税款的一种征收方法。适用于财务制度健全、核算严格规范，能够如实核算和提供生产经营情况，正确计算应纳税款的纳税人。现阶段我国对大多数纳税企业都采用这种征收方法。

核定征收是税务机关根据纳税人的从业人数、生产设备、耗用原材料、经营成本等因素，查实核定其在正常生产经营条件下应税产品的产量、销售额，据以计算纳税期内的应纳税额，分期征收税款，期末进行结算。如实际生产量超过查定产量时，由纳税人报请补征；实际产量不及查定产量时，可由纳税人报请重新核定。查定征收的关键是核实产量，税务机关应根据纳税人的生产规模、技术水平、耗能多少、进货数量和销路大小等实际情况及以稽查核实，并以产量为基础查定销售额。查定征收通常以一个月为期限，应纳税额可以采取由税务机关填写“税收缴款书”，由纳税人向国库经收处缴纳，或由税务机关直接收取现金开具“税收完税凭证”的形式缴纳。这种方式适用于生产经营规模小、产品零星、税源分散或会计核算不健全的纳税人。

查验征收是指税务机关对纳税人应纳税商品，通过查验数量，按照市场一般销售单价计算其收入并据以征收税款的一种方式。这种方式适用于对零星分散、流动性大的税源，如城乡集贸市场的临时经营和机场、码头等场外经销商品的税款征收。

定期定额征收是指税务机关根据纳税人自报及有关单位评议情况，核定其一定时期应税收入及应纳税额并分月征收的一种方式。这种方式适用于对生产经营规模较小、营业额和所得额不能准确计算的小型工商业户的税款征收。若纳税人在定期内生产经营情况发生较大变化，应税收入超过或低于其原定数额 20% 时，应及时向税务机关申报调整；税务机关应在规定时间内予以核定。

（2）从税款的收缴方式或收缴人方面，可划分为直接征收、代收代缴、代扣抵缴和委托代征方式。

直接征收是指税务机关向纳税人征收应纳税额。

代收代缴是指依照税法规定，负有代收代缴税款义务的单位和个人，在向纳税人收取款项的同时，依法收取纳税人应纳税款并按照规定的期限和缴库办法申报解缴的一种方式。这种方式的适用范围仅限于税法中明确规定的情形。

代扣代缴是指按照税法规定，负有代扣代缴税款义务的单位和个人，在向纳税人支付款项时，依法从支付款额中扣收纳税人应纳的税款并按照规定的期限和缴库办法申报解缴的一种方式。代扣代缴方式一般适用于税源零星分散、不易控管的纳税人。实际操作中，它的适用范围仅限于税法中明确规定的情形。

委托代征是指税务机关委托某些单位或个人，代其向纳税人征收税款的一种方式。《税收征管法实施细则》规定："税务机关根据有利于税收控管和方便纳税的原则，可以按照国家有关规定委托单位和人员代征零星分散和异地缴纳的税收，并发给委托代征证书。受托单位和人员按照代征证书的要求，以税务机关的名义依法征收税款，纳税人不得拒绝；纳税人拒绝的，受托代征单位和人员应当及时报告税务机关。"委托代征方式主要适用于零星、分散和流动性较大的税款征收。

（3）按税款缴库方式，可划分为一般转账缴款（包括网络划税）、支票缴税、现金缴税和信用卡缴税方式。税款缴纳方式的确定为纳税人在办理设立税务登记时，填报"税种登记表"，提出选择的方式，由主管税务机关确认核准。

1.1.3.2 税款征收的基本工作流程

税款征收的基本工作流程分为一般申报税款、查补税款、预收缴税款、评估税款申报和资料归档等程序，各地在具体操作上可能会略有不同，下面以国家税务局西城区光明税务所为例说明基本工作程序。

（1）申报税款的一般程序。纳税方式不同，适用的申报程序也不同。目前我国纳税申报的方式主要有二，一是网上申报，二是直接上门申报。在城市以网上申报为主，在乡镇财政仍然直接上门申报，尤其在不发达地区。此外，逾期申报还有特别处理程序。

①直接上门申报。直接上门申报的纳税人在办结纳税申报后，由申报征收窗口打印"中华人民共和国税收通用缴款书"（见表1－1），加盖"征税专用章"，由纳税人到其开户银行自行缴纳；由申报征收窗口收缴现金的，打印"中华人民共和国税收通用完税证"（见表1－2）。

表1－1和表1－2均为三联式表格，各联次的使用如下：

第一联（存根联）税务机关留存作税收会计凭证；

第二联（收据联）交纳税人作完税凭证；

第三联（报查联）定期上报县级税务机关备查。

②网上申报。网上申报又称数据电文申报，采用数据电文申报的纳税人在网上申报成功后，必须在规定的税款缴纳期限内执行"网上划税"。依据系统的提示确认划税是否成功，如果未成功要及时告知主管税务机关或相关网络服务公司，妥善处理。

表 1 – 1　　中华人民共和国税收通用缴款书　　№ 0000000　国

（**）国缴

隶属关系：

注册类型：　　填发日期：　年　月　日　　征收机关：西城区国家税务局光明路税务所

缴款单位	代　码	纳税人识别码	预算科目	编码	
	全　称	必须填写全称		名称	
	开户银行			级次	
	账　号		收款国库		45 西城支库
税款所属时期　年　月　日			税款限缴日期　年　月　日		

品目名称	课税数量	计税金额或销售收入	税率或单位税额	已缴或扣除额	亿	千	百	十	万	千	百	十	元	角	分
		必须填写	必须填写												
金额合计（大写）　亿　千　百　十　万　千　百　十　元　角　分															

缴款单位（人） （盖章） 经办人（章）	税务机关 （盖章） 经办人（章）	上列款项已核收记入收款单位账户 国库（银行）盖章　年　月　日	备注：

表 1 – 2　　税收通用完税凭证　　国完字　0000000

注册类型：　　填发日期：　年　月　日　　征收机关：

纳税人代码				地　址		
纳税人名称				税款所属时期		年　月　日
税　种	品目名称	课税数量	计税金额或销售收入	税率或单位税额	已缴或扣除额	实缴金额
金额合计	（大写）					
税务机关 （盖章）		委托代征单位 （盖章）		填票人（章）	备注	

采用数据电文申报的纳税人，收到办理网络（电话）申报缴税的银行打印的“税收完税证”后，进行单位的账务处理。只有加盖银行转讫章和国库经收处印章方可作为纳税人网络（电话）申报缴税的完税依据。

③逾期申报处理。对逾期申报的纳税人，申报征收窗口对其逾期申报行为进行处理（罚），征收税款，加征滞纳金，或加处罚款。

（2）查补税款程序。查补税款有征收局查补税款和稽查局查补税款之分。

①征收局查补税款。

a. 纳税人申报。纳税人持“税务处理（处罚）决定书”到主管税务机关的申报征收窗口申报缴纳查补税款；

b. 税务机关受理。申报征收窗口受理纳税人申请，依据“税务处理（处罚）决定书”的处理（处罚）决定，开具“中华人民共和国通用税收缴款书”（税款、滞纳金、罚款），由纳税人到开户银行自行缴款，或打印“中华人民共和国税收通用完税证”，收缴现金（罚款除外）。

②稽查局查补税款。

a. 纳税人申报。纳税人持“税务处理（处罚）决定书”到稽查局综合业务部门申报。

b. 税务机关受理。稽查局综合业务部门依据“税务处理（处罚）决定书”的处理（处罚）决定，开具“中华人民共和国通用税收缴款书”，并说明税款、滞纳金、罚款等事由，由纳税人到开户银行，自行缴款。

（3）预收（缴）税款。纳税人需要预缴税款时，要填报相关文书，向主管税务机关申请预缴税款。

申报征收窗口受理纳税人预缴税款的申报申请，审核有关资料，打印“中华人民共和国税收通用缴款书”，加盖“征税专用章”，由纳税人到其开户银行自行缴纳；或者是打印“中华人民共和国税收通用完税证”，收缴现金。

（4）评估税款申报。对纳税评估中发现的计算和填写错误、政策和程序理解偏差等一般性问题，或存在的疑点问题经约谈、举证、调查核实等程序认定事实清楚，不具有偷税等违法嫌疑，无需立案查处的，且纳税人愿意自行改正的，应按补缴税款所属月份填报“纳税申报表”，补缴税款及滞纳金。

企业所得税评估税款入库工作比较复杂。对纳税人愿意自行改正的，按补缴税款所属年度填报“企业所得税年度纳税申报表”，补缴税款及滞纳金。所得税不对当年进行评估，主要涉及以前年度税款和上年度税款问题。

①以前年度属期税款。对于以前年度（上上年度）属期税款，通过税款征收岗的税票录入模块开票，在录入界面，“税款所属期”填写评估税款的所属期（按年填写）；“缴款期限”填写年度所得税的缴款期限；“税票种类”选择“通用缴款书”；选择“开具纸制税票”；“征收项目”选择“企业所得税”；“税款属性”选择“评估部门查补罚没”；“应征凭证种类”选择“企业所得税年度申报表”；录入“实缴税额”；录入“印刷税票号码”；其他信息，系统自动带出、保存后开票。

滞纳金的加收，通过加收滞纳金模块进行征收，在录入界面、录入纳税识别号，录入计算区间滞纳（税款的发生日期），在查询中录入“实收滞纳金额”，加收滞纳金。

②上年度属期税款。通过所得税申报中“2×××年企业所得税年度申报表（补充申报）/非居民企业所得税年度申报表（补充申报）”进行数据采集。在申报界面，“所属时期起止”填写评估税款的所属期（按年填写），“补充申报类型”选择“纳税评估补申报”，保存后开票，包括正税和滞纳金。

对其他税款征收申报征收窗口视情况处理。

最后资料由申报征收窗口收集整理，转档案管理部门归档。

1.1.4 技能训练

下面以云海市西城区光明路税务所核定征收所得税为例介绍具体操作税款征收的过程。

（1）税源管理部门按规定选择拟核定征收户。税源管理部门每年五月底前对需要核定征收企业所得税的纳税人进行调查研究，向纳税人送达“企业所得税核定征收鉴定表”（见表1－3），及时完成对其核定征收企业所得税的鉴定工作。

纳税人应在收到“企业所得税核定征收鉴定表”后10个工作日内，填好该表并报送主管税务机关。“企业所得税核定征收鉴定表”的一联要送达纳税人执行，其他联主管税务机关留存。

税源管理部门应在受理“企业所得税核定征收鉴定表”后20个工作日内，分类逐户审查核实，提出鉴定意见。向“核定征收企业所得税评定组”提交调查报告，经部门负责人签署意见后将相关资料转综合业务部门。

（2）审核与评定。综合业务科接到税源管理部门的资料后，在15个工作日内对调查报告进行复核，主要审核纳税人是否适用《关于印发〈企业所得税核定征收办法（试行）〉的通知》的规定。确定纳税人的企业所得税征收方式，并报本局核定征收所得税评定组审批。

综合科审核要点为：纳税人的财务核算情况；是否符合核定征收条件；核定征收方式是否正确。

各局“核定征收企业所得税评定组”在收到“企业所得税核定征收鉴定表”后10个工作日内，完成审批、认定工作。

（3）文书送达。经批准的所得税核定户，综合业务科于5个工作日内将批准材料转税源管理部门。税源管理科于5个工作日内向纳税人下达“文书领取单”和“企业所得税核定征收鉴定表”（见表1－3）。

表1－3　　企业所得税核定征收鉴定表

纳税人编码：　　鉴定期：　　年度　　金额单位：元

申报单位			
地　址			
经济性质		行业类别	
开户银行		账　号	
邮政编码		联系电话	
上年收入总额		上年成本费用额	
上年注册资本		上年原材料耗费量（额）	
上年职工人数		上年燃料、动力耗费量（额）	
上年固定资产原值		上年商品销售量（额）	
上年所得税额		上年征收方式	

行次	项　目	纳税人自报情况	主管税务机关审核意见
1	账簿设置情况		
2	收入核算情况		
3	成本费用核算情况		
4	纳税申报情况		
5	履行纳税义务情况		
6	其他情况		

纳税人对征收方式的意见： 经办人签章：　（公章） 年　月　日	主管税务机关意见： 经办人签章：　（公章） 年　月　日
县级税务机关审核意见 经办人签章：　（公章） 年　月　日	

1.1.5 完成任务

通过上述操作，税务部门完成了对核定征收的纳税人的所得税征收管理过程。在税款征收前，税务部门要严格按照规定，确定纳税人的征收方式，防止税款流失。在税款征收的过程中，遵守税款的征收流程，特别是增值税和所得税税款的评估入库，保证国家的财政收入。

1.1.6 教研交流

（1）税务机关在什么情况下有权核定定期应纳税额？

（2）根据本专业特点，学生更多地接触到的是个体工商户的税款征收。个体工商户的税款征收方式分为上门申报税款征收方式、简并征期征收方式、个体双定户税银网络划税征收方式和委托代征征收方式。请根据下面的税款征收流程图（图 1－1 至图 1－3），判断是哪种征收方式并简述其流程。

流程一

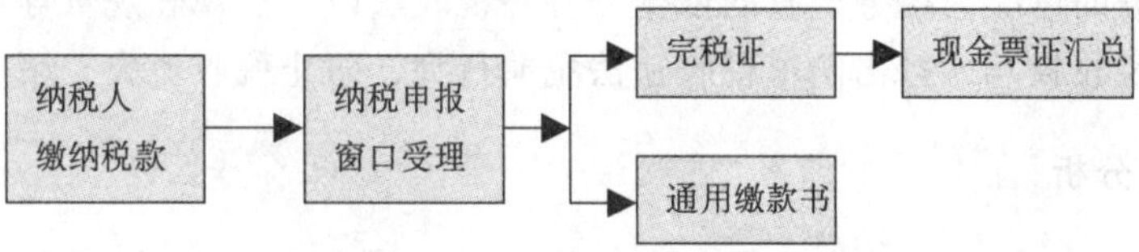

图 1－1　税款征收流程 1

流程二

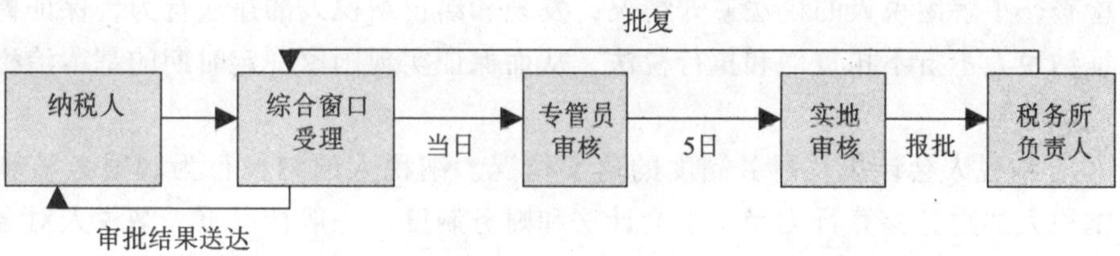

图 1－2　税款征收流程 2

流程三

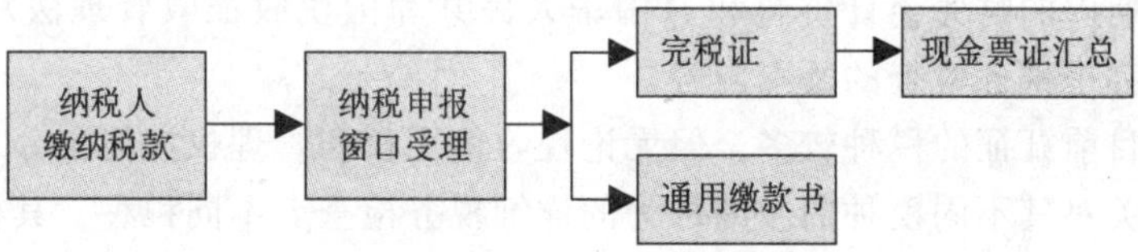

图 1－3　税款征收流程 3

（3）采取哪些教学法设计本任务授课更好？

任务二 税务检查

1.2.1 任务描述

税务检查，又称税务稽查，是税收管理的重要环节，是对税收日常征收管理工作的重要补充，是国家监督管理的重要组成部分。税务检查是税务机关依照国家税收法律及其他经济法规的有关规定，对纳税人或扣缴义务人履行纳税义务或扣缴义务的情况进行审查、监督的经济管理活动。

税务检查的主体是国家机关，我国目前的具体执法主体是各级税务机关设立的税务稽查机构和征收机构，前者负责专案检查，后者负责日常检查。税务检查的对象是税收法律规定的纳税人、扣缴义务人。税务检查的客体是纳税人、扣缴义务人履行纳税义务或者代扣代缴、代收代缴义务的情况。税务检查的依据是各种税收法律、法规和规章等。税务检查的目的是保障国家的税收权益，打击防范税收违法犯罪行为，防止税收流失、堵塞漏洞。

1.2.2 任务分析

税务检查的内容即税务检查的客体，主要有纳税人税收法律规定的执行情况、纳税人会计法及财务制度的落实情况，以及纳税人的财务资料及与纳税相关的财产实物。

（1）检查纳税人税收法律规定的执行情况。税务检查的主要工作目的和工作内容就是通过税务检查，了解纳税人的税法遵守情况，发现和纠正纳税人的违法行为，保证税法的严肃性，保证纳税人不折不扣贯彻和执行税法，从而保证实现国家一定时期的基本治税方针和目标。

（2）检查纳税人会计法及财务制度的落实情况。纳税人的纳税行为和财务核算行为紧密相连，纳税人的财务核算行为受制于会计法和财务制度。一般情况下，纳税人对会计法和财务制度的落实情况直接影响其纳税的质量。为保证实现税收目标，税务检查中，在检查纳税人税法执行情况的同时还必须检查纳税人对会计法和财务制度的执行落实情况。

（3）检查纳税人的财务资料和与纳税相关的财产实物。税务检查中无论面对什么样的检查对象，检查期内的财务会计资料和《中华人民共和国税收征收管理法》允许检查的纳税人的财产实物都是税务检查的基本内容。

此外，我国目前开征的税种较多，但无论税收使用权和管理权如何划分，纳税人都必须接受不同税务机关对其不同税种的缴纳行为的详细税务检查。不同税种，其检查的内容和方法有所不同。

为达到维护税收运行秩序、打击防范税收违法犯罪行为的目的，本任务主要学习如何进行税务检查，即税务检查的程序，这就需要了解税务检查的内容，如具体内容和基本内容，及税务检查的方法，如全查法和抽查法等。

1.2.3 相关知识

1.2.3.1 税务检查的基本方法

税务检查的方法有很多，按不同的标准，可对税务检查的方法作不同的分类。

(1) 根据税务检查中检查财务会计资料的范围，可以将税务检查的基本方法分为全查法和抽查法。

全查法是指税务机关对纳税人进行税务检查时，对其被检查期内的全部会计内容资料进行检查，进而发现有关纳税问题的一种方法。由于全查法检查的内容全面，因而，全查法的检查效果比较好。但采用全查法进行税收检查需要投入较多的人力物力，税务检查的成本较高。全查法一般适用于检查财务制度不健全、纳税态度不端正、纳税行为不守法的纳税人。

抽查法是指税务机关对纳税人进行税务检查时，抽取其被检查期内的部分会计资料予以检查，进而发现有关纳税问题的一种方法。由于采用抽查法实施检查时，被检查的会计资料有限，因此，与其他方法相比，抽查法具有检查时间短、检查成本低的特点。抽查法适用于检查财务制度健全、守法纳税的纳税人。

(2) 根据税务检查中检查会计资料的顺序可以将税务检查的基本方法分为顺查法和逆查法。顺查法是指税务机关对纳税人进行税务检查时，顺着会计核算的程序检查会计资料，即先检查会计凭证，再检查会计账簿，最后检查会计报表的检查方法。采用顺查法检查纳税人的纳税资料可以从会计核算的起源上，根据会计核算的逻辑关系逐步发现问题，检查效果好。但是这种方法的检查成本较高，一般适用于检查经营规模小、财务核算混乱的纳税人。

逆查法是指税务机关对纳税人进行税务检查时，逆着会计核算的程序检查会计资料，即先检查会计报表，再检查会计账簿，最后检查会计凭证的方法。采用逆查法检查纳税人的纳税资料，可以利用财务资料之间的钩稽关系，在较短的时间内发现问题。这种方法在实践中被广泛使用。

(3) 根据税务机关税务检查中被选定的检查资料可以将税务检查方法分为联系查法和侧面查法。

联系查法是指税务机关对纳税人进行税务检查时，以纳税人的财务会计资料为检查对象，利用财务资料之间的勾稽关系发现纳税人的有关纳税问题。

侧面查法是指税务机关在税务检查中，对纳税人财务资料以外的相关情况和资料进行检查分析，从而发现问题的一种方法。

1.2.3.2 税务检查的程序

按照实际工作，税务检查的程序分为检查选案、检查实施、检查审理、检查执行四个环节，如图 1-4 所示。

(1) 检查选案。检查选案是指根据日常稽查、专项稽查、专案稽查的要求，利用税务管理信息系统及其他信息资源确定选案指标、待稽查项目及待稽查纳税人、扣缴义务人，建立和管理案源，向稽查实施环节下达稽查任务，并及时处理转办案件的过程，检查选案的过程如图 1-5 所示。

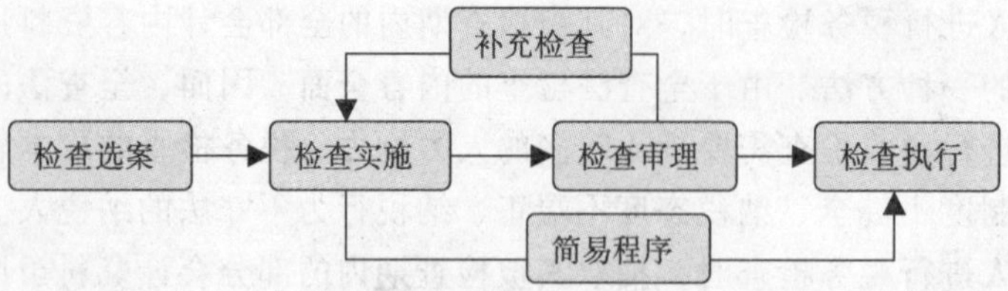

图 1－4 税务检查流程图

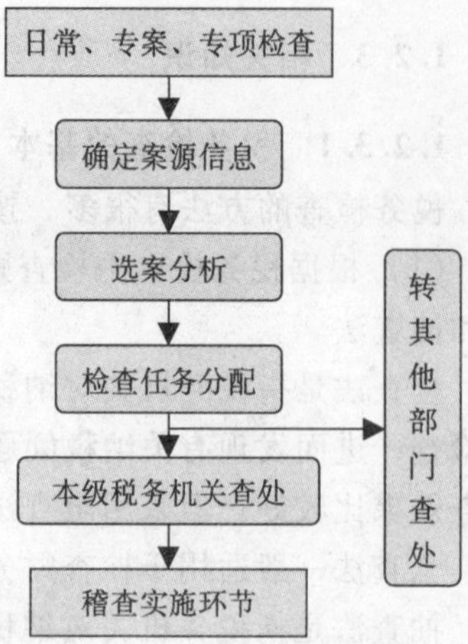

图 1－5 检查选案流程图

（2）检查实施。检查实施是税务检查的核心环节，是税务机关对已确定的检查对象履行纳税义务、扣缴义务情况依法进行税务检查的过程，是检查结果定性、审理和处理的依据，包括检查准备、实施检查和检查实施终结。

①检查实施准备。检查实施准备阶段主要工作有分解落实任务、确定检查人员、案头审计确定检查要点、下达“税务检查通知书”等。

②检查实施过程。检查实施阶段主要工作为调账检查、实地检查和调取银行账户。

第一，调取账簿资料。调取账簿资料是指税务机关在对纳税人、扣缴义务人进行检查时，采用将纳税人、扣缴义务人的有关纳税资料调回税务机关检查的检查形式。《中华人民共和国税收征收管理法实施细则》第八十六条规定，税务机关行使《税收征管法》第五十四条第（一）项职权时，可以在纳税人、扣缴义务人的业务场所进行；必要时，经县以上税务局（分局）局长批准，可以将纳税人、扣缴义务人以前会计年度的账簿、记账凭证、报表和其他有关资料调回税务机关检查，但是税务机关必须向纳税人、扣缴义务人开付清单，并在 3 个月内完整退还；有特殊情况的，经设区的市、自治州以上税务局局长批准，税务机关可以将纳税人、扣缴义务人当年的账簿、记账凭证、报表和其他有关资料调回检查，但是税务机关必须在 30 日内退还。

第二，调取检查对象电脑资料。调取检查对象电脑资料是调取账簿资料一种方式，是指税务机关在对纳税人、扣缴义务人进行检查时，采用将纳税人、扣缴义务人的有关电脑资料调回税务机关检查的检查形式。

《中华人民共和国行政处罚法》第三十七条规定：行政机关在收集证据时，可以采取抽样取证的方法；在证据可能灭失或者以后难以取得的情况下，经行政机关负责人批准，可以先行登记保存，并应当在七日内及时作出处理决定，在此期间，当事人或者有关人员不得销毁或者转移证据。执法人员与当事人有直接利害关系的，应当回避。需注意的是：封装时将带有检查对象电脑资料的 U 盘、光盘或者其他存储设备装入信封并用封条封牢，在封口处盖上检查对象公章，在信封背面写明该电子数据的出处、提取人和证明人以及提取日期。只有在检查对象人员在场的情况下才可以打开装有电子数据的信封。在调账检查或实地检查中，根据需要需补充立案的，制作“立案审批表”立案。

第三，查询银行账户。查询银行账户是指税务机关对纳税人、扣缴义务人的存款账户或案件涉嫌人员的储蓄存款进行查核的检查形式。

《中华人民共和国税收征收管理法》第五十四条规定，经县以上税务局（分局）局长批准，凭全国统一格式的检查存款账户许可证明，查询从事生产、经营的纳税人、扣缴义务人在银行或者其他金融机构的存款账户。税务机关在调查税收违法案件时，经设区的市、自治州以上税务局（分局）局长批准，可以查询案件涉嫌人员的储蓄存款。税务机关查询所获得的资料，不得用于税收以外的用途。

（3）检查实施终结。《税务稽查工作规程》第三十三条、第三十四条规定，对经立案查处的案件，检查完毕，应制作“税务稽查报告”连同“税务稽查工作底稿”及其他证据，提交审理部门审理。

（4）检查审理。检查审理是指税务机关对其立案查处的各类税务违法案件在实施稽查完毕的基础上，由审理部门核准案件事实、审查鉴别证据、分析认定案件性质的过程，包括案件审理准备、案件审理和处理决定等。检查审理中需要注意如下问题：

①审理时间。基层局审理部门一般在10日内将接到的案件审理完毕；对属于基层局审理委员会审理的案件，应在基层局审理部门上报到基层局审理委员会后10日内审理完毕；市局审理委员会接到基层局上报的案件，应当在30日内审理完毕。

②审理权限。基层局审理委员会审理权限为：根据《××市国家税务局重大违法案件专报办法》，凡接案后5日内需要上报市局法规处的案件，都需要由基层局审理委员会审理；基层局认为需要审理委员会审理的案件。基层局审理部门审理权限为除应由市局审理或本局审理委员会审理以外的其他经立案查处的案件。

（5）检查执行。检查执行是将发生法律效力的税务处理决定付诸实施，是使税法得以真正实施的重要环节，包括执行任务接收、文书送达、纳税人申报、受理纳税人申报、税收保全措施、税收强制执行、执行终结等。在这一过程中，需要注意的问题有：

①税务机关可以采取的税收保全措施有二：一是书面通知纳税人开户银行或者其他金融机构冻结纳税人的金额相当于应纳税款的存款；二是扣押、查封纳税人的价值相当于应纳税款的商品、货物或者其他财产。

②纳税人在前款规定的限期内缴纳税款的，税务机关必须立即解除税收保全措施；限期期满仍未缴纳税款的，经县以上税务局（分局）局长批准，税务机关可以书面通知纳税人开户银行或者其他金融机构从其冻结的存款中扣缴税款，或者依法拍卖或者变卖所扣押、查封的商品、货物或者其他财产，以拍卖或者变卖所得抵缴税款。

③个人及其所扶养家属维持生活必需的住房和用品，不在税收保全措施的范围之内。

④税务机关可以采取的强制执行措施有：书面通知其开户银行或者其他金融机构从其存款中扣缴税款；扣押、查封、依法拍卖或者变卖其价值相当于应纳税款的商品、货物或者其他财产，以拍卖或者变卖所得抵缴税款。

⑤税务机关采取强制执行措施时，对前款所列纳税人、扣缴义务人、纳税担保人未缴纳的滞纳金同时强制执行。

⑥个人及其所扶养家属维持生活必需的住房和用品，不在强制执行措施的范围之内。

1.2.4 技能训练

我们以税务机关对光明街道光明重型有限责任公司进行税务检查为例，训练税务检查技能。

1.2.4.1 企业基本情况

云海市光明重型有限责任公司，成立于1998年，职工人数：888人。

经济类型：有限责任公司；注册资金：5 000万元。

地址：云海市西城区光明路路1号；属增值税一般纳税人。

经营范围：经营金属切削机床制造与销售；机床及其他机械设备修理；对外协作加工；备品及备件的生产；机电产品设备及配件批零；工具制造；木材加工；技术咨询及服务；经营本企业自产及技术的出口业务和本企业所需的机械设备、零配件、原轴材料及技术的进口业务。

财务负责人：吴美玲；办税人员：刘云燕。

申报纳税情况：该企业2004年度销售收入124 084 369.47元（其中：主营业务收入120 341 921.99元，其他业务收入3 742 447.48元），销售成本90 671 937.56元，销项税金21 094 343.04元，取得并抵扣进项税金14 551 421.03元（含有17%、4%、6%、7%），已交税金6 542 922.01元，税负为5.27%。

1.2.4.2 税收检查程序

（1）检查选案。专项检查，人工筛选。根据市国家税务局稽查局2005年稽查工作安排，决定对光明重型有限责任公司2004年度增值税缴纳情况及税法执行情况进行检查。

（2）检查实施。调账检查与实地检查结合的形式。2005年11月4日起检查小组进驻光明重型有限责任公司开展工作，检查中详细审核了该公司的原材料、库存商品、现金、银行存款、主营业务收入、其他收入、在建工程、往来账户，随后，对以上查处的问题与企业财务人员进行了核实，对相关问题进行了调查取证。

（3）实施终结。该企业偷税事实有二：

①检查往来账款时发现2004年5月份转第0378号凭证，该企业将购进的原材料（钢材）抵顶兰州建大物质有限公司的欠款，会计处理为：

借：应付账款	987 319.16	
贷：原材料		987 319.16

未作销售，未计提销项税金，应补缴增值税143 456.63元。

②检查生产成本账时发现2004年度发生废品损失，会计处理为：

借：其他业务支出	289 691.51	
贷：原材料		289 691.51

原材料发生损失未作进项税金转出，税额49 247.56元。

以上共计应补增值税192 704.19元。

偷税手段为购进的原材料抵顶货款未计销售收入、发生的废品损失所含的原材料未按规定作进项税额转出。

（4）审理及执行。

①对于违法事实一，根据《中华人民共和国增值税暂行条例》第一条“在中华人民共和国境内销售货物或者提供加工、修理修配劳务以及进口货物的单位和个人，为增值税的纳税义务人，应当依照本条例缴纳增值税”和第五条“纳税人销售货物或应税劳务，按照销售额和本条例规定的税率计算并向购买方收取的增值税额，为销项税额”的规定，以及《中华人民共和国税收征收管理法》第六十四条二款“纳税人不进行纳税申报，不缴或者少缴应纳税款的，由税务机关追缴其不缴或者少缴的税款、滞纳金，并处不缴或者少缴的税款百分之五十以上五倍以下的罚款”；第三十二条“纳税人未按照规定期限缴纳税款的，扣缴义务人未按照规定期限解缴税款的，税务机关除责令限期缴纳外，从滞纳税款之日起，按日加收滞纳税款万分之五的滞纳金”的规定，补缴税金 143 456. 63 元，处少缴税款百分之五十的罚款，并从滞纳税款之日起，按日加收滞纳税款万分之五的滞纳金。

②对于违法事实二，根据《中华人民共和国增值税暂行条例》第十条“下列项目的进项税额不得从销项税额中抵扣”第六款“非正常损失的在产品、产成品所耗用的购进货物或者应税劳务”，《中华人民共和国税收征收管理法》第六十四条二款、三十二条的规定，补缴增值税 49 247. 56 元，处少缴税款百分之五十的罚款，并从滞纳税款之日起，按日加收滞纳税款万分之五的滞纳金。

1.2.5 完成任务

通过对光明重型有限责任公司实施以上检查程序，说明充分发挥税务检查的作用，可以达到以查促管，以查促查，以查治乱的目的。在上述税务检查中，税务检查人员首先进行选案，然后进行检查实施，采用的是调账检查和实地检查相结合的形式，在此要注意调取资料的时间限制，实施终结揭露违法事实，追回税款。

1.2.6 教研交流

1.2.6.1 依据下面的案例，讨论如下问题

（1）根据税收法律的相关知识，如何处理该案件？

（2）在本案例中，税务稽查人员采用了哪些方法？

（3）本案例采用了什么方式进行稽查选案，效果如何？是否还有更好的方法？

1.2.6.2 案例详析

（1）2005 年 6 月 10 日，某省国家税务局稽查局（以下简称稽查局）接到国家税务总局稽查局转来举报信息，反映 P 市某啤酒有限公司（以下简称啤酒公司）2001 年至 2004 年共购进麦芽 2. 6 万吨，以每吨麦芽可生产 8 吨啤酒计算与其实际经营情况极不相符，存在虚假作账、隐瞒销售收入的重大偷税嫌疑。

（2）纳税人基本情况。啤酒公司于 1989 年 12 月 1 日开业投产并办理税务登记，法定代表人黄某，出资人陈某，出资额 2. 55 亿元，属港、澳、台商类外商独资经营企业，1994 年 1 月 1 日被认定为增值税一般纳税人。啤酒公司开业即与德国 T 公司合作生产啤酒，于 1999 年结束合作关系。其后，一直生产自有品牌，并零星受托加工其他品牌啤酒。

(3) 检查过程与检查方法。

第一步：制定检查预案。

①检查组结合举报线索查阅纳税征管资料，了解了纳税人的基本情况：1999 年起，啤酒公司生产经营状况恶化，资金紧缺，2000 年初因严重负债被法院冻结其银行账户。2001 年啤酒公司销售啤酒 25 396 吨，申报消费税 559 万元，申报销售收入 4 087 万元，申报增值税 154 万元，增值税税负 3.8%；2002 年销售啤酒 31 028 吨，申报消费税 685 万元，申报销售收入 5 748 万元，申报增值税 144 万元，增值税税负 2.5%；2003 年销售啤酒 24 944 吨，申报消费税 551 万元，申报销售收入 4496 万元，申报增值税 42 万元，增值税税负 0.92%；2004 年销售啤酒 192 33 吨，申报消费税 428 万元，申报销售收入 5 513 万元，申报增值税 74 万元，增值税税负 1.34%。2001—2004 申报所得税为零。纳税人税负逐年降低，检查组认为申报异常。

②确定检查重点。根据静态资料分析，检查组初步确定了分别从原材料购进、生产工艺流程、经销商网络和财务核算、纳税申报进行检查取证的检查方案。

第二步：确定检查的具体方法。

①常规检查未能取得突破。检查组依法调取啤酒公司有关资料进行检查分析，对现有人员进行询问，发现啤酒公司以下情况：多次被举报并接受税务检查，但没有发现重大问题，说明其反检查能力比较强；货物销售业务现金交易，资金流难于检查落实；人员变动频繁，关键岗位人证难以取得；采购、仓库、生产、销售、财务等部门管理混乱，各部门间生产数据均连接不上；财务核算资料在不同时期核算口径不尽一致，数据勾稽关系前后矛盾；提供的资料不能完整、系统地反映其生产经营全貌。

稽查人员首先对啤酒公司主要原材料——麦芽的供应商销售情况进行了外调协查，核实了解到供应商提供的麦芽销售数量及金额均与啤酒公司账上相符，说明啤酒公司未有账外生产的情况。稽查人员又对啤酒公司的附属产品——麦糟的数量进行核实，想以其主要产品与附属产品之间的产出比例关系，从附属产品推算出主要产品的大体产量，以确定啤酒公司是否存在账外经营的情况，但啤酒公司生产过程中产生的麦糟主要销往公司投资人的亲戚办的个体养殖场，该个体养殖场没有核算资料，提供不出具体数量，导致稽查人员无法测算啤酒的真实产量。

稽查人员又转而对啤酒公司资金流向进行检查，发现啤酒公司从 2002 年年初起银行账号被法院冻结，与啤酒经销商之间的资金结算大部分采取现金交易方式，或以个人银行卡支付货款，货款汇往啤酒公司地区业务员个人银行账号。并且 2001 至 2004 年期间的业务员大部分已离岗辞职，上述业务员及其个人银行账号无法查找齐全。因此，从资金流方面也难于获得该公司账外经营的证据。

鉴于上述情况，为拓宽检查思路，检查组对当地其他啤酒生产企业进行调查，获悉在生产条件相当的情况下，啤酒投入产出比例一般在 1∶8，即投放 1 吨麦芽可生产 8 吨啤酒。而啤酒公司账上反映 2001 年至 2004 年生产投入产出比为 1∶7.2，啤酒公司投入产出低于行业正常水平。于是稽查人员在初步掌握被查企业的生产、经营、管理信息的基础上，进一步整合检查方案，确定将落实其真实的经营销售情况，即对销售开单、仓储提货、经销商等与实物直接接触的环节作为重点，以查找其偷税的证据。

②深入检查查获重要证据。检查组通过对啤酒经销商的调查，了解到经销商向啤酒公司

正常提货时使用“啤酒公司送货单”（以下简称“送货单”），促销赠酒时使用“啤酒公司授权书用酒送货单”（以下简称“赠酒单”）。于是，为从啤酒公司获取上述单据资料，检查组分兵几路，同时突击检查了该公司的财务部、营销部、仓储部、保安部、运输部，终于在营销部获得了该啤酒公司2001年1月至2002年6月的部分“送货单”存根联和回执联，以及“赠酒单”存根等单据。两种送货单为啤酒公司经销商提货及领取促销赠酒所使用的单据，详细纪录了啤酒公司销售和促销赠酒的品种、规格、数量、客户、提货方式、提货车号、提货人等有关资料。并从经销商处取得了啤酒公司销售啤酒正常提货时使用“送货单”，促销赠酒时使用“赠酒单”，以及啤酒公司与上述购货方采用现金方式直接收款的事实，证明啤酒公司啤酒销售实现的时间即购货方收到啤酒的当天。

③数据抽样比对测算隐匿收入。在查获啤酒公司两种送货单后，检查组通过整理归类，抽取了一个月的啤酒送货单进行统计，然后与账务核算资料和纳税申报进行比对，发现送货单上记录的啤酒销售数量远远大于同期账簿反映的纳税申报数量。于是，检查组耗时30多天，对上述全部送货单的品种、规格、数量8万余条信息逐笔录入电脑，形成了如下三种类型的700余份统计表格：

一是财务部会计核算统计，包括各种名称的产品分规格、型号，每天的期初数量、期末数量、当天生产完工入库数量、当天发出销售数量，以及每天销售的单价；

二是仓储部核算统计，包括各种名称的产品分规格、型号，每天的期初数量、期末数量、当天领用数量、当天发出销售数量；

三是营销部上述“送货单”部分存根联和回执联以及“赠酒单”存根统计，包括各种名称的产品分规格、型号，每天的期初数量、期末数量、当天领用数量、当天发出销售数量、销售对象、领取人，以及每天销售的单价。

经过对上述各类数据统计表的信息数据比对，核实啤酒公司2001年1月至2002年6月期间，销售啤酒10 542万瓶、生啤5 730升。而同期纳税申报销售啤酒6 890万瓶、生啤300升。与企业正常纳税申报的销售数量和金额，有啤酒3 244万瓶、生啤5 430升的数量差距，按照同期或近期同类或类似产品平均销售单价和啤酒的密度（吨/升）计算，涉及啤酒19 558吨，销售收入3 316万元。

④正面交锋偷税案水落石出。在掌握了上述重要证据后，稽查人员与啤酒公司主要负责人进行了正面交谈，告知其主要涉税问题的严重性和已经取得了其偷税的直接证据，要求其主动配合检查，并对上述业务的具体经办人，告知其只有把情况说明清楚，把责任分清楚，才能排除或减少相关法律责任。通过对财务人员、仓库管理人员、销售人员及法律顾问的耐心教育和开导，上述人员消除了顾虑，积极配合检查并提供了其他偷税证据。啤酒公司也以“自述材料”的形式书面说明和确认了上述违法事实，并对稽查人员取得的相关资料一一签字、盖章确认。至此调查取证工作圆满完成。

第三步：针对检查中遇到的困难和阻力，提出解决对策。

本案在检查中遇到的困难，一是检查资料比较多，有账内、账外资料，有纸质材料、电子文档，工作量较大；二是检查涉及面比较宽，从企业财务部，查到营销、仓储、保安、运输等部门，从企业内部查到关联企业，外调任务重，各类信息比较多，稍不注意就会做无用功，甚至产生错觉，偏离工作方向，影响工作质量和工作效率；三是啤酒公司人事变动频繁，业务经办人员大部分已经离职，且无法取得联系，无法对各职能部门的相关人员进行调查取证，且财务管理混乱，财务人员变动频繁，纳税申报资料保管不全，给固定销售数量、销售金额增加了难度；四是企业相关人员反检查能力比较强，在没有充分证据前，企业以各种主客观理由阻挠检查的情况，更谈不上配合检查。

在相关证据的认定上，稽查人员首先对财务部门核算资料，投入精力按产品规格、型号、名称，理出期初数量、完工入库数量、发出数量、期末数量，进行归类整理，然后对照纳税申报资料，落实账面核算的产品发出是否存在没有及时作销售处理，已销售产品是否存在没有申报纳税问题。其次，把营销部的“送货单”部分存根联和回执联以及“赠酒单”存根，按产品规格、型号、名称、提货人、运输单位、数量、单价、金额、开单时间、发货时间等要素，理出每天实际发出商品的真实数量；再次，把仓储部的成品，按照规格、型号、名称，每天期初数量、入库数量、发出数量、期末数量，货物入库验收人、发货人等要素，理出每天出入库真实数量。最后把生成的上述信息进行同口径比对，得出每天实际销售数量，形成完整、准确的数据证据材料。

（4）确认违法事实。违法事实和违法段：2001 年 1 月至 2002 年 6 月间，啤酒公司销售啤酒 19 558 吨，采取账外经营，资金体外循环，在账簿上少列收入 3 316 万元，少缴增值税 564 万元、消费税 431 万元。

任务三　税收计算

1.3.1　任务描述

正确掌握各主要税种的计算方法是进行税款征收和税务检查工作的基础。税收法律中涉及的税种很多，按大类可分为流转税、所得税和财产税等，目前开征有 19 种税。限于篇幅，在本任务中，我们仅对增值税、企业所得税、个人所得税和房产税等重点税种的应纳税计算问题予以介绍。

1.3.2　任务分析

本任务中，流转税主要介绍增值税的进项税额、销项税额及应纳税的计算，消费税应纳税额的计算；所得税介绍企业所得税和个人所得税应纳税额的计算；财产税及行为税中主要介绍房产税、车船使用税、契税、车辆购置税应纳税额的计算，各税种的征税对象及税率等相关知识已在其他相关知识中有所介绍，在此不再赘述。

1.3.3　相关知识

1.3.3.1　增值税应纳税额的计算

增值税是对在我国境内销售货物、进口货物以及提供加工、修理修配劳务的单位和个人，就其取得货物的销售额、进口货物金额、应税劳务销售额计算税款，并实现税款抵扣制的一种流转税。

（1）一般纳税人应纳税额的计算。在确定了销项税额和进项税额后，就可以得出实际应纳税额，基本计算公式为：

应纳税额 = 当期销项税额 - 当期准予抵扣的进项税额

①关于销项税额的相关规定。

A. 销项税额的计算。纳税人销售货物或者提供应税劳务，按照规定的税率计算并向购买方收取的增值税额，称为销项税额。销项税额的计算公式如下：

销项税额 = 销售额 × 税率

B. 扣减当期销项税额的规定。纳税人在销售货物时，因货物质量、规格等原因而发生销货退回或销售折让，由于销货退回或折让不仅涉及销货价款或折让价款的退回，还涉及增值税的退回，因此，销货方应对当期销项税额进行调整。税法规定，一般纳税人因销货退回和折让而退还给购买方的增值税额，应从发生销货退回或折让当期的销项税额中扣减。

C. 销项税额的时间界定。销项税额的时间界定，关系到当期销项税额的大小。销项税额的时间界定原则是：销项税额的确定不得滞后。按销售结算方式的不同，具体为：

a. 采取直接收款方式销售货物，不论货物是否发出，均为收到销售额或取得索取销售额的凭据，并将提货单交给买方的当天。

b. 采取托收承付和委托银行收款方式销售货物，为发出货物并办妥托收手续的当天。

c. 采取赊销和分期收款方式销售货物，为按合同约定的收款日期的当天。

d. 委托其他纳税人代销货物，为收到代销单位代销清单的当天；纳税人以代销方式销售货物，在收到代销清单前已收到全部或部分货款的，其纳税义务发生时间为收到全部或部分货款的当天。对于发出代销商品超过 180 天仍未收到代销清单及货款的，视同销售实现，一律征收增值税，其纳税义务发生时间为发出代销商品满 180 天的当天。

e. 销售应税劳务，为提供劳务同时收讫销售额或取得索取销售额凭据的当天。

f. 纳税人发生视同销售货物行为，为货物移送的当天。

j. 采取预收货款方式销售货物，为货物发出的当天。

②关于进项税额的相关规定。

A. 进项税额的计算。纳税人购进货物或者接受应税劳务，所支付或者负担的增值税为进项税额。需要注意的是，并不是购进货物或者接受应税劳务所支付或者负担的增值税都可以从销项税额中抵扣，税法对此作了严格的规定。准予抵扣的进项税额可以根据以下两个方法来确定：一是进项税额体现支付或者负担的增值税，直接在销货方开具的增值税专用发票上注明的税额，不需要计算；二是购进某些货物或者接受应税劳务时，其进项税额是通过根据支付金额和法定的扣除率计算出来的。

进项税额 = 买价 × 扣除率

B. 扣减当期进项税额的规定。

a. 进货退出或折让的税务处理。纳税人在购进货物时，因货物质量、规格等原因而发生进货退回或折让，购货方应对当期进项税额进行调整。税法规定，一般纳税人因进货退回和折让而从销货方收回的增值税额，应从发生进货退回或折让当期的进项税额中扣减。如不按规定扣减，造成进项税额虚增、不纳或少纳增值税的，属于偷税行为，按偷税予以处罚。

b. 向供货方收取的返还收入的税务处理。对商业企业向供货方收取的与商品销售量、销售额挂钩（如以一定比例、金额、数量计算）的各种返还收入，均应按平销返利行为的有关规定冲减当期增值税进项税额。冲减进项税额的计算公式为：

当期应冲减的进项税额 = 当期取得的返还资金 ÷ (1 + 所购进货物使用增值税税率) × 所购进货物适用增值税税率

商业企业向供货方收取的各种返还收入，一律不得开具增值税专用发票。

c. 已经抵扣进项税额的购进货物发生用途改变的税务处理。根据税法规定，已经抵扣进项税额的购进货物或应税劳务如果事后改变用途，如用于非应税项目、免税项目、职工福利或个人消费，购进货物发生非正常损失，在产品或产成品发生非常损失，应将购进货物或应税劳务的进项税额从当期进项税额中扣减。无法准确确定该项进项税额的，按当期实际成本计算应扣减的进项税额。"按当期实际成本计算应扣减的进项税额"是指扣减进项税额的计算依据不是按该货物或应税劳务的原进价，而是按当期该货物或应税劳务的实际成本，并且是按照实际成本的各个组成部分所负担的进项税额计算应扣减的进项税额。

C. 进项税额抵扣时限的界定。进项税额抵扣时间，影响着纳税人不同纳税期应纳税额。关于进项税额的抵扣时间总原则是：进项税额的抵扣不得提前。税法对不同扣税凭证的抵扣时间作了详细的规定：

a. 防伪税控系统开具的增值税专用发票进项税额的抵扣时限。增值税一般纳税人申请抵扣的防伪税系统开具的增值税专用发票，必须自该发票开具之日起 90 天内到税务机关认证，否则不予抵扣进项税额。

增值税纳税人认证通过的防伪税控系统开具的增值税专用发票，应在认证通过的当月按照增值税有关规定核算当期进项税额并申报抵扣，否则不予抵扣进项税额。

增值税一般纳税人取得由税务机关代开的专用发票后，应以专用发票上填写的税额为进项税额，即按发票注明的销售额和征收率计算的应纳税额为抵扣的进项税额。

b. 海关完税凭证进项税额的抵扣时限。增值税一般纳税人取得的海关完税凭证，应当在开具之日起 90 天后的第一个纳税申报期结束以前向主管税务机关申报抵扣，逾期不予抵扣进项税额。

c. 运费发票进项税额的抵扣时限。增值税一般纳税人取得运费发票，应当在开具之日起 90 天后的第一个纳税申报期结束以前向主管税务机关申报抵扣，逾期不得抵扣进项税额。纳税人办理时，应附抵扣发票清单。

d. 购进废旧物资取得的普通发票进项税额的抵扣时限。增值税一般纳税人取得的废旧物资发票，应当在开具之日起 90 天后的第一个纳税申报期结束以前向主管税务机关申报抵扣，逾期不得抵扣进项税额。

D. 进项税额不足抵扣的税务处理。纳税人在计算应纳税额时，如果当期销项税额小于当期进项税额不足抵扣的部分，可以结转下期继续抵扣。

E. 一般纳税人注销时存货及留抵税额处理问题。一般纳税人注销或被取消辅导期一般纳税人资格，转为小规模纳税人时，其存货不作进项税额转出处理，其留抵税额也不予以退税。

F. 纳税人既欠缴增值税，又有增值税留抵税额问题的税务处理。税法规定一般纳税人既欠缴增值税，又有增值税留抵税额时，对纳税人因销项税额小于进项税额而产生的期末留抵税额的，应以期末留抵税额抵减增值税欠税。

（2）小规模纳税人应纳税额的计算。根据《增值税暂行条例》规定，小规模纳税人销售货物或提供应税劳务，按简易方法计算应纳税额。其计算应按税额的计算公式为：

应纳税额 = 销售额 × 征收率

①关于销售额的规定。小规模纳税人取得的销售额与增值税一般纳税人计算应纳增值税的销售额规定内容一致，为销售货物或提供应税劳务向购买方收取的全部价款和价外费用，但不包括按 6% 或 4% 的征收率收取的增值税税额。

由于小规模纳税人销售货物自行开具的发票是普通发票，发票列示的是含税销售额，在计税时需要将其换算为不含税销售额。换算公式为：

不含税销售额 = 含税销售额 ÷ (1 + 征收率)

②关于进项税额的规定。根据《增值税暂行条例》规定，小规模纳税人不得抵扣进项税额。

(3) 进口货物应纳税额的计算。根据《增值税暂行条例》规定，一切进口货物的单位和个人均应按规定缴纳增值税。进口货物增值税税率与增值税一般纳税人在国内销售同类货物的税率相同。

应纳税额 = 组成计税价格 × 税率

①组成计税价格的确定。进口货物增值税的组成计税价格中包括已纳关税税额，如果进口货物属于消费税应税消费品，其组成计税价格中还要包括进口环节已纳消费税税额。组成计税价格的计算公式为：

组成计税价格 = 关税完税价格 + 关税 + 消费税

或者：

组成计税价格 = (关税完税价格 + 关税) / (1 − 消费税税率)

其中关税完税价格以海关审定的成交价格为基础的到岸价格作为完税价格。

②关于抵扣税额的规定。纳税人进口货物，不得抵扣任何税额。即在进口环节应纳增值税税额时，不得抵扣发生在我国境外的各种税金。

进口货物在海关缴纳的增值税，符合抵扣范围的，凭借海关完税凭证，可以从当期销项税额中抵扣。

1.3.3.2 消费税应纳税额的计算

消费税是对在我国境内销售生产、委托加工和进口应税消费品的单位和个人，就其销售额或销售数量，在特定环节征收的一种流转税。

(1) 实行从量定额计征税额的计算。从量定额通常以每单位应税消费品的重量、容积或数量为计税依据，并按每单位应税消费品规定固定税额，这种固定税额即为定额税率。计算公式为：

应纳税额 = 应税消费品数量 × 消费税单位税额

税法规定对卷烟、白酒、黄酒、啤酒、汽油、柴油等实行定额税率，采用从量定额的方法征税。

(2) 实行从价定率计征税额的计算。实行从价定率办法征税的应税消费品，计税依据为应税消费品的销售额。计算公式为：

应纳税额 = 应税消费品的销售额 × 适用税率

公式中的销售额是以含消费税而不含增值税的销售额作为计税基数。

(3) 复合计税。卷烟、粮食白酒、薯类白酒实行从量定额和从价定率相结合计算应纳税额的复合计税办法。应纳税额计算公式：

应纳税额 = 销售数量 × 定额税率 + 销售额 × 比例税率

1.3.3.3 营业税应纳税额的计算

营业税是对在我国境内提供应税劳务、转让无形资产或销售不动产的单位和个人所取得的营业额征收的一种商品与劳务税。计算公式为：

应纳税额 = 营业额 × 税率

（1）营业额的确定。税法规定营业税的计税依据为纳税人提供应税劳务、转让无形资产或者销售不动产向对方收取的全部价款和价外费用。

缴纳营业税的涉税行业主要包括建筑业、金融保险业、服务业、交通运输业、邮电通信业、娱乐业、文化体育业务、销售不动产和转让无形资产取得的营业额。

（2）营业税税率的规定。营业税的税目税率表在其他相关知识中已经有所涉及，在此不再赘述。

1.3.3.4 企业所得税应纳税额的计算

企业所得税是以企业取得的生产经营所得和其他所得为征税对象所征收的一种税。

应纳所得税额 = 应纳税所得额 × 税率

（1）应纳税所得额的确定。

应纳税所得额 = 收入总额 − 准予扣除项目金额

①收入总额的确定。纳税人的收入总额包括生产经营收入、财产转让收入、利息收入、租赁收入、特许权使用费收入、股息收入和其他收入。

②准予扣除的项目确定。准予从收入总额中扣除的项目，是指纳税人每一个纳税年度发生的与取得应纳税收入有关的所有必要和正常的成本、费用、税金和损失。

（2）税率的规定。企业所得税采用的基本税率为25%。

（3）预缴及汇算清缴所得税的计算。企业所得税实行按年计征、分期预缴、年终汇算清缴、多退少补的办法。其应纳税所得额的计算分为预缴所得税额的计算和年终汇算清缴所得税额计算两部分。

①按月（季）预缴所得税的计算方法。

应纳所得税额 = 月（季）应纳税所得额 × 25%

= 上年应纳税所得额 × 1/12（1/4）× 25%

②年终汇算清缴的所得税计算方法。

全年应纳税所得额 = 全年应纳税所得额 × 25%

多退少补所得税额 = 全年应纳所得税额 − 月（季）已预缴所得税额

1.3.3.5 个人所得税应纳税额的计算

个人所得税是以个人（自然人）取得的各项应税所得为征税对象所征收的一种税。由于个人所得税采取分享计税的办法，每项个人收入的扣除范围和扣除标准不尽相同，应纳所得税额的计算方法存在差异。下面就主要不同的个人所得项目，分别介绍各自应纳税所得额的确定和应纳所得税额的计算方法。

（1）一般工资、薪金所得应纳个人所得税的计算。工资、薪金所得适用九级超额累进税率，按每月收入定额扣除2 000元或5 200元，就其余额作为应纳税所得额，按适用税率计算应纳税额。其计算公式为：

应纳税额＝应纳税所得额×适用税率－速算扣除数

＝（每月收入额－2 000元）×适用税率－速算扣除数

由于个人所得税适用税率中的各级距均为扣除费用后的应纳税所得额，因此，在确定适用税率时，不能以每月全部工资、薪金所得为依据，而只能是以扣除规定费用后的余额为依据，找出对应级次的税率。

（2）个体工商户生产、经营所得的计税方法。个体工商户的生产、经营所得适用五级超额累进税率，以其应纳税所得额按适用税率计算应纳税额。其计算公式为：

应纳税额＝应纳税所得额×适用税率－速算扣除数

①应纳税所得额。对于实行查账征收的个体工商户，其生产、经营所得或应纳税所得额是每一征税年度的收入总额，减除成本、费用以及损失后的余额。这是采用会计核算办法归集或计算得出的应纳税所得额。计算公式为：

应纳税所得额＝收入总额－（成本＋费用＋损失＋准予扣除的税金）

a. 收入总额。个体工商户的收入总额，是指个体工商户从事生产、经营以及与生产、经营有关的活动所取得的各项收入，包括商品（产品）销售收入、营运收入、劳务服务收入、工程价款收入、财产出租或转让收入、利息收入其他收入和营业外收入。

以上各项收入应当按照权责发生制原则确定。

b. 准予扣除的项目。在计算应纳税所得额时，准予从收入总额中扣除的项目包括成本、费用、损失和准予扣除的税金。

由于个体工商户生产、经营所得的应纳税额实行按年计算、分月或分季预缴、年终汇算清缴、多退少补的方法，因此，在实际工作中，需要分别计算按月预缴税额和年终汇算清缴税额。其计算公式为：

本月应预缴税额＝本月累进应纳税所得额×适用税率－速算扣除数

－上月累计已预缴税额

②适用税率。是指与计算应纳税额的月份累计应纳税所得对应的税率，该税率从“五级超额累进所得税税率表”（年换算月）中查找确定。

全年应纳税额＝全年应纳税所得额×适用税率－速算扣除数

汇算清缴税额＝全年应纳税额－全年累计已预缴税额

（3）对企事业单位承包经营、承租经营所得的计税方法。企事业单位承包经营、承租经营所得应纳税额计算公式为：

应纳税额＝应纳税所得额×适用税率－速算扣除数

①应纳税所得额。对企事业单位承包经营、承租经营所得是以每一纳税年度的收入总额，减除必要费用后的余额，为应纳税所得额。其中，收入总额是指纳税人按照承包经营、承租经营合同规定分得的经营利润和工资、薪金性质的所得。减除必要费用是指按月减除1 600元，实际减除的是相当于个人的生计及其他费用。其计算公式为：

应纳税所得额＝个人承包、承租经营收入总额－每月1 600元

个人在承租、承包经营期间，按照企业所得税的有关规定，即按照企业所得税的有关规

定先缴纳企业所得税，然后才按个人承包所得的规定计算缴纳个人所得税。

②适用税率。对企事业单位承包经营、承租经营所得适用五级超额累进税率，以其应纳税所得额按适用税率计算应纳税额。

（4）劳务报酬所得的计税方法。劳务报酬所得应纳税额的计算方法：

应纳税额 = 应纳税所得额 × 适用税率

①应纳税所得额。劳务报酬所得以个人每次取得的收入，定额或定率减除规定费用后的余额为应纳税所得额。每次收入不超过4 000元的，定额减除费用800元；每次收入在4 000元以上的，定率减除20%的费用。其计算公式为：

a. 每次收入不超过4 000元的：

应纳税所得额 = 每次收入额 - 800元

b. 每次收入在4 000元以上的：

应纳税所得额 = 每次收入额 ×（1 - 20%）

劳务报酬所得因其一般具有不固定、不经常性，不便于按月计算，所以，规定凡属于一次性收入的，以取得该项收入为一次，按次确定应纳税所得额；凡属于同一项目连续性收入的，以一个月内取得的收入为一次，据以确定应纳税所得额。考虑属地管辖与时间划定有交叉的特殊情况，统一规定以县（含县级市、区）为一地，其管辖内的一个月内同一项目的劳务服务为一次；当月跨县地域的，则应分别计算。

②适用税率。劳务报酬所得适用20%的比例税率。

③每次应税劳务所得超过20 000元所得应纳税额的计算。

如果纳税人的每次应税劳务所得超过20 000元，应实行加成征税，其应纳税总额应依据相应税率和速算扣除数计算。计算公式为：

应纳税额 = 应纳税所得额 × 适用税率 - 速算扣除数

此外还有稿酬所得、特许权使用费所得、利息、股息、红利所得、财产租赁所得、财产转让所得及偶然所得和其他所得的计税方法，可参见《个人所得税法》，在此不作阐述。

1.3.3.6　房产税应按税额的计算

房产税是以房屋为征税对象，以房屋的计税余值或租金为计税依据，向房屋产权所有人征收的一种财产税。

（1）地上建筑物房产税。地上建筑物房产税应纳税额的计算公式：

应纳税额 = 房产计税余值（或租金收入）× 适用税率

其中：

房产税计税余值 = 房产原值 ×（1 - 原值减除比例）

（2）地下建筑物房产税。地下建筑物房产税应纳税额的计算：

①工业用途房产，以房屋原价的50% ~60%作为应税房产原值；

应纳税额 = 应税房产原值 ×（1 - 原值减除比例）×1.2%

②商业和其他用途房产，以房屋原价的70% ~80%作为应税房产原值。

应纳税额 = 应税房产原值 ×（1 - 原值减除比例）×1.2%

房屋原价折算为应税房产原值的具体比例，由各省、自治区、直辖市和计划单列市财政和地方税务部门在上述幅度内自行确定。

出租的地下建筑，按照出租地上房屋建筑的有关规定计算征收房产税。

1.3.3.7　车船使用税应纳税额的计算

车船使用税是以车船为征税对象，向拥有并使用车船的单位和个人征收的一种税。对拥有但不使用的车船不征税。车船使用税根据不同类型的车船及其适用的计税标准分别计算应纳税额。计算公式如下：

（1）机动车（载货汽车除外）和非机动车。

应纳税额＝应税车辆数量×单位税额

（2）载重汽车、机动船和非机动船。

应纳税额＝车船的载重或净吨位数量×单位税额

1.3.3.8　契税应纳税额的计算

契税是以所有权发生转移的不动产为征税对象，向产权承受人征收的一种财产税。应纳税额的计算公式为：

应纳税额＝计税依据×税率

（1）关于计税依据的确定。

①土地使用权出售、房屋买卖，其计税依据为成交价格；

②土地使用权赠与、房屋赠与，其计税依据由征税机关参照土地使用权出售、房屋买卖的市场价格核定；

③土地使用权交换、房屋交换，其计税依据是所交换的土地使用权、房屋的价格差额；

④出让国有土地使用权的，其契税计税价格为承受人为取得该土地使用权而支付的全部经济利益。

（2）税率。契税实行幅度比例税率，税率幅度为3%～5%。具体执行税率，由各省、自治区、直辖市人民政府在规定的幅度内，根据本地区的实际情况确定。

1.3.3.9　车辆购置税应纳税额的计算

车辆购置税是以在中国境内购置规定的车辆为课税对象、在特定的环节向车辆购置者征收的一种税。车辆购置税实行从价定率的办法计算应按税额，应纳税额的计算公式为：

应纳税额＝计税价格×税率

（1）计税价格的规定。

①购买自用应税车辆应纳税额的计算。纳税人购买自用的应税车辆，其计税价格由纳税人支付该销售者的全部价款（不包括增值税款）和价外费用组成。

②进口自用应税车辆应纳税额的计算。纳税人进口自用的应税车辆以组成计税价格为计税依据。计税价格的计算公式为：

计税价格＝关税完税价格＋关税＋消费税

③其他自用应税车辆应纳税额的计算。纳税人自产自用、受赠使用、获奖使用和以其他方式取得并自用应税车辆的，凡不能取得该型车辆的购置价格，或者低于最低计税价格的，以国家税务总局核定的最低计税价格为计税依据计算征收车辆购置税。

（2）税率的规定。根据税法规定，车辆购置税实行统一比例税率，税率为10%。

1.3.4 技能训练

1.3.4.1 增值税应纳税额计算应用

光明纺织厂为增值税一般纳税人，主要生产棉纱、棉坯布和印染布。2007 年 5 月外购项目如下（假定外购货物均已验收入库，本月取得的相关发票均在本月认证并抵扣）：

（1）外购染料价款 2 万元，专用发票注明增值税税额 3 400 元；

（2）从棉麻公司购进棉花一批，增值税专用发票注明税额 25 500 元；

（3）从小规模纳税人企业购进修理用配件 5 000 元，发票未注明税额；

（4）生产外用电力若干千瓦时，增值税专用发票注明税额 5 100 元。

该厂本月份销售货物情况如下（除注明外，销售收入不含税）：

（1）销售棉坯布 10 万米，销售收入 20 万元；

（2）销售印染布 10 万米，销售收入 35 万元；

（3）销售棉纱给一般纳税人，价款合计 25 万元；

（4）销售棉纱给小规模纳税人，价税合计收取 6 万元。

根据上述资料，计算该厂本月份应纳增值税额。

1.3.4.2 企业所得税应纳税额计算应用

某企业 2007 年全年应纳税所得额为 3 600 万元。2008 年，企业经税务机关同意，每月按 2007 年应纳税所得额 1/12 预缴企业所得税。2008 年全年实现利润经调整后的应纳税所得为 4 000 万元。根据上述资料，计算该企业 2008 年每月应预缴的企业所得税，年终汇算清缴时应补缴的企业所得税。

1.3.5 完成任务

1.3.5.1 分析计算纺织厂应纳增值税额

（1）销项税额的计算。

①销售给一般纳税人销项税额计算：

计税依据 = 200 000 + 350 000 + 250 000 = 800 000（元）

销项税额 = 800 000 × 17% = 136 000（元）

②销售给小规模纳税人销项税额的计算：

销售额 = 60 000 ÷（1 + 17%）= 51 282.05（元）

销项税额 = 51 282.05 × 0.17 = 8 717.95（元）

③销项税额合计 = 136 000 + 8 717.95 = 144 717.95（元）

（2）进项税额的计算。

①外购专用发票上注明的增值税额：

增值税额 = 3 400 + 25 500 + 5 100 = 34 000（元）

②从小规模纳税人企业购进修理用配件，因没有取得增值税专用发票，进项税额不得抵扣。

③进项税额合计 = 34 000（元）

（3）纺织厂应纳增值税额 = 144 717.95 − 34 000 = 110 717.95（元）

1.3.5.2 分析计算企业应补缴的企业所得税

(1) 2008 年 1—12 月每月应预缴所得税额为：

应纳税额 = 3 600 ÷ 12 × 25% = 75（万元）

(2) 2008 年 1—12 月实际预缴所得税额为：

实际预缴额 = 75 × 12 = 900（万元）

(3) 2008 年全年应纳所得税额：

应纳税额 = 4 000 × 25% = 1 000（万元）

(4) 企业 2008 年度应补缴所得税额 = 1 000 - 900 = 100（万元）

1.3.6 教学交流

(1) 查阅《消费税暂行条例》，明确应如何确定自产自用应税消费品的组成计税价格？

(2) 查阅《消费税暂行条例》，明确用委托加工收回的应税消费品连续生产应税消费品如何计征消费税？

(3) 城市维护建设税及教育费附加的计税依据是什么？

(4) 查阅《个人所得税法》，稿酬所得、特许权使用费所得、利息、股息、红利所得、财产租赁所得、财产转让所得及偶然所得和其他所得应如何计税？

任务四 税收核算

1.4.1 任务描述

税收核算就是进行税收业务的会计处理。税收会计是以直接负责税款征收、入库业务的税务机关为会计主体，以货币为主要计量单位，以合理凭证为记账依据，按照规定的制度和方法，通过会计处理程序，正确反映和监督税收资金运动过程及其结果的一种专业会计。

根据税务机关对税收资金管理任务的不同，会计主体分为以下四种类型：直接管理税收资金上解的单位（简称上解单位）；直接管理税收资金入库的单位（简称入库单位）；双重业务单位；混合业务单位。税收会计核算的对象为税收资金及其运动。税收会计的核算方法为借贷记账法。因本专业的特点对税收会计的核算主要以上解单位的税收资金及其运动进行介绍。

1.4.2 任务分析

税收会计是专门用于核算税收及其资金运动情况的专业会计。本任务主要学习上解单位税收业务的核算，首先要了解上解单位为相关会计科目设置的情况，会计核算中的重点与难点，不同业务下如应征税金、解缴税金、欠缴税金等业务的账务处理。

1.4.3 相关知识

（1）设置会计账户。在借贷记账法下，会计账户的基本结构采用“借、贷、余”三栏式，并且按反映的税收资金的性质不同，将会计账户划分为两种类型：一种是反映税金来源的账户；另一种是反映税金占用的账户。在资金占用类账户中，借方记录税金增加额，贷方记录税金减少额；在税金来源类账户中，贷方则记录税金增加额，借方记录税金减少额。

会计账户分为总分类账和明细分类账。总分类账户是指按照总账科目开设，进行总括核算的账户。明细分类账是指按照明细科目开设，进行明细分类核算的账户。

（2）税收会计科目。根据现行税收会计制度和税收管理需要，以及国家预算收入科目和国家金库制度，税收会计科目按四种核算单位的业务情况综合设置如表 1－4 所示。

表 1－4　　税收会计科目设置情况表

序号	编号	总账科目	核算内容
一、来源类科目			
1	101	应征税收	上解单位、入库单位、双重业务单位和混合业务单位的共用科目。本类科目核算纳税人发生纳税义务后，税务机关应征的税金、滞纳金和罚款等。
2	109	应征其他收入	
3	121	多缴税金	上解单位、混合业务单位、双重业务单位和入库单位的共用科目。本科目是“应征”类科目的抵减科目，核算应退还纳税人、扣缴义务人及代征单位（人）的多缴税金。
4	191	暂收款	上解单位、混合业务单位和双重业务单位的共用科目。本科目核算按照规定向纳税人收取的预缴纳税保证金、抵税发票押金、拍卖款和征收人员结报税款时的长出款。
二、占用类科目			
5	201	待征税收	上解单位、入库单位、双重业务单位和混合业务单位的共用科目。本类科目是“应征”类科目的对应科目，核算应征而未征的税金（即欠缴税金）。
6	209	待征其他收入	
7	211	减免税金	上解单位、入库单位、双重业务单位和混合业务单位的共用科目。本科目核算应纳税金发生后减征和免征（包括通过退库方式实施减征和免征）的税金，即实际发生的减免税金。
8	211	上解税收	上解单位和混合业务单位的共用科目。本类科目核算纳税人、扣缴义务人、代征单位（人）直接缴入和税务机关自行征收后汇总缴入国库经收处的税金。
9	229	上解其他收入	
10	231	待解税金	上解单位、入库单位、双重业务单位和混合业务单位的共用科目。本科目核算扣缴义务人、代征单位（人）和征收人员向会计结报的自收税款现金。
11	241	在途税金	入库单位、双重业务单位和混合业务单位的共用科目。本科目核算已经缴入国库经收处上解，但尚未到达国库的税金。
12	251	入库税收	入库单位、双重业务单位和混合业务单位的共用科目。本类科目核算国库已收纳入库的税金。
13	259	入库其他收入	

续表

序号	编号	总账科目	核算内容
14	261	提退税金	上解单位、入库单位、双重业务单位和混合业务单位的共用科目。本科目核算在自收税款中支付的小额退税和通过退库方式提退的各项税金。
15	271	待清理呆账税金	上解单位、入库单位、双重业务单位和混合业务单位的共用科目。核算所有关停企业、空壳企业和政府政策原因造成的欠缴税金及三年以上的欠缴税金情况。
16	279	待处理损失税金	上解单位、入库单位、双重业务单位和混合业务单位的共用科目。本科目核算由于各种原因造成损失，需要上报审批等待处理的损失税金。
17	281	损失税金核销	上解单位、入库单位、双重业务单位和混合业务单位的共用科目。本科目核算按规定审批权限报经批准同意核销的损失税金和纳税人发生解散、破产、撤销，经法定清算仍未收回而依法注销的欠缴税金。
18	291	保管款	上解单位、双重业务单位和混合业务单位的共用科目。本科目核算存放在税务机关或金融单位的纳税保证金（押金）、拍卖款和长款数。

（3）填制和审核税收会计凭证。税收会计凭证分为税收会计原始凭证和税收会计记账凭证两大类。税收会计原始凭证是记录税收业务发生的最初书面证明，它是进行会计核算的原始资料，是填制记账凭证和登记明细账的依据。税收会计记账凭证是根据审核无误的原始凭证或原始凭证汇总单归类整理而编制的，用以确定会计分录，并据此登记总账及其明细账的会计凭证。税收会计原始凭证按其反映的税收业务的内容不同分为：应征凭证、减免凭证、征解凭证、入库凭证、提退凭证、其他凭证等。

（4）登记税收会计账簿。以会计凭证为依据，按照会计科目，运用会计账户形式，全面、系统、连续地记录税收资金活动情况的簿籍。它是编制会计报表的主要依据。税收会计账簿种类分为总分类账、明细分类账、日记账、辅助账。

（5）编制税收会计报表。税收会计在期末要根据会计账簿资料形成会计报表。税收会计的报表包括：①税收资金平衡表；②应征、代征、在途税金明细报表；③入库税金明细报表；④待清理呆账税金明细报表；⑤提退税金明细报表；⑥查补税金明细报表；⑦减免税金明细报报表。

上述七种报表中，①~⑤为月报表，⑥、⑦为年报表。上述七种报表中，上解单位应编制哪些报表，以及内部管理需要编制哪些报表，由上解单位自行确定。

1.4.4 技能训练

以下以某上解单位1月份的业务为例，介绍主要账户及相应税收业务的核算。

1.4.4.1 应征税金的核算

应征税金即纳税人随应税行为的发生而实现的税金。主要分为对流转额课征的税收，对所得额或收益额课征的税收，对资源课征的税收，对财产课征的税收，对特定行为课征的税收等。应征税金的形成以应征税金原始凭证的取得为标志。上解单位对应征税金的总分类核算需设置的账户有：

（1）应征类账户的核算。应征类账户包括“应征税收”、“应征其他收入”，属于资金来源类账户，本类科目核算纳税人发生纳税义务后，税务机关应征的税金。包括：

①纳税人和扣缴义务人及代征单位（人）自行向税务机关申报，或由税务机关直接核定的应纳税金；

②不需缴纳，但需向税务机关申报的已发生的减免税金；

③查补的各种税金、滞纳金和罚款；

④按定期定额方式征收的应纳税金；

⑤税务机关征收的临时性经营税金等。

当增值纳税申报进项税额大于销项税额，应征税金为零时，不作账务处理。本类科目“贷方”记实际发生的应征税金，“借方”记应退还的多缴税金数，平时余额在“贷方”，表示累计实现的应征税金总量。年终与“上解”类科目、“入库”类科目、“减免税金”、“提退税金”和“损失税金核销”科目的“借方”余额进行对冲，余额表示年终欠缴税金、在途税金、待解税金和待处理损失税金的来源合计数。年终余额应结转下年度继续处理。“应征税收”按税种设明细分类核算，“应征其他收入”按收入种类设明细分类核算。

（2）多缴税金账户的核算。“多缴税金”账户属于资金来源类账户。本科目是“应征”类科目的抵减科目，核算应退还纳税人、扣缴义务人及代征单位（人）的多缴税金。包括：

①纳税人、扣缴义务人及代征单位（人）自行申报或申请并经税务机关核定应退还的多缴税金；

②税务机关在日常审核检查中发现的多缴税金；

③税务机关在稽查中发现的多缴税金；

④税务机关在行政复议中确定的多缴税金；

⑤法院在审理税务案件中判定的多缴税金。

本科目不核算减免退税、出口退税。其科目“贷方”记多缴税金发生数，“借方”记实际抵缴或退还的税金数，余额在贷方，表示未抵缴或未退还的多缴税金数。年终余额应结转下年度继续处理。“多缴税金”账户不设明细分类核算。

（3）待征类账户的核算。待征类账户包括“待征税收”和“待征其他收入”，属于资金占用类账户，是上解单位、入库单位、双重业务单位和混合业务单位的共用科目。本类科目是“应征”类科目的对应科目，核算应征而未征的税金（即欠缴税金）。本类科目“借方”记所有应征税金发生数，“贷方”记已征收和征前已减免的税金数、实际抵缴的多缴税金数，以及结转到“待处理损失税金”科目的损失税金数和结转到“损失税金核销”科目的欠缴税金依法注销数，余数在“借方”，表示实际欠缴数。年终余额应结转下年度继续处理。“待征税收”按税种设明细分类核算，“待征其他收入”按收入种类设明细分类核算。

【例1－4－1】1月6日，收到征收环节转来甲厂增值税纳税申报表，应纳增值税2万元，税款尚未缴纳。

原始凭证为增值税纳税申报表。

借：待征税收——甲厂——增值税　　20 000

　　贷：应征税收——增值税　　20 000

【例1－4－2】1月8日收到征收环节转来乙厂所得税纳税申报表，本季应纳企业所得税4万元，税款未缴。

原始凭证为所得税纳税申报表。

借：待征税收——乙厂——企业所得税 40 000

　贷：应征税收——企业所得税 40 000

【例1-4-3】1月8日收到个体组转来个体双定户定税清册一份，其中营业税、城市维护建设税和教育费附加收入分别为500元、35元、15元。

原始凭证为个体双定户定税清册。

①借：待征税收——某个体户——营业税 500

　贷：应征税收——营业税 500

②借：待征税收——某个体户——城市维护建设税 35

　贷：应征税收——城建税 35

③借：待征其他收入——某个体户——教育费附加收入 15

　贷：应征其他收入——教育费附加收入 15

【例1-4-4】1月10日某企业逾期2天办理纳税申报，经征收组根据税收征管办法规定，纳税人缴纳本期应缴纳的增值税4 000元外，滞纳金4元，并处罚款600元。

原始凭证为增值税纳税申报表、滞纳加征通知书、税务处理决定书。

①借：待征税收——某企业——增值税 4 004

　贷：应征税收——增值税 4 004

②借：待征其他收入——某企业——税务部门罚没收入 600

　贷：应征其他收入——税务部门罚没收入 600

1.4.4.2 减免税金的核算

税收减免是国家对某些纳税人或课税对象的鼓励或照顾措施。减免税从实际发生的环节上看可分为征前减免、征后减免两种形式。征前减免是指税务机关在纳税人的应征税款征收之前，就直接对其应征税款给予减征或免税，其特征是减免税款不需要再缴纳。征后减免，也称退库减免，是指在税款申报缴纳时尚未获准减免，或按照规定必须先征后退的纳税人，应减免的税款必须先缴纳入库，再由税务机关根据减免批件或有关规定，将减免的税款从国库退还给纳税人。上解单位对减免税金的总分类核算需设置的账户为“减免税金”。

“减免税金”属于资金占用类账户，本科目核算应纳税金发生后减征和免征（包括通过退库方式实施减征和免征）的税金，即实际发生的减免税金。已批准但未发生的减免税金不核算；出口退税不作为减免税金核算；非生产、经营性单位（个人）的征前免征税金不核算；税法规定经济特区统一减征15%的外商投资企业和外国企业所得税的减免税不核算；纳税人发生解散、破产、撤销，经过法定清算仍收不回来而依法注销的欠缴税金不在本科目核算。其科目“借方”记实际发生的减免税金数（包括各种退库减免数），“贷方”平时无发生额，平时余额在“借方”，表示累计减免数。年终按税种和收入归类，与相应的“应征”类科目的“贷方”余额结转冲销后无余额。本科目须按照税种及收入种类设置明细分类核算。

【例1-4-5】1月10日，某公司申报应纳税额3万元，其中免征营业税项目税额5 000元。

借：待征税收——某公司——营业税 30 000

　贷：应征税收——营业税 30 000

借：减免税金——营业税　　6 000

　　贷：代征税收——某公司——营业税　　6 000

1.4.4.3 解缴税金的核算

上解单位以税款的征收和上解业务为主，不负责税款的入库业务。因此上解单位在税金的解缴过程中只核算待解税金和上解税金两部分内容。由于上解单位在税款的征收过程中，也形成保管款，所以保管款也列为上解单位解缴税金核算的内容。上解单位对解缴税金的总分类核算需设置的账户有：

(1) 待解税金账户的核算。“待解税金”，属于资金占用类科目。本科目核算扣缴义务人、代征单位（人）和征收人员向会计结报的自收税款现金。其科目“借方”记税款现金和存款增加数，“贷方”记减少数，余额在“借方”，表示税款现金和存款实有数。年终余额应结转下年度继续处理。上解单位不设明细分类核算。

(2) 上解税金账户的核算。“上解税金”属于资金占用类科目。本类科目核算纳税人、扣缴义务人、代征单位（人）直接缴入和税务机关自行征收后汇总缴入国库经收处的税金。本类科目“借方”记已经缴入国库经收处的税金，“贷方”记接到入库单位提退清单的退库数，平时余额在“借方”，表示扣除退库数后的累计上解税金数。年终与相应的“应征”类科目的“贷方”余额进行冲销后无余额。本科目按税种设置明细科目。

(3) “保管款”账户的核算。“保管款”属于资金占用类科目。本科目核算存放在税务机关或金融单位的纳税保证金（押金）、拍卖款和长款数。其“借方”记保管款现金和存款增加数，“贷方”记减少数，余额在“借方”，表示保管款现金和存款实有数。年终余额应结转下年度继续处理。本科目不设置明细科目。

【例 1-4-6】1月10日，甲厂交来增值税款2万元，存入银行。

原始凭证为税收通用缴款书。

借：上解税收——增值税　　20 000

　　贷：待征税收——增值税　　20 000

【例 1-4-7】1月10日，乙厂交来所得税款4万元，存入银行。

原始凭证为税收通用缴款书。

借：上解税收——所得税　　40 000

　　贷：待征税收——所得税　　40 000

【例 1-4-8】1月10日，收到征收人员结报个体户营业税、城市维护建设费、教育费附加现金550元，并于当日下午缴入银行。

原始凭证为税收完税凭证存根联和汇总专用缴款书收据联。

借：待解税金　　550

　　贷：待征税收——双定户——营业税　　500

　　　　　　　　　　　　——城市维护建设税　　35

　　　　待征其他收入——双定户——教育费附加　　15

借：上解税收——营业税　　500

　　　　　　——城市维护建设税　　35

　　　　　　——教育费附加　　15

贷：待解税金 550

将以上业务根据记账凭证登记还要登记总账及明细账。

1.4.5 完成任务

通过以上审核原始凭证、编制记账凭证、填制账簿程序，将上解单位的税收核算业务处理完毕，但还必须在报告期内将其反映在税收会计报表中。税收会计报表是税收资金运动情况的总括反映，同时又是各级领导和有关部门所需税收信息资料的来源。税收报表在编报过程中，应遵守数字真实、内容准确、内容真实、编报及时的原则。在税收工作中，税收报表共有七种，分别为税收资金平衡月报表、入库税金明细表、应征待征在途税金明细月报表、待清理呆账税金明细表、提退税金明细表、查补税金明细年报表和减免税金明细年报表。上述七种会计报表，上解单位及其他各混合单位应编报那些报表，以及各核算单位内部管理需要编制哪些报表，一般由各核算单位自行确定。以下给出上解单位税收资金平衡月报表作为参考。

表 1-5 **税收资金平衡月报表** 表号：国税会 01 表

制表机关：国家税务总局

编报机关： 20 年 月 单位：万元

资金占用			资金来源		
科 目	年初余额	年末余额	科 目	年初余额	年初余额
合计			合计		
1. 待征税收			1. 应征税收		
2. 代征其他收入			2. 应征其他收入		
3. 减免税金			3. 多缴税金		
4. 待解税金			4. 暂收款		
5. 在途税金					
6. 入库税金					
7. 入库其他收入					
8. 提退税金					
9. 待清理呆账资金					
10. 待处理损失税金					
11. 损失税金核销					
12. 保管款					

1.4.6 教研交流

通过本任务的学习，需要掌握和拓展以下问题：

(1) 税收会计各账户的使用方法。

(2) 上解单位不同税收业务的会计核算。

(3) 请核算某上解单位在 11 月份发生经济业务，具体业务如下：

①1 月 8 日，收到征收环节转来某厂增值税纳税申报表，应纳增值税 10 万元，税款尚未缴纳。

②11 月 8 日收到征收环节转来某运输公司车船使用税纳税申报表，应纳车船使用税 3 500 元，税款未缴。

③11 月 9 日，某企业实现教育费附加 3 000 元，因企业濒临破产，税款欠缴。

④11 月 10 日收到稽查环节转来税务处理决定书，通知某商店补缴印花税 500 元，罚款 250 元。

⑤甲公司 11 月份申报应纳营业税 1.5 万元，其中免征营业税项目税额 5 000 元。

⑥11 月 10 日，收到上级局转来减免税文件一份，免征前述某企业欠缴的教育费附加 3 000元。

⑦11 月 10 日，收到征收人员结报临时征收的增值税税款现金 150 元，存本单位。

⑧11 月 10 日，待解税金营业税 500 元，开具汇总专用缴款书缴入国库经收处。

⑨1 月 10 日，乙厂交来所得税款 4 万元，存入银行。

任务五　税收行政管理

1.5.1　任务描述

税务行政管理是税收管理机关依据宪法和税法，行使国家赋予的征税权力，为实现税收目标，对税收分配活动进行管理的活动。它主要包括税收管理机构的设置、税务人员管理、税务机关事务管理等内容。根据本专业设置特点只对基层税务所管理的相关知识进行阐述。

1.5.2　任务描述

【案例】云海市西城区光明路税务所是一基层税务所，承担辖区内的基层税收管理事务。该所是一所典型的基层税务所，岗位设置齐全。全所共有 12 人，一岗一人，岗位设置如下：税务所所长王田洋，征收岗张东，收款岗林立，门柜开票岗徐晓阳，票证岗李扬，综合内勤岗赵伟，受理审核岗张灿，计会统岗卢新，发票发售岗孙立平，代开发票岗张天，税收管理岗田路，应纳税额核定岗周晨。

通过光明路税务所的岗位工作职责及税务所不同岗位的工作流程，了解基层税务所的税收行政管理。

1.5.3　相关知识

1.5.3.1　税务所的岗位职责

（1）所长岗位。所长岗位工作职责主要有主持全所工作，对任务的完成情况进行考核；负责税收管理工作及上报各类报表的把关工作；对本部门人员有分工、督查、调控考核权；制定所内年度及分月工作计划。

（2）收款岗位。收款岗位职责主要有按日和个体征收员、门柜开票员核对票款，并填写“票款核对单”，保证完税证金额和税收专用缴款书金额相符；每日按时在16:30以前将当日所收税款解缴入库，如遇特殊情况，最迟不得超过次日上午的9:30。

（3）门柜开票岗位。门柜开票岗位职责主要有按规定领取发票及完税证，实行交旧领新，相互签字；按纳税人的要求依法及时开具发票和完税证，并加盖印章，开具每张发票及税票时不得超过规定时间；开具发票时不得只开发票不开完税证、不得跳号，严禁开具“空头发票”、“大头小尾”发票等，作废发票和完税证必须整份保存，并加盖作废章，报所长签字；按日与收款员分税种核对税款金额，填写“票款核对单”确保票款相符；按规定存放和保管发票、完税证。每日下班时必须将发票和完税证存放于保险柜中，以防丢失。

（4）票证岗位。票证岗位职责主要有每季度前5日内上报票证使用计划，票证员应按照《票证管理办法》按月使用缴销票证；严格执行票证保管制度，实行专人、专柜保管，确保账实相符；使用票证管理模块，准确登记票证领、用、存等有关账簿及凭证，按月打印归档；按月按类别统计本月票证领用情况，与分局票管员核对后，月末30日前转内勤。

（5）综合内勤岗位。综合内勤岗位职责主要有负责全所税务登记办理、变更等管理工作；负责全所管户总体状况的统计工作；负责对应本局各科室的报表上报工作；负责与本局其他各科室（所）及所内科室各业务职能股间的联结转换。

（6）受理审核岗位。受理审核岗位职责主要有受理、审查和办理三个方面。

①受理。

a. 纳税人在办理房屋产权时，应提交相应的材料，交受理审核员初步审核。

b. 凡提交的材料齐全，符合法定形式，应当场予以受理。

c. 凡提交材料不齐全，不符合法定形式的，不予受理，并及时告知纳税人需补齐的全部材料内容，待纳税人补齐全部材料后再行受理。

②审查。受理审核员必须对纳税人已提交的材料进行进一步的详细审查：

a. 凡提交的材料内容真实，计税依据准确，符合法定形式的，应予当场办理。

b. 凡提交的材料内容不真实的，不予当场办理，待纳税人按规定取得合法、有效的证明材料，经审查准确无误后再行办理。

c. 凡计税依据不准确，成交价格明显低于市场价格并且无正当理由的，或者所交换房屋的价格差额明显不合理且无正当理由的，受理审核员应根据《中华人民共和国税收征收管理法》、《中华人民共和国契税暂行条例》的有关规定进行核定。

③办理。

a. 受理审核员根据审核无误的材料，计算纳税人应缴的各项税款，填开“××地税局税金计算一览表”，交征收员。

b. 负责对纳税人提出的问题进行解答；对纳税人有关涉税问题进行辅导。

（7）计会统岗位。计会统岗位职责主要有负责按规定领取完税证和通用缴款书，严格执行票证保管制度，确保账实相符；负责税款缴纳凭证及纳税人原始资料复印件的整理、装订及记账工作；负责和征收员核对领、用、存情况，做好联接转换；负责与分局计会统核对数据；负责电月报、五日报的上报；按本局要求，负责对应本局各科室的报表上报工作；负责与本局其他各科室（所）的联结转换；按要求完成信息编报。

（8）发票发售岗位。发票发售岗位职责主要有负责办理纳税人对“发票领购簿（卡）”

的申请，负责对纳税人提供的资料进行审查，由企业填制“普通发票领购簿申请审批表”，经审核无误后，制作有关发票的行政许可文书，按规定程序办理“发票领购簿（卡）”；负责对“发票领购簿（卡）”的发放、变更、丢失、被盗等事宜的管理登记。并将相关信息采集、录入、传递给相关岗位；负责受理印制发票的申请，初步审核后按规定程序上报；负责公路货物运输发票自开票纳税人的资料收集审核认定和年度审核；负责对发票准购相关资料的收集整理，并在年终将资料移交给档案管理岗；负责发票的发售、停售、恢复发售等事宜；负责发票发售台账的记录（信息采集录入）；负责整理好相关资料，并按规定移交档案管理岗。

(9) 代开发票岗位。代开发票岗位职责主要有负责审核纳税人提供的证明材料（对达到一定数额的，按权限报领导审批），并根据纳税人提供的证明材料代开发票；负责做好代开发票统计情况的记录，及时结缴发票；负责对纳税人提供的开票证明材料进行管理和备查；负责对所保存的资料按年进行整理装订，并移交档案管理岗。

(10) 税收管理岗位。税收管理岗位职责主要有开展税法宣传、咨询和纳税辅导工作，为纳税人提供优质服务；调查核实所管户纳税人税务登记等事项的真实性，督促纳税人按照国家有关规定及时足额申报纳税，建立健全财务会计制度，加强账簿、凭证管理；掌握纳税人变化的情况；负责新开户管理、变更登记管理；负责所管企业的日常管理；税源分析；纳税信誉等级评定：负责收集、整理、汇总所管户各类评定资料，于每年度二月底前提出纳税信誉等级评定管理初步评定意见；负责对重大投资项目的跟踪监控管理；巡查工作；对纳税人违反税收管理规定行为提出处理建议；减免税管理；负责纳税评估工作；负责税务登记管理方面的工作事项；负责账簿、证件及发票管理方面的工作事项；受理纳税申报管理岗移送的当场处罚范围外的违法违章线索，并负责调查；负责由各岗位传递的应由本岗进行责令限期改正处理的相关工作；负责是否享受税收优惠政策认定；负责企业及个人所得税的管理；负责确定评估对象及多缴、误收税款核查工作。

(11) 应纳税额核定岗位。应纳税额核定岗位职责主要有负责数据大集中系统中定期定额户核定数据的导入工作；负责银行批量划税业务的申报征收、数据核对、银行对账工作；负责数据大集中系统中纳税户房、土、车三税底册的修改录入工作；负责从数据大集中系统中，向相关部门提供征管质量考核原始数据的工作。

(12) 征收岗位。征收岗位职责负责所管户的征收征缴工作；按分工履行工作职责，负责申报审核；申报、查补税款及社保费申报的录入；征期内负责对纳税申报户进行友情提醒，对逾期申报户进行催报，逾期申报处罚；滞纳金加收；征收资料整理及管理；数据核对及税收会计凭证联接转换工作。

1.5.3.2 税务所的岗位工作流程

光明路税务所部分岗位工作流程如下：

(1) 征收岗岗位工作流程如图 1-6 所示。

(2) 票证岗岗位工作流程如图 1-7 所示。

(3) 发票发售岗岗位工作流程。

①非定额纳税人购票流程如图 1-8 所示。

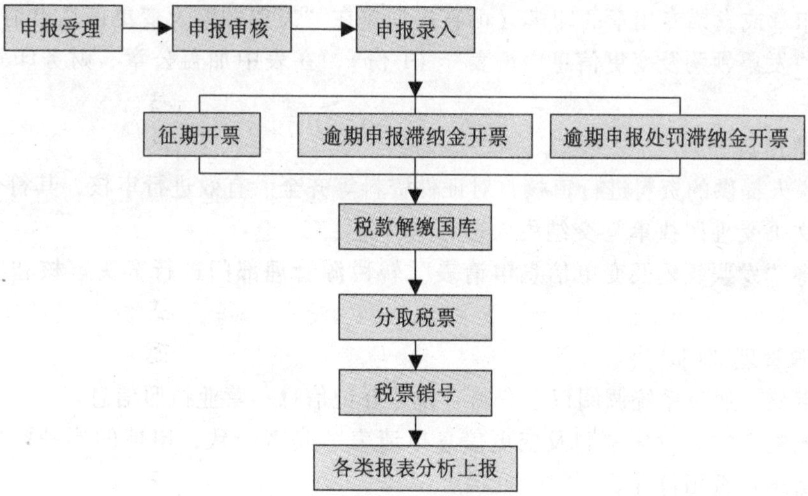

图 1－6　征收岗岗位工作流程

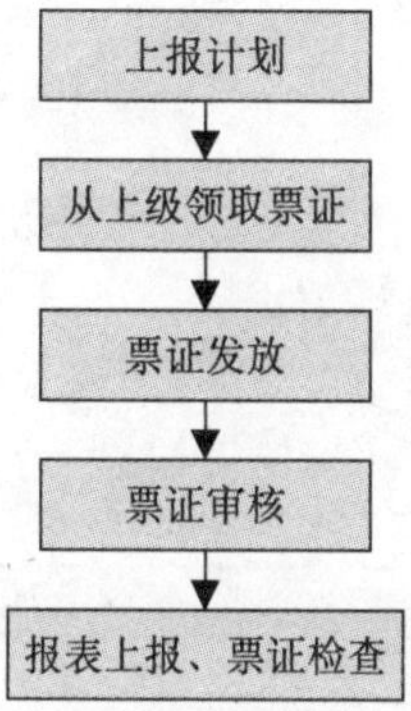

图 1－7　票证岗岗位工作流程

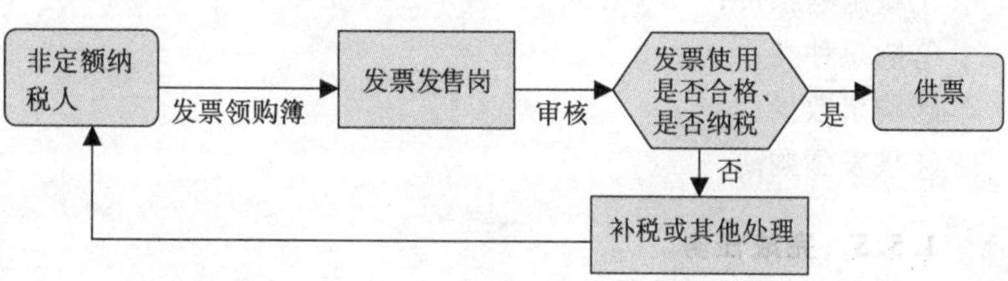

图 1－8　非定额纳税人购票流程

②定额纳税人购票流程如图 1－9 所示。

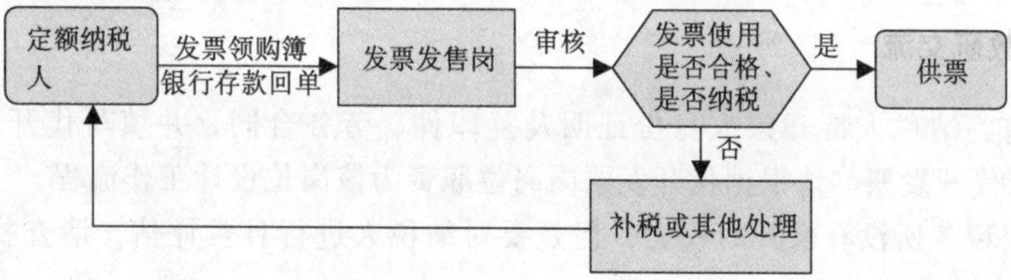

图 1－9　定额纳税人购票流程

1.5.4　技能训练

阳光英语为一家新成立的教育培训机构，被核定为定额税纳税人。其财务人员到光华路税务所申购发票。

(1) 财务人员首次领购发票。发票窗口工作人员要求其提供如下资料：

①“税务登记证”副本；

②购票员身份证明及复印件；

③财务印章或发票专用章的印模（可直接加盖在“发票领购及变更信息申请表”上）；

④填报“发票领购及变更信息申请表”（1份），在表中加盖公章、财务印章或发票专用章。

（2）发票窗口。

①对纳税人提供的资料进行审核，对证件资料等齐全、有效进行审核，其符合受理条件的，填写“文书受理回执单”交纳税人；

②即时将“发票领购及变更信息申请表”转税源管理部门进行案头审核和实地调查审核。

（3）税源管理部门。

①案头审核。通过系统调阅以下资料：税务登记信息；营业执照信息。

与纳税人提供的“发票领购及变更信息申请表”是否一致，申请的票种资格与纳税人的登记注册信息是否相符等。

②实地调查。通过实地调查，主要核实纳税人的实际生产经营情况与申请的票种信息是否相符，是否具备发票保管、开具的能力等。

③于3日内调查审核并签署意见后转发票窗口。

（4）发票窗口。

①核定购票员；

②购票种类；

③购票数量；

④核发领购簿。

1.5.5 完成任务

通过以上程序和手续，光华路税务所完成阳光英语发票申购工作。在本任务中学习中，应掌握税务所的岗位设置、岗位职责，最重要的是针对每一岗位进行训练，熟悉岗位工作流程。

1.5.6 教研交流

（1）现有一纳税人持开票人身份证明及复印件、劳务合同，并填写代开发票申请表，到征收所申请代开发票。请根据代开发票岗岗位职责为该岗位设计工作流程。

（2）基层税务所没有稽查的权力，但是要对纳税人进行日常评估，请查找资料设计评估的工作流程。

（3）以一岗位为例，应用模拟教学法设计教学。

单元二 非税收入事务

学习目标：

在本单元的学习中，需要掌握如下内容：

1. 非税收入收缴流程。以案例的方式，学习我国关于非税收入管理“收支两条线”的收缴流程。

2. 非税收入票据填制。学习填制“非税收入一般缴款书”，并了解在填制中需注意的问题。

3. 非税收入账户体系设置。学习为加强非税收入管理，设立非税收入收缴银行账户体系以替代原有的账户体系的问题。

非税收入是近年来为适应预算制度改革而产生的全新概念，它是指除税收以外，利用政府权力、政府信誉等其他手段取得的所有财政性资金，并且规定这部分收入用于满足社会公共需要或准公共需要，而不再由部门支配。目前我国财政对非税收入的管理仍然沿用收支两条线方式，但各地差异较大。在本单元中，我们将介绍辽宁省的非税收入管理办法，可能与其他地区的方法有所不同。

【案例】 兹溪职业高级中学为兹溪乡所属学校。按照规定，学校向学生所收取的学杂费为兹溪乡财政非税收入，应纳入乡财政专户管理。但兹溪职高擅自从收取学费的“收入户”中支取资金，用于学校部分人员旅游费用，被财政部门处罚。试分析兹溪职高违反了哪些规定。

任务一 非税收入收缴流程

2.1.1 任务描述

要分析兹溪职高在学费收取使用问题上的违纪行为，首先要了解什么是非税收入，我国对非税收入采用什么样的管理方法。

政府非税收入是指除税收以外，由各级政府、国家机关、事业单位、代行政府职能的社会团体及其他组织依法利用政府权力、政府信誉、国家资源、国有资产或提供特定公共服务、准公共服务取得并用于满足社会公共需要或准公共需要的财政资金，是政府财政收入的重要组成部分，是政府参与国民收入分配和再分配的一种形式。政府非税收入的管理范围包括：行政事业性收费、政府性基金、国有资源有偿使用收入、国有资产有偿使用收入、国有资本经营收益、彩票公益金、罚没收入、以政府名义接受的捐赠收入、主管部门集中收入以及政府财政资金产生的利息收入等。

在非税收入提出前，在理论界和实践工作中广泛使用的概念是预算外资金。预算外资金是指国家机关、事业单位和社会团体为履行或代行政府职能，依据国家法律、法规和具有法律效力的规章而收取、提取和安排使用的未纳入国家预算管理的各种财政性资金。预算外资金大多由收取部门自收自支自行支配使用，为了加强资金管理，财政部门逐步将原来由单位支配的预算外资金纳入预算管理，并重新命名为“非税收入”，通过部门预算将非税收入的使用与各部门的预算资金结合，统一管理使用。

在我国，目前对非税收入实行“收支两条线”管理办法。

2.1.2 任务分析

非税收入按照不同的标准有不同的分类。按照财政预算管理方式，可划分为预算内非税收入和预算外非税收入；按照财政管理账户类别，可划分为纳入国库管理的非税收入和纳入预算外资金财政专户管理非税收入；按照来源，可划分为政府性基金收入、专项收入、彩票资金收入、行政事业性收费收入、罚没收入、国有资本经营收入、国有资源（资产）有偿使用收入、其他收入等。

案例中兹溪职高向学生所收取的学费为兹溪乡财政非税收入，应纳入乡财政专户管理。可见，被挪用的学费属于纳入预算外资金财政专户管理非税收入。但纳入预算外资金财政专户管理非税收入是一个什么样的收缴和管理流程呢？

2.1.3 相关知识

在我国，目前对非税收入实行纳入国库管理和纳入财政预算外资金专户管理的两种账户管理办法，但都实行收支两条线，如图 2－1 所示。

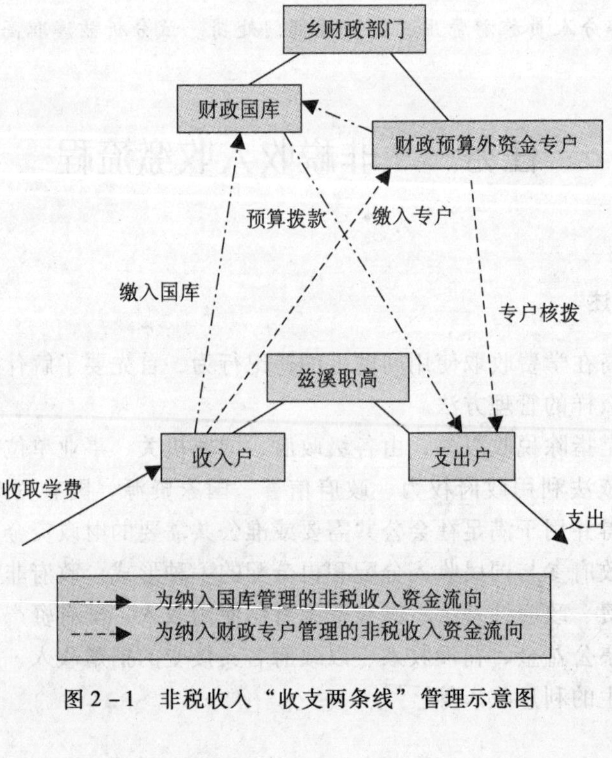

图 2－1　非税收入“收支两条线”管理示意图

几点说明：

(1) 对财政来说，兹溪职高既是一个非税收入的执收单位，也是一个预算单位。

(2) 乡财政从财政预算外资金专户向兹溪职高核拨非税收入资金前，单位要编制“季度分月用款计划”，该用款计划相当于单位的用款申请，依据批准的用款，乡财政方可向兹溪职高核拨资金。

(3) 如果是非税收入纳入国库管理，兹溪职高的非税收入使用就要在年初编入单位的部门预算，统筹使用。同样，在每季度开始前，单位要编制“季度分月用款计划”，向财政提出用款申请。

(4) 兹溪职高的“收入户”，只能用于单位收取学费等向财政缴纳的非税收入，并定期向预算外资金专户上缴非税收入。该账户不能用于单位的支出使用。

(5) 兹溪职高的“支出户”，只能用于单位的支出使用。该账户的资金只能是财政从国库拨来的预算拨款、财政从财政预算外资金专户核拨的非税收入和其他按照规定可以直接留归本单位使用的杂项收入。

2.1.4 技能训练

本任务的技能训练可以通过两种练习进行：一是结合案例分析；二是通过小组练习，让学生熟悉非税收入收缴流程。

2.1.4.1 结合案例分析非税收入流程和有关规定

在兹溪职高挪用非税收入的案例中，该单位违反了如下规定：

(1) 从“收入户”中支取资金。

(2) 未按规定及时足额地将财政专户管理的非税收入缴入财政专户。

(3) 擅自改变非税收入资金的用途。按照教育部门的一般规定，职业高中学费收入为教学收入，其用途要全部用于补充学校公用经费的不足，不得用于教职工工资、津贴、福利、基建支出等项开支，更不得用于学校部分人员的旅游支出。

(4) 学校收取的非税收入没有实行“收支两条线”管理。纳入财政管理的非税收入资金，必须按有关规定全额或按比例上缴乡财政专户（或国库），实行“收支两条线”管理，必须接受审计部门和监督和审计。

2.1.4.2 通过小组练习，让学生熟悉非税收入收缴流程

在练习之前，要提示学生注意学费收取标准、将非税收入纳入国库管理和纳入财政专户管理规定的差异等环节，并引导学生思考非税收入与部门预算的关系、“季度分月用款计划”的作用等问题，为后面的学习奠定基础。

2.1.5 完成任务

良好地完成本任务有两个标志：一是能够准确地分析出兹溪职高所犯的错误，并能说出为什么；二是在小组实践练习中，能够准确地区分出“收入户”与“支出户”在管理上的差异、非税收入纳入国库管理和纳入财政专户管理的不同处理流程等内容。

2.1.6 教学研讨

（1）准确描述非税收入与预算外资金收入的区别与联系。

（2）总结执行非税收入实行收支两条线管理办法时应该注意的问题。

（3）描述非税收入纳入国库管理后的具体处理流程，并总结执行中应注意的问题。

任务二 填制非税收入收缴票据

2.2.1 任务描述

案例中的兹溪职高应该如何填制票据，将学生学费收入上缴到财政专户？乡财政又该如何管理非税收入收缴票据，在票据管理上对执收单位作出什么规定和要求？

非税收入管理制度改革后，执收单位收缴非税收入使用“非税收入一般缴款书”。“非税收入一般缴款书”已纳入票据管理体系，一般由各省财政厅票据监管部门统一印制、发放、核销以及监督管理。

2.2.2 任务分析

非税收入收缴的执收单位，是按照有关法律、法规、规章的规定，收取政府非税收入并独立核算的国家机关、事业单位、代行政府职能的社会团体及其他组织。在案例中，兹溪职业中学就是收取学费收入的执收单位。

与一般的票据填制方法类似，填制“非税收入一般缴款书”也涉及单位名称、日期、项目名称、数量、标准金额、大小写金额、开票人收款人签字、公章等内容。填开票据时，必须按照规定的时限、号码顺序填开，填写时必须项目齐全，内容真实，字迹清楚，全份一次复写，各联内容完全一致，并加盖单位财务印章或者发票专用章。填开票据应用中文，也可使用中外两种文字。对于填开票据后发生退回或者部分退回的，应在收回原票据或取得对方的有效证明后，方可填开红字票据，填错票据的应书写或加盖“作废”字样，完整保存各联备查。用票单位和个人丢失票据应及时报告主管财政机关，并在报刊、电视等新闻媒介上公开声明作废，同时接受财政机关的处理。

2.2.3 相关知识

“非税收入一般缴款书”由执收单位负责填写，用于向财政专户或财政汇缴专户缴款及向缴款人开具收据使用，不得用于其他用途。“非税收入一般缴款书”一式五联，如图2－2[①]所示。

第一联：回单联；

① 图2－2是辽宁省非税收入一般缴款书样式，其他省份的票据可以与本样式有所不同。

第二联：由缴款人开户银行作借方凭证；

第三联：由收款人开户银行收款后作贷方凭证；

第四联：执收单位给缴款人的收据联；

第五联：执收单位留存联。

非税收入一般缴款书（回单） 1 No:

填制日期 年 月 日 执收单位名称： 执收单位编码：

组织机构代码：

<table>
<tr><td rowspan="3">付款人</td><td>全称</td><td></td><td rowspan="3">收款人</td><td>全称</td><td></td></tr>
<tr><td>账号</td><td></td><td>账号</td><td></td></tr>
<tr><td>开户银行</td><td></td><td>开户银行</td><td></td></tr>
<tr><td colspan="4">币种： 金额（大写）</td><td colspan="2">（小写）</td></tr>
<tr><td>项目编码</td><td>收入项目名称</td><td>单位</td><td>数量</td><td>收缴标准</td><td>金额</td></tr>
<tr><td></td><td></td><td></td><td></td><td></td><td></td></tr>
<tr><td></td><td></td><td></td><td></td><td></td><td></td></tr>
<tr><td></td><td></td><td></td><td></td><td></td><td></td></tr>
<tr><td colspan="2">单位主管 会计 复核 记账</td><td colspan="4">上列款项已收妥并划转收款单位账户
银行盖章
复核员 记账员 出纳员 年 月 日</td></tr>
</table>

第一联 代理银行收款签章后由缴款人或代理银行退执收单位

校验码：

图 2－2 非税收入一般缴款书样式

2.2.4 技能训练

2.2.4.1 准备工作

在一份非税收入一般缴款（几个联次的票据合在一起才算是一份票据）后面隔张硬纸，以防止复写到下一份票据上，影响下一份票据的使用效果。

票据有自带复写和无自带复写两种。鉴别所持票据是否自带复写，可以在第一联边缘外试划一道线，如果下面几联可看出试划的线，那就是自带复写的票据，可直接填写；否则，需要在一份票据的第一联直至第五联都要垫上复写纸。目前，财政税务部门发售的手工普通票据一般都自带复写，使用单位可直接填写使用。

如果是机打专用票据，可以直接放到打印机里打印，不再需用垫复写纸。

2.2.4.2 填写票据

填写票据的基本方法是在第一联（回单联）上写字，第二至第五联上都是被复写纸印上的字。需要注意的是，不论是几联一份的票据，存根联后面的都是被复写纸印上的字，不可再用手工填写。

仍以兹溪职高收学费的事项为例，说明非税收入一般缴款书的填写要求。

（1）填制日期为收取学费当日，以实际发生日期为准。

（2）执收单位为兹溪职业市级中学。执收单位编码是财政部门对所辖非税收入各执收单位进行编号后，专属于兹溪职高的号码；组织机构代码是指单位成立伊始，当地技术质量监督局颁发的“组织机构代码证”中所给定的兹溪职高专属号码。

（3）付款人为缴纳学费的人。票据的付款一栏应填写付款人的全称。一般的票据填写时，对于名字太长的单位收款人可以写简称，但需要抓住名称中的核心词、关键词。需要注意的是，如果是转账收款，由于涉及银行划转，填写时要求写明付款人的全称，不可填写简称；账号和开户银行是指付款人通过银行付款时需要填写付款人的开户银行和账户号码，不通过银行付款或没有开户银行的可以不写。

（4）收款人即非税收入的执收单位兹溪职业高级中学。

（5）币种一般为人民币，如有美元、日元等外币，要按照所收取非税收入的币种填写。金额有大写和小写之分，都要填写清楚，而且要保持一致。

（6）收入项目一栏要写明非税收入项目的名称，有多个收入项目时要写明项目编号。收入项目的单位为项目的计量单位，本案例兹溪职高收取学费要依国家规定标准，项目单位以人计。

2.2.4.3　机打专用票据的填制

有些票据可以不用手工填写，而是在计算机上填制打印的，简称机打票据。机打票据业务处理包括购买并读入票据、开具票据、作废票据等内容。

（1）购买并读入票据。购买并读入票据工作由财政部门办理。当执收单位到财政机关领购票据时，由财政机关在单位专用票据卡上输入相关信息，包括本次领购票据张数、票据的起讫号码、票据模板等内容。各地所用的电子处理系统不同，界面和具体操作上有所差异。

（2）开具票据。

①开具正数专用票据。

进入系统→票据管理→票据开具管理→票据填开→票据号码确认→进入“专用票据填开”界面→填写缴款人信息→填写项目信息→打印票据

②开具带缴款清单的专用票据。

进入系统→票据管理→票据开具管理→票据填开→票据号码确认→进入“专用票据填开”界面→填写缴款人信息→点击“清单”按钮→ 进入缴款清单填开界面→填写各条项目信息→点击“退出”返回票据界面→打印票据→在“已开票据查询”中打印缴款清单

③开具负数专用票据。

进入系统→票据管理→票据开具管理→票据填开→票据号码确认→进入“专用票据填开”界面→点击“负数”按钮→填写相应的正数票据的号码和代码→系统弹出相应的正数票据的信息，确定→系统自动生成负数票据→打印票据

（3）作废专用票据。

①已开票据作废。

进入系统→票据管理→票据开具管理→已开票据作废→选择欲作废的票据号码→点击“作废”按钮→系统弹出“作废确认”提示框→确定→作废成功

②未开票据作废。

进入系统→票据管理→票据开具管理→未开票据作废→系统弹出“未开票据作废号码

确认”提示框→确定→作废成功

2.2.5 完成任务

非税收入票据填制完成后，需要达到如下要求方算合格：

（1）票面所有项目要写全；

（2）付款单位要写全称；

（3）开票日期填写准确；

（4）收费项目名称和内容要写真实、确切；

（5）项目、数量、单位、单价要写清楚；

（6）大小写金额要写一致。

2.2.6 教学研讨

（1）独立填制一张“非税收入一般缴款书”。

（2）依据经验，总结填制票据中应注意哪些问题。

（3）举一反三，思考在财政票据填制与管理中应注意哪些问题？

任务三 建立非税收入账户体系

2.3.1 任务描述

预算外资金管理一直是我国财政管理中的一个大问题，改为非税收入管理后，依然面临诸多问题。比如，执收单位虽然设置了收入户和支出户两个银行账户，但自己选择开设的收入户银行允许单位从收入户中支出款项，或者从收入户中把款项划拨到单位的其他账户中，等等。针对加强非税收入管理问题，各地有不少新的举措和办法，其中设立非税收入收缴银行账户体系是最重要的举措，以替代原有的账户体系，规范非税收入账户管理。

2.3.2 任务分析

建立非税收入账户体系是以取消各主管部门和执收单位开设的收入过渡账户为目的的。它包括国库单一账户、非税收入财政专户和非税收入财政汇缴专户三类账户，其中，财政专户按银行专用存款账户管理。

建立非税收入账户体系需要掌握各类账户的性质、管理要求和开户程序，以及这三类账户之间的交互关系，因此，在下面的内容中我们将按照账户性质、管理要求和开户程序对非税收入账户体系进行介绍。

2.3.3 相关知识

2.3.3.1 国库单一账户

国库单一账户是指按照建立国库单一账户体系要求，财政厅在人民银行开设的国库存款账户，用于记录、核算和反映已经纳入预算管理的非税收入的收支活动。国库是国家金库的简称，是办理预算收入的收纳、划分、留解和库款支拨的专门机构。国库分为中央国库和地方国库。国家的全部预算收入必须按规定期限全部缴入国库；国家的一切预算支出必须按规定通过国库拨付。在我国，相关法规规定一级政府只能有一个国库账户，故国库账户又被称为国库单一账户。政府所有的财政资金，包括一般预算资金和基金预算资金均能通过这一账户进行收缴和拨付。

非税收入账户体系中的国库单一账户属于国库单一账户体系的重要组成部分。国库单一账户体系是指在财政国库管理制度改革中设立的政府资金管理的银行账户体系，主要包括财政部门在中国人民银行开设的国库单一账户，财政部门在商业银行开设的用于财政直接支付的零余额账户，财政部门在商业银行为预算单位开设的零余额账户，用于核算预算外资金的财政专户，以及用于核算特殊性质资金的特设专户等，都属于这一账户体系。

（1）国库单一账户的管理。国库分为中央国库和地方国库，中央国库业务由中国人民银行经理，地方国库业务由中国人民银行分支机构经理。我国的《预算法》和《预算法实施条例》明确规定：①县级以上各级预算必须设立国库，具备条件的乡、民族乡、镇也应当设立国库。未设中国人民银行分支机构的地区，由上级中国人民银行分支机构与有关的地方政府财政部门协商后，委托有关银行办理。②中央国库业务由中国人民银行经理，地方国库业务依据国务院的有关规定办理。③各级国库必须按照国家有关规定，及时准确地办理收入的收纳、划分、留解和预算支出的拨付。不得延解、占压应当缴入国库的预算收入和国库库款。④各级国库库款的支配权属于本级政府财政部门。各级国库必须凭本级政府财政部门签发的拨款凭证于当日办理库款拨付，并将款项及时转入用款单位的存款账户。⑤各级政府应当加强对本级国库的管理和监督。中央国库业务应当接受财政部的指导和监督，对中央财政负责，地方国库业务应当接受本级政府财政部门的指导和监督，对地方财政负责。

在非税收入账户体系管理中，国库单一账户要执行如下管理要求：

①按执收单位、分收入项目进行核算。以满足非税收入管理需要，以及反映执收单位非税收入预算完成情况考核的需要。

②与财政专户清算。我国长期以来非税收入都在预算外管理，近年来的改革将越来越多的非税收入资金纳入预算，但这是一项需要时间的改革，在目前我国仍然有许多非税收入在预算外，纳入财政专户管理。当一些预算外资金可以纳入预算统一支配时，便会发生国库单一账户与财政专户清算的问题。

③拨付预算内资金。国库是监管预算资金的重要部门，承担着国家预算资金的拨付收纳任务。我国《国家金库条例》明确规定了国库的职责，如办理国家预算收入的收纳、划分和留解；办理国家预算支出的拨付；向上级国库和同级财政机关反映预算收支执行情况；协助财政、税务机关督促企业和其他经济收入的单位及时向国家缴纳应缴款项，对于屡催不缴的，应依照税法协助扣收入库；组织管理和检查指导下级国库工作；以及办理国家交办的同国库有关的其他工作。为此也授予国库如下的职权，如督促检查各经收处和收入机关所收之款是否按规定全部缴入国库，发现违规不缴的，应及时查究处理；国库对擅自变更各级财政之间收入划分范围、分成留解比例，以及随意调整库款账户之间存款余额的情况，有权拒绝执行；国库对不符合国家规定要求办理退库的情况有权拒绝办理；监督财政存款的开户和财政库款的支拨；国库对不符合规定的凭证有权拒绝受理；国库对任何单位和个人强令办理违

反规定的事项，有权拒绝执行，并及时向上级报告。

④不得提取现金。

(2) 国库单一账户的开设。中国人民银行国库管理机构为财政部门开设国库单一账户，主要用于记录、核算和反映纳入预算管理的财政收入和支出活动。国库单一账户按专用存款账户管理。开户时，要经过如下程序：

①财政部门向中国人民银行提交开户申请。人民银行国库部门的职责主要是负责国库单一账户和分类账户的开立、设置，办理财政收入、财政支出的资金清算。在财政开设国库账户时，需要财政向人民银行国库部门提出开户申请。同样变更清算等业务也要履行申请程序。

②人民银行国库部门审核财政的开户申请。人民银行国库部门对财政部门提出的开户申请进行审核，包括政策性审核和技术性审核。

③人民银行国库部门通知财政开户。对于审核通过的开户申请，由人民银行国库部门通知财政部门，办理开户手续。

④预留印鉴。财政部门依据国库规定填写有关表格，并预留印鉴。

2.3.3.2　非税收入财政专户

非税收入财政专户是用于记录、核算和反映非税收入执收单位非税收入收缴和拨付预算外资金情况的专款存款账户。非税收入财政专户又称预算外资金财政专户，是财政部门在有关银行开设的预算外资金专用账户，用于对各执收单位不纳入预算管理的非税收入资金实行收支两条线管理。我国的《预算外资金管理的暂行办法》和财政部《预算外资金管理实施办法》规定，财政部门应在代理银行开设预算外资金专用账户，以加强预算外资金管理。财政专户为计息账户，财政专户内的银行存款按照中国人民银行规定的存款利率计息。

(1) 非税收入财政专户的管理要求。我国《预算外资金管理实施办法》规定，各级财政专户的基本职责是办理各部门和各单位预算外资金的收缴和拨付，对各部门和各单位存在专户的预算外资金进行会计账务核算，定期反映和报告预算外资金收支计划执行情况，督促检查预算外资金收入及时足额缴入财政专户，以及其他与财政专户有关的事务等。在此基础上，非税收入财政专户管理进一步要求：

①非税收入财政专户发生的缴存和拨付业务，都必须通过银行转账划拨，不得以现金的形式缴付。对不符合规定的凭证和用款手续，财政专户有权拒绝受理。

②非税收入财政专户发生缴存和拨付业务时，应凭原始凭证记账，并出具财政专户缴拨凭证，附加盖专用印章的原始凭证复印件。

③非税收入财政专户要按执收单位、分收入项目进行核算，以便于准确计算各执收单位各项目收入的情况。

④非税收入财政专户与财政汇缴专户清算，将应缴收入及时收入专户。

⑤非税收入财政专户向国库单一账户缴款。对于不返还执收单位的预算外非税收入，由财政专户缴入国库。

(2) 非税收入财政专户的开设。原则上，一级财政只能开设一个非税收入财政专户。开设财政专户时，先向代理银行提出开户申请，再办理开户手续。如果上级财政部门对非税收入财政专户的开设有特殊规定，从上级规定。

首先由财政部门向代理银行提出开户申请，填写申请开户表格。也有教材中描述的步骤是由财政部门向代理下发开户通知，通知某个商业银行财政即将在该行开立专户。这种说法有一定的道理，即现在商业银行出于竞争的压力，都会在财政开设专户前积极地与财政部门联系接洽，希望财政部门能在本行开设账户，因此，当财政部门决定选择某个银行时，财政部门也是在向被选择的银行发出通知。

其次是按照银行开户流程，填写有关表格并办理预留印鉴。

2.3.3.3　非税收入财政汇缴专户

非税收入财政汇缴专户是指由财政部门按照规定程序在代理银行为执收单位设立的专门用于收纳与上缴财政非税收入账户。它是非税收入财政专户的延伸账户，用于执收单位非税收入收缴，以及与财政专户或国库进行清算的银行账户。传统的收缴管理机制，在初期曾有效提高了执收单位收取政府非税收入的积极性，确保了政府非税收入的征收，有力地支援了我国社会经济的发展与建设，但随着政府非税收入的规模不断扩大，政府非税收入传统收缴管理机制的弊端也逐渐暴露出来，非税收入不及时足额上缴财政的问题尤为突出。部门和单位多头开设银行账户，财政部门无法对部门的账户实行有效监控，资金上缴财政的主动权掌握在部门手中，加之后期检查处罚力度无法保障，从而造成截留、坐支、挪用应缴财政收入的问题长期以来难以有效解决。原有收缴方式下，政府非税收入的征收与上缴过程均由主管部门和单位自行完成，弊端较多。收入能否及时足额缴入国库或财政专户，全靠执收单位的自觉性，收入在单位过渡性存款账户上滞留几个月是普遍的现象，急需改革。财政为各执收单位开设财政汇缴专户的办法可以较好地解决上述问题。

目前，我国大部分地方的部门和单位的非税收入采取集中汇缴的办法。有非税收入资金收入的部门和单位将应缴财政专户资金，首先要逐级缴入主管部门或二级管理单位的汇缴专户，由主管部门或二级管理单位汇集后，统一向财政专户缴纳。

（1）非税收入财政汇缴专户的管理。

①财政汇缴专户只能用于执收单位非税收入收缴，不得用于执收单位的支出。执收单位要严格执行预算外资金“收支两条线”管理要求，不得从财政汇缴专户中支取资金用于单位支出需要。对于违反规定的支付行为，代理银行有权拒绝执行。

②主管部门或二级管理单位向财政专户缴纳非税收入资金时，须填制银行制发的“进账单”，并注明预算外资金收入项目（分为收费收入、基金性收入、集中收入和其他收入）和具体金额，通过银行转账支票将资金按规定缴入财政专户。

③主管部门或二级管理单位将集中汇缴的非税收入资金于每月底前，从财政汇缴专户中将资金上缴财政专户。未按规定执行的，财政部门将委托各开户银行于月末将其全部非税收入资金划入财政专户。

④对于不能按照财政部门规定配合财政管理的代理银行，财政部门有权终止其代理资格，撤消执收单位在其银行开设的财政汇缴账专户。

（2）非税收入财政汇缴专户的开设。执收单位开设非税收入财政汇缴专户应当按照财政部门的有关规定和程序，向财政部门提出设立财政汇缴专户的申请，并向代理和财政管理部门办理预留印鉴手续。具体程序如下：

①执收单位提出开户申请。原则上，一个执收单位只能开设一个财政汇缴专户。主管部门应当将所属单位的情况汇总，向财政提出一个总的申请。

②财政部门审核。财政部门对各部门汇总上来的申请进行审核，批准后将选择作为代理银行的商业银行及网点分布情况转发给各主管部门。从实践经验看，财政部门应当在本地的各商业中选择两个以上商业银行作为代理银行，但最多不能超过“当地银行总数-1”这个上限。这是由于，如果只选择一家银行做代理银行，该银行会由于缺乏竞争压力而不肯努力提高服务水平。选择两家以上银行做代理，也便于比较银行间的服务差异，促使银行提高服务水平。但是，财政又不能把所有的银行都选为代理银行，理由同上。从竞争压力的角度上讲，财政应保留至少一家银行在代理网络之外，以保障银行为财政服务的水平。

③执收单位选择。各执收单位依据主管部门转来的代理及其网点分布情况，选择一家与本单位较近的营业网点作为开户银行。主管部门将本系统各单位的选择情况汇总后，报同级财政。

④财政代理银行为执收单位办理开户。财政部门根据各执收单位的选择情况向代理银行发出通知。

⑤代理银行通知各执收单位办理开户手续。

⑥各执收单位向代理银行办理印鉴手续。印鉴卡的填写要按银行的规定办理。

*执收单位增加、变更、合并、撤销财政汇缴专户的，应当按照相关规定向财政部门提出增加、变更、合并、撤销非税收入财政汇缴专户的申请，并按规定的程序办理。

2.3.4 技能训练

技能训练应主要集中在两个重点内容上，一是非税收入账户体系中各账户的管理要求，二是各账户的开设程序。

将班级的同学分成三组，分别扮演财政、银行和执收单位三个角色，其中扮演执收单位小组的同学还要分出主管部门和一般单位的代表来。

(1) 各账户的管理要求。依据课程内容和相关规定，对非税收入的收缴、入库、拨付情况进行练习。在练习前向同学强调要注意账户的用法和管理规定，并且要思考为什么要这样规定，是在防范什么样的道德风险。

(2) 各账户的开设程序。让同学们填制开设申请，在填制过程中要求大家思考：在表格填制前要有哪些程序需要履行？在填制申请后，还有什么程序要走？以帮助同学了解和掌握非税收入账户体系的设立程序，以及在开设过程中的有关规定和要求。

2.3.5 完成任务

非税收入账户体系建立后，非税收入的管理流程不变，但流程中所涉及的账户以及账户管理要求有所变化，最主要的变化是执收单位的财政汇缴专户不再是单位自行开设的银行账户，而是纳入了财政非税收入专户管理系统，服从财政的管理了。

建立新的非税收入账户体系后，图2-1就变为图2-2了。与图2-1相比，图2-2的流程没有变化，只是账户称谓不同，但二者之间的更大不同在于新的账户体系建立后，财政部门的管理力度要比以前大得多，在账户管理要求上有一些新的变化。

2.3.6 教学研讨

(1) 浙江省海安乡社会事务管理办公室是该乡行政事业性收费的主管执收单位，乡财政

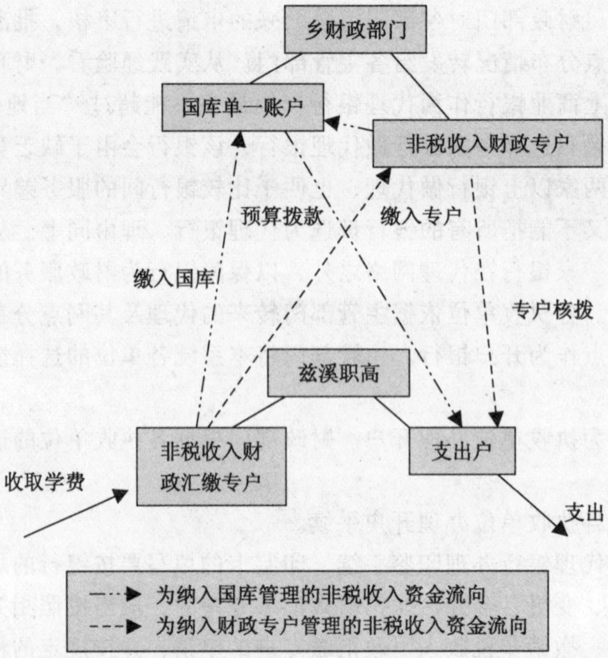

图 2-2　新的账户体系建立后非税收入“收支两条线”管理办法示意图

规定，该项费用须纳入财政专户管理。试以第二代身份证收费为例，模拟演示出该项非税收入的收取、缴纳以及账户的使用等情况，并总结出应该注意的问题。

（2）试讨论我国非税收入账户体系设计的意图，并思考如何改进。

模块二

财政支出事务

单元三 财政拨款事务

学习目标：

财政支出是依靠财政拨款提供的。即通过政府预算提供给行政、国防、司法、公安、教育、卫生、科技、基础设施建设等方面不需偿还的财政性资金，因此本单元的学习目标有三：

1. 财政拨款的一般流程。了解预算内资金和预算外资金的财政拨款一般流程。

2. “季度分月用款计划”的编制方法。掌握各预算单位在申请财政拨款时，向财政提交的季度分月用款计划制度方法。

3. “财政性资金支付凭证”的编制方法。学习财政拨付资金时所使用的“财政性资金支付凭证”的编制与审核。

【案例】兹溪职业高级中学为兹溪乡所属学校，按照规定，学校的经费来源有财政预算内的拨款收入和学校向学生所收取的学杂费上缴乡镇财政后下拨的预算外资金的事业收入。兹溪职业高级中学要如何才能得到财政预算内的拨款收入和预算外资金拨款收入呢？

任务一 财政拨款的一般流程

3.1.1 任务描述

财政拨款是政府为了实现其社会职能和经济职能的需要，无偿拨付给行政、企事业单位的款项。作为兹溪乡职业高级中学的财务人员要如何才能得到乡镇财政拨款收入呢？必须先了解财政拨款的一般流程。

3.1.2 任务分析

要想了解财政拨款的一般流程，需了解财政收入的预算管理方式和财政收入的管理账户。由于预算管理方式和财政管理账户的不同，财政拨款可分为预算内资金拨款和预算外资金拨款，两种拨款的流程也不大一致。

3.1.3 相关知识

财政收入按照财政的预算管理方式，可划分为预算内资金收入和预算外资金收入。财政资金按照财政的管理账户，可划分为国库管理资金和财政专户管理的资金。

3.1.3.1 预算资金及其管理

预算资金是指通过一定的形式和程序，由各级财政部门组织的纳入预算管理的各项非偿还性的资金。

（1）预算资金的内容。

①一般预算收入。包括各种税收收入、国有资产经营收入、行政性收费收入、罚没收入、土地和海域有偿使用收入、专项收入等。

②基金预算收入。基金预算属于新口径中非税收入，包括如电力建设基金收入、公路建设基金收入、农村教育附加费收入等内容。

（2）预算资金的管理方法。在我国，对预算资金采取国库管理办法。国库是办理预算收入的收纳、划分、留解和库款支拨的专门机构，分为中央国库即中国人民银行总行和地方国库即地方各级的中国人民银行的分支机构。县级以上各级预算必须设立国库，具备条件的乡、镇也应当设立国库，未设中国人民银行分支机构的地区，可以经上级人民银行和有关的地方政府财政部门协商后，委托有关银行办理。

各级国库应当依照有关法律，行政法规和财政部、中国人民银行的有关规定，加强对国库业务的管理，及时准确地办理预算收入的收纳、划分、留解和预算支出的拨付。各级国库库款的支配权属地方各级政府财政部门。除法律、行政法规另有规定外，未经本级政府财政部门同意，任何部门、单位和个人都无权动用国库库款。

3.1.3.2 预算外专户资金及其管理

预算外专户资金是指未纳入财政预算管理的财政性资金。

在我国，许多非税收入并未纳入预算管理，而是采取财政专户管理的办法，所以也称财政专户资金。财政专户是指各级财政部门按照法律、行政法规和规章，对财政预算外资金进行专项管理和使用而开立的银行结算账户。财政专户管理的要求：

（1）严格规范预算外资金范围，加强预算外收入的管理。

（2）认真抓好财政专户管理工作，对预算外专户资金实行收取与使用分开的收支两条线的管理办法，将预算管理的各种行政性收费、各种基金等全面纳入财政专户管理范围，完善专户储存资金使用计划的审批制度。行政事业单位收取的各种形式的预算外专户资金，必须全部缴入同级财政部门在银行统一开设的财政专用结算的存款户，支出时，由用款单位申请报同级财政部门审核、批准，按预算外专户资金收支计划，结合用款单位财务收支计划统筹安排，从财政专户中核拨。对于少数对预算外专户资金开支有特殊需要的行政事业单位，经财政部门同意并核定收支计划后，可按预算外专户资金收支结余数额或按确定的比例，将预算外专户资金缴入财政专户。

（3）抓好预算外专户资金的支出管理，预算外专户资金的使用方向和支出范围必须严格按照预算外专户资金管理的有关法规和制度进行。

3.1.4 技能训练

由于预算资金纳入国库管理和预算外资金纳入财政专户管理的不同预算资金拨款和预算外专户资金拨款的一般流程就有所不同，下面分别介绍它们各自的一般流程：

（1）预算资金财政拨款的一般流程。预算资金财政拨款的一般流程如图 3－1 所示。

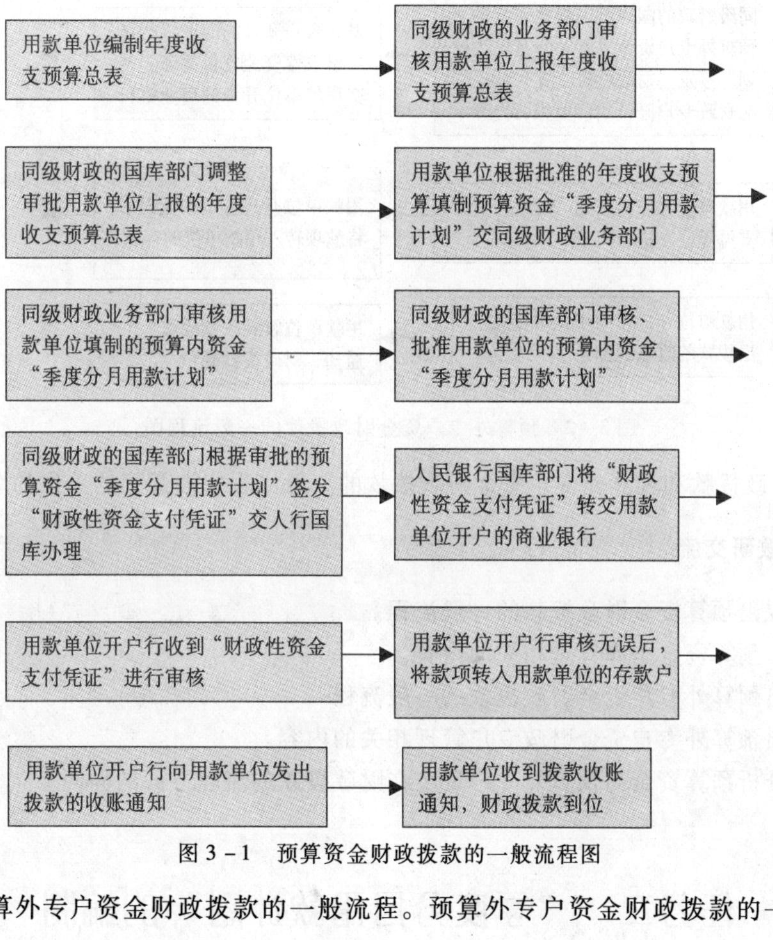

图 3－1 预算资金财政拨款的一般流程图

（2）预算外专户资金财政拨款的一般流程。预算外专户资金财政拨款的一般流程如图 3－2所示。

3.1.5 完成任务

通过相关知识的学习和技能训练，良好地完成任务的标志有三个：一是学生能够准确地说出预算资金财政拨款和预算外专户资金财政拨款的一般流程；二是学生能够准确区分出预算资金财政拨款和预算外专户资金财政拨款的一般流程的差异之处；三是学生能够准确地说

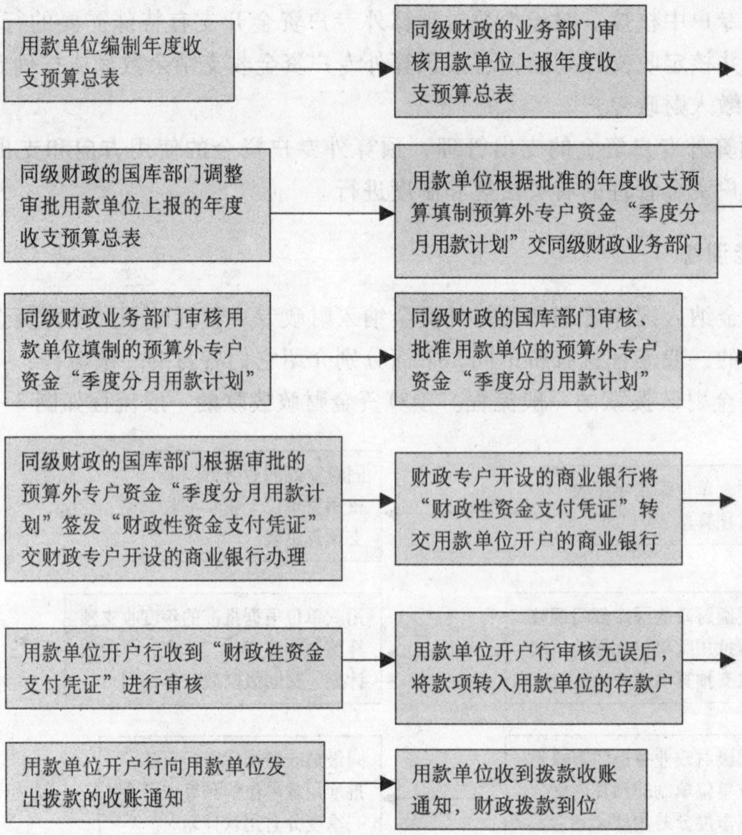

图 3－2　预算外专户资金财政拨款的一般流程图

出预算资金财政拨款和预算外专户资金财政拨款的一般流程中涉及到的单位的名称。

3.1.6　教研交流

（1）请说出预算资金财政拨款的一般流程。
（2）说出预算资金国库管理相关的内容。
（3）说出预算外专户资金财政拨款的一般流程。
（4）说出预算外专户资金财政专户管理相关的内容。
（5）请分析预算资金与预算外专户资金在财政拨款的流程方面的异同。

任务二　“季度分月用款计划”的编制

3.2.1　任务描述

兹溪职业高级中学，根据年度的收支预算总表和季度分月开支的财务计划，向乡财政部门申请财政拨款时，需编制“季度分月用款计划”，申请预算资金财政拨款时，编制预算资金的“季度分月用款计划”，申请预算外专户资金的财政拨款时，编制预算外专户资金的“季度分月用款计划”并上报同级财政部门即乡镇财政所相关部门审核、批准。编制“季度分月用款计划”是申请财政拨款的一项重要流程工作。

3.2.2 任务分析

为了做好申请财政拨款用的“季度分月用款计划”的编制工作，需准备编制“季度分月用款计划”所需要的材料：

（1）预算资金财政拨款“季度分月用款计划”审批单，其格式一式三联，如表3－1所示。

表3－1　　预算资金“季度分月用款计划”审批单

填报单位：（公章）　　单位基本户开户行：　　账号：　　单位：千元

<table>
<tr><th colspan="2">支出项目</th><th colspan="2">申请金额</th><th colspan="2">具体用途</th></tr>
<tr><td colspan="2">一、工资福利支出</td><td colspan="2"></td><td colspan="2"></td></tr>
<tr><td colspan="2">二、商品和服务支出</td><td colspan="2"></td><td colspan="2"></td></tr>
<tr><td colspan="2">三、对个人和家庭的补助</td><td colspan="2"></td><td colspan="2"></td></tr>
<tr><td colspan="2">四、对企事业单位的补贴</td><td colspan="2"></td><td colspan="2"></td></tr>
<tr><td colspan="2">五、债务利息支出</td><td colspan="2"></td><td colspan="2"></td></tr>
<tr><td colspan="2">六、债务还本支出</td><td colspan="2"></td><td colspan="2"></td></tr>
<tr><td colspan="2">七、其他资本性支出</td><td colspan="2"></td><td colspan="2"></td></tr>
<tr><td colspan="2">八、</td><td colspan="2"></td><td colspan="2"></td></tr>
<tr><td colspan="2">合　计</td><td colspan="2"></td><td colspan="2"></td></tr>
<tr><td>财政所
领导审批</td><td></td><td>财政所
业务科审核</td><td>科长：　经办：</td><td>财政局
国库科复核</td><td></td></tr>
</table>

第一联：此联由财政所国库科作借方凭证

填报单位负责人：　　财务负责人：　　经办人：　　填报日期：　年　月　日

填报单位电话：

（2）预算外专户资金财政拨款的“季度分月用款计划”审批单，其格式一式三联，如表3－2所示。

表3－2　　预算外专户资金“季度分月用款计划”审批单

填报单位：（公章）　　单位基本户开户行：　　账号：　　单位：千元

<table>
<tr><th colspan="2">支出项目</th><th>申请金额</th><th>具体用途</th><th>项　目</th><th>金额</th></tr>
<tr><td colspan="2">一、工资福利支出</td><td></td><td></td><td>一、财政核定年度收入计划数</td><td></td></tr>
<tr><td colspan="2">二、商品和服务支出</td><td></td><td></td><td>财政核定年度支出计划数</td><td></td></tr>
<tr><td colspan="2">三、对个人和家庭的补助</td><td></td><td></td><td>二、上年财政专户结余数</td><td></td></tr>
<tr><td colspan="2">四、对企事业单位的补贴</td><td></td><td></td><td>截至申报期累计上缴财政专户数</td><td></td></tr>
<tr><td colspan="2">五、债务利息支出</td><td></td><td></td><td>截至申报期财政专户累计拨出数</td><td></td></tr>
<tr><td colspan="2">六、债务还本支出</td><td></td><td></td><td>截至申报期财政专户余额</td><td></td></tr>
<tr><td colspan="2">七、其他资本性支出</td><td></td><td></td><td></td><td></td></tr>
<tr><td colspan="2">八、</td><td></td><td></td><td></td><td></td></tr>
<tr><td colspan="2">合　计</td><td></td><td></td><td></td><td></td></tr>
<tr><td>财政所
领导审批</td><td></td><td>财政所
业务科审核</td><td>科长：　经办：</td><td>财政局
国库科复核</td><td></td></tr>
</table>

第一联：此联由财政所国库科作借方凭证

填报单位负责人：　　财务负责人：　　经办人：　　填报日期：　年　月　日

填报单位电话：

（3）年度收支预算总表。年度收支预算总表格式如表3－3所示。

表3－3　　　　年度收支预算总表　　　　单位：千元

收入		支出					
项目	预算数	功能科目	预算数	功能科目	预算数	经济科目	预算数
一、一般预算财政拨款	1 400	一、基本支出	1 800	一、一般公共服务		一、工资福利支出	1 440
其中：一般预算拨款补助	1 400	1. 人员支出	1 440	二、外交		二、商品和服务支出	240
行政性收费		2. 对个人和家庭的补助支出	120	三、国防		三、对个人和家庭的补助	120
罚没收入		其中：离退休费用（含退职费）		四、公共安全		四、对企事业单位的补贴	
二、基金预算财政拨款		3. 公用支出	240	五、教育	1 800	五、转移性支出	
三、财政预算外专户拨款	400	其中：离退休公务费		六、科学技术		六、赠与	
四、事业单位经营收入		二、项目支出		七、文化体育与传媒		七、债务利息支出	
五、上级补助收入				八、社会保障和就业		八、债务还本支出	
六、附属单位上缴收入		本年支出合计	1 800	九、社会保险基金支出		九、基本建设支出	
七、其他收入		三、对附属单位补助支出		十、医疗卫生		十、其他资本性支出	
		四、上缴上级支出		十一、环境保护		十一、贷款转贷及产权参股	
本年收入合计				十二、城乡街道事务		十二、其他支出	
八、预算外上年结转				十三、农林水事务			
九、基金收入上年结转				十四、交通运输			
十、上年财政专项结转				十五、采掘电力信息等事务支出			
十一、历年结余				十六、粮油物资储备等事务			

续表

收入		支出					
项目	预算数	功能科目	预算数	功能科目	预算数	经济科目	预算数
				十七、金融监管等事务支出			
				十八、地震灾后恢复重建支出			
				十九、预备费			
				二十、国债还本付息支出			
				二十一、其他支出			
				二十二、转移性支出			
收入总计	1 800	支出总计	1 800	功能科目合计	1 800	经济科目合计	1 800

3.2.3 相关知识

预算内外资金财政拨款的“季度分月用款计划”及“年度收支预算总表”的几点说明：

(1) 从“年度收支预算总表”中的收入栏来看，行政单位的经费来源主要是一般预算财政拨款、财政预算外专户资金专户拨款、其他收入。而事业单位的经费来源比行政单位多些，除前述的三项外，还有事业单位的事业收入、经营收入、上级补助收入、附属单位上缴的收入。

(2) 从“年度收支预算总表”中的支出栏来看，支出的分类方法有三种：

第一种是支出按资金管理要求分为基本支出和项目支出。基本支出是指行政事业单位为维持正常运转和完成日常工作任务发生的支出；项目支出是行政事业单位为完成专项或特定工作任务发生的支出。

第二种是支出按功能分为一般公共服务支出、外交支出、教育支出、科学技术支出、文化体育与传媒支出、社会保障和就业支出、医疗卫生支出等其他方面的支出。

第三种是支出按经济用途分为工资福利支出、商品和服务支出、对个人和家庭的补助支出、对企事业单位的补贴支出、转移性支出、赠与支出、债务利息支出、债务还本支出、基本建设支出、其他资本性支出等。

(3) 从“季度分月用款计划”中可以看出，用款计划中的支出项目是按经济用途分类的，与“年度收支预算总表”中的按经济用途分类的支出项目是相同。下面分别介绍常发生的几项支出：

①工资福利支出，具体是指用于行政事业单位的在职人员的基本工资、补助工资、其他工资、职工福利费等方面的开支，属基本支出中第一项的人员支出。

②对个人和家庭的补助支出，具体是指用于行政事业单位中困难职工及家庭的补助、抚恤费、助学金及离退休人员的离退休费方面的开支，属基本支出中的第二项对个人和家庭的补助支出。

上述两项支出均属人员经费支出。

③商品和服务支出，具体是指行政事业单位用于购买办公用品、材料、设备以及接受各种劳务发生的公务费、修缮费、业务费等方面支出，属基本支出中的第三项公用支出或者项目支出。

3.2.4 技能训练

以下是以兹溪乡职业高级中学2008年度的“收支预算总表”数字为例，说明预算内、外资金拨款的“季度分月用款计划”审批单的填制方法，数字均为假设数字。

（1）填制2008年3月“季度分月用款计划”审批单的说明。

①预算资金拨款用的“季度分月用款计划”审批单中的支出项目与“年度收支预算总表”中的支出按经济用途的分类支出项目是相同的，而预算外专户资金拨款用的“季度分月用款计划”审批单中的支出项目基本同预算资金拨款用的“季度分月用款计划”审批单中的支出项目。

②用于财政拨款的“季度分月用款计划”审批单中的各支出项目数字一般是按年度收支预算总表中支出项目中的经济分类支出项目的金额除以12个月的商数填列。

（2）预算资金财政拨款“季度分月用款计划”审批单中的编制方法。

①预算资金财政拨款用的“季度分月用款计划”审批单应根据“年度收支预算总表”中支出项目金额数字计算填制。

②“季度分月用款计划”审批单，应填制一式三联，第一联的用途是由财政所国库科作借方凭证，第二联的用途是由财政所业务科留存联，第三联的用途是用款单位留存。

③填制“季度分月用款计划”审批单中支出项目、填制单位名称及公章、基本户开户行、账号、电话号码、填制日期，填制好后交填报单位负责人、财务负责人、经办人在审批单上签名、盖章。

④填制兹溪乡职业高级中学申请预算资金财政拨款用的“季度分月用款计划”审批单。样单如表3-4所示，表中的支出数假设均为预算资金承担的支出。

表3-4　　预算资金“季度分月用款计划”审批单

填报单位：（公章）　兹溪乡职业高级中学　　单位基本户开户行：中国农业银行兹溪县支行

账号：20367046842395　　单位：元

支出项目	申请金额	具体用途
一、工资福利支出	120 000	
二、商品和服务支出	30 000	
三、对个人和家庭的补助	10 000	
四、对企事业单位的补贴		
五、债务利息支出		
六、债务还本支出		
七、其他资本性支出		
八、		
合　计	160 000	
财政所领导审批　　　财政所业务科审核	科长：　经办：	财政局国库科复核

第一联：此联由财政所国库科作借方凭证

填报单位负责人：张浩　　财务负责人：李强　　经办人：王伟　　填报日期：2008年3月6日

填报单位电话：3650289

（3）预算外专户资金财政拨款“季度分月用款计划”审批单的编制方法。

①预算外专户资金财政拨款用的“季度分月用款计划”审批单应根据“年度收支预算总表”中支出项目金额数字计算填制。

②“季度分月用款计划”审批单，应填制一式三联，第一联的用途是由财政所国库科作借方凭证，第二联的用途是由财政所业务科留存联，第三联的用途是用款单位留存。

③填制“季度分月用款计划”审批单中支出项目、填制单位名称及公章、基本户开户行、账号、电话号码、填制日期，填制好后交填报单位负责人，财务负责人，经办人在审批单上签名、盖章。

④预算外专户资金财政拨款“季度分月用款计划”审批单与预算资金财政拨款“季度分月用款计划”审批单相比，还需填写预算外专户资金核定的年度收入计划数、支出计划数等财政专户数字资料。

⑤用款单位某月如果既有申请预算资金拨款，又有申请预算外专户资金拨款的则需将“年度收支预算总表”中的经济支出项目中的金额除以 12 后，根据预算资金和预算外专户资金承担的比例分配到预算资金拨款的“季度分月用款计划”审批单和预算外专户资金拨款的“季度分月用款计划”审批单相应的支出项目中去。

⑥编制兹溪乡职业高级中学申请预算外专户资金财政拨款用的“季度分月用款计划”审批单，如表 3－5 所示。表中的年度收支预算总表的商品和服务支出数假设全部是由预算外专户资金承担的支出。

表 3－5　预算外专户资金“季度分月用款计划”审批单

填报单位（公章）：兹溪乡职业高级中学单位

基本户开户行：中国农业银行兹溪县支行

账号：20367046842395

单位：元

支出项目	申请金额	具体用途	项目	金额
一、工资福利支出	120 000		一、财政核定年度收入计划数	400 000
二、商品和服务支出	30 000		财政核定年度支出计划数	400 000
三、对个人和家庭的补助	10 000		二、上年财政专户结余数	
四、对企事业单位的补贴			截至申报期累计上缴财政专户数	200 000
五、债务利息支出			截至申报期财政专户累计拨出数	20 000
六、债务还本支出			截至申报期财政专户余额	180 000
七、其他资本性支出				
八、				
合计	160 000			
财政所领导审批		财政所业务科审核	科长：　经办：	财政局国库科复核

第一联：此联由财政所国库科作借方凭证

填报单位负责人：张浩　　财务负责人：李强　　经办人：王伟　　填报日期：2008 年 3 月 6 日

填报单位电话：3650289

3.2.5 完成任务

良好地完成任务有两个标志：

一是兹溪乡职业高级中学的财务人员将申请预算资金财政拨款用的“季度分月用款计划”审批单和预算外专户资金财政拨款用的“季度分月用款计划”审批单填制好后提交财政所。

二是乡镇财政所业务科对提交的“季度分月用款计划”审批单已审核、国库科已复核、财政所领导已审批。

3.2.6 教研交流

(1) 假设福建省南平市建阳市水吉镇中学2009年度收支预算总表中工资福利支出为84万元，商品和服务支出为48万元，对个人和家庭的补助支出为24万元，要求：

①填写2009年5月份预算资金拨款的“季度分月用款计划”审批单，支出全由预算资金承担，且各项支出均衡。

②分别填写2009年6月份预算资金和预算外专户资金财政拨款的“季度分月用款计划”审批单，假设各项支出，预算资金和预算外资金各负担50%，且各项支出均衡。

(2) 填写“季度分月用款计划”审批单应注意些什么问题？

任务三 “财政性资金支付凭证”填制

3.3.1 任务描述

财政性资金支付凭证又称预算拨款凭证，它是一种由财政的国库部门负责签发，用于通知国库业务代办的各级人民银行或财政专户开设的商业银行将财政资金拨入用款单位存款户的专用结算凭证。

兹溪职业高级中学申请的财政拨款，经过审核批准后，由兹溪乡财政所的国库科签发“财政性资金支付凭证”。然后交财政国库业务代办行以及财政专户开设的商业银行办理。

3.3.2 任务分析

3.3.2.1 填制“财政性资金支付凭证”

填制本表需准备填制“财政性资金支付凭证”主要的材料，有关材料如下：

(1) 经过同级财政部门审批过的预算资金财政拨款的“季度分月用款计划”审批单第一联，如表3-6所示。

(2) 经过同级财政部门审批过的预算外专户资金财政拨款的“季度分月用款计划”审批单，其第一联如表3-7所示。

“财政性资金支付凭证”填制工作的几点说明：

①支付凭证中的付款单位全称填写各级财政机关的名称，乡镇级的则填制乡镇财政所的名称。

表 3－6　　预算资金“季度分月用款计划”审批单

填报单位（公章）：兹溪乡职业高级中学

单位基本户开户行：中国农业银行兹溪县支行

账号：20367046842395　　　　单位：元

支出项目	申请金额	具体用途
一、工资福利支出	120 000	
二、商品和服务支出	30 000	
三、对个人和家庭的补助	10 000	
四、对企事业单位的补贴		
五、债务利息支出		
六、债务还本支出		
七、其他资本性支出		
合　　计	160 000	

财政所 领导审批	同意拨付 赵明 2008. 3. 8	财政所 业务科审核	已审核 科长：黄建发 经办：孙晓颖 2008. 3. 8	财政局 国库科复核	已复核 复核人：杨勇 2008. 3. 8

填报单位负责人：张浩　　财务负责人：李强　　经办人：王伟　　填报日期：2008 年 3 月 6 日

填报单位电话：3650289

第一联：此联由财政所国库科作借方凭证

表 3－7　　预算外专户资金“季度分月用款计划”审批单

填报单位（公章）：兹溪乡职业高级中学单位

基本户开户行：中国农业银行兹溪县支行

账号：20367046842395　　　　单位：元

支出项目	申请金额	具体用途	项　　目	金额
一、工资福利支出	120 000		一、财政核定年度收入计划数	400 000
二、商品和服务支出	30 000		财政核定年度支出计划数	400 000
三、对个人和家庭的补助	10 000		二、上年财政专户结余数	
四、对企事业单位的补贴			累计上缴财政专户数	200 000
五、债务利息支出			财政专户累计拨出数	20 000
六、债务还本支出			财政专户余额	180 000
七、其他资本性支出				
八、				
合　　计	160 000			

财政所 领导审批	同意拨付 赵明 2008. 3. 8	财政所 业务科审核	已审核 科长：黄建发 经办：孙晓颖 2008. 3. 7	财政局 国库科复核	已复核 杨勇 2008. 3. 7

填报单位负责人：张浩　　财务负责人：李强　　经办人：王伟　　填报日期：2008 年 3 月 6 日

第一联：此联由财政所国库科作借方凭证

②支付凭证中的付款单位账号填写各级财政机关在各级人民银行或代理商业银行开户的存款账号。

③支付凭证中的付款单位的开户行填写各级财政机关存款开户的各级人民银行或代理商业银行的名称。

④支付凭证中收款单位的全称填写用款单位的名称，账号为用款单位在其开户行的基本存款户的账号。开户行为用款单位开户的商业银行。

⑤支付凭证中的拨款金额按经过批准的“季度分月用款计划”审批单中的拨款金额填写。

⑥“财政性资金支付凭证”中的用途栏，类：填写基本支出或项目支出，款：填写工资福利支出、商品和服务支出、对个人和家庭的补助支出等经济支出科目，项：填写的是基本工资、补助工资、职工福利费、公务费、业务费、设备购置费等项目。

3.3.3 相关知识

(1) 国库办理库款支拨时需要注意的问题。

①应根据核定的年度预算和季度分月用款计划拨付，不得办理超预算、无计划的拨付。

②应根据事业进度和资金使用情况拨付，既要保证资金的需要，又要防止资金的积压和浪费。

③应按照款项的用途，必须严格分清预算内和预算外专户资金的支出项目。

④应根据财政部门的存款情况拨付，以保证预算资金调度的平衡。

⑤各级国库办理库款支拨，根据经同级财政机关加盖预留印鉴的拨款凭证办理，一律采取转账方式，不能支付现金。

(2) 预算拨款方式。预算拨款有两种方式，一种是实拨资金，一种是限额拨款。

实拨资金就是财政机关根据核定的用款单位的年度预算和季度的分月用款计划开出拨款凭证，将款项直接拨入用款单位存款户的一种拨款方式，用款单位按照预算规定的用途、开支范围和开支标准，在其存款余额范围内使用资金，适用地方级事业行政经费的拨付。

财政机关向异地用款单位实拨资金时，应签发信汇凭证或电汇凭证交国库各级人民银行或代办的商业银行办理，国库各级人民银行或代办的商业银行收到后将款项划往用款单位所在地的各级人行或商业银行，再转划到用款单位的开户行，用款单位的开户行将拨入的款项转存入用款单位的存款户。

财政机关向同城用款单位拨款时，签发专用拨款凭证即“财政性资金支付凭证”交同级国库的人民银行或代办的商业银行办理，国库的人民银行或代办的商业银行将拨款凭证转交用款单位开户行，用款单位的开户行将拨款转存入用款单位存款户。

限额拨款是由财政部在核定的年度预算范围内，为用款单位批准用款限额，用款单位在限额内可随时从开户行提取支用款项或将限额转拨下级单位的一种拨款方式。这种拨款方式适用于中央级事业行政经费的拨付。

3.3.4 技能训练

以兹溪乡职业高级中学的2008年度的“收支预算总表”和3月的“季度分月用款计划”审批单中的数字为例，说明财政机关向同城用款单位实拨资金时用的“财政性资金支付凭证”的具体填制方法，数字均为假设数字。

(1) 填制“财政性资金支付凭证”的说明。

①“财政性资金支付凭证”中的拨款金额必须与“季度分月用款计划”审批单中的金

额一致；

②“财政性资金支付凭证”中有关栏目填好后，需财政部门签章的，必须签好章。

（2）“财政性资金支付凭证”的编制方法：

①“财政性资金支付凭证”中相关栏目的资料来源于预算资金和预算外专户资金财政拨款的“季度分月用款计划”审批单。

②财政拨款用的“财政性资金支付凭证”应填制一式四联，第一联作为付款国库的各级人民银行或代办的商业银行的付出凭证；第二联作为收款行的收入凭证；第三联是给收款单位的收款通知；第四联是付款国库的各级人民银行或代办的商业银行盖章后退给付款单位的回单。

③兹溪乡职业高级中学申请的2008年3月的预算内、外资金财政拨款用的“财政性资金支付凭证”填制。样证如表3－8所示。

表3－8　　财政性资金支付凭证

拨款日期：　　2008年3月10日　　（1）（留底回单）

<table>
<tr><td rowspan="3">付款单位</td><td>全称</td><td colspan="3">兹溪乡财政所</td><td rowspan="3">收款单位</td><td>单位全称</td><td colspan="11">兹溪乡职业高级中学</td></tr>
<tr><td>账号</td><td colspan="3">335264785295228</td><td>账号或地址</td><td colspan="11">358688997485855</td></tr>
<tr><td>开户银行</td><td>工商银行兹溪县支行</td><td>行号</td><td>6884</td><td>开户银行</td><td colspan="9">农业银行兹溪县支行</td><td>行号</td><td>5786</td></tr>
<tr><td rowspan="2">拨款金额</td><td colspan="4" rowspan="2">人民币壹拾陆万元整（大写）</td><td colspan="2" rowspan="2">金额（小写）</td><td>佰</td><td>十</td><td>万</td><td>仟</td><td>佰</td><td>十</td><td>元</td><td>角</td><td colspan="3">分</td></tr>
<tr><td></td><td>1</td><td>6</td><td>0</td><td>0</td><td>0</td><td>0</td><td>0</td><td colspan="3">0</td></tr>
<tr><td>用途</td><td colspan="4">人员经费、公用经费</td><td colspan="13">类：基本支出
款：工资福利支出、商品和服务支出
项：基本工资、公务费</td></tr>
<tr><td colspan="5" rowspan="2">上项款项已办理

经办人：
银行盖章　　年　　月　　日</td><td>备　注</td><td colspan="12">收款单位经手人（盖章）</td></tr>
<tr><td></td><td colspan="12"></td></tr>
</table>

此联由银行盖章后退给付款单位回单

3.3.5　完成任务

各级财政的国库部门根据审批过的“季度分月用款计划”审批单，填制“财政性资金支付凭证”相关栏目和签章后交国库业务的代理各级人民银行或代办的商业银行办理拨款手续，收回回单，任务完成。

3.3.6　教研交流

（1）练习。兹溪乡职业高级中学2009年4月份有关支出如下：应付职工的基本工资48万元、津贴补贴22万元，购买专用设备支出12万元，均以预算资金支付。请填写：

①2009年4月份的预算资金拨款的“季度分月用款计划”审批单。

②2009年4月份的预算资金拨款的“财政性资金支付凭证”。

（2）实拨资金和限额拨款两种拨款方式有什么不同？

（3）实拨资金拨款方式下，同城拨款和异地拨款使用的拨款凭证是否相同？如果不同，它们各自用什么拨款凭证？信汇或电汇凭证如何填写？

单元四 社会保障事务

学习目标：

通过本单元的学习，需要掌握以下内容：

1. 养老保险事务。包括企业档案新建业务、网上申报业务、保险缴费卡办理业务、个人账户转移业务和养老保险资金支付业务等事项。

2. 医疗保险事务。包括企业档案新建业务、医疗保险IC卡管理业务和医疗保险资金使用业务等内容。

3. 失业保险事务。包括失业保险待遇审核及发放失业证和失业人员失业金核准及待遇支付等内容。

4. 住房保险事务。本单元只学习经济适用房的相关知识，包括申请经济适用房的条件、经济适用房条件中家庭收入的计算、办理经济适用房业务所需的资料、办理经济适用房业务流程和经济适用房的相关政策。

5. 社会救济事务。这是社会福利的重要组成部分，本单元我们将学习城镇低保的相关知识，包括城镇低保政策申请条件、城镇低保业务办理概况、城镇低保业务办理流程、城镇低保业务办理所需资料和城镇低保政策相关信息。

这些内容基本涵盖了公民在遇到生、老、病、死、失业等事故时所享用的社会最基本生活保障救助①。

【案例】大连市沙河口区富民街道配合市、区财政部门和劳动保障部门处理相关的养老保险、医疗保险、失业保险、住房保险和社会救济事务。具体事务内容如下。

任务一 养老保险事务

4.1.1 任务描述

养老保险是指国家和社会根据一定的法律和法规，为解决劳动者在达到国家规定的解除劳动义务的劳动年龄界限，或因年老丧失劳动能力退出劳动岗位后的基本生活而建立的一种社会保险制度。

① 本单元关于社会保障事务均以大连市的相关规定为例。

养老保险是涉及百姓切身利益的问题，养老保险涉及企业档案新建业务、网上申报业务、保险缴费卡办理业务、个人账户转移业务和养老保险资金支付业务等事项。

企业档案新建业务是指企业单位在成立30日以内，由企业专员携带相关资料到所属社保机构办理企业档案新建，缴纳当月社会保险费的事务；网上申报业务和保险缴费卡办理业务是指企业单位每月月底由社保经办机构征缴部门统一生成网上申报单位次月应缴账，企业需要每月初上网查询单位缴费人数、基数及缴费金额，确认无误后，及时向缴费卡中存款；个人账户转移业务是指参加养老保险的机关事业单位参保职工调往大连县区市外的参保单位时的处理；养老保险资金支付业务则是个人领取养老保险金的事务。

4.1.2 任务分析

养老保险事务由档案建立、缴纳保费、发放保险金、异地跨省转移等业务构成。

企业档案新建业务涉及企业建档时限、相关材料和表格填写等问题；网上申报业务和保险缴费卡办理业务包括办理保险缴费卡申请、网上查询确认和保险缴费卡存款业务；个人账户转移业务包括办理材料和流程事项；养老保险资金支付业务则包括材料审核和业务流程等内容。

4.1.3 相关知识

4.1.3.1 企业档案新建的业务

企业档案新建业务是指新参保企业30日内到所属社会保险机构办理档案建立及单位编号、社会保险登记证编码的生成业务。

企业办理新建档案时，由企业专员携带以下资料（原件及复印件3份），到所属社会保险机构办理档案建立业务：

（1）营业执照、批准成立证件或其他核准证件；

（2）国家质量监督部门颁发的组织机构统一代码证书；

（3）法人代表或负责人身份证；

（4）银行开户许可证；

（5）税务登记证；

（6）单位公章、财务大小印；

（7）提供参保人员个人的身份证、劳动合同、工资发放明细，已参保的提供养老保险手册。到所属社保机构办理企业档案新建，缴纳当月社会保险费。

4.1.3.2 网上申报业务

（1）保险缴费卡办理业务。企业在档案新建后，社保经办机构征缴部门每月月底统一生成网上申报单位次月应缴账，企业需要每月初即8日前上网查询单位缴费人数、基数及缴费金额，确认无误后，及时向缴费卡中存款。因此每一个企业都必须办理自己的缴费卡。由企业专员携带资料申请办理：

①“社会保险缴费卡申请表”一式三份；

②营业执照正本复印件一份；

③组织代码证正本复印件一份；

④法人身份证复印件一份；

⑤基本账户开户许可证复印件一份；

⑥税务登记证复印件一份；

⑦加盖单位财务专用章和法人印章的银行预留印鉴一份。

(2) 网上早报流程。

①每月月底由社保经办机构征缴部门统一生成网上申报单位次月应缴账；

②每月初上网查询单位缴费人数、基数及缴费金额；

③确认无误后，及时向缴费卡中存款。

4.1.3.3 个人账户转移业务

参加养老保险的机关事业单位参保职工调往大连县区市以外的参保单位时，参保单位或个人先到医保中心作销卡处理，然后持相关材料到收缴窗口办理。

(1) 办理材料。

①《养老保险手册》或“个人缴费明细单”；

②异地社会保险机构出具的“养老保险接收函”；

③调入参保单位名称、调入社保经办机构名称、调入社保经办机构开户银行名称和账号。

(2) 办事流程。

①参保单位或个人持异地社会保险经办机构出具的“社会保险转移单”及“调转函”到事保中心确认是否符合转入条件，经办人员审核后，出具“养老保险接收函”，并加盖转移专用印章，将“养老保险接收函”反馈给调出地社会保险经办机构。

②单位或个人待异地保险经办机构电汇到账后，到保险中心财务部确认并加盖印章后，将异地社保经办机构提供的“社会保险转移单”和“明细单”报送收缴窗口。

4.1.3.4 养老保险资金支付业务

此项业务由单位专管人员于到达法定退休年龄参保人员生日的当月20日前或次月10日前携带有关材料到审核部办理退休核准手续。

(1) 办理材料。

①“机关事业单位工作人员退休（职）审批表”（一式四份）；

②《养老保险手册》；

③退休职工人事档案；

④退休职工“户口簿”和“居民身份证”原件；

⑤“退休人员信息采集卡”；

⑥如有独生子女费需提供“独生子女光荣证”或“自愿生育一个孩子申请审批表”。

(2) 办理流程。由单位专管人员于到达法定退休年龄参保人员生日的当月20日前或次月10日前携带相关材料到审核部办理退休核准，经支付部复核通过后，于退休人员生日次月的20日后单位专管员持“退休审批表”到支付部领取存折。

4.1.3.5 新型农村社会养老保险

新型农村社会养老保险称为“新农保”，是继取消农业税、农业直补、新型农村合作医疗等政策之后的又一项重大惠农政策。采取个人缴费、集体补助和政府补贴相结合，其中中央财政将对地方进行补助，并且会直接补贴到农民的账户。

“新农保”改变了过去的主要由农民自己缴费的自我储蓄模式，实行个人缴费、集体补助和政府补贴相结合的办法，增加了筹资渠道。尤其是中央财政对地方进行补助，并直接补贴到农民的身上，是一项重要的惠农政策。新型农村社会养老保险是加快建立覆盖城乡居民的社会保障体系的重要组成部分，对确保农村居民基本生活，推动农村减贫和逐步缩小城乡差距，维护农村社会稳定意义重大，同时对改善心理预期，促进消费，拉动内需也具有重要意义。

“新农保”在支付结构上的设计是两部分：一部分是基础养老金，一部分是个人账户的养老金。其中，基础养老金是由国家财政全部保证支付的，即农民60岁以后都将享受到国家普惠式的养老金。年满16周岁、不是在校学生、未参加城镇职工基本养老保险的农村居民均可参加新型农村社会养老保险。年满60周岁、符合相关条件的参保农民可领取基本养老金。

新型农村社会养老保险制度的基本原则是“保基本、广覆盖、有弹性、可持续”，即从农村实际出发，低水平起步，筹资和待遇标准要与经济发展及各方面承受力相适应；个人、集体、政府合理分担责任，权利与义务相适应；政府引导和农民自愿相结合，引导农民普遍参保；先行试点，逐步推开。

4.1.4 技能训练

（1）企业新建养老保险业务档案。填制“社会保险企业登记（变更）申报表”，如表4-1所示。

表4-1　　大连市社会保险企业登记（变更）申报表

□ 登记□暂停缴费□终止缴费□恢复缴费
□ 修改□转制
□ 合并□分立□注销□破产□转移

单位名称（盖章）：　　　　年　月　　　　社会保险登记证编码：

单位基本信息						
单位信息	单位编号					
	单位地址					
	单位注册地址					
	单位邮政编码		单位电话		组织机构统一代码	
相关人员信息	法人代表姓名		身份证号码		电话	
	缴费专管人员姓名		所在部门		电话	
	Email					

续表

单位基本信息				
单位相关信息	单位类型	□ 企业 □ 事业 □ 社会团体 □ 民办非企业 □ 城镇个体户 □ 农民 □ 其他		
	经济类型①			
	隶属关系	□ 中央 □ 省 □ 计划单列市 □ 市、地区 □ 县 □ 乡镇 □ 部队 □ 其他		
	是否行业	□ 企业 □ 行业	行业类型②	
	主管部门或总机构		专管员	
	行业企业分类	□ 铁路 □ 煤炭 □ 石油 □ 电力 □ 邮电 □ 有色 □ 交通 □ 金融 □ 中建 □ 民航 □ 企业		
社会保险相关信息				
工商登记	工商登记证执照种类	□ 企业法人 □企业 □ 中华人民共和国企业法人 □ 中华人民共和国企业 □ 个人独资企业 □ 合伙企业 □ 个体工商户		
	工商登记执照号码			
	工商登记证发照日期		工商登记有效期限	
	批准成立单位			
	批准日期		批准文号	
缴费相关	基本开户银行			
	基本开户银行户名		基本开户银行账号	
	缴费开户银行			
	缴费开户银行户名		缴费开户银行账号	
分支机构相关信息				
分支机构代码		分支机构名称		
分支机构负责人		身份证号码		
联系人姓名		单位电话		
邮政编码		地址		
变更相关信息				
变更批准信息				
批准部门		批准日期	批准文号	变更日期
单位编号				
□ 暂停缴费	原因			
□ 终止缴费	原因			
□ 恢复缴费	原因			
□ 单位转制	原单位性质			
□ 单位合并	被合并单位编号		被合并单位名称	
	合并后单位编号		合并后单位名称	
	合并原因			

续表

变更相关信息				
□ 单位分立	被分立单位编号		被分立单位名称	
	分立后单位编号		分立后单位名称	
	分立原因			
□ 单位注销	原因			
□ 单位破产	原因			
□ 单位转移	原因			
	转出经办机构		转入经办机构	
□ 其他修改	原因			
说明				
备注：以上内容填写真实，若填写内容与实际情况不相符，愿承担一切相关法律责任。 经办人：　　填表日期：				
社保经办机构意见（签章）： 经办人（签章）：　　审核日期：				

填表说明：本表一式三份。

本任务最好采用角色扮演的教学方法，让学生分饰社会保障部门人员以及企业专员，通过本表格的填写可以让学生形象地掌握企业社会保险档案新建业务，并由教师在教学实施过程中讲解填表要求与注意事项，进一步巩固所学习的知识。

（2）填写“社会保险缴费卡申请表”。“社会保险缴费卡申请表”表样如表 4－2 所示。

表 4－2　社会保险缴费卡申请表

单 位 资 料			
单位编号		社保缴费卡账号	
单位名称		社保缴费卡卡号	
单位专管员姓名		专管员电话	
单位邮寄票据地址		邮政编码	
基本账户开户银行名			
基本银行账号			
单位（公章）：		法人（盖章）：	
大连市商业银行开发区支行	审核人： 年　月　日	大开社保中心	审核人： 年　月　日

（3）养老金核准及支付流程图。本任务教学时，教师可让学生采用分组讨论的学习方法，让学生熟悉个人账户转移业务的办理流程，参见图 4－1 养老金核准及支付流程图，了

解退休人员信息采集表（见表4－3）和审批表（见表4－4）的基本内容。同时也可以让学生使用比较发现的学习方法，对比个人账户转移方向不同带来的业务办理流程之间的区别，通过这种学习可以很好地提高知识的掌握程度。

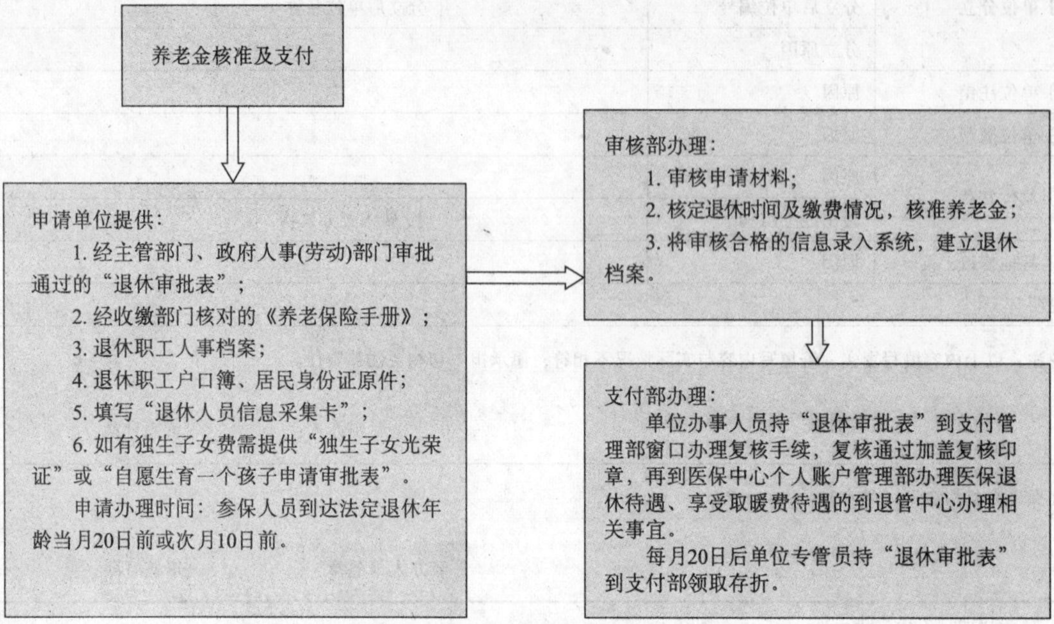

图4－1 养老金核准及支付流程图

表4－3 **退休人员信息采集卡**

填报单位： 社会保险登记证号码：

姓名		性别		身份证号码		照片
退休编号		医疗编号		连续工龄		
出生年月		参加工作时间		退休时间		
工种或职务				退休类别		
户籍所在地				住宅电话		
现住址		区	路（巷）	号	街道	街道
联系人	姓名	与本人关系	工作单位		联系电话	

4.1.5 完成任务

教师在教学中判断学生是否良好地完成本任务，可以借助于表4－5中的评价标准，评价过后，找出学生的不足之处，查漏补缺，达成教学目标并可以取得非常好的教学效果。缴费卡办理业务情况评价，如表4－5所示。

表 4－4　　　　机关事业单位工作人员退休（职）审批表

单位性质：　　　　　　　　　　　　　　　　　　　　　　　社会保险登记证号码：

姓 名		性 别		出生日期		学历	
退休（职）前身份		职务或工种		身份证号码			
参加工作时间		工作年限		养老保险编号			
来本单位时间		参保时间		医疗保险编号			
原工资	职务（岗位）工资			%			
	津贴或薪级工资						
	技术等级工资						
	10% 或警衔津贴						
	教护龄津贴						
基本退休（职）费合计：							
各类补贴	职务补贴		生活补贴				
	综合补贴		家属补贴				
	书报费		女工卫生费				
	交通费		老粮煤补贴				
	住房补贴		其 他				
	独生子女费						
补贴合计：							
退休（职）费合计							
所在单位意见	经办人：　（公章） 年 月 日		主管部门意见	经办人：　（公章） 年 月 日			
批准机关意见	经办人：　（公章） 年 月 日		社保经办机构审核养老金意见	从 200　年　月起领取养老金　　元，并按月加发个人账户养老金　　元。 经办人：　（公章） 年 月 日			

注：此表一式四份，参加养老统筹单位需经社保经办机构审核，机关参加工资统发单位由所在单位盖印。

表 4-5　　缴费卡办理业务评价表

被评价者：

评价指向：　　　　　　　　　　　　　　　　　　评价时间：　　年　月　日

训练项目	训练重点	评价标准	小组评价（5分满分）					老师评价				
掌握缴费卡办理业务所需要资料	资料的认识	能掌握资料类别名称	1	2	3	4	5	1	2	3	4	5
	资料的获取	能知道资料获取的渠道	1	2	3	4	5	1	2	3	4	5
	资料的解读	能正确理解资料的含义	1	2	3	4	5	1	2	3	4	5
掌握缴费卡办理业务的办理流程	保险缴费卡的申请	会正确填写"社会保险缴费卡申请表"	1	2	3	4	5	1	2	3	4	5
	缴纳当期保险费	会正确缴纳当期保险费	1	2	3	4	5	1	2	3	4	5
独立性完成与纪律性	独立性	能够独立填写申请表	1	2	3	4	5	1	2	3	4	5
	运用能力	能够正确运用资料	1	2	3	4	5	1	2	3	4	5
	组织纪律性	遵守课堂纪律，按时完成任务	1	2	3	4	5	1	2	3	4	5
个人努力方向与建议			评价汇总： 总分：									

4.1.6　教研交流

（1）研究不同类型企业的档案新建业务，找出其中的区别与联系。

（2）掌握保险缴费卡应用的同时，研讨一下其他社会保障缴费卡的使用。

（3）课前准备深入有关企业，找到完整的网上操作流程，以及不同类型企业网上申报的不同点。

（4）找出企业单位个人账户转移业务办理的具体情况。

（5）找出其他账户转移的情况，并了解其业务概况、业务资料、业务流程等。

（6）查找相关网站和资料，找到国家最新的养老保险政策。

（7）结合所学知识，谈一谈你如何看待农民60岁享受养老保险的问题。

任务二　医疗保险事务

4.2.1　任务描述

医疗保险是社会医疗保险简称，社会医疗保险是国家和社会根据一定的法律法规，为向保障范围内的劳动者提供患病时基本医疗需求保障而建立的社会保险制度，由基本医疗保险、企业补充医疗保险和个人补充医疗保险三个层次构成。其中基本医疗保障是指保证职工在患病时能得到目前所能提供给他的、能支付得起的、适宜的治疗技术，包括基本药物、基本服务、基本技术和基本费用等内容。在本任务中，我们主要介绍基本医疗保险事务。

在我国，基本医疗保险实行社会统筹和个人账户相结合，基本医疗保险基金由统筹基金和个人账户构成。职工个人缴纳的基本医疗保险费全部计入个人账户；用人单位缴纳的基本医疗保险费分为两部分，一部分划入个人账户，一部分用于建立统筹基金。

4.2.2 任务分析

医疗保险事务包括企业档案新建业务、医疗保险 IC 卡管理业务和医疗保险资金使用业务等内容。企业档案新建业务是在单位第一次参加医疗保险时需要办理包括建户、制作医保卡等业务在内的事项；医疗保险 IC 卡管理业务，包括办事流程及所需要的材料；医疗保险资金使用业务即住院个人负担较重医疗补助业务。

4.2.3 相关知识

4.2.3.1 单位档案新建业务

单位档案新建业务是指单位第一次参加医疗保险的建档业务，包括建户、制作医保卡、医疗保险证、医疗保险手册、人员调入等内容。

(1) 所需资料。

①“营业执照副本”、“组织机构代码证”复印件；

②填写“单位参加医疗保险核定表”和“医疗保险增加人员花名册”，加盖单位公章；

③首次参保职工工本费 10 元/人和一张一寸照片，如有领取过失业证的提供“失业证”；

④异地转入的提供医疗保险转移单或原统筹地区所缴纳的医疗保险缴费记录，如有退休人员提供“退休人员审批表”原件及复印件。

(2) 业务流程。

①档案新建业务流程如图 4－2 所示。

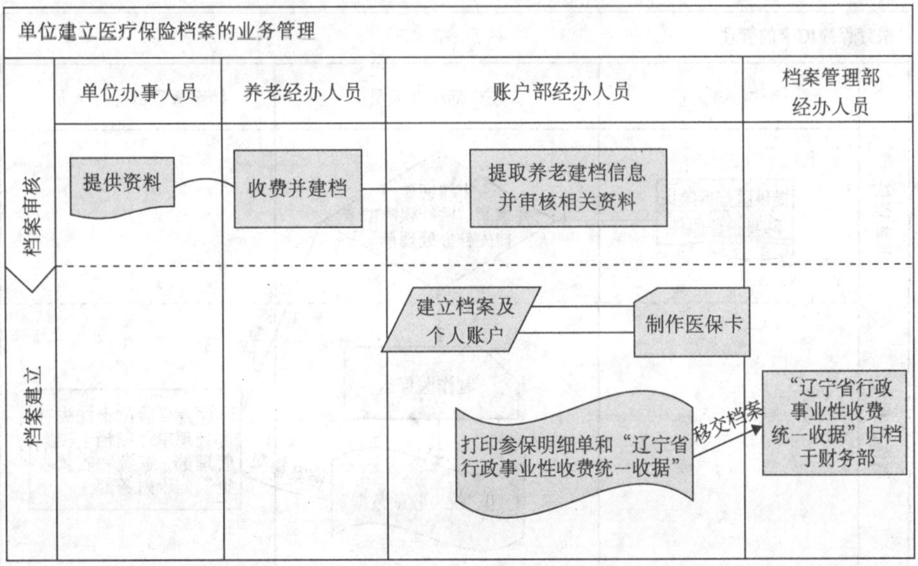

图 4－2 单位建立医疗保险档案的业务管理

②单位农民工参加医疗保险流程如图4－3所示。

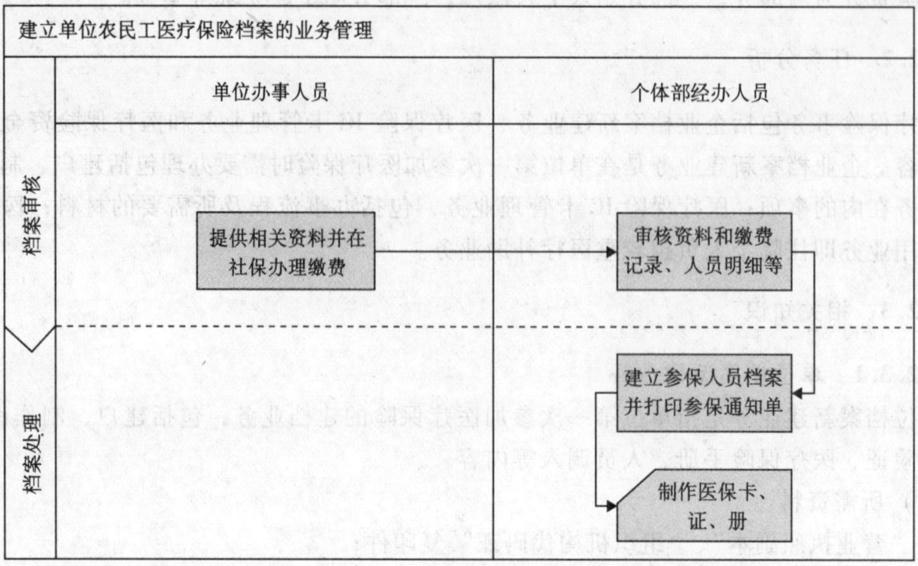

图4－3　农民工医疗保险档案业务流程图

4.2.3.2　IC卡管理业务

医疗保险IC卡管理业务，包括IC挂失补办业务和加密业务等内容。办理IC挂失补办业务和加密业务，要求企业专管人员携带本人身份证或临时身份证原件、医疗保险证，代办人需要提供代办人身份证原件、医保卡到医疗中心个人账户部或各区医疗中心进行办理。办理流程如图4－4所示。

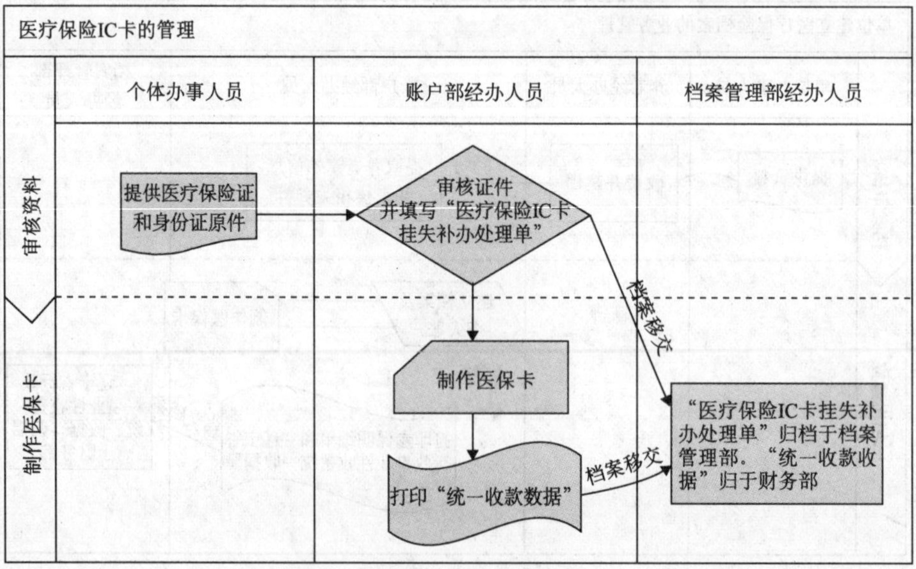

图4－4　医疗保险IC卡管理业务流程

4.2.3.3 医疗保险资金使用

（1）个人负担较重的医疗补助管理。每年初，医保中心根据定点医院上传的患者住院费用结算情况，对上年度基本医疗保险支付范围内（包括个人账户支付、保险范围内自负和基本统筹自负）个人负担5 000元以上部分的医疗费情况，按当年统筹基金的结余情况核准的补助比例，采用计算机自动计算的方式生成补助额，进行补助发放，发放标准按人群归属分类。办理流程如图4－5所示。

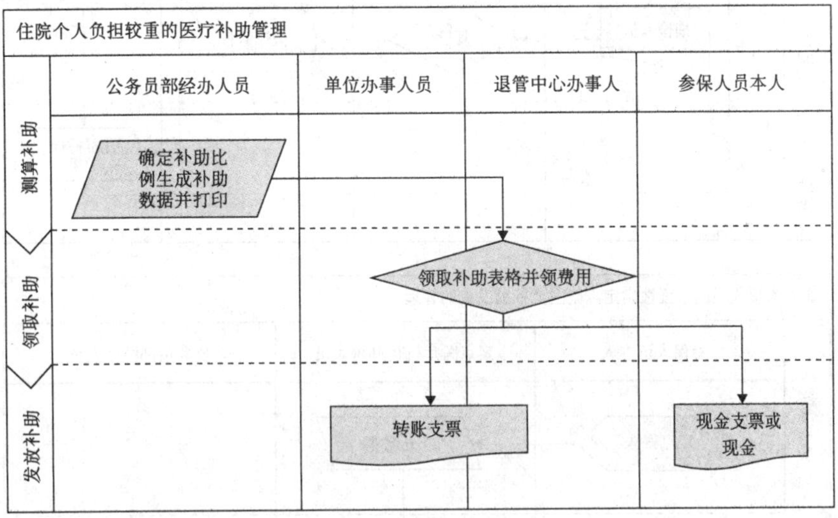

图4－5 住院个人负担较重的医疗补助管理

①社会化管理退休人员。退管中心经办人持“社会保障基金专用收据”，由医保中心打印“个人负担较重参保人员补助汇总表”和“个人负担较重参保人员补助明细表”，加盖审核印章，退管中心经办人持上述二表及收据到出纳窗口领取转账支票。

②单位职工。单位经办人持“社会保障基金专用收据”，提供单位编号，由医保中心打印“个人负担较重参保人员补助汇总表”和“个人负担较重参保人员补助明细表”，加盖审核印章；单位经办人持上述二表及收据到出纳窗口领取转账支票。

③个体参保人员。由本人或其继承人负责领取。领取人持医疗保险证、身份证（如代办人领取还须持代办人身份证），由医保中心打印“个人负担较重参保人员补助汇总表”和“个人负担较重参保人员补助明细表”，加盖审核印章，领取人持上述二表到出纳窗口领取现金支票。

（2）慢性病门诊治疗补助业务办理。单位参保人员携带本人身份证、医疗保险卡、证、检诊相关的既往病历（市级医院出院小结、相关检查、化验资料，提供复印件的，需加盖医院印章）到相关机构办理门诊慢性病补助管理，包括检诊、复检、定点就医管理。流程见图4－6。

4.2.4 技能训练

（1）填写“单位参加医疗保险核定表”。申请参加医疗保险的单位，需要填制“单位参加医疗保险核定表”，其格式见表4－6。

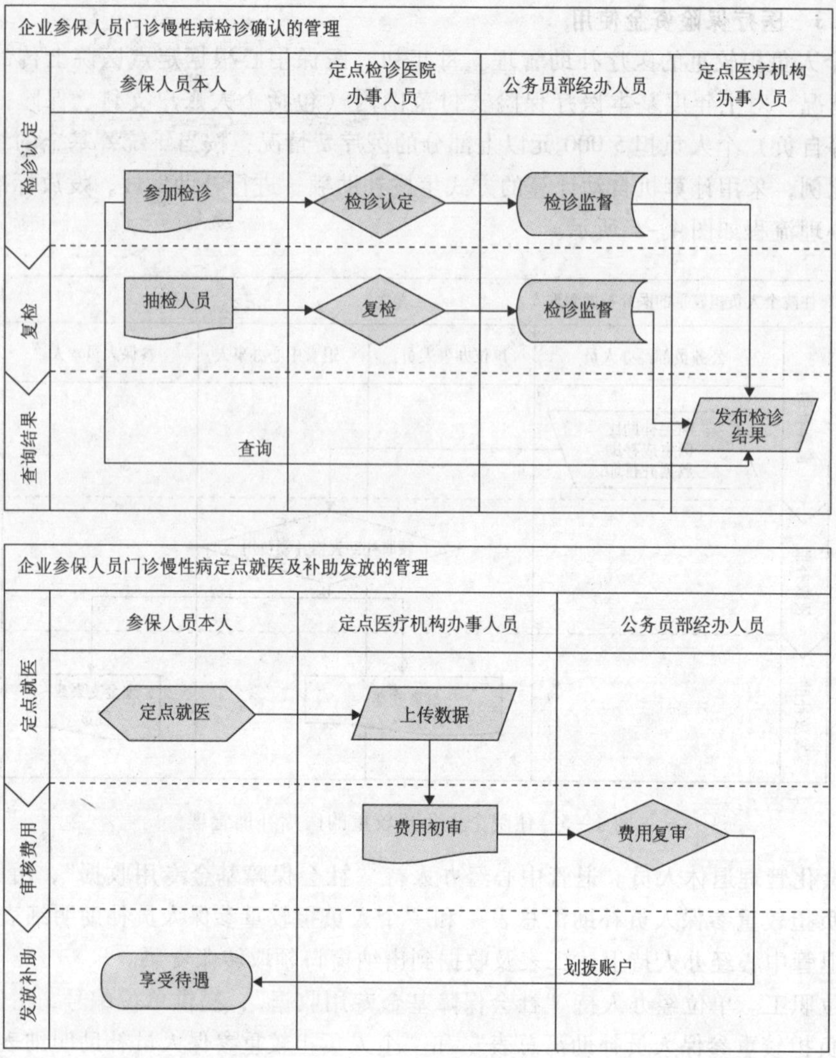

图 4－6　参保人员门诊慢性病检诊确认的管理

表 4－6　　　　　　　　单位参加医疗保险核定表

主管部门：

单位名称（公章）				单位编号	
单位地址				社会保险登记号	
人数 / 核定部门	在职人数	退休人数	二等乙级以上伤残军人人数	核定部门签章	医保中心审核
社会保险基金征缴部门					该单位职工自　年　月　日参加医疗保险，　年　月　日前发生的医疗费用，由单位和职工负担。
退休待遇支付部门					
工伤生育保险待遇支付部门					
参保人数合计					审核人：

单位经办人：　　　　　　　　联系电话：　　　　核定时间：　　　　　　　年　月　日

（2）填制“医疗保险增加人员花名册”。已经参加医疗保险的单位，如果有增加员工从而增加参加医疗保险的人员的，需要填制“医疗保险增加人员花名册”，其格式见表4－7。

表4－7　　医疗保险增加人员花名册

单位名称（公章）：　　　　单位编号：　　　　联系电话：

序号	姓名	个人医保编号	身份证号码	医疗待遇	增加原因	参保时间	月工资额（元）	备注

说明：此表一式二份

单位经办人：　　　　社保经办人：　　　　医疗保险中心经办人：

填报时间：　　　年　月　日

（3）填制“医疗保险IC卡挂失补办业务处理单”。丢失医疗保险IC卡的个人，申请挂失并补办新的IC卡时，需要填制“医疗保险IC卡挂失补办业务处理单”，其格式见表4－8。

表4－8　　医疗保险IC卡挂失补办业务处理单

挂失日期：　　　年　月　日

挂失经办人		性别	男 □　女 □	身份证号	
家庭住址					
IC卡挂失人		性别	男 □　女 □	身份证号	
个人医疗保险号码			单位名称		
其他需要挂失证件			医疗保险证 □	门诊手册 □	
领卡人签字		领卡人电话			

注：挂失补办IC卡时，请经办人准确填写，内容要清晰、完整。

（4）填制“慢性病检诊认定表”、“重大疾病检诊认定表”。有慢性病、重大疾病的人员，可申请慢性病、重大疾病医疗补贴，但需要填制相关的认定表。“慢性病检诊认定表”格式见表4－9。

本任务教师最好采用角色扮演的教学方法，让学生分饰社会保障部门人员以及企业专员，通过本表格的填写可以让学生形象地掌握医疗保险相关业务，由教师在教学实施过程中讲解填表要求与注意事项，进一步巩固所学习的知识。

4.2.5　完成任务

教师在教学中判断学生是否良好地完成本任务，可以借助于以下的评价标准。评价之后，找出学生的不足之处，查缺补漏，达成教学目标并可以取得非常好的教学效果。如医疗保险档案新建业务掌握情况评价，见表4－10。

表 4－9　　××××年慢性病检诊认定表

姓　名		性 别		类　别	在职☐　退休☐
个人编号		宅　电		移动电话	
家庭住址	区　街道　街道				
检诊疾病：☐高血压　☐糖尿病　☐陈旧性心肌梗塞　☐甲亢 ☐风湿性心脏病　☐肺心病　☐系统性红斑狼疮					
简要病情： 年　月　日					
诊断依据： （相关认定材料附后）					
检诊意见：（请规范填写病种及并发症） 检诊医生：　检诊医生： 主检医生： 年　月　日					
医保办审核意见： 主任签字：　年　月　日					

表 4－10　　医疗保险档案新建业务评价表

被评价者：

评价指向：　　评价时间：　年　月　日

训练项目	训练重点	评价标准	小组评价（5 分满分）					老师评价				
掌握医疗保险档案新建业务所需资料	资料的认识	能掌握资料类别名称	1	2	3	4	5	1	2	3	4	5
	资料的获取	能知道资料获取的渠道	1	2	3	4	5	1	2	3	4	5
	资料的解读	能正确理解资料的含义	1	2	3	4	5	1	2	3	4	5
掌握医疗保险档案新建业务办理流程	申请表的填写	会正确填写“单位参加医疗保险核定表”、“医疗保险参加人员花名册”	1	2	3	4	5	1	2	3	4	5
独立性完成与纪律性	独立性	能够独立填写申请表	1	2	3	4	5	1	2	3	4	5
	运用能力	能够正确运用资料	1	2	3	4	5	1	2	3	4	5
	组织纪律性	遵守课堂纪律，按时完成任务	1	2	3	4	5	1	2	3	4	5
个人努力方向与建议			评价汇总： 总分：									

4.2.6　教研交流

（1）单位参保人员变动时，业务如何办理？

（2）单位增加或减少参保人员时，业务如何办理？

(3) 工伤认定及赔付业务处理情况。

(4) 生育津贴审核及计划生育的相关医疗保险政策。

任务三　失业保险事务

4.3.1　任务描述

失业保险是国家通过立法强制实行的，由社会集中建立基金，对因失业而暂时中断生活来源的劳动者提供物质帮助的制度。它是社会保障体系的重要组成部分，是社会保险的主要项目之一。失业保险业务包括失业保险待遇审核及发放失业证和失业人员失业金核准及待遇支付等内容。

4.3.2　任务分析

社保部门需对申请者进行失业保险待遇审核、及时发放失业证、核准失业人员失业金及待遇支付。这一系列事务需要遵循规定流程，审核相关材料。

4.3.3　相关知识

4.3.3.1　失业保险待遇审核及发放失业证

企业自与职工解除或终止劳动合同15日内，企业经办人员携带档案到相关失业保险经办机构为职工办理档案移交手续。失业保险经办机构接收企业移交的失业人员档案，审核认定失业人员应享受的失业保险待遇期限和标准。将“失业保险金申领登记表”、“失业人员须知”及“接收档案回执”发给企业，由企业及时交给失业人员。办理流程见图4－7。

4.3.3.2　失业金核准以及支付

参保在职转失业人员，其失业金核准以及支付的业务，首先由单位专管人员在参保职工失业当月的1～15日携带相关材料到事保中心支付部办理失业登记手续。然后失业人员本人于失业登记当月20～22日持相关手续到银行领取存折。这样失业人员就可以在自登记下月起，每月20～22日持失业证到商业银行办理验印手续，并于每月25日后到商业银行各网点领取失业金。

办理失业金核准以及支付所需材料为：人事档案、劳动合同书、解除（终止）聘用关系证明、养老保险手册、户口本、身份证、近期免冠一寸照片（全部为原件）和转递档案通知单（正式工需存档）。

办理流程见图4－8。

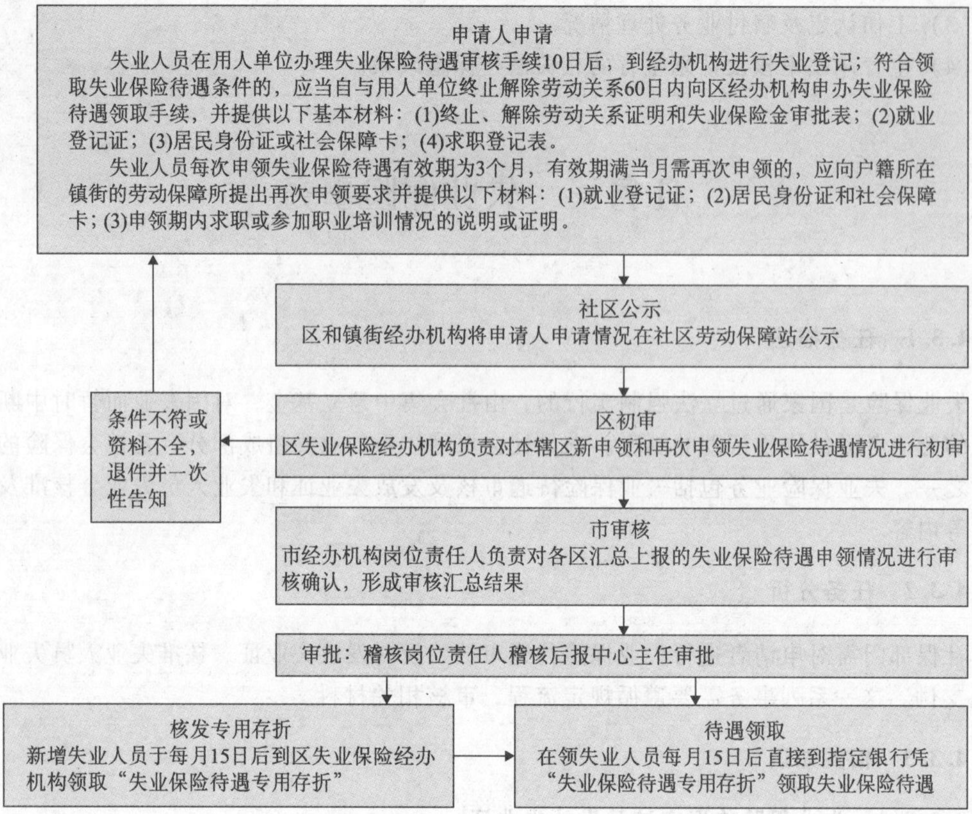

图 4－7　失业保险待遇审核及发放失业证流程图

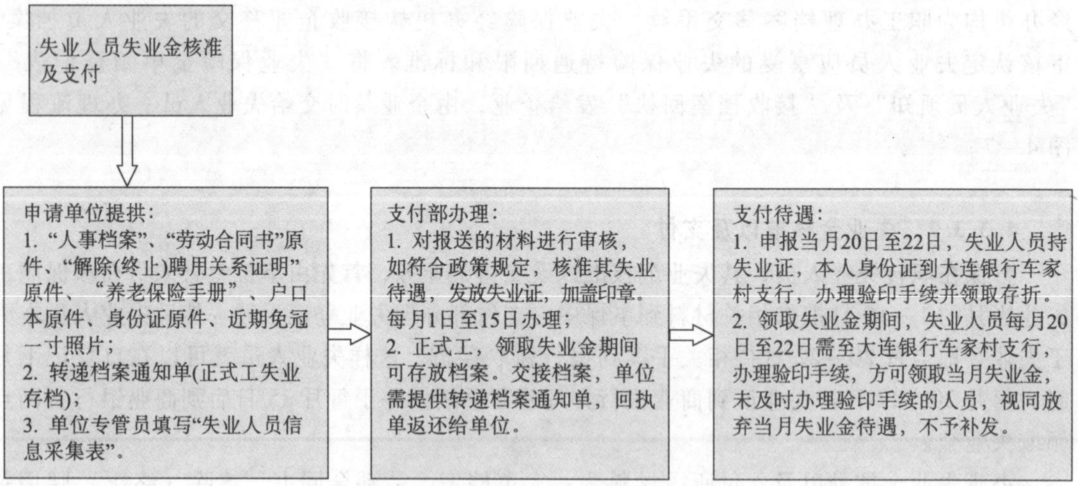

图 4－8　失业金核准以及支付的业务流程

4.3.4　技能训练

填写“失业保险待遇申请表”（见表 4－11）。

表 4－11　　　　　　　　　　失业保险待遇申请表

______区（县）　　　　　　　　　　　　　　　　　　　　　　　　表号：

姓　名		性别	所属街（镇）	
公民身份证号码			联系电话	
领取失业保险金起止时间	自　年　月　日至　年　月　日			
享受待遇类别	□ 生育补助费	生育时间：　年　月　日		
	□ 丧葬费	死亡时间：　年　月　日		
	□ 救济费	死亡原因：□ 因公死亡　□ 因病死亡　□ 非因公死亡		
	□ 抚恤费			
街镇劳动保障服务机构意见				
享受金额：□ 生育补助费：￥　　元　　□ 丧葬费：￥　　元 □ 救济费：￥　　元　　□ 抚恤费：￥　　元				
劳动保障服务机构（公章）　　审核人（签章） 复核人（签章） 年　月　日				
区县失业保险管理部门审核意见				
失业保险管理部门（公章） 审核人（签章）　　复核人（签章） 年　月　日		局领导意见		
市失业保险管理部门复核意见				
失业保险管理部门（公章） 审核人（签章）　　复核人（签章） 年　月　日		处领导意见		
领款人签章		领款时间		

学习本任务时，教师可采用角色扮演法进行教学。分小组进行演示，演示共分成两个过程，一个是企业专员就自己企业需要办理失业保险的人员档案移交社会保障部门并经社会保障部门审核；另一个是失业人员自己申请失业保险金领取失业保险证、存折、待遇等。按照办理顺序让学生分别试验不同的角色，情景再现，加深学生的印象，熟悉办理流程，达到良好的教学效果。

4.3.5　完成任务

教师在教学中判断学生是否良好地完成本任务，可以借助于以下的评价标准，评价过后，找出学生的不足之处，查缺补漏，达成教学目标并可以取得非常好的教学效果，参见表 4－12 失业保险待遇审核及发放失业证业务掌握情况评价表。

表 4－12　　失业保险待遇审核及发放失业证业务评价表

被评价者：

评价指向：　　　　评价时间：　　年　月　日

训练项目	训练重点	评价标准	小组评价（5分满分）					老师评价				
掌握失业保险待遇审核业务所需资料	资料的认识	能掌握资料类别名称	1	2	3	4	5	1	2	3	4	5
	资料的获取	能知道资料获取的渠道	1	2	3	4	5	1	2	3	4	5
	资料的解读	能正确理解资料的含义	1	2	3	4	5	1	2	3	4	5
掌握失业保险待遇审核业务办理流程	申请表的填写	会正确填写“失业保险待遇审核表”	1	2	3	4	5	1	2	3	4	5
独立性完成与纪律性	独立性	能够独立填写申请表	1	2	3	4	5	1	2	3	4	5
	运用能力	能够正确运用资料	1	2	3	4	5	1	2	3	4	5
	组织纪律性	遵守课堂纪律，按时完成任务	1	2	3	4	5	1	2	3	4	5
个人努力方向与建议			评价汇总： 总分：									

4.3.6　教研交流

（1）如何鉴别失业保险待遇申请资料的真伪？

（2）在鉴别失业者时，除上述资料外，实际工作中还采取了哪些措施？你认为还应该有哪些补充措施？

任务四　住房保障事务

4.4.1　任务描述

住房保障是政府向低收入家庭提供住房资助的一种社会救助方式。住房保障有多种形式，如经济适用房、廉租房、房租补贴、住房公积金、限价房、集资房等。限于教材篇幅，我们这里仅介绍经济适用房保障事务。

4.4.2　任务分析

经济适用房事务涉及许多内容，包括申请经济适用房的条件、经济适用房条件中家庭收入的计算、办理经济适用房业务所需的资料、办理经济适用房业务流程和经济适用房的相关政策等。在本任务中，我们将以大连市为例，学习经济适用房的申请与购买事务，包括申请经济适用房的条件、审核的流程、所需要的资料等。

4.4.3　相关知识

4.4.3.1　大连市经济适用房的申请条件

符合下列条件的家庭，可以申购经济适用住房：

（1）家庭成员至少有1人具有市内四区城镇常住户口5年以上；

（2）家庭人均年收入低于上一年度居民人均可支配收入水平；

（3）家庭人均住房建筑面积为17平方米（含本数）以下（包括申购之日起前5年交易或者拆迁的住房建筑面积）。

（4）其他规定。

①未婚、丧偶无子女或离异后不直接抚养子女等单独生活的人员申请购买经济适用住房，除应符合前款条件外，还应年满30周岁；

②家庭人均住房建筑面积，按照同一地址户口簿记载的具有法定赡养、抚养或者扶养关系的所有家庭成员分摊家庭成员全部住房建筑面积确定；

③每个低收入家庭只能购买一套经济适用住房。

4.4.3.2 家庭收入计算

申请经济适用房的家庭需要接受家庭收入审查。家庭收入是指下列所得：

（1）工资、奖金、津贴、补贴；

（2）住房公积金；

（3）生产、经营、承包、承租所得；

（4）劳务报酬；

（5）股息红利；

（6）其他所得。

4.4.3.3 申请材料

（1）家庭成员身份证和户口簿；

（2）住房相关证明；

（3）单位出具的家庭成员年收入证明（没有单位的由户口所在地街道办事处出具证明）；

（4）住房保障机构规定的其他证明材料。

4.4.3.4 办理程序

（1）申购家庭持规定的材料到户籍所在地街道办事处填写“经济适用住房申请表”。

（2）街道办事处对申购家庭的收入和住房情况进行初审并公示，公示期限为15日；公示期满，对公示无异议或者异议不成立的，发放“经济适用住房受理单”，并将申购家庭的材料报市房产行政主管部门在所在区设立的分局（以下简称“区分局”）。

（3）区分局对申购家庭的住房情况进行核实后报大连市住房保障机构。

（4）大连市住房保障机构核定申购家庭的购房资格并公示，公示期限为15日；公示期满，对公示无异议或异议不成立的建立档案，发放“经济适用住房购房资格认定单”。

（5）大连市住房保障机构就经济适用住房的项目位置、数量、面积、价格及报名参加摇号的日期和相关要求向社会公告。

（6）申购家庭持“经济适用住房购房资格认定单”报名参加摇号。

（7）大连市住房保障机构会同街道办事处、区分局对报名参加摇号家庭的收入和住房情况进行复核，并按照房源和符合条件的申购家庭数量确定参加摇号的范围。

（8）大连市住房保障机构公开摇号确定入围名单和选房批次，在《大连日报》上公告，并向申购家庭发放“购买经济适用住房审批单”；申购家庭持“购买经济适用住房审批单”办理购房手续。

已经取得“购买经济适用住房审批单”的申购家庭，未在规定时间内购房的，视为自动放弃，1年后方可重新申购。

4.4.4 技能训练

本任务中的主要技能训练是学会填写“经济适用住房申请表”（见表4－13）。

表4－13 购买经济适用住房申请表

	申请人情况	申请人配偶情况	未婚子女情况
姓　名			
性　别			
身份证号			
单　位			
户口所在地			
补贴面积标准（m^2）			
家庭成员上年收入情况	1. 工资、薪金所得____元 2. 住房公积金的单位缴存部分____元 3. 住房补贴____元 4. 生产、经营所得和对企事业单位的承包、承租经营所得____元 5. 劳务报酬所得____元 6. 股息红利及利息所得____元 7. 其他所得____元	1. 工资、薪金所得____元 2. 住房公积金的单位缴存部分____元 3. 住房补贴____元 4. 生产、经营所得和对企事业单位的承包、承租经营所得____元 5. 劳务报酬所得____元 6. 股息红利及利息所得____元 7. 其他所得____元	1. 工资、薪金所得____元 2. 住房公积金的单位缴存部分____元 3. 住房补贴____元 4. 生产、经营所得和对企事业单位的承包、承租经营所得____元 5. 劳务报酬所得____元 6. 股息红利及利息所得____元 7. 其他所得____元
上年家庭总收入（人民币）		大写：	小写：
现住房	房屋所有权人		
	建筑面积（m^2）		
	地　址		
备注：申请人家庭有两处以上（含两处）住房，请在此栏中填写其他住房面积、地址和房屋所有权人			

续表

申请人________工作经历及住房情况	
工作单位	住房情况
申请人配偶________工作经历及住房情况	
工作单位	住房情况
审　核　情　况	
申请人配偶单位（街道办事处）核准意见： 经办人签名：　　　　负责人签字：　　　　核准单位盖章： 年　月　日	
申请人单位（街道办事处）核准意见： 可购买建筑面积为________平方米的经济适用住房壹套。 经办人签名：　　　　负责人签字：　　　　核准单位盖章： 年　月　日	
________市经济适用住房主管部门审核意见： 经办人签名：　　　　负责人签字：　　　　核准单位盖章： 年　月　日	
购买经济适用住房情况	
（本栏由售房单位填写盖章）申请人已购________小区____组团____楼____单元____层____房号的经济适用住房____套，建筑面积________平方米，其中须补交综合地价款的面积________建筑平方米。 经办人签名：　　　　负责人签字：　　　　售房单位盖章： 年　月　日	

本任务最好采用角色扮演的教学方法，让学生分饰社会保障部门人员以及申请者个人，通过本表格的填写可以让学生切实地了解经济适用房的申请，并由教师在教学实施过程中讲解填表要求与注意事项，进一步巩固所学习的知识。

4.4.5　完成任务

教师在教学中判断学生是否良好地完成本任务，可以借助于以下的评价标准（见表4－14）。评价之后，找出学生的不足之处，查缺补漏，达成教学目标并可以取得非常好的教学效果。

（1）掌握经济适用房的申请标准；

（2）熟悉家庭收入的计算标准；

（3）能够准确理解申请材料和申请办理程序。

表 4-14　　经济适用房保障业务评价表

被评价者：

评价指向：　　　　评价时间：　　年　月　日

训练项目	训练重点	评价标准	小组评价（5分满分）					老师评价				
掌握申请经济适用房的条件	条件的认识	能掌握具体条件	1	2	3	4	5	1	2	3	4	5
	条件的获取	能知道所需的相关资料	1	2	3	4	5	1	2	3	4	5
	条件的解读	能正确理解各条件包含的意思	1	2	3	4	5	1	2	3	4	5
掌握经济适用房的业务的办理流程	经济适用房的申请	会正确填写“经济适用房申请表”	1	2	3	4	5	1	2	3	4	5
	提供所需资料	知道所需的资料	1	2	3	4	5	1	2	3	4	5
独立性完成与纪律性	独立性	能够独立填写申请表	1	2	3	4	5	1	2	3	4	5
	运用能力	能够正确运用资料	1	2	3	4	5	1	2	3	4	5
	组织纪律性	遵守课堂纪律，按时完成任务	1	2	3	4	5	1	2	3	4	5
个人努力方向与建议			评价汇总： 总分：									

4.4.6　教学研讨

（1）经济适用房申请的现行政策。

（2）在讲授本任务的过程中，应该如何提示学生在审核申报材料的注意事项？

（3）经济适用房是不是最好的解决低收入家庭住房的方式，还有哪些？

（4）哪些国家在解决低收入家庭住房问题上的经验值得我们借鉴？

任务五　社会救济事务

4.5.1　任务描述

社会救济是指国家对因意外事故、灾害等原因使得生活困难的成员给予一定物质帮助的行为。社会补助是国家对生活水平低于政府规定的贫困线的社会成员给予物质帮助的行为。社会救济是国家帮助城乡困难户解决生活困难的一项重要措施，是社会福利事业的一部分。我国的社会救济分为城市社会救济、农村社会救济和接待安置救济难民三个方面。城市社会救济的重要参与者是街道，农村社会救济的重要参与者是乡镇政府。

4.5.2　任务分析

在本任务中，我们将学习城镇低保政策申请条件、城镇低保业务办理概况、城镇低保业务办理流程、城镇低保业务办理所需资料和城镇低保政策相关信息。

本任务以大连市金州区为例，学习掌握城镇低保业务基本内容。

4.5.3　相关知识

大连市金州区对低收入保障实行的是属地管理、动态管理、公开公平公正原则、“三榜”公布的原则。

4.5.3.1 享受低保的基本条件

金州区城市低收入家庭的居民，具有金州区非农业户籍，且居住在我区行政区域内，家庭人均收入虽略高于当地城市低保标准，但面临各种临时困难，需要救助的家庭均可享受低保待遇。

但是以下情况不得享受低保：

(1) 3 年内私建住房、购买商品房或高标准装修现有住房的；

(2) 家中购买使用摩托车、计算机等高档非基本生活必需品的；

(3) 家中有小汽车或非经营性机动车辆的；

(4) 家庭成员有使用手机的；

(5) 家庭有高档收藏或投资有价证券的；

(6) 家庭有饲养观赏性宠物的；

(7) 安排子女择校就读、出国留学或子女在义务教育期间入收费学校就读的；

(8) 经常出入餐饮、娱乐场所消费的；

(9) 有赌博、吸毒、嫖娼行为而造成家庭生活困难、且尚未改正的；

(10) 连续两次不按时领取低保金；

(11) 不按规定申报家庭收入的；

(12) 无正常理由两次经介绍拒不就业的；

(13) 不参加街道组织的公益性劳动的；

(14) 家庭因征土地“农转非”并自愿一次性领取补偿金在 3 年之内的；

(15) 购买户口“农转非”3 年之内的；

(16) 不配合家庭收入情况调查或/并弄虚作假的；

(17) 按政府有关规定不能享受低保待遇的。

4.5.3.2 计算家庭收入的主要内容

(1) 工资、奖金、津贴、补贴、福利，从事个体经营的净收入及其他劳动收入；

(2) 离退休金、基本养老保险金、下岗职工基本生活费及失业保险金；

(3) 存款、股票和其他有价证券及利息；

(4) 出租家庭资产获得的收入；

(5) 法定赡养人、扶养人或抚养人应当给予的赡养、扶养或抚养费；

(6) 继承的遗产和接受的赠与；

(7) 其他应当计入的家庭收入。

城镇居民家庭收入，按申请人提出申请前 6 个月家庭收入计算。

4.5.3.3 办理材料

申请低保者需要提供以下资料：

(1) 户口簿、身份证；

(2) 下岗证及基本生活费领取证明；

(3) 失业保险证及领取失业保险金证明；

（4）离退休证、养老保险证及领取养老金证明；

（5）已婚人员的结婚证或离婚人员的离婚证；

（6）在校学生的学生证或残疾人员的残疾证；

（7）就业能力和就业状况证明；

（8）赡养或扶养（抚养）人收入证明及给付赡（抚、扶）养费证明；

（9）职业介绍所的求职登记证明；

（10）家庭成员收入状况证明；

（11）领取一次性补偿费的数额及用途证明；

（12）连续6个月以上未领到或未足额领到工资、基本生活费、养老金的人员还应提供劳动或经贸部门出具的证明；

（13）民政部门认为需要提供的其他证明材料。

4.5.3.4 办理流程

申请低保者办理申请手续流程，见图4－9。

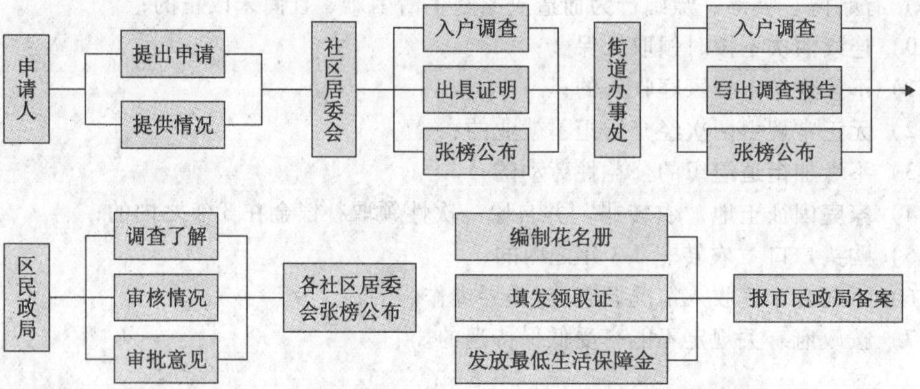

图4－9 城市最低生活保障申批流程

4.5.4 技能训练

本任务中的技能训练主要是学会填写“低保申请表”（见表4－15）。

表4－15 城市最低生活保障申请表

<table>
<tr><td>姓名</td><td></td><td>性别</td><td></td><td>出生年月</td><td></td><td>民族</td><td></td><td rowspan="5">照片</td></tr>
<tr><td colspan="2">家庭住址</td><td colspan="6"></td></tr>
<tr><td colspan="2">家庭成员</td><td colspan="2">关系</td><td colspan="2">年龄</td><td colspan="2">工作单位及职业</td></tr>
<tr><td colspan="2"></td><td colspan="2"></td><td colspan="2"></td><td colspan="2"></td></tr>
<tr><td colspan="2"></td><td colspan="2"></td><td colspan="2"></td><td colspan="2"></td></tr>
<tr><td colspan="2">民政部门发低保证编号</td><td colspan="7"></td></tr>
<tr><td colspan="2">村（居）委员会意见</td><td colspan="7">（公章）　年　月　日</td></tr>
<tr><td colspan="2">财政部门审核意见</td><td colspan="7">（公章）　年　月　日</td></tr>
<tr><td colspan="2">备注</td><td colspan="7"></td></tr>
</table>

4.5.5 完成任务

教师在教学中判断学生是否良好地完成本任务，可以借助于评价标准（见表4－16）。评价之后，找出学生的不足之处，查缺补漏，达成教学目标并可以取得非常好的教学效果。

（1）准确把握享受城市最低生活保障的基本条件。

（2）了解申请低保者需要提供的相关资料。

（3）了解申请低保的办理流程。

表4－16　　城镇低保业务评价表

被评价者：

评价指向：　　　　评价时间：　年　月　日

训练项目	训练重点	评价标准	小组评价（5分满分）					老师评价				
掌握城镇低保所需资料	资料的认识	能掌握资料类别名称	1	2	3	4	5	1	2	3	4	5
	资料的获取	能知道资料获取的渠道	1	2	3	4	5	1	2	3	4	5
	资料的解读	能正确理解资料的含义	1	2	3	4	5	1	2	3	4	5
掌握城镇低保业务的办理流程	低保资格申请	会正确填写“低保申请表”	1	2	3	4	5	1	2	3	4	5
	携带相关资料	能说出所需所有资料	1	2	3	4	5	1	2	3	4	5
独立性完成与纪律性	独立性	能够独立填写申请表	1	2	3	4	5	1	2	3	4	5
	运用能力	能够正确运用资料	1	2	3	4	5	1	2	3	4	5
	组织纪律性	遵守课堂纪律，按时完成任务	1	2	3	4	5	1	2	3	4	5
个人努力方向与建议			评价汇总： 总分：									

4.5.6 教学研讨

（1）审核低保申请材料时需要注意什么问题？

（2）如何设计申请路线更有效率？

（3）在规定的低保申请资格条件中，哪些条件是最基本的，哪些是只供参考的？

单元五 国库集中支付事务

学习目标

通过本单元任务的学习，要求掌握如下内容：

(1) 国库集中支付银行账户体系。这一账户体系包括国库单一账户、财政零余额账户、预算单位零余额账户、非税收入财政专户、特设专户等。

(2) 熟练掌握开设财政零余额账户的工作程序，了解相关管理规定。

(3) 了解开设预算单位零余额账户的开设流程，明确单位零余额账户的管理规定。

(4) 掌握特设专户的核算内容，了解其核算内容。

(5) 开设财政备付金账户。熟悉清算备付金账户的使用和管理。

(6) 认识财政直接支付的适用范围，熟练操作财政直接支付的流程，和统发工资支出、政府采购支出等实行直接支付支出的业务处理。

(7) 认识财政授权支付的适用范围，熟练操作财政授权支付的流程和的会计处理。

国库集中支付制度是指政府将所有财政性资金都纳入国库单一账户体系管理，收入直接缴入国库或财政专户，支出通过国库单一账户体系支付到商品和劳务供应者或用款单位。逐步建立和完善以国库单一账户体系为基础，资金缴拨以国库集中收付为主要形式的财政国库管理制度，是整个财政管理体制改革的有机组成部分和主要内容。

任务一 建立国库集中支付银行账户体系

5.1.1 任务描述

建立一套科学规范的银行账户体系是实施财政国库集中支付的基础条件。这一账户体系包括国库单一账户、财政零余额账户、预算单位零余额账户、非税收入财政专户、特设专户。此外，为了保证资金清算行营业截止后预算单位零余额账户的紧急支付，财政部门可以在代理银行开设清算备付金账户。几类账户相互联系，构成财政资金存储、支付和清算的基础。

在本任务中，要对建立国库集中支付银行账户体系有初步认识，熟练操作国库单一账户的开设和管理。

5.1.2 任务分析

国库集中支付系统是以国库单一账户体系为基础，以健全的财政支付信息系统和银行间实时清算系统为依托，所有预算单位需要购买商品或支付劳务款项时，由预算单位提出申请，经国库集中支付机构审核后，将资金通过单一账户体系支付给收款人的制度。集中支付制度能使财政收支更公开、更透明，能实现财政性资金事前、事中、事后的全过程监督，提高了资金使用效益。

国库单一账户由五类账户体系构成：

一是财政部门在中国人民银行开设的国库存款账户；

二是财政部门在商业银行开设的预算外专户资金财政专账；

三是财政部门在商业银行开设的财政零余额账户，用于财政直接支付和清算；

四是财政部门在商业银行为预算单位开设的预算单位零余额账户，用于财权授权支付和清算；

五是经政府批准或授权财政部门开设的特殊性资金专户。

国库单一账户体系中各类账户的使用与管理见表5-1。

表5-1　国库单一账户体系中各类账户的使用与管理

账户名称	账户性质	开户银行	使用主体	主要功能
国库单一账户	国库存款账户	人民银行	财政部门 总预算会计	预算内资金收支管理，与财政零余额账户、预算单位零余额账户、特设专户进行资金清算
非税收入（预算外资金）财政专户	非税收入 专用存款账户	商业银行	财政部门 预算外资金会计	非税收支管理、与非税收入财政汇缴专户、财政零余额账户、预算单位零余额账户进行资金清算
非税收入（预算外资金）财政汇缴专户	非税收入 收缴账户	商业银行	财政部门 国库收付执行机构	非税收入收缴和清算
财政 零余额账户	财政直接支付 专用账户	商业银行	财政部门 国库收付执行机构	财政直接支付和清算
预算单位 零余额账户	财政授权支付 专用账户	商业银行	预算单位	财政授权支付和清算
特设账户	政策性 财政支出账户	商业银行	财政部门 或预算单位	政策性专项支出管理

5.1.3　相关知识

国库集中收付制度是对财政资金实行集中收缴和支付的制度，由于其核心是通过国库单一账户对现金进行集中管理，所以这种制度一般又称为“国库单一账户制度”（见图5-1）。

该制度具有三个基本特征：一是财政统一开设国库单一账户；二是所有财政收入直接缴入国库，主要财政支出由财政部门直接支付到商品或劳务供应者；三是建立高效的预算执行机构，科学的信息管理系统和完善的监督检查机制。

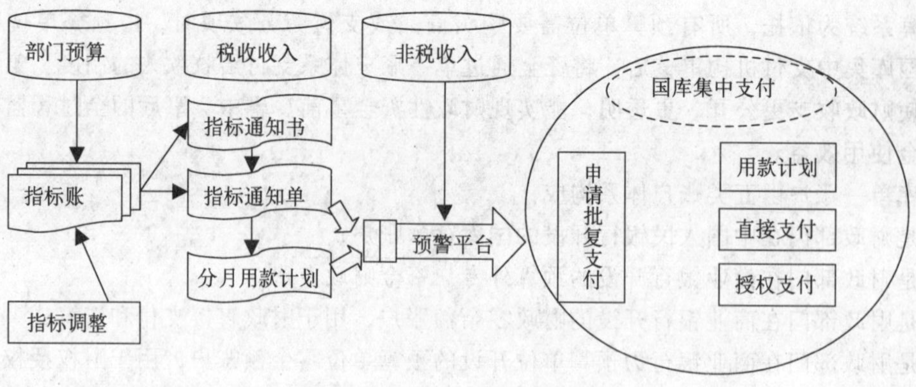

图 5-1 国库单一账户支付体系

5.1.3.1 国库单一账户的开设和管理

中国人民银行国库管理机构为财政部门开设国库单一账户，主要用于记录、核算和反映纳入预算管理的财政收入和支出活动，并用于与财政部门在商业银行开设的零余额账户进行清算，实现支付。国库单一账户按专用存款账户管理。开户时，财政部门需向中国人民银行提交开户申请并预留印鉴。

5.1.3.2 国库集中支付的基本运作程序

预算单位按照批准的用款计划向财政支付机构提出申请，经支付机构审核同意后在预算单位的零余额账户中向收款人支付款项，然后通过银行清算系统由零余额账户与财政集中支付专户进行清算，再由集中支付专户与国库单一账户进行清算（见图 5-2）。在国库集中支付方式下，由于银行间的清算是通过计算机网络实时进行的，因而财政支付专户和预算单位的账户在每天清算结束后都应当是零余额账户，财政资金的日常结余都保留在国库单一账户中。

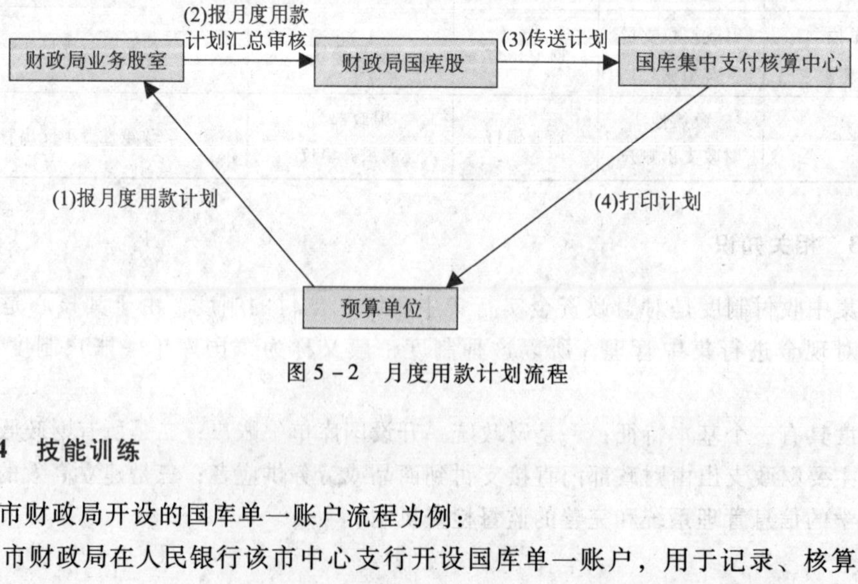

图 5-2 月度用款计划流程

5.1.4 技能训练

以某市财政局开设的国库单一账户流程为例：

（1）市财政局在人民银行该市中心支行开设国库单一账户，用于记录、核算和反映财政预算内资金和纳入预算管理的政府性基金的收支活动。

（2）市财政局在商业银行开设非税收入资金财政专户，用于记录、核算和反映非税收入资金的收支活动。

（3）市财政局在商业银行开设财政零余额账户，用于记录、核算和反映实行直接支付方式的财政性资金活动。

（4）市财政局在商业银行为预算单位开设国库集中核算账户，用于记录、核算和反映实行授权支付方式的财政性资金活动。

（5）市财政局在商业银行开设清算备用金账户，用于现代化支付清算系统建成以前，办理超过当天清算截止时间后实际发生授权支付的资金清算。清算备用金账户的额度由市财政局确定。

（6）经省人民政府、省财政厅和市人民政府批准或授权，由市财政局为预算单位在商业银行开设特设专户，用于记录、核算和反映市财政或预算单位的特殊专项资金活动。

5.1.5 完成任务

完成本任务的判断标准如下：一是对国库集中支付账户体系的理论理解是否正确和完整；二是对国库单一账户的开设和管理流程是否掌握和熟练使用。其中财政零余额账户、预算单位零余额账户、非税收入财政专户、特设专户等在国库集中支付账户体系中的重要地位是否熟悉。

5.1.6 教研交流

（1）准确描述国库集中支付账户体系的组成。

（2）熟练国库集中支付账户的开设和管理流程。

任务二　开设财政零余额账户

5.2.1 任务描述

财政零余额账户是财政部门开设在代理银行的账户，主要用于办理财政直接支付业务，并与国库单一账户进行清算，该账户不能提取现金。开户时，财政部门向财政直接支付业务代理银行发出的开设财政零余额账户的书面通知，代理银行依据《人民币结算账户管理办法》的规定，为财政部门开设财政零余额账户。财政零余额账户每日发生的支付，于当日营业终了前由代理银行与国库单一账户清算。

在本任务中，熟练掌握开设财政零余额账户的工作程序是完成本任务的重要保证。

5.2.2 任务分析

零余额账户是指财政部门和预算单位在办理直接支付和授权支付业务时，先由代理银行根据支付令（即拨款凭证，下同），通过财政部门零余额账户或预算单位零余额账户将资金支付到供应商或收款人账户。支付的资金由代理银行在每天规定的时间内与人民银行通过国库单一账户进行清算，将当天支付的所有资金从人行国库划到上述各账户，当天轧账后，各账户的余额均为零。财政零余额账户能够有效实现国库集中支付的高效率性。

财政部门原则上只能为预算单位开立一个预算单位零余额账户，为执收单位开立一个财政汇缴零余额账户。确因特殊管理需要（如存在异址办公并独立核算的非法人机构等情形），需要开立一个以上账户的，应当通过主管部门向同级财政部门提出申请，经同级财政部门批准后开立。财政部门在同一家代理银行原则上只能开立一个财政部门零余额账户。通过开设财政零余额账户，能有效完成国库集中支付的直接支付和授权支付业务。

5.2.3 相关知识

零余额账户指财政部门或财政部门为预算单位在商业银行开设的用于办理预算资金支付清算的账户，其日终余额在与设立在中央银行的国库单一账户清算后结零。从零余额账户的概念来看，它是办理预算资金支付清算的账户。而就零余额账户的运作过程来看，它是一个过渡性账户。

当符合预算规定的商品或劳务政府购买活动已经发生或完成，财政部门或其授权的预算单位向零余额账户发出支付指令，零余额账户在向商品或劳务供应商支付后，于日终前向国库单一账户申请清算，由国库单一账户将资金支付到零余额账户。可见，零余额账户的实质是过渡性支付清算账户。

从财政集中支付的目的来看，零余额账户作为过渡性支付清算账户，其核心是零余额，即账户日终余额必须始终保持为零，以此保证国库单一账户对预算资金的集中管理，体现国库单一账户对支付的集中控制。正是由于这一性质，世界各国把这一账户称为“零余额账户”。

5.2.4 技能训练

怎样设置零余额账户？

一级预算单位及无主管部门的行政事业单位，需填写“银行账户审批表”报财政厅（基层预算单位填写“银行账户审批表”，报主管部门；主管部门还需填写“财政授权支付银行开户情况汇总申请表”，连同基层预算单位的“银行账户审批表”一并报财政厅）；“银行账户审批表”经财政厅审批后报人民银行，人民银行按规定核发“开户许可证”，预算单位持“开户许可证”，在财政厅确定的代理银行所属分支机构内，自主选择预算单位零余额账户的开户银行，办理零余额账户开户和印鉴预留手续。

5.2.5 完成任务

（1）了解零余额账户的基本内容和重要作用。

（2）熟练运用财政零余额账户开设程序。

（3）掌握财政零余额账户管理存在的问题。

（4）适当寻找财政零余额账户的管理办法。

5.2.6 教研交流

（1）财政零余额账户管理存在的问题与建议：

例：某审计局经济责任审计发现，财政零余额账户管理存在一些亟待解决的问题：

①账户设立缺乏科学性。财政只选择一家商业银行代理零余额账户，没有引入竞争机制。

②支付、核算手续繁琐。支付要同时开具银行支票、进账单、财政授权支付凭证才能办理；核算要按照银行（现金）日记账、基本支出、项目支出、科目名称、项目名称进行核算，造成财务人员重复记账。

③财政资金监管职能弱化。首先国库对预算拨款的审核职能弱化，由“事前审核”变为“事后监督”；预算拨款核算出现“业务笔数少、金额大、风险凸显”现象。其次国库对代理银行的监督职能弱化，代理银行可以采取超额清算或先清算后支付等方式套取财政资金。再次代理银行对预算单位实施监督难。

（2）针对零余额账户管理存在的问题提出建议

①加强代理银行选定工作。通过招投标方法，择优选择两家以上代理银行，并适当增加代理网点数量。

②加快国库系统网络化建设。建立以国库部门为核心的覆盖财政部门、国库部门、代理银行、预算单位的综合信息处理系统，实现部门间的信息共享，实现对财政资金的多渠道监控和全过程控制，保证财政资金安全、高效运转。

③深化预算管理制度改革。进一步加快部门预算、综合预算改革的推进速度，优化预算科目，细化部门预算编制，早编、细编预算，尽早批复预算，提高预算的可执行性，加强国库对预算支出的刚性约束，充分发挥国库的监督作用。

④健全单一账户体系，预算单位除住房公积金、医疗保险等专户外，其余账户应一律撤销，将财政资金全部纳入单一账户体系。

⑤完善监管机制的建议。财政、国库要尽快完善内控机制，纪检、监察、审计等部门要加强对国库资金运行的外部监督。

（3）如何加强财政部门零余额账户的内部监控，如何进行国库系统网络化建设。

任务三　开设预算单位零余额账户

5.3.1　任务描述

预算单位零余额账户用于财政授权支付。该账户每日发生的支付，于当日营业终了前由代理银行在财政部批准的用款额度内与国库单一账户清算；营业中单笔支付额 5 000 万元人民币以上的（含 5 000 万元），应及时与国库单一账户清算。预算单位零余额账户只能用于财政部授权预算单位支付额度内的支付和国库单一账户的资金清算。不得违反规定从该账户向预算单位其他账户划拨资金。财政授权的转账业务一律通过预算单位零余额账户办理。预算单位零余额账户在行政单位会计和事业单位会计中使用。

在本任务中，了解开设预算单位零余额账户的开设流程和重要性是保证本任务完成的基础。

5.3.2 任务分析

预算单位零余额账户在国库集中支付账户体系中，适用于财政授权支付；在使用过程中不得违反规定从该账户向预算单位其他账户划拨资金。

5.3.3 相关知识

5.3.3.1 预算单位零余额账户开户申请表

表5－2是预算单位零余额账户开户申请表。在填制该表时，应该一式三份，预算单位一份，主管部门一份，财政部门一份。

表5－2　　预算单位零余额账户开户申请表

年　月　日

申请单位（公章）

单位全称				单位性质		单位代码	
联系电话				地　址		邮　编	
法人代表		财务负责人		会　计		出　纳	
账户名称				账户类别			
开户行全称				核算内容（用途）			
开户原因							

财务负责人：　　　　经办人：

5.3.3.2 预算单位零余额账户开户汇总申请表

表5－3是预算单位零余额账户开户汇总申请表。该表是各预算单位开户后在开户银行和主管部门的可查阅资料，也可作为财政支出绩效考核的参考。

表5－3　　预算单位零余额账户开户汇总申请表

主管部门：　　　　年　月　日　　　　主管部门编号：

序号	预算单位名称	开户银行（网点）	财务负责人	会计	出纳	联系电话	邮编	单位地址
1								
2								
3								
4								
……								
主管部门				县财政局审核意见				
财务专用章	财务负责人	经办人		业务科室审核			主管局长意见	

5.3.3.3 预算单位用款计划表

表5－4是预算单位用款计划表。该表是各预算单位用款计划支出按功能分类（类、款、项）的计划表，在财政直接支付和财政授权支付时均按照用款实际用途和金额填制。

表5－4　　预算单位用款计划表

资金性质：　　　　年　月　日　　　　单位：元

<table>
<tr><th colspan="2">预算单位</th><th colspan="4">支出功能分类科目</th><th rowspan="3">项目名称</th><th colspan="8">用款计划申请额度</th><th rowspan="3">备注</th></tr>
<tr><th rowspan="2">编码</th><th rowspan="2">名称</th><th colspan="3">编码</th><th rowspan="2">名称</th><th rowspan="2">合计</th><th colspan="5">财政直接支付</th><th rowspan="2">财政授权支付</th></tr>
<tr><th>类</th><th>款</th><th>项</th><th>小计</th><th>工资支出</th><th>货物、服务采购支出</th><th>工程采购支出</th><th>其他支出</th></tr>
<tr><td></td><td></td><td></td><td></td><td></td><td></td><td></td><td></td><td></td><td></td><td></td><td></td><td></td><td></td><td></td></tr>
<tr><td></td><td></td><td></td><td></td><td></td><td></td><td></td><td></td><td></td><td></td><td></td><td></td><td></td><td></td><td></td></tr>
<tr><td></td><td></td><td></td><td></td><td></td><td></td><td></td><td></td><td></td><td></td><td></td><td></td><td></td><td></td><td></td></tr>
<tr><td></td><td></td><td></td><td></td><td></td><td></td><td></td><td></td><td></td><td></td><td></td><td></td><td></td><td></td><td></td></tr>
</table>

5.3.4 技能训练

预算单位使用财政性资金，应当按照国库集中支付的有关规定和程序，向财政部门提出设立零余额账户的申请，并向财政国库管理机构和国库执行机构办理预留印鉴手续。

5.3.4.1 预算单位零余额账户的开立程序

（1）提出申请。原则上，一个预算单位只能开设一个零余额账户。预算单位在财政部门已招标确定的国库集中收付代理银行中按照就近方便的原则，自愿选择一家网点作为预算单位零余额账户的开户银行，填写“财政授权支付银行开户情况申请表”，报一级预算单位审核汇总。一级预算单位汇总填写“财政授权支付银行开户情况汇总申请表”，报财政部门批准设立。

（2）财政部门审核。财政国库执行机构审核预算单位填报的“财政授权支付银行开户情况汇总申请表”，同意后通知代理银行为预算单位开设零余额账户。

（3）代理银行办理开户。代理银行依据财政部门批准预算单位开设零余额账户的通知文件以及《银行账户管理办法》等银行有关规定，具体办理开设预算单位零余额账户业务，接受财政部门和中国人民银行的管理监督。

（4）通知预算单位。开设预算单位零余额账户后，代理银行将所开账户的开户银行名称、账号等详细情况书面报告财政部门和中国人民银行，并由财政部门通知一级预算单位，一级预算单位顺次通知二级预算单位、基层预算单位。

（5）办理印鉴手续。预算单位根据财政部门的开户通知，具体办理预留印鉴手续。基层预算单位和一级预算单位分别填写财政部门统一制发的《基层预算单位财政性资金拨款印鉴卡》和《一级预算单位财政性资金拨款印鉴卡》。

《基层预算单位财政性资金拨款印鉴卡》一式三份，基层预算单位自留一份，交一级预算单位、国库集中支付执行机构各一份；《一级预算单位财政性资金拨款印鉴卡》一式三份，一级预算单位自留一份，交财政国库管理机构和财政国库执行机构各一份。

（6）印鉴卡的填写。预算单位的零余额账户印鉴卡必须按规定的格式和要求填写。印鉴卡内容如有变动，预算单位应当及时通过一级预算单位向财政部门提出变更申请，办理印鉴卡更换手续。

（7）预算单位增加、变更、合并、撤销零余额账户，应当按照相关规定向财政国库部门提出增加、变更、合并、撤销零余额账户申请，并按规定的程序办理。

5.3.4.2 预算单位零余额账户的使用和管理

预算单位零余额账户用于财政授权支付，该账户每日发生的支付，于当日营业终了前由代理银行在财政部门批准的用款额度内与国库单一账户清算。预算单位零余额账户可以办理转账、提取现金等结算业务，可以向本单位按账户管理规定保留的相应账户划拨工会经费，以及经财政部门批准的特殊款项，不得违反规定向本单位其他账户和上级主管单位、所属下级单位账户划拨资金。

各基层预算单位要切实加强对现金支出的管理，不得违反《现金管理暂行条例》等规定提取和使用现金；代理银行按照财政部门批准的用款额度和《现金管理暂行条例》等规定，受理预算单位的现金结算业务。

5.3.5 完成任务

完成本任务的判断标准如下：

一是对财政零余额账户的理论理解是否正确和完整；

二是对财政零余额账户的开设和管理流程是否掌握和熟练使用；

三是财政零余额账户的使用和管理是否知晓。

5.3.6 教研交流

（1）能够准确描述预算单位零余额账户开设的程序。

（2）遵守预算单位零余额账户的使用和管理规定。

（3）在处理财政授权支付业务时，应当注意哪些问题？

（4）如何规范和明确预算单位零余额账户的性质？

任务四 开设特设专户

5.4.1 任务描述

财政国库支付中心在国库代理银行开设的特设专户属过渡性质账户，按照财政国库管理制度改革规定，特设专户核算以下资金收支：一是财政国库集中支付改革实施期间清理撤销各单位原有账户时，其原有账户银行存款余额转入款；二是上级单位采用实拨资金制拨入的各项补助经费；三是经同级财政部门批准，核算具有特定用途的支出；四是同级预算单位之间往来性质资金；五是单位办理国库集中支付业务时发生退票业务的存款，待查明原因后，从该账户转出。

各地财政部门如何为预算单位开设特设专户？

5.4.2 任务分析

需要开设特设专户的预算单位通过一级预算单位向财政部门提出书面申请，经财政部门审核并报同级政府批准或经同级政府授权财政部门批准后，由财政部门在代理银行为预算单位开设。特设专户用于记录、核算和反映经同级政府批准或同级政府授权财政部门要求和账户管理规定，具体办理特殊事项的支付业务。预算单位不得将特设专户资金与本单位的其他银行账户资金相互划转，特设专户不得提取现金。

5.4.3 相关知识

下列相关知识以市级为例：

5.4.3.1 特设专户的核算内容

特设专户核算以下资金收支：一是财政国库集中支付改革实施期间清理撤销各单位原有账户时，其原有账户银行存款余额转入款；二是上级单位采用实拨资金制拨入的各项补助经费；三是经同级财政部门批准，核算具有特定用途支出；四是同级预算单位之间往来性质资金；五是单位办理国库集中支付业务时发生退票业务的存款，待查明原因后，从该账户转出。

5.4.3.2 特设专户的禁止行为

（1）不得将应纳入财政预算管理和非税收入财政专户管理的政府非税收入缴入特设专户。政府非税收入项目的界定按《非税收入管理暂行办法》和《非税收入管理暂行办法》等文件规定执行。

（2）未经同级财政部门批准不得将财政安排的专项经费转入特设专户进行核算和支出。

（3）不得将预算内资金、财政核拨的政府非税收入资金划转到特设专户进行核算和支出。

（4）不得利用特设专户收取下级或附属单位上缴收入、有关单位捐赠、赞助收入。

（5）不得利用特设专户大额提取现金和发放政策外津贴、补贴、福利。

5.4.3.3 特设专户资金监督管理

各部门单位要按照国库集中支付特设专户核算和管理的要求，正确使用该账户，规范专户资金的收支管理。对于不执行政府非税收入“收支两条线”管理规定，而将非税收入缴入特设专户的，一律先划缴政府非税收入专户，待单位说明情况后，方可使用；对于故意逃避政府非税收入“收支两条线”管理或屡查屡犯的单位，将严格按照非税收入管理的有关规定予以处罚。财政各经费归口业务科室要加强对各单位特设专户资金申报用款计划的审核把关，严格审查专户资金的来源和用途，确保专款专用。对于不能提供特设专户资金来源和用途有效依据的，不得审批用款计划。财政国库支付中心要按财政国库管理制度改革政策规定，严格账户管理加强该账户资金来源审查，防止单位利用特设专户转移、隐匿应纳入财政预算管理和非税收入财政专户管理的非税收入。非税收入管理局要加强对政府非税收入的稽查管理，坚持“以票管费、票款同行”，严格票据领发、使用、缴销管理，确保各项非税收入及时、足额缴入非税收入财政专户。

5.4.4 技能训练

特设专户的使用和管理：

（1）特设专户用于记录、核算和反映经国务院、财政部和地方政府批准或地方政府授权财政部门批准的特殊专项支出活动。

（2）预算单位不得将特设专户资金与本单位的其他银行账户资金相互划转。

（3）商业银行应按照财政要求和账户管理规定，具体办理特设专户支付业务。

5.4.5 完成任务

完成本任务的判断标准如下：

一是对特设专户的理论理解是否正确和完整；

二是对特设专户的开设和管理流程是否掌握和熟练使用；

三是对特设专户的使用和管理是否知晓。

5.4.6 教研交流

（1）能够准确描述特设专户开设的程序。

（2）遵守特设专户的使用和管理规定。

（3）如何规范和明确特设专户的资金监督管理？

任务五　开设财政清算备付金账户

5.5.1 任务描述

清算备付金账户用于记录、核算和反映代理银行受理的超过人民银行当天清算时限后实际发生的财政授权支付业务的资金活动。清算备付金账户是国库集中支付事务中的重要组成部分，该账户是国库单一账户体系中的一个子系统。它的存在反映了代理银行在实际业务处理中遇到的超过人民银行的清算时限的财政授权支付资金的处理。那么，该如何开设财政清算备付金账户呢？

5.5.2 任务分析

为了保证资金清算行营业截止后，预算单位零余额账户的紧急支付，财政部门可以在代理银行开设清算备付金账户。代理银行依据《人民币银行结算账户管理办法》的有关规定，为财政部门开立专用存款账户，并报中国人民银行国库管理机构备案。

5.5.3 相关知识

（1）财政部门在清算备付金账户存入一定额度的资金（备用金），存入资金额度由中国人民银行国库管理机构和财政国库管理机构根据资金需要核定，用于操作系统信息传递障碍等原因造成零余额账户无法与单一账户清算或清算时间截止后，预算在有效工作日内发生的支付业务。代理银行其他一切支付行为都不得动用该备付金。

（2）代理银行需要动用备付金时，要按照财政部门规定的方式向财政部门提出申请，经财政部门同意后，根据当日各零余额账户实际已垫付的财政性资金，填制特种转账支票一式两份，将资金从备付金账户转出并结平财政零余额账户和预算单位零余额账户。特种转账传票一份作备付金账户的付出传票，一份给财政部门作回单。第二个工作日需向财政部门履行审批手续并索要财政备付金支付凭证，作为备付金账户支出传票的附件。

（3）代理银行在第二个工作日上午9:30前，根据上一工作日备付金的使用额度，填制“代理银行申请划款凭证”。其中，付款人为财政部门，账户为单一账户；收款人为财政部门，账户为备付金账户。同时提交给中国人民银行国库管理机构，并将备付金账户的回单及时提交给财政部门。每月底分别向财政部门和中国人民银行国库管理机构提供备付金账户对账单，以备核对。

（4）中国人民银行国库管理机构按照《支付清算办法》的有关规定审核无误后，于10:30前通过大额支付系统将资金划转到代理银行备付金账户。

（5）财政部门指定专人管理备付金账户，根据代理银行送交的有关凭证，及时登记账簿。

（6）代理银行应在年度最后一个工作日的16:00之前，将备付金账户的全部资金划转到中国人民银行国库管理机构，待下一年度再划回。

5.5.4 技能训练

在本任务中，对清算备付金账户的使用和管理要按照各地不同的财政国库管理制度实施细则灵活变动。此处以《江西省省级财政国库管理制度改革资金支付管理办法》为例说明清算备付金账户的使用和管理。

江西省省级财政国库管理制度改革资金支付管理办法（节选）

第六节　清算备用金账户的使用和管理

第三十三条　清算备用金账户用于记录、核算和反映代理银行受理的超过人民银行当天清算时限后实际发生的财政授权支付业务的资金活动。

第三十四条　清算备用金账户的存款额度，根据实际需要，由代理银行提出申请，省财政厅结合批复预算单位的用款计划情况，会同人民银行南昌中心支行共同审核确定。

第三十五条　每日下午营业终了前，代理银行将当日下午受理的超过人民银行清算时限的财政授权支付业务，经汇总后从清算备用金账户将支付的资金划入预算单位零余额账户，并填制“清算备用金账户划款明细单”，报省财政国库管理机构和省财政国库支付执行机构备案。

第三十六条　每日下午从清算备用金账户划出的资金，在下一个工作日上午与国库单一账户进行单独清算，补平清算备用金账户存款额度。

5.5.5 完成任务

完成本任务的判断标准如下：

一是对特设专户的理论理解是否正确和完整；

二是对特设专户的开设和管理流程是否掌握和熟练使用；

三是对特设专户的使用和管理是否知晓。

5.5.6 教研交流

（1）了解清算备付金账户的使用规定，熟练运用备付金账户。

（2）遵守清算备付金账户的使用和管理规定。

（3）如何规范清算备付金账户的资金监督管理？

（4）清算备付金在预算单位紧急支付时是否存在违规操作？违规操作是否符合情理？

任务六 财政直接支付

5.6.1 任务描述

财政直接支付是指由财政部门根据预算单位提出的支付申请，向代理银行签发支付指令，代理银行根据支付指令，通过国库单一账户体系将资金直接支付到收款人（商品或劳务供应商等）或用款单位（具体申请和使用财政资金的预算单位）账户的支付方式。实行财政直接支付的支出主要是统发工资支出、政府采购支出以及方便实行直接支付的支出。

在本任务中，需要理清财政直接支付具体流程是完成本任务的重要标志。

5.6.2 任务分析

财政直接支付业务流程见图 5－3[①]。

5.6.3 相关知识

5.6.3.1 财政直接支付的一般程序

（1）财政部门为预算单位代编财政直接支付申请。财政部门根据批复的用款计划，对于用款计划中实行财政直接支付的支出，需要支付时，在国库集中支付系统中按款分项填制“财政直接支付申请书”。

（2）财政国库执行机构审核财政直接支付申请。财政国库执行机构指定专人对“财政直接支付汇总申请书”进行认真审核，重点审核预算科目、收款人开户行和银行账号，报机构负责人复审。

① 此图为辽宁省丹东市财政直接支付业务流程图，供学习参考。

（3）财政国库执行机构发送财政直接支付指令。财政国库执行机构审核一级预算单位提出的汇总申请无误后，开具“财政直接支付汇总清算通知单”和“财政性资金支付凭证”，经国库管理机构加盖印章后，分别送中国人民银行和代理银行，完成发送直接支付指令任务。

“财政直接支付汇总清算通知单”是按预算单位编制的用于中国人民银行国库管理机构办理财政性资金直接支付的额度依据。与额度有关的事项如发生变动，财政国库管理机构应及时书面通知中国人民银行国库管理机构。

“财政性资金支付凭证”（表 5－5）是财政性资金支付过程中使用的专用票据，既适用于财政直接支付，也适用于财政授权支付，具有转账支票、电汇等转账结算功能。

表 5－5　　财政性资金支付凭证

编号：

日期：　　年　月　日　　　　资金性质：

<table>
<tr><td rowspan="3">付款人</td><td>全　称</td><td></td><td rowspan="3">收款人</td><td>全　称</td><td colspan="11"></td></tr>
<tr><td>账　号</td><td></td><td>账　号</td><td colspan="11"></td></tr>
<tr><td>开户银行</td><td></td><td>开户银行</td><td colspan="11"></td></tr>
<tr><td colspan="2">一级预算单位</td><td></td><td>类</td><td colspan="12"></td></tr>
<tr><td colspan="2">基层预算单位</td><td></td><td>款</td><td colspan="12"></td></tr>
<tr><td colspan="2">支付类型</td><td></td><td>项</td><td colspan="12"></td></tr>
<tr><td colspan="2">结算方式</td><td></td><td>目</td><td colspan="12"></td></tr>
<tr><td colspan="2">项　目</td><td colspan="14"></td></tr>
<tr><td colspan="2">用　途</td><td colspan="14"></td></tr>
<tr><td colspan="2" rowspan="2">支付金额人民币
（大写）</td><td colspan="3" rowspan="2"></td><td>亿</td><td>千</td><td>百</td><td>十</td><td>万</td><td>千</td><td>百</td><td>十</td><td>元</td><td>角</td><td>分</td></tr>
<tr><td></td><td></td><td></td><td></td><td></td><td></td><td></td><td></td><td></td><td></td><td></td></tr>
<tr><td colspan="3">付款单位预留银行全部印鉴：</td><td colspan="13">科目：（借）
对方科目（贷）：
转账日期：　年　月　日
复核员：　　记账员：</td></tr>
</table>

第一联　代理银行作支付清算凭证

（4）代理银行划拨财政资金与清算。代理银行依据财政部门国库机构的财政直接支付指令，将财政资金从零余额账户中划拨到收款人账户。同时，将当日实际支付的资金，按一级预算单位分预算科目（款级）汇总，附实际支付清单与国库单一账户进行资金清算。

（5）信息反馈与核算。代理银行根据财政部门发送的“财政性资金支付凭证”办理资金支付后，于次日 10：00 前向财政部门发送电子支付信息，2 个工作日内向财政部门送交盖有代理银行业务章的“财政性资金支付凭证”，并向预算单位送交盖有代理银行业务章的“财政直接支付入账通知书”，作为预算单位和基层预算单位收到和付出相应款项的凭证。一级预算单位有所属二级或多级次预算单位的，由一级预算单位负责向二级或其他级次预算单位提供收到和付出款项的凭证。预算单位根据收到的支付凭证作出相应的会计核算。财政国库执行机构根据代理银行的回单，记录各预算单位的支出明细账，并向财政国库管理机构提供按一级预算单位汇总的预算内、外资金付款信息。

代理银行在每月终了后的3个工作日内向财政部门报送“财政支出月报表”。该表以一级预算部门为单位，按预算科目分类、款、项、目编报。同时，向预算部门（单位）提供支付及结余额对账单。

5.6.3.2 财政直接支付凭证

表5－6是某市财政直接支付凭证，用于财政直接支付活动。

表5－6 **××市财政直接支付凭证**

年 月 日 NO.

<table>
<tr><td rowspan="3">付款人</td><td>全称</td><td></td><td rowspan="3">收款人</td><td>全称</td><td colspan="11"></td></tr>
<tr><td>账号</td><td></td><td>账号</td><td colspan="11"></td></tr>
<tr><td>开户银行</td><td></td><td>开户银行</td><td colspan="11"></td></tr>
<tr><td rowspan="2">支付金额</td><td rowspan="2">人民币（大写）</td><td colspan="3" rowspan="2"></td><td>亿</td><td>千</td><td>百</td><td>十</td><td>万</td><td>千</td><td>百</td><td>十</td><td>元</td><td>角</td><td>分</td></tr>
<tr><td></td><td></td><td></td><td></td><td></td><td></td><td></td><td></td><td></td><td></td><td></td></tr>
<tr><td rowspan="2">用款单位</td><td>一级预算单位</td><td colspan="14"></td></tr>
<tr><td>基层预算单位</td><td colspan="14"></td></tr>
<tr><td rowspan="2">款项用途</td><td rowspan="2" colspan="2"></td><td rowspan="2">支出科目</td><td>支出功能分类</td><td colspan="11">类： 款： 项：</td></tr>
<tr><td>支出经济分类</td><td colspan="11">类： 款：</td></tr>
<tr><td>归口财政业务处</td><td colspan="3"></td><td>支出类型</td><td colspan="11"></td></tr>
<tr><td colspan="3">市财政局国库支付中心（印鉴）</td><td>银行会计分录</td><td colspan="12">（借） 对方科目
复核员： 记账员：</td></tr>
</table>

第一联 代理银行支付清算凭证

下面以工资的财政直接支付为例说明财政直接支付业务流程。

工资支出实行财政直接支付的范围是行政单位和事业单位由财政拨款供养的在编人员。工资支出实行财政直接支付的业务流程如图5－4所示。

5.6.3.3 财政直接支付的会计处理

（1）财政总预算会计核算

财政总预算会计对通过财政国库执行机构直接支付的资金，根据财政国库执行机构每日报来的按部门分“类”、“款”、“项”汇总的“预算支出日报表”，与中国人民银行划款凭证核对无误后，列报预算支出，会计分录为：

借：一般预算支出

　　基金预算支出

　　贷：国库存款

（2）财政国库执行机构会计核算。

①财政国库执行机构为预算单位直接支付款项时，根据银行支付凭证回执联，按照部门分“类”、“款”、“项”列报预算支出，会计分录为：

借：一般预算支出——财政直接支付

　　基金预算支出——财政直接支付

　　贷：财政零余额账户存款

②国库执行机构每日将按部门“类”、“款”、“项”汇总的“预算支出日报表”，汇总预算会计结算资金，会计分录为：

借：财政零余额账户存款

　　贷：已结报支出——财政直接支付

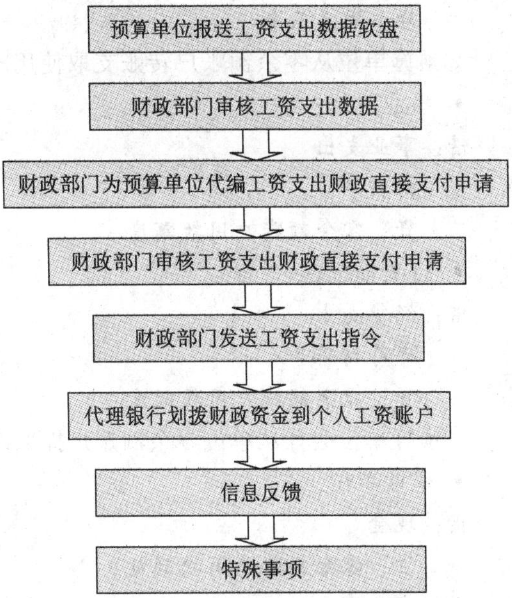

图 5－4　工资的财政直接支付流程

③年终，财政国库执行机构将预算支出与有关方面核对一致后转账时，会计分录为：

借：已结报支出

　　贷：一般预算支出

　　　　基金预算支出

（3）预算单位会计核算。

（1）对财政直接支付的支出，预算单位根据财政国库执行机构委托代理银行转来的“财政直接支付入账通知书”及原始凭证入账，“工资支出”则凭代发工资银行盖章转回的工资发放明细表入账，会计分录为：

- 事业单位：

借：事业支出

　　材料等

　　贷：财政补助收入——财政直接支付

- 财政直接支付部分的支出构成新增固定资产的，应同时登记固定资产账户，会计分录为：

借：固定资产

　　贷：固定基金

- 行政单位：

借：经费支出

　　库存材料等

　　贷：拨入经费——财政直接支付

- 财政直接支出部分的支出构成新增固定资产的，应同时登记固定资产账户，会计分录为：

借：固定资产

贷：固定基金

②预算单位从零余额账户转账支取使用时，会计分录为：

- 事业单位：

借：事业支出

材料等

贷：零余额账户用款额度

- 行政单位：

借：经费支出

库存材料等

贷：零余额账户用款额度

③预算单位会计从单位零余额账户提取现金和支用时，会计分录为：

- 事业单位：

借：现金

贷：零余额账户用款额度

借：事业支出

材料等

贷：现金

- 行政单位：

借：现金

贷：零余额账户用款额度

借：经费支出

库存材料等

贷：现金

（4）建设单位会计。对财政直接支付的支出，建设单位根据财政国库支付执行机构委托代理银行转来的“财政直接支付入账通知书”及原始凭证入账，会计分录为：

借：器材采购

建筑安装工程投资

待摊投资等

贷：基建拨款——本年基建基金拨款等——财政直接支付

5.6.4 技能训练

了解工资的财政直接支付，物品、服务采购的财政直接支付和工程采购的财政直接支付流程。

5.6.4.1 物品、服务采购的财政直接支付

物品、服务采购支出实行财政直接支付的范围是预算单位列入《政府采购品目分类表》和政府采购管理有关文件规定的采购支出。

物品、服务采购支出实行财政直接支付的业务流程见图5－5。

5.6.4.2 工程采购的财政直接支付

工程采购支出实行财政直接支付的范围是建设单位（是指负责工程项目建设和管理的基层预算单位）基本建设投资中，年度财政投资超过规定标准的支出，包括建筑安装工程、设备采购、工程监理和设计服务等支出。

工程采购支出实行财政直接支付的业务流程与物品服务采购支出的财政直接支付流程相同。

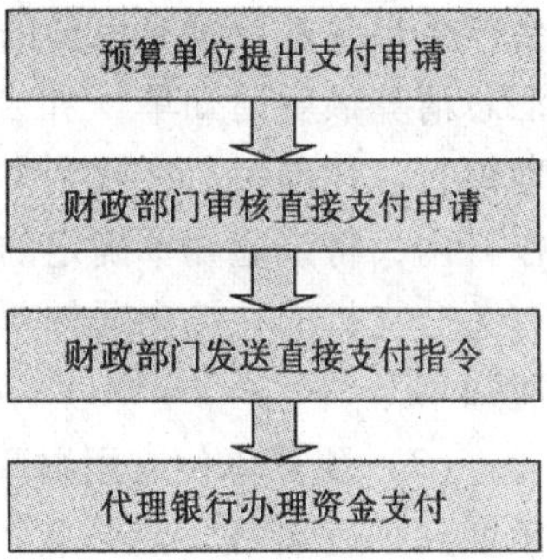

图5－5 物品、服务采购支出的财政直接支付流程

5.6.5 完成任务

完成本任务的判断标准如下：

一是对财政直接支付的流程理解是否正确和完整；

二是对财政直接支付凭证的填写是否掌握和熟练使用；

三是对事业单位和行政单位的财政直接支付会计账目处理是否熟悉。

5.6.6 教研交流

（1）了解财政直接支付流程和适用范围。

（2）财政直接支付的会计处理中应该注意哪些问题？

（3）如何规范财政直接支付中的资金监督管理？

（4）行政、事业单位在工资支出、物品和服务采购支出、工程采购支出等方面如何进行账务处理和流程管理？

任务七 财政授权支付

5.7.1 任务描述

预算单位如何进行财政授权支付下的商品和劳务购买？

在本任务中，要对财政授权支付的流程有初步了解和掌握，充分认识财政授权支付的适用范围，熟练操作财政授权支付下的会计处理。

5.7.2 任务分析

财政授权支付是指预算单位根据财政部门的授权，自行签发支付指令，将资金支付到商品、劳务供应商或用款单位账户的支付方式。实行财政授权支付的范围是除工资支出、物品及服务采购支出、工程采购支出以外的购买支出和零星支出。财政授权支付流程图见图5－6。

5.7.3 相关知识

5.7.3.1 财政授权支付的一般程序

（1）财政部门下达授权支付额度。财政国库管理机构批准预算单位用款计划的同时，会产生出各基层预算单位的月度财政授权支付额度。财政国库管理机构以“财政授权支付汇总清算额度通知单”和“财政授权支付额度通知单”的形式，发送给中国人民银行和代理银行。代理银行在收到财政国库管理机构下达的“财政授权支付额度通知单”的1个工作日内，将该通知单确定的各基层预算单位财政授权支付额通知其所属各有关分支机构，各有关分支机构在接到通知单的1个工作日内，向相关预算单位发出“财政授权支付额度到账通知书”。

（2）预算单位支用财政资金。基层预算单位收到代理银行网点发出的“财政授权支付额度到账通知书”后，就可以凭据该通知书所确定的额度，自行签发财政授权支付指令，通知代理银行办理资金支付业务，支用资金。“财政授权支付额度到账通知书”确定的月度财政授权支付额度在年度内可累加使用。预算单位支用资金时，可自行选择转账或现金等方式结算，填写财政部门统一印制的“财政性资金支付凭证”，加盖单位预留印鉴后及时送交代理银行。

（3）代理银行办理资金支付。代理银行收到预算单位送交的“财政性资金支付凭证”后，审核凭证基本要素。审核无误后，通过预算单位零余额账户将资金支付到收款人账户。同时，将加盖转讫章的“财政性资金支付凭证”相关联次退给预算单位。

（4）代理银行与国库单一账户清算资金。代理银行办理预算单位财政授权支付业务后，每日按实际发生的财政性资金支付金额填制“财政授权支付资金清算划款申请”，凭据“财政授权支付额度通知单”与国库单一账户进行资金清算。中国人民银行在“财政授权支付汇总清算额度通知单”确定的累计余额内，根据代理银行填报的资金清算划款申请与代理银行进行资金清算。

（5）代理银行反馈信息。代理银行在办理财政资金授权支付的次日10:00前发送电子支付信息，并于2个工作日内向预算单位送交盖有代理银行业务章的“财政性资金支付凭证”。财政国库执行机构按照代理银行提供的回单和报表，按日列报财政支出，并向财政国库管理机构报送日、旬、月报表。

（6）对账。代理银行在每月初3个工作日内，按上月实际发生的明细业务，向基层预算单位发出对账单，按月与基层预算单位对账。

5.7.3.2 财政授权支付应注意的问题

（1）预算单位使用支票零星购物、消费的处理。预算单位根据实际工作需要按银行规定从代理银行购买零余额账户支票，在授权支付额度内使用支票进行零星购物、消费。预算单位使用支票消费后，需及时在财政国库集中支付系统开具“财政性资金支付凭证”，并将纸质“财政性资金支付凭证”核对确认后，将财政资金从预算单位零余额账户划拨到商品或劳务供应商账户。如果支票与纸质的《财政性资金支付凭证》核对不一致，则代理银行将退回支票。

（2）预算单位提取现金的处理。预算单位通过财政授权支付方式之用现金时，必须按照“现金管理暂行条例”等有关规定执行。支用时，预算单位在财政国库集中支付系统中开具结算方式为“现付”的“财政性资金支付凭证”，将电子支付凭证发送给代理银行，并将纸质的“财政性资金支付凭证”送交代理银行。代理银行在国库集中支付系统上收到预算单位发送的电子凭证并与纸质的“财政性资金支付凭证”核对确认后，从预算单位零余额账户上为预算单位办理现金提取业务。

(3) 预算单位办理同城特约委托收款业务的处理

预算单位需要通过零余额账户办理同城特约委托收款业务的，可与煤、电、水等公用企业签订协议，授权代理银行在接到煤、电、水等公用企业提供的收费通知单后，即从预算单位零余额账户的财政授权支付额度内划拨资金，并相应扣减预算单位对应科目（项目）下的财政授权支付额度。

(4) 财政授权支付的其他技术问题

①差错处理。财政授权支付的资金，因凭证要素填写错误而在支付之前退票的，由预算单位核实原因后重新通知代理银行办理支付。财政授权支付的资金由承办行支付后，因收款单位的账户名称或账号填写错误等原因而发生资金退回预算单位零余额账户的，承办行在当日（超过清算时间在第二个工作日）将资金退回资金清算行，资金清算行在当日（超过清算时间在第二个工作日）向中国人民银行国库管理机构办理退划资金手续，将资金退回国库单一账户，并及时通知预算单位。中国人民银行恢复相应的预算单位零余额账户授权支付额度，承办行按原渠道恢复预算单位零余额账户财政授权支付额度。

②办理财政授权支付业务的手续费。代理银行受理预算单位财政授权支付业务时，按规定收取手续费，手续费由财政部门统一支付。其中，资金汇划手续费按中国人民银行批准的标准收取，业务代理费按财政部门的有关规定或协议确定的方法计算收取。

5.7.3.3 财政授权支付的会计处理

(1) 财政总预算会计核算。财政总预算会计对通过财政国库执行机构授权支付的资金，根据各代理银行汇总的预算单位零余额账户授权支付数，将中国人民银行汇总划款凭证与国库执行机构转来的分“类”、“款”、“项”汇总的《预算支出日报表》核对无误后，列报预算支出，会计分录为：

借：一般预算支出
　　基金预算支出
　　贷：国库存款

(2) 财政国库执行机构会计核算。

①财政国库执行机构对于授权支付的款项，根据代理银行报来的财政支出日（旬、月）报表，列报支出，并登记预算单位支出明细账，会计分录为：

借：一般预算支出——单位零余额账户额度
　　基金预算支出——单位零余额账户额度
　　贷：已结报支出——财政授权支付

②年终，财政国库执行机构将预算支出与有关方面核对一致后转账时，会计分录为：

借：已结报支出
　　贷：一般预算支出
　　　　基金预算支出

(3) 预算单位会计核算。

①对财政授权支付，预算单位需在资产类增设“零余额账户用款额度”会计总账科目（事业单位编号103，行政单位编号107），该科目用于核算预算单位财政授权支付的资金业

务。借方反映财政核定给预算单位的用款额度和因特殊原因退回该账户的额度资金；贷方反映预算单位支用的额度和年终未用注销的额度，该账户每日资金结算后余额为零。预算单位根据代理银行盖章的“授权支付到账通知书”与分月用款计划核对后记账，会计分录为：

• 事业单位

借：零余额账户用款额度

　　贷：财政补助收入——财政授权支付

• 行政单位：

借：零余额账户用款额度

　　贷：拨入经费——财政授权支付

②预算单位从零余额账户转账支取使用时，会计分录为：

• 事业单位：

借：事业支出

　　材料等

　　贷：零余额账户用款额度

• 行政单位：

借：经费支出

　　库存材料等

　　贷：零余额账户用款额度

(3) 预算单位会计从单位零余额账户提取现金和支用时，会计分录为：

• 事业单位：

借：现金

　　贷：零余额账户用款额度

借：事业支出

　　材料等

　　贷：现金

• 行政单位：

借：现金

　　贷：零余额账户用款额度

借：经费支出

　　库存材料等

　　贷：现金

(4) 建设单位会计。对财政授权支付的支出，建设单位在资产类科目中增设“零余额账户用款额度（编号234）”会计总账科目，该科目用于核算建设单位财政授权支付的业务，借方反映财政核定的零余额账户用款额度和因各种原因退回该账户的资金；贷方反映建设单位支用的额度；该账户每日资金结算后余额为零。财政下达零余额账户用款额度，建设单位应予记账，会计分录为：

借：零余额账户用款额度

　　贷：基建拨款——本年基建基金拨款等——财政授权支付

• 建设单位从零余额账户转账支用时，会计分录为：

借：器材采购

　　建筑安装工程投资

　　待摊投资等

　　贷：零余额账户用款额度

- 建设单位从预算单位零余额账户提取现金支用时，会计分录为：

借：现金

　　贷：零余额账户用款额度

借：待摊投资等

　　贷：现金

5.7.4 技能训练

进一步熟悉财政授权支付流程，见图5－7。

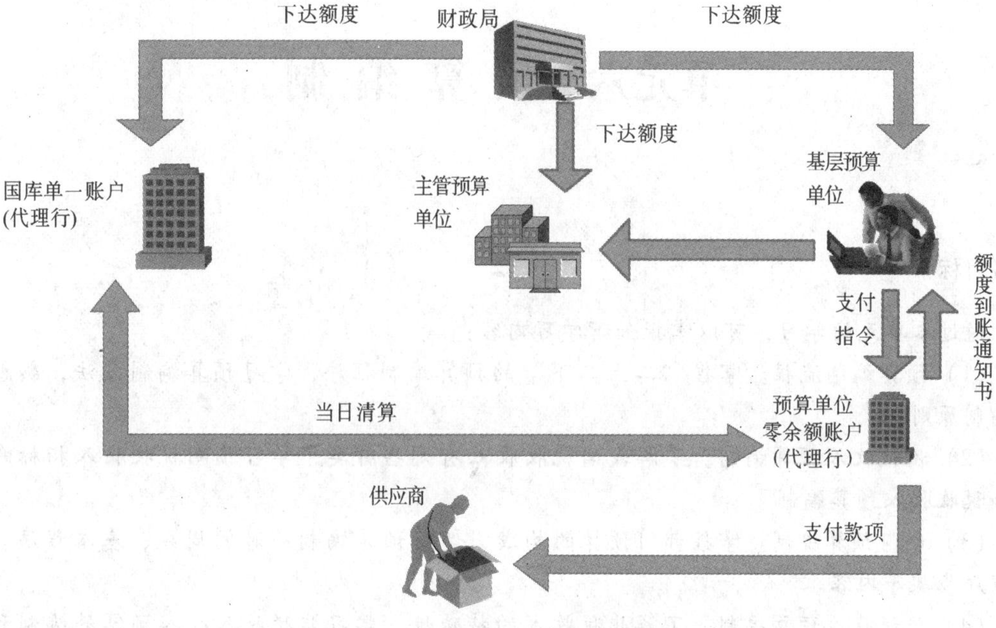

图5－7 财政授权支付流程示意图

5.7.5 完成任务

完成本任务的判断标准如下：

一是对财政授权支付的流程理解是否正确和完整；

二是对财政授权支付凭证的填写是否掌握和熟练使用；

三是对事业单位和行政单位的财政授权支付会计账目处理是否熟悉。

5.7.6 教研交流

（1）了解财政授权支付流程和适用范围。

（2）财政授权支付的会计处理中应该注意哪些问题？

（3）如何规范财政授权支付中的资金监督管理？

模块三

财政预算管理事务

单元六　预 算 编 制

学习目标

通过本单元的学习，可以掌握如下学习内容：

(1) 预算编制流程。掌握“二上二下”的预算编制程序，学习预算编制方法，熟悉预算编制原则。

(2) 税收收入预算编制。了解我国税收收入有哪些种类，学习预测税收收入指标的方法和税收收入预算编制。

(3) 部门预算编制。掌握部门预算的构成、部门预算编制的时间周期、基本程序、具体程序步骤等内容。

(4) 非税收入预算编制。了解非税收入的特殊性，学习非税收入收入预算的编制和非税收入支出预算的编制，掌握非税收入预算的管理要求等。

政府收支是通过预算来安排的，政府预算是政府活动范围和活动方向的集中体现，因而备受重视。财政部门每年都要编制预算，在我国，预算的编制必须要遵循《预算法》的有关规定，要与《国民经济和社会发展计划》相一致，要参考上年度预算的执行情况。

【案例】 浙江省慈溪乡财税所组织预算编制工作，制定预算编制流程，组织税收收入预算编制、部门预算编制和非税收入预算编制。

任务一 预算编制流程

6.1.1 任务描述

预算编制要遵循一定的程序。世界各国的预算编制程序因行政、立法和司法体制的不同而有所区别。根据主持预算草案编制工作的机构不同，可分为两种类型：①由财政部主持编制工作。财政部负责指导政府各部门编制支出预算草案并进行审核和协调，同时根据各种经济统计资料和预测编制收入预算草案，在综合收入和支出两部分的基础上形成政府预算草案。属于这种类型的有英国、德国、日本、中国等一些国家。②由政府特设的预算机关主持预算编制工作，财政部只负责编制收入预算。属于这种类型的有美国、法国和意大利等。

我国目前实行“二上二下”的编制程序，即在部门建议的基础上，财政部门审核建议数后下达预算控制数，然后部门依据财政控制数编制本部门的预算报财政部门，财政部门根据人代会批准的本级政府预算草案批复部门预算。有些资金困难地区，会通过减少部门建议“一上”程序的办法降低部门与财政之间的财力分配协商成本，从而使预算编制程序变成“二下一上”，更有地区干脆改为“一下”，即财政直接向部门下达部门预算经费指标。但不论是预算编制程序如何压缩节减，最基础的做法仍然是“二上二下”的程序，这也是最主流的做法，因此在本任务中仍然只介绍“二上二下”程序。

6.1.2 任务分析

我国预算编制程序分为政府预算编制的准备工作和政府预算的正式编制两个步骤。在正式编制预算之前，要进行一系列的准备工作，如预计和分析本年度预算执行情况，分析领会上级精神，制定总预算表格，对各部门预算编制人员进行培训等等。

因此本任务的学习包括预算编制的准备工作和预算编制流程两个部分。

6.1.3 相关知识

6.1.3.1 预算编制准备工作

（1）对本年度预算执行情况进行预计和分析。一般地说，下一年度的政府预算，要在本年度的下半年开始编制。在编制政府预算之前，财政部门首先需要根据经济发展趋势并结合历年预算收支规律，对本年度的预算收支情况进行分析，作出尽可能准确的预计。当年预算收支执行情况的分析预算包括：分析当时的实际执行数，例如前几个月该收的是否都收上来了，该支的是否都支出去了；分析后几个月的特殊因素，如调整工资、价格，开征新税种和调整税率等重大措施出台对预算收支的影响；分析增收节支措施落实情况，主要是检查年初预算指标安排的增收节支措施贯彻落实情况和进度，及其对本年度预算收支的影响；分析预测国民经济发展情况，通过调查研究掌握工农业生产、商品流通、基本建设、市场供应和各项事业计划的完成情况，及其对当年预算收支计划的影响。

（2）拟定下年预算收支控制指标。财政部门根据党和国家的方针、政策以及国民经济及社会发展计划的主要指标，拟定下一年政府预算收支控制指标，经同级政府核定后下达，作为各地区编制总预算的依据。控制指标初步规定了预算收支的规模和增长速度，是上下级财政之间年度预算资金筹集和分配的一个基本框架。

（3）修订政府预算科目和制定总预算表格。政府预算收支科目是政府预算收支的总分类，是编制各级总预算在收支项目上的规范，每年由财政部修订颁发。预算表格是政府预算指标体系的表现形式，主要有收支总表、收支明细表和基本数字表三种。财政部每年根据财政预算管理的需要，在上年表格的基础上进行修订后，逐级下达，乡镇财政依据新的预算表格填制。

（4）具体组织部署。每年在政府预算编制之前，政府采取召开会议或发布通知指示等形式，对预算编制工作进行具体组织部署。内容一般包括编制预算的方针和任务，各项主要收入和支出预算编制的要求，各级预算收支的划分范围变化和机动财力使用原则、权限，预算编制的基本方法、报送程序和报送期限等。

6.1.3.2　预算编制流程

预算编制程序实行“二上二下”的基本流程：

（1）“一上”：部门编报预算建议数。部门编制预算从基层预算单位编起，按照每年预算编制通知的精神和要求编制项目预算建议数，并提供与预算需求相关的基础数据和相关资料，主要是涉及基本支出核定的编制人数和实有人数，增人增支的文件，必保项目的文件依据；然后层层审核汇总，由一级预算单位审核汇编成部门预算建议数，上报财政部门。

（2）“一下”：财政部门下达预算控制数。对各部门上报的预算建议数，由财政部门各业务主管机构进行初审，由预算科室审核、平衡，在财政部门内部按照规定的工作程序反复协商、沟通，最后由预算科室汇总成本级预算初步方案报本级政府，经批准后向各部门下达预算控制限额。涉及有预算分配权部门的指标确定，由财政部门相关科室对口联系，其分配方案并入“一下”预算控制数统一由财政部门向各部门下达。

（3）“二上”：部门上报预算。部门根据财政部门下达的预算控制限额，编制部门预算草案上报财政部门，基本支出在“目”级科目由部门根据自身情况在现行相关财务制度规定内自主编制。

（4）“二下”：财政部门批复预算。财政部门根据人民代表大会批准的预算草案批复部门预算。财政部门在对各部门上报的预算草案审核后，汇总成按功能编制的本级财政预算草案和部门预算，报政府审批后，再报人大预工委和财经委审核，最后提交人代会审议，在人代会批准草案后一个月内，财政部门预算科室组织部内部门预算管理科室统一向部门批复预算，各部门应在财政部门批复本部门预算之日起 15 日内，批复所属各单位的预算，并负责具体执行。

6.1.4　技能训练

预算编制总的流程（见图 6－1），显示了“一上二下”的基本流程。实际操作过程中，各财政年度对“上”和“下”的具体内容都要进行必要的调整。在“二上二下”的过程中，各部门与财政部门可随时就预算问题进行协商、讨论，及时、充分地交流有关预算信息。

6.1.5 完成任务

良好地完成本任务的学习有两个标志：

（1）明确预算编制前需要做好哪些准备工作。

（2）熟悉预算编制流程，把握各环节的中心内容。

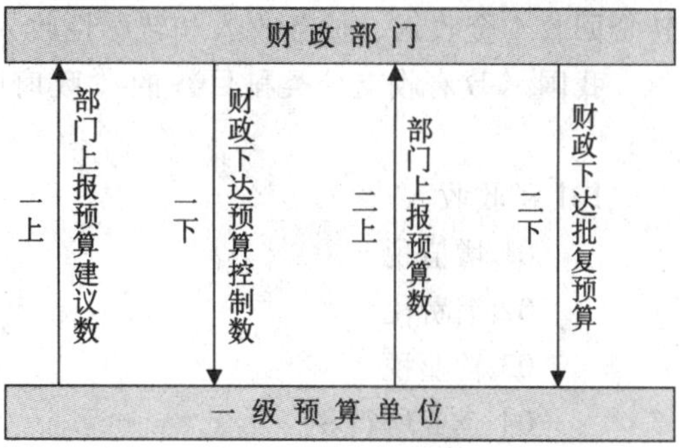

图 6－1 预算编制的流程

6.1.6 教研交流

（1）预算编制前需要做好哪些准备工作？

（2）什么是“二上二下”编制程序，在每一环节都需要做哪些工作？

（3）依据你的教学、工作与生活经验，在讲解本任务时应该给学生以哪些提示，以使其更加符合工作的需要？

任务二 税收收入预算编制

6.2.1 任务描述

在我国目前，各级财政的预算收入主要有税收收入和非税收入两大类，此外还有债务收入和转移性收入等。这里，主要介绍税收收入预算的编制。

预算收入既是财政活动的一个方面，也是财政分配活动的起始，是为财政支出活动而准备的资金。

税收历来是国家财政收入的主要来源，一般都占财政收入的 80% 以上。税收收入包括增值税、营业税、企业所得税、个人所得税、城镇土地使用税、土地增值税、城镇维护建设税、房产税、车船使用税、印花税、农牧业税、农业特产税、耕地占用税、契税等等。这些税收大多与国民经济发展和人民收入水平密切相关，因此，税收收入指标是可以通过对经济发展形势变化规律而进行预测的。

6.2.2 任务分析

编制税收收入预算首先需要明确本乡镇的税收收入种类，准确预计上年的税收收入情况，选用适当的预测方法确定出各种税收的收入指标，从而编制出税收收入预算。

因此，本任务的学习首先了解我国税收收入有哪些种类。为全面了解收入预算情况，这里将全面介绍我国《政府收支分类科目》中的“政府收入分类科目”，了解预测税收收入指标有哪些方法，之后学习税收收入预算的编制。

6.2.3 相关知识

6.2.3.1 我国税收收入种类

税收收入是我国财政收入的主要形式。此外，我国还有非税收入、社保基金收入、贷款转贷回收本金收入、债务收入和转移性收入等。

我国《政府收支分类科目》的“政府收入分类科目”的“类”、“款”级科目情况如下：

101 税收收入
- 01 增值税
- 02 消费税
- 03 营业税
- 04 企业所得税
- 05 企业所得税退税
- 06 个人所得税
- 07 资源税
- 08 固定资产投资方向调节税
- 09 城市维护建设税
- 10 房产税
- 11 印花税
- 12 城镇土地使用税
- 13 土地增值税
- 14 车船使用和牌照税
- 15 船舶吨税
- 16 车辆购置税
- 17 关税
- 18 耕地占用税
- 19 契税
- 99 其他税收收入

102 社会保险基金收入
- 01 基本养老保险基金收入
- 02 失业保险基金收入
- 03 基本医疗保险基金收入
- 04 工伤保险基金收入
- 05 生育保险基金收入
- 99 其他社会保险基金收入

103 非税收入
- 01 政府性基金收入
- 02 专项收入
- 03 彩票资金收入
- 04 行政事业性收费收入
- 05 罚没收入
- 06 国有资本经营收入
- 07 国有资源（资产）有偿使用收入

99 其他收入

104 贷款转贷回收本金收入

01 国内贷款回收本金收入

02 国外贷款回收本金收入

03 国内转贷回收本金收入

04 国外转贷回收本金收入

105 债务收入

01 国内债务收入

02 国外债务收入

110 转移性收入

01 返还性收入

02 财力性转移支付收入

03 专项转移支付收入

04 政府性基金转移收入

05 彩票公益金转移收入

06 预算外转移收入

08 上年结余收入

09 调入资金

6.2.3.2 税收收入指标预测方法

编制政府预算的重要环节是测算收支指标，尤其是收入预算指标。政府预算编制中所使用的方法比较简单，主要有系数法、比例法、因素分析法、平均递增法和综合法等五种。

（1）系数法。是在已知计划期国民经济和社会发展计划指标的条件下，利用预算收支数同国民经济和社会发展计划指标之间的比例关系测算计划期预算收支数额的一种方法。财政收入与经济指标之间的这种依存关系，为两项数字之间的比例关系，这种比例关系即为系数。系数有两种，一是两项指标的绝对数之间的系数关系，二是两项指标的相对数如增长速度之间的关系，又称“弹性系数”。一般来说，在编制预算时，弹性系数的利用率更高一些。

弹性系数＝预算收入增长速度/相关经济指标增长速度

计划年度预算收入增长速度＝计划年度相关经济指标增长速度×以前年度的弹性系数

【例6-2-1】 通过往年统计数据测得，营业税与第三产业增加值的平均弹性系数为1.1，即第三产业每增长1%，营业税收入则增长1.1%。已知下一年第三产业增长幅度为12%，则可推算出营业税的增幅为13.2%（12%×1.1）。

（2）比例法。是在已知局部预算收入数额的条件下，利用局部占全部的比例关系，测算预算收入数额的一种方法。这种方法也可以用于在已知收入总量和其中各明细项在总收入中所占比重的基础上预测各明细项收入。其计算公式是：

预算年度收入数＝局部预算收入数/比例

【例6-2-2】 已知计划年度城市维护建设税收入预算为5亿元。根据历史经验，城建税收入占该乡地方税收收入的比重为20%，则可推算出该乡的年度地方税收收入为25亿元

(5/20%)。

(3) 因素分析法。是在上期预算收入执行数的基础上，分析和测算各种因素对预算收入的影响程度，来测算预算收入数额的一种方法。即通过对计划年度影响财政收入变化的诸因素及其影响程度的调查，分析各因素的影响系数，并根据基期年的实际值来进行预算收入指标测算。影响系数是指影响因素引起收入状况变化的百分比，影响因素引起收入增长时，影响系数为正；影响因素引起收入减少时，影响系数为负。通过调查、分析，找出几个影响较大的主要因素，测定其影响系数，对其他次要因素的影响可以忽略不计，或视为相互抵消。其计算公式是：

预算收入数 = 基数 ± 各种因素影响收入数

【例 6-2-3】 测算计划年度增值税收入规模，可先分析测算几个主要因素，如：经济增长因素影响系数为10%；重点产品提价因素影响系数为5%；新出台的税收优惠政策因素影响系数为 -2%。基期年增值税完成数为 14 亿元，则计划年度增值税预算规模为 14 亿元 ×(1 +10% +5% -2%) =15.82 亿元。当然，各因素对财政收入的影响系数都要通过科学计算得出。

(4) 平均递增法。是用基期年实际数额及以前年度平均增长率来测算计划年度财政收入规模的方法。

【例 6-2-4】 已知基期年个人所得税收入为 1 亿元，前三年平均增长率为 15%，则计划年度个人所得税收入预计为 1 亿元 ×(1 +15%) =1.15 亿元。

(5) 综合法。即综合运用系数和分析法来测算预算收入的方法。上述四种方法都有各自的局限性，要准确测算一地的预算收入，还需要多种方法并用，从不同的角度测算，以期预算收入预测更能贴近实际。

6.2.3.3 税收收入预算编制步骤

税收收入预算编制通常经过以下步骤，这也适用于财政收入预算编制：

(1) 准确预计基期年收入完成情况。编制税收收入预算通常以上年实际完成数为基础，但在编制下年度税收收入预算时基期年尚未执行完毕，无法统计实际完成数，这时就必须对实际完成数进行准确的预计。通常我们以当时的实际完成数为基础，充分考虑到年底前这段时间的增、减收因素，尽可能准确地预计出全年完成数。全年完成数预计的准确程度直接影响下一年度税收收入预算编制的准确性。

(2) 认真领会上级政府印发的预算编制通知中的指导思想和政策要点。每年年底，上级政府都会印发预算编制通知，宏观预测下年财政经济形势，同时还会提出预算编制工作的指导思想和政策要点。因此，认真学习领会上级通知精神对编制税收收入预算具有很好的指导意义。

(3) 认真分析经济发展形势和与税收收入相关的指标增长情况。应与发改委、统计局等经济综合部门密切配合，准确分析计划年度经济发展形势，及时了解经济指标计划安排情况，对各产业国内生产总值、固定资产投资、价格指数等与税收收入相关性较大的经济指标要特别关注。

(4) 掌握税收政策变化情况，测算对税收收入的影响情况。及时了解和掌握国家税收政策变化情况，对由此影响税收收入情况进行定量分析。同时与税务部门进行沟通，参考税务部门的税收计划，为编制税收收入预算做好准备。

（5）综合利用经济指标和各种预算编制方法科学编制税收收入预算。在广泛搜集、科学分析各项经济指标和税收政策的基础上，利用各项税收收入与经济指标相关关系，并充分考虑增减收因素。综合利用前面介绍的各种预算收入指标测算方法，初步编制税收收入预算草案。

（6）对预算进行初步审核。预算草案编制完成后，还要进行审核，以保证编制的收入预算科学准确。主要从以下几个方面进行审核：预算安排是否贯彻了党和国家的各项方针、政策，以及本级党委、政府关于编制预算草案的指示精神；预算安排是否符合国民经济和社会发展计划指标；预算安排是否符合预算管理体制要求；预算编制的内容、表格、说明等是否按规定填报。

6.2.4 技能训练

在预计上年度税收收入的基础上准确预测本年税收收入指标，将相关指标列入计划表中，即为税收收入预算。表6－1是财政收入预算总表，当然其中也包括了税收收入预算。

表6－1　　财政收入预算总表

编制部门：　　　　年　　月　　日　　　　单位：

收入项目	上年预计完成数	本年计划数	增减（+或－）	增长幅度（%）
101 税收收入				
01 增值税				
02 消费税				
03 营业税				
04 企业所得税				
05 企业所得税退税				
06 个人所得税				
07 资源税				
08 固定资产投资方向调节税				
09 城市维护建设税				
10 房产税				
11 印花税				
12 城镇土地使用税				
13 土地增值税				
14 车船使用和牌照税				
15 船舶吨税				
16 车辆购置税				
17 关税				
18 耕地占用税				
19 契税				

续表

收入项目	上年预计完成数	本年计划数	增减（+或-）	增长幅度（%）
99 其他税收收入				
102 社会保险基金收入				
01 基本养老保险基金收入				
02 失业保险基金收入				
03 基本医疗保险基金收入				
04 工伤保险基金收入				
05 生育保险基金收入				
99 其他社会保险基金收入				
103 非税收入				
01 政府性基金收入				
02 专项收入				
03 彩票资金收入				
04 行政事业性收费收入				
05 罚没收入				
06 国有资本经营收入				
07 国有资源（资产）有偿使用收入				
99 其他收入				
104 贷款转贷回收本金收入				
01 国内贷款回收本金收入				
02 国外贷款回收本金收入				
03 国内转贷回收本金收入				
04 国外转贷回收本金收入				
105 债务收入				
01 国内债务收入				
02 国外债务收入				
110 转移性收入				
01 返还性收入				
02 财力性转移支付收入				
03 专项转移支付收入				
04 政府性基金转移收入				
05 彩票公益金转移收入				
06 预算外转移收入				
08 上年结余收入				
09 调入资金				

6.2.5 完成任务

良好地掌握本任务的学习内容，需要做到如下几点：

(1) 了解和掌握本乡镇的税收收入情况；

(2) 熟练运用税收收入指标测算方法；

(3) 掌握税收收入预算编制步骤，并体会每一的精神实质；

(4) 编制出税收收入预算表格。

6.2.6 教研交流

(1) 熟悉政府收入分类情况。

(2) 运用税收收入指标测算方法时应注意哪些问题?

(3) 在讲授税收收入预算编制步骤时，需要提醒学生注意哪些问题?

(4) 下面的案例是江苏省海安县地方税务局关于2008年税收收入分析情况和2009年税收收入预测报告的实例，请结合自己的教学经验，总结税收收入分析情况和收入预测报告的构成要件、写作角度和行文规范等问题。

【案例】

江苏省海安县地方税务局关于2008年税收收入分析情况及2009年税收收入预测报告

南通市地方税务局：

2008年，我局在市局和县委、县政府的正确领导下，紧紧围绕市局的工作重点，以组织收入为中心，不断强化税源管理，加强税收预测分析，积极挖潜堵漏，做到应收尽收，实现了税收收入的持续增长，为海安的地方经济和社会稳定作出了应有贡献。

一、2008年税收分析

(一) 税收收入完成情况

2008年，全局共组织各项收入188 056万元，比上年增收54 734万元，增长41.05%。

税收收入入库83 826万元，比上年增收25 965万元，增长44.87%。其中：省级收入入库5 998万元，比上年增收1 904万元，增长46.51%；县级收入入库77 828万元，比上年增收24 061万元，增长44.75%；一般预算收入入库60 071万元，比上年增收16 921万元，增长39.21%，完成县人代会计划的56 858万元的105.65%。社保费入库91 869万元，比上年增收27 394万元，增长42.49%；教育费附加入库4 379万元，比上年增收896万元，增长25.72%；文化事业费入库75万元，比上年增收19万元，增长33.93%；其他各项基金入库7 907万元，比上年增收460万元，增长6.18%。

(二) 税收收入特点

1. 税收增幅呈现出高开低走、急剧下滑态势。今年以来，受经济增速放缓、税收政策性调减、房地产税收下降等多重因素影响，地税一般预算收入增幅在年初高位开局后，呈现持续下滑态势，累计增幅比年初回落48个百分点。特别是下半年以来，增幅下滑态势尤为明显，7、8、9、10、11五个月的月度增幅分别为26.09%、50.05%、-3.16%、42.85%、17.14%，特别是9月份我局首先出现了负增长。

2. 三大主体税种增幅不一，营业税增幅不高拖累一般预算收入的增长。县级营业税、企业所得税、个人所得税等三个主体税种分别增长26.78%、73.21%、62.14%，营业税的增幅比上年下降34个百分点，企业所得税、个人所得税的增幅分别比上年上升了37.8个百分点、8.12个百分点。受营业税增幅回落影响，三个主体税种占地税一般预算收入总量的比重由上年的69.51%下降到68.07%。

3. 产业间税收增幅差异较大，第三产业贡献份额明显下降。全县第二产业实现税收收入42 973万元，同比增长64.74%；第二产业实现税收占比由上年的48.51%提高到2008年的55.21%。第三产业实现税收34 855万元，同比增长25.91%，低于第二产业增幅38.83个百分点，低于上年增幅24.01个百分点；第三产业总量占比由上年51.49%回落到2008年的44.79%。从主要行业来看，制造业、建筑业税收增幅均达50%以上，分别为54.56%、74.76%，而2008年房地产税收增幅仅为22.76%，近三年来首次出现月度税收负增长。

（三）税收收入主要增长点

1. 税收政策的调整带来了税收的增长。从2008年开始，土地使用税征收标准调整，乡镇和县城分别由上年每平方1.5元和2.5元提高到每平方2元和4元，仅此一项增加收入2 120万元。从2007年下半年开始，福利企业的企业所得税优惠政策由原来全免改变为按残疾人员的工资加计扣除，2008年增加入库税款700多万元，而上年办理了退库350万元。

2. 深化数据应用，提高数据利用效果。2008年，我局在深化税收预测分析上，通过数据比对分析，发现问题进行纳税评估和日常检查，增加税款439万元；通过对城建税和“三税”的配比，增加税款200多万元。

3. 加强征管力度，挖掘增收潜力。我局继续加大对房、土两税管理力度，各分局加大到户测量实际力度，增加两小税350万元；强化建筑项目管理，“综治办”完善制度和数据推送，加强了对建筑项目跟踪管理，对以前年度完工未开票项目，加大追缴力度，清理以前年度工程税款300多万元；继续加大稽查、纳税评估和稽查预警力度，共入库税款3 800万元。

（四）主体税种增减变化情况

1. 营业税本期入库35 052万元，同比增收8 041万元，增长29.77%，见表1。

表1　营业税分项目增减情况表　单位：万元

税　目	本　期	同　期	增加额	增幅%
金融业	5 998	4 094	904	46.5
交通运输业	165	1 213	352	29.02
建筑安装	1 134	8 464	2 860	33.79
邮政电信	149	159	130	9.57
住宿餐饮	1 176	717	459	64.01
租赁与服务业	2 708	2 385	323	13.54
房地产	10 514	8 535	1 979	23.19
其他	278	244	34	13.93
合 计	35 052	27 011	8 041	29.77

——建筑业营业税入库11 324万元，同比增收2 860万元，增长33.79%。增长的主要原因：一是实施建筑项目管理，县局年初成立了综合治税办公室，及时将各种涉税信息数据进行推送至分局，督促基层分局对所涉及的信息及时进行处理和回复，通过项目跟踪管理入库税款2 100万元。二是加强了"甲供材"税收的清理，县局在8月份专门成立了"甲供材"税收清理小组，通过深入到企业排查，一共入库税款234万元。

——房地产营业税入库10 514万元，同比增收1 979万元，增长23.19%。房地产业税收增幅不高的主要原因是：2008年以来，房地产宏观调控政策的累积效应导致楼市降温，房地产市场观望气氛浓厚，交易锐减。受此影响，房地产业一般预算收入近年来月度首次出现负增长，增幅仅为23.19%，与上年60.58%的增幅相比，回落37.39个百分点。受房地产业持续低迷及同期高基数增幅的影响，我县房地产税收3个月出现负增长，房地产税收的增量贡献由上年的27.95%下降到12.43%，严重拖累税收总量增长。

——住宿餐饮业营业税入库1 176万元，同比增收459万元，增长64.01%，主要是各分局加大管理力度，提高个体户的定额，使得住宿餐饮业营业税稳步增加。

——交通运输业营业税入库1 565万元，同比增收352万元，增长29.02%。我县增幅较高的原因是：将全县运力进行排查和数据分析比对，并根据分析结果，采取发票源头控管、管理人员上门核查、与乡镇配合组织动员等相应措施，促进了我县的运输业的健康发展。

2. 企业所得税入库14 160万元，同比增收5 985万元，增长73.21%。增长主要原因：一是企业的经济效益进一步好转，恒盛实业有限公司入库2 822万元，同比增收2 438万元。二是委托建工局代征企业所得税2 871万元，同比多代征991万元。三是强化所得税预缴工作，对重点企业进行实时监控，督促企业及时申报预缴企业所得税，如双弘纺织有限公司预缴企业所得税175万元。

3. 个人所得税入库15 436万元，同比增收5 916万元，增长62.14%。增长的主要原因：一是盈利企业及时进行分红，利息、股息、红利入库3 321万元，同比多入库1 604万元，主要是恒盛实业有限公司和安源工贸有限公司对以前年度股息进行分红，入库税金1 565万元，同比多入库1 509万元。二是充分发挥社会综合治税网络的作用，强化代扣代缴，加强源头控管，要求建筑施工企业在对外地人员回乡分配时加强扣缴，加大对高薪企业单位税源监控力度，入库工资薪金个人所得税7 787万元，同比多入库2 903万元。如达欣工程股份有限公司入库工资、薪金个人所得税256万元，同比增加了105万元，海安农村信用合作银行入库工资、薪金个人所得税226万元，同比增加了156万元。

二、2009年税收预测

面对国际金融危机的影响，我国正在采取积极的措施，保增长、促发展。但由于地方税收的增长幅度远远低于县政府的期望值，2009年收入任务的压力将是我局各项工作中面临的最主要的压力。

（一）经济因素对税源的影响

从宏观层面看，保增长、促发展成为我国当前宏观调控的首要任务，各级政府先后出台了扩大内需多项举措，加大对基础设施的投资力度，确保国民经济保持平稳较快发展。我县认真落实市委十届五次全会提出的“防下滑、保增收、抓转机、促发展”工作要求，加大对路桥项目投资力度，为我县地税收入的增长提供了一定的保障。从城市重点工程建设来看，2009 年我县计划投资 8.94 亿元，比 2008 年多投入 2.86 亿元。

（二）新的税收政策实施对税收的影响

1. 新《企业所得税法》的实施对收入的影响依然较大。据测算，总分机构所得税纳税地点政策调整、国投设备抵免等优惠政策到位，将影响 2009 年企业所得税 2 000 万元。

2. 城镇土地使用税、车船税政策调整的影响 2009 年将不存在。2008 年土地使用税、车船税分别增长 106.64%、28.13%。两个小税种政策性调整因素增收税款约 2 300 万元，拉动一般预算收入增幅 5.33 个百分点。从 2009 年起两个小税种征收将呈现正常增长态势，对税收增长的拉动作用明显减弱。

3. 增值税转型改革导致城建税的减收。从 2009 年开始实施的增值税改革，一般纳税人可以抵扣其新购进设备所含的进项税额，小规模纳税人征收率统一降低至 3% 征收，据国税部门测算全县将减少增值税税款 1 亿元左右，相应将影响城建税 500 万元。

（三）我县地税税源结构对 2009 年税收增长的影响

我县地方税收中对房地产业和建筑业依赖性过强。2007 年全县房地产和建筑业税收占县级税收的 50.34%，比 2006 年提高了 4 个百分点。2008 年，全县房地产和建筑业税收占县级税收的 52%，而由于房地产税收增幅的下降，税收增幅明显回落，房地产税收增幅回落了 44.54 个百分点，拖累县级收入总量增幅 11.36 个百分点。

（四）预测 2009 年地税收入

1. 对重点行业税收预测

房地产、建筑业近几年已占地税收入的半壁江山。见表 2。

表 2　房地产、建筑业近几年税收入库情况一览表　单位：万元

项　目	2004 年实绩	2005 年实绩	2006 年实绩	2007 年实绩	2008 年实绩
县级收入	2 352	27 107	34 856	53 767	77 828
其中：两业税收	7 675	10 534	16 108	27 069	40 474
两业占比%	32.57	38.86	46.21	50.34	52.01
一般预算收入	1 750	21 044	27 555	4 310	60 071
其中：两业税收	6 727	9 001	3 338	22 969	31 836
两业占比%	3 835	2.77	48.4	53.23	52.99

——建筑业的税收主要是靠政策和投资拉动来带动税收，我县税收收入总量 23% 左右来自于建筑业，2008 年 1—11 月份固定投资增幅仅有 20.2%，是上年增幅的一半，目前固定投资大的项目基本没有。2009 年全社会固定资产投资计划增长 20%，其中：工业投资计划增长 22%。从城建委获得信息，我县路桥工程和景观基础设施政府计划投资 89 400 万元，比 2008 年增加投资 28 600 万元，增长 47%。2008 年清收以前工程税款 1 500 多万元，恒盛实业有限公司 2009 年预计减收税款 2 000 万元，根据目前的税收收入走势，预计 2009 年增长 20% ~30% 之间，预计实现税收 3 亿元。

——房地产销售情况来看，受大环境影响，我县房地产业呈现投资放缓、市场交易量萎缩、楼市销售低迷、空置房成明显增长的态势，2008 年 1—11 月份商品房销售额 9.56 亿元，下降了 19%。从国土部门了解，我县 2007 年有 24 宗土地进行交易，面积 47.5 公顷，2008 年有 27 宗土地进行交易，面积 82.74 公顷，2009 年计划 10 多宗土地进行交易，总面积约为 53 公顷左右。从城建委了解到，我县 2009 年房地产开发计划投资 23.5 亿元。但房市整体观望气氛浓烈，2009 年前三个季度销售不会看好，待拆迁安置项目运转，预计会产生一定税收。但房地产行业全年销售会继续下滑，税收预计下降 15% 左右。

从我们最近调查了解海安县城几家大楼盘开发销售情况来看，也验证上述分析。

恒天新世界从 2006 年 11 月份开始运作，2007 年 9 月份开始破土动工，2008 年 9 月正式开盘，总建筑面积 14 万平方米，其中：住宅面积 8.7 万平方米，商品房 565 套，店面房面积 5.7 万平方米，店面房 530 间。2008 年 1 月份开始预售，2008 年 1—11 月份一共预售商品房 204 套，其中回迁房 95 套，每平方米售价 1 826 元，面积 11 281 平方米；正常商品房 109 套，每平方米售价 3 190 元，面积 12 841 平方米，总共预收账款 4 610 万元，合同价 6 146 万元，尾款 1536 万元，还有 359 套商品房待出售，12 月仅预订了 2 套商品房，预收订金 5 000 元。店面房目前为止一间都没有售出，恒天新世界准备整体对外招租。安达步行街 2008 年 2 月份开盘，商铺可售面积 50 129 平方米，2007 年 11 月—2008 年 11 月实际售出 7 402.12 平方米，尚未售出 42 726.88 平方米，其中：2007 年售出 4 620.80 平方米，2008 年 1—11 月售出 2 781.12 平方米。住宅可售面积 56 120 平方米，2008 年 2—11 月实际售出 35 179.44 平方米，共 253 套，其中 2 月份销售住宅 121 套，9 月份出售 6 套，10 月份仅出售 2 套，11、12 月份 2 个月一套也没有出售。尚未售出20 940.56 平方米。中洋现代城从 2005 年开始运作，总共建筑面积 23 万平方米，其中：住宅面积 20 万平方米，商品房 1 469 套，店面房面积 3 平方米。商品房已卖 810 套，2008 年卖出 120 套，但近 3 个月以来，房子预订情况不理想，9 月预订 4 套，10 月预订 6 套，11 月预订 3 套，12 月预订 2 套。店面房仅卖出 300 平方米。

——2009 年我县工业企业开票销售收入计划增长 20%，规模以上工业企业销售收入计划增长 25%，全社会消费品零售总额计划增长 15%。2008 年 1—11 月定报工业企业销售收入增长 37.5%，全社会消费品零售总额实际增长 25.5%，税收入库 16 616 万元，剔除土地使用税标准提高和民政福利企业的企业所得税政策的调整，2008 年税收增长 34%，按照目前我县工业企业的实际情况，预计明年税收增长 20% 左右，预计入库 21 500 万元。

2. 分税种预测

分税种预测情况见表 3。

（1）营业税是我局的主体税种，2008 年入库 29 054 万元，同比增长 26.77%，估计 2009 年增幅在 10%，预计征收 32 000 万元。建筑业和房地产营业税占整个营业税比重达 75% 左右，而由于固定资产投资的减少，加之房地产行情的疲软，估计建筑营业税增幅在 18% ~22% 左右，预计税收 13 500 万元左右，而房地产营业税由于销售行情不好，呈下降趋势，预计税收在 9 300 万元。交通运输业 2008 年增幅 29%，由于运输量的减少，

表3　　地方税收分税种预测表　　单位：万元

税　种	2008 年实绩	2009 年预计	增幅%
税收收入合计	83 826	96 500	15.12
一、营业税	35 052	41 500	18.4
其中：省级	5 998	8 500	41.71
县级	29 054	3 000	10.14
二、企业所得税	14 160	1 400	4.52
三、个人所得税	15 436	1 760	1.02
四、资源税	144	180	25
五、土地使用税	4 856	6 300	29.74
六、城建税	5 239	5 900	1.62
七、印花税	2 004	2 350	17.27
八、土地增值税	2 741	3 800	38.64
九、房产税	3 456	4 100	18.63
十、车船税	738	970	31.44
一般预算收入	60 071	6 860	14.13

估计2009年增幅在20%左右，税收收入在2 000万元；邮电通信业2008年增幅11.9%，2009年与2008年增幅相差不大，估计2009年增幅在12%左右，税收收入在1 700万元，服务行业2008年增幅25.2%，估计2009年增幅在25%左右，税收收入在5 500万元左右。

（2）企业所得税预计2009年增幅在4%~6%之间，预计征收14 800万元。主要因素：一是绝大部分企业的利润今年下降较大，将影响税款1 000万元左右；二是2007年汇算清缴税款6 450万元，由于部分企业所得税税率降低，将影响税款1 600多万元；三是2008年房地产企业预警交纳以前年度税款950万元；四是企业所得税总分机构文件出台，苏中公司分公司在外地估计要预缴800万元左右。五是重点税源企业中不确定减收因素，如恒盛实业有限公司，该企业属供电公司三产，2008年缴纳企业所得税2 822万元，较同期增收2 438万元，增长6.35倍，其中2007年汇缴结算收入1 700万元。目前，业务量急剧下降，2008年预缴企业所得税1 122万元，预测2009年该企业所得税在600万元左右，对我县企业所得税影响较大。

（3）个人所得税预计明年增幅在13%~15%之间，预计征收17 600万元。增收潜力：一是随着新的规范行政事业补贴、津贴的政策的实施，行政事业人员工资收入均有较大幅度的提高，大部分人员工资性收入达到个人所得税起征点。我们将加强进一步税收政策辅导，规范财政代扣代缴和单位税款申报行为，进一步明确扣缴单位责任，保证税款足额申报和扣缴。二是建立行业税负和企业利润与利股红分配变动分析模型，监控企业利润分配动向，强化长期不分配与债务资金关联分析，进一步挖掘税源。三是加大对高收入人群监控和自行申报对象的确定，筛选出年所得12万元以上和两处以上取得收入人员，确保两项自行申报落到实处。减收原因：政策调整；部分企业工人工资薪金标准有所降低，估计由于工资降低影响税款2 000万元。

(4) 城建税预计2009年增幅在11%~13%左右，预计征收5 900万元。明年增收因素：主要是加强对“免、抵”部分增值税以及实现先征后返、先征后退、即征即退的“三税”管理，在纳税人办理减、免、抵税手续时，注重加强城建税征收。减收因素：一是城建税的征收依据是“三税”收入，而由于小规模纳税人征收率由原来的4%和6%统一降为3%，购进设备的固定资产增值税可以抵扣，影响城建税500万元左右，二是营业税明年增幅不大。根据以上分析，估计明年城建税增幅在10%~12%左右。

(5) 其他小税种分析。土地使用税由于今年1月份征收标准执行的是老标准，如执行新标准将会增加税款550万元，今年招商引资新增用地，估计2009年征收6 300万元左右。房产税增收因素：一是招商引资项目新建厂房，二是强化关联企业房产税、土地使用税征收管理。土地增值税主要靠加强清算，估计应该增加收入1 100万元，2009年预计征收3 800万元左右。

综合考虑2009年经济因素、税收政策因素、征管因素，初步测算，2009年我县全口径县级收入在88 000万元左右，一般预算收入68 500万元左右。

二〇〇九年一月十五日

任务三　部门预算编制

6.3.1　任务描述

部门预算是全面反映部门所有收支活动的预算。部门预算由部门的收入预算和支出预算构成。其中部门收入预算包括财政部门安排的预算拨款收入、纳入预算管理的行政性收费等收入、纳入预算管理的政府性基金收入、纳入专户管理的行政性收费等收入、纳入专户管理的行政性收费等收入、其他收入；部门支出预算包括基本支出、项目支出和其他支出。

在本任务中，部门预算编制工作包括部门收入预算编制和部门支出预算编制。在编制中，部门预算编制的时间周期、基本程序、具体程序步骤是保证任务完成的重要环节。

6.3.2　任务分析

部门预算，就是由政府各个部门根据国家有关政策规定及其行使职能和完成社会事业任务与发展的需求，由基层预算单位编起，逐级上报审核、汇总，经财政部门审核后提交立法机关审议（由于缺乏法律依据，现阶段一般不采用审批的程序），反映部门所有收入和支出的综合收支计划，是部门收支的法律文件。部门预算可以看做是政府和立法机关对预算进行管理和控制的基本框架。部门预算的构成体系见图6－2。

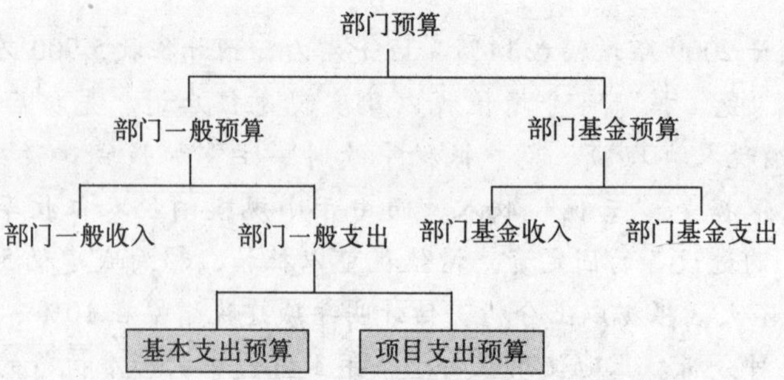

图 6-2　部门预算构成体系

部门预算以部门为依托，一个部门一本预算，将预算落实到每一个具体部门的具体收入项目和支出项目上。各部门预算由本级机关及其所属各单位预算组成。

基本支出预算是部门支出预算的组成部分，是行政事业单位为保障其机构正常运转、完成日常工作任务而编制的年度支出计划，主要包括政府预算科目与一般预算支出目级科目规定的人员支出、对个人和家庭的补助支出、以及公用支出三部分支出。

项目支出预算是部门预算的组成部分，是行政事业单位为完成其特定的行政工作任务或事业发展目标，在基本支出预算之外编制的年度支出计划。

6.3.3　相关知识

6.3.3.1　部门预算的特点

（1）分类标准的部门性。传统的预算也称“功能预算”，是将收入按形式分类，支出按功能分类，分别测算，最后汇总形成的按功能列示的总预算。其主要作用在于反映国库各项职能的财力保障情况，更多的是利于宏观经济分析。部门预算是将预算按部门进行划分，各部门将涉及本部门或本单位的所有资金收支统一编入部门预算，财政部门将各部门的预算汇总后，形成按部门列示的总预算。从形式上看，每个部门都有一本完整的预算，各部门的预算共同构成本级政府的预算。在部门预算制度下，各部门预算不仅包括本部门或本单位的所有资金收支总数，而且包括下属的所有单位，并构成部门的单位预算。在此基础上进行功能分类和经济性质分类，既可满足管理的需要，也可以满足分析的需要，提供更多更细的决策信息。

（2）收支范围的综合性。传统预算的编制范围仅限于一般预算收支和基金预算收支。部门预算的编制范围涵盖了预算部门的全部收入和支出，既包括了财政拨款收支、纳入预算管理的行政性收费等收支、纳入预算管理的政府性基金收支，又包括了纳入专户管理的行政性收费等收支和其他收支。部门预算制度的实施，满足了公共财政框架下全部政府收支预算的要求，真正贯彻了预算“完整性”的原则，延伸了预算管理的领域。

（3）编制程序的规范性。传统预算的编制是由部门代基层预算单位上报预算建议数，并根据本身的财力情况确定部门的预算控制指标下达给各预算部门执行。部门预算编制改变了预算的代编方式，无论是预算的建议数，还是具体的预算编制，都是从基层做起，逐级审核汇总，最后形成一个部门一本预算，经人代会或人代会常务委员会备案。部门预算制度的实施，使预算编制程序更加规范，增强了预算约束力。

（4）收支项目的细化性。传统预算收支项目相当粗略。收入项目仅限于预算内拨款，支出项目按总人数列示部分的人员经费构成外，其他所有的支出基本上没有落实到具体的项目上。即使是明确的专项支出，项目概算总数明确，但缺乏细化的项目费用构成预算。部门预算从基层编起，逐级审核汇总，部门有哪些收入来源、哪些支出用途，开始编预算时就要落实到每一个具体项目上，并按项目库管理要求编报较为详细的项目投资概算。部门预算的细化性克服了传统预算待分配资金过多和预算执行中随意性较大的弊端，提高了预算的透明度，方便了立法机关和审计机关对预算的审查监督，也便于社会公众对预算的监督。同时，部门预算的细化性，标志着部门预算管理由侧重收入管理转向重视收支并重管理，强化了预算的事前控制作用，体现了公共支出管理的需要。

(5) 编制方法的科学性。传统的预算编制方法是“基数法”，即年度支出预算以上年支出预算数为基数，考虑本年变化因素，作适当的调增调减。这种方法虽然便于操作，但在实践中容易形成只增不减的“增量预算”，即“基数加增长”，导致部门间经费水平的苦乐不均。部门预算编制实行“零基预算法”，对预算期内所有预算收支，不考虑以往基数和水平，一律以零为起点编制预算，即不受前期预算执行结果的约束，根据本期具体支出因素核定预算收支数额。具体地说，在部门预算制度下，按照每年核定的定员定额标准编制基本支出预算，通过建立项目库和项目评审制度，采取规范的项目管理方式编制项目支出预算，通过实行项目滚动预算，体现项目预算的零基性和连续性，并在条件成熟时逐渐向绩效预算的方向发展。可见，部门预算所实行的“零基预算法”在一定程度上可以有效解决“基数法”的不合理问题。

6.3.3.2 部门预算的编制原则

部门预算是综合细化的政府预算，是各预算部门具体执行的预算，是政府决策的重要依据。为了保证部门预算的编制质量，部门预算编制应遵守以下原则：

(1) 合法性原则。部门预算的编制要符合《预算法》和国家其他法律、法规，充分体现国家有关方针、政策，并在法律赋予部门的职能范围内编制。具体来讲：一是收入要合法合规。组织基金收入要符合国家法律、法规的规定；行政事业性收费要按财政部、国家发改委和价格管理部门核定的收费项目和标准测算等。二是各项支出要符合财政宏观调控的目标，要遵守现行的各项财务规章制度。支出预算要结合本部门的事业发展计划、职责和任务测算；对预算年度收支增减因素的预测要充分体现与国民经济和社会发展计划的一致性，要与经济增长速度相匹配；项目和投资支出方向要符合国家产业政策；支出的安排要体现厉行节约，反对浪费，勤俭办事的方针；人员经费支出要严格执行国家工资和社会保障的有关政策、规定及开支标准；日常公用经费支出要按国家、部门或单位规定的支出标准测算；部门预算需求不得超出法律赋予部门的职能。

(2) 真实性原则。部门预算收支的预测必须以国家社会经济发展计划和履行部门职能的需要为依据，对每一收支项目的数字指标应认真测算，力求各项收支数据真实准确。机构、编制、人员、资产等基础数据资料要按实际情况填报；各项收入预算要结合近几年实际取得的收入并考虑增收减收因素测算，不能随意夸大或隐瞒收入；支出要按规定的标准，结合近几年实际支出情况测算，不得随意虚增或虚列支出；各项收支要符合部门的实际情况，测算时要有真实可靠的依据，不能凭主观印象或人为提高开支标准编制预算。

(3) 完善性原则。部门预算编制要体现综合预算的思想。各种预算外资金要严格执行

“收支两条线”管理，所有收入和支出全部纳入部门预算，改变预算内外资金“两张皮”的状况，取消收支挂钩的预算核定方法，对单位的预算内、外各项财政资金和其他收入，统一管理，统筹安排，统一编制综合财政预算。编制预算时，要将部门依法取得的包括所有财政性资金在内的各项收入以及相应的支出作为一个有机整体进行管理，对各项收入、支出预算的编制做到不重不漏，不得在部门预算之外保留其他收支项目。

（4）科学性原则。部门预算编制要具有科学性，具体主要体现在：①预算收入的预测和安排预算支出的方向要科学，要与国民经济社会发展状况相适应，要有利于促进国民经济协调健康、可持续发展；②预算编制的程序设置要科学，合理安排预算编制每个阶段的时间，既以充裕的时间保证预算编制的质量，也要注重提高预算编制的效率；③预算编制的方法要科学，预算的编制要依据科学规范的方法，测算的过程要有理有据；④预算的核定要科学，基本支出预算定额要依照科学的方法制定，项目支出预算编制中要对项目进行遴选，分轻重缓急排序，科学合理地选择项目。

（5）稳妥性原则。部门预算的编制要做到稳妥可靠，量入为出，收支平衡，不得编制赤字预算。收入预算要留有余地，没有把握的收入项目和数额，不要列入预算，以免收入不能实现时，造成收小于支；预算要先保证基本工资、离退休费和日常办公经费等基本支出，以免预算执行过程中不断调整预算。项目预算的编制要量力而行，有多少钱办多少事。

（6）重点性原则。部门预算编制要做到合理安排各项资金，本着“一要吃饭，二要建设”的方针，在兼顾一般的同时，优先保证重点支出。根据重点性原则，要先保证基本支出，后安排项目支出；先重点、急需项目，后一般项目。基本支出是维持部门正常运转所必须的开支，如：人员基本工资、国家规定的各种补贴津贴、离退休人员的离退休费、保证机构正常运行所必须的公用经费支出以及完成部门职责任务所必须的其他支出，因此要优先安排预算，不能留有缺口；项目支出根据财力情况，按轻重缓急，优先安排党中央、国务院交办的事项，符合国民经济和社会发展计划、符合国家财政宏观调控和产业政策的项目。

（7）透明性原则。部门预算要体现公开、透明原则。对于单位的经常性支出，要通过建立科学的定员定额体系，以实现预算分配的标准化。对于部门为完成特定行政工作任务或事业发展而发生的各类项目支出，要通过填报项目文本、建立项目库、科学论证，采用择优排序的方法确定必保项目和备选项目，结合当年的财力状况与财政支出重点，优先安排急需、可行的项目，从而减少预算分配中存在的主观随意性与“暗箱操作”使预算分配更加规范、透明。

（8）绩效性原则。部门预算应建立绩效考评制度，对预算的执行过程和完成结果实行全面的追踪问效，不断提高预算资金的使用效益。在项目申报阶段，要对申报项目进行充分的可行性论证，以保障项目确实必需、可行；在项目执行阶段，要建立严格的内部审核制度和重大项目建设成果报告制度，以对项目进程资金使用情况进行监督，对阶段性成果进行考核评价；在项目完成阶段，项目单位要及时组织验收和总结，并将项目完成情况报中央部门，中央部门要项目完成情况汇总报财政部。中央部门和财政部要将项目完成情况和绩效考评结果分别记入中央部门项目库和财政部项目库，并作为财政部以后年度审批立项的参考依据，以强化对部门预算资金使用过程的监督和使用效益的考核分析，促使预算资金的安排由“重分配”向“重管理”转变。

6.3.4 技能训练

6.3.4.1 地方部门预算编报流程

图 6－3 中列明是某省的部门预算编报流程（两上两下），各地情况不同，应采取符合自己实际的预算编制程序。

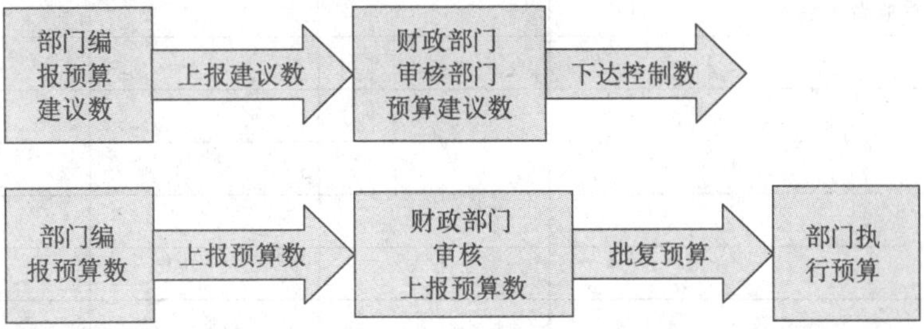

图 6－3 部门预算编报一般流程

6.3.4.2 部门一般预算收入构成

部门一般预算收入构成见图 6－4。

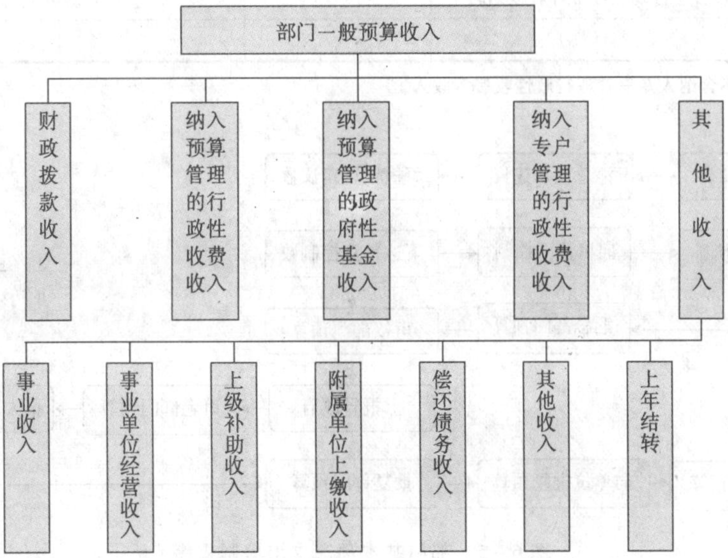

图 6－4 部门一般预算收入构成图

6.3.4.3 收入项目预算表

收入项目预算表部门预算收入情况，见表 6－2。

6.3.4.4 部门基本预算支出编制程序

部门基本预算支出编制程序见图 6－5。

表 6 – 2　　收入项目预算表　　单位：万元

项目类别	项目名称	项目内容	本年收入
财政部门安排的预算拨款收入			
纳入预算管理的行政性收费等收入			
纳入预算管理的政府性基金收入			
纳入专户管理行政性收费等收入			
事业收入			
事业单位经营收入			
上级补助收入			
附属单位上缴收入			
偿债债务收入			
其他收入			
用事业基金弥补收支差额			
上年结转			
财政国库中纳入预算管理的行政性收费等收入结转			
财政国库中纳入预算管理的政府性基金结转			
财政专户中纳入专户管理行政性收费等收入结转			
预算单位收入结转			

注：事业收入不含纳入专户管理行政性收费等收入。

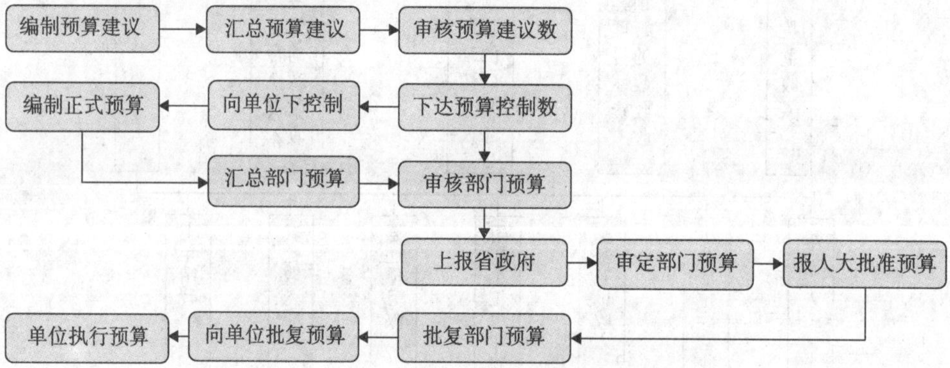

图 6 – 5　部门基本预算支出编制程序

6.3.4.5　支出预算总表

支出预算总表见表 6 – 3。

6.3.4.6　部门预算编制的具体程序步骤

部门预算编制的具体程序步骤见图 6 – 6。

表 6－3　　支出预算总表　　单位：万元

科目编码			单位名称（科目）	支出资金去向												
类	款	项		合计	人员支出	公用支出（定额）		对个人和家庭的补助支出			公用支出（定额外小专项部分）	项目支出	债务支出	事业单位经营支出	对附属单位补助支出	上缴上级支出
						金额	其中：个人取暖费	金额	其中：离休支出	退休支出						

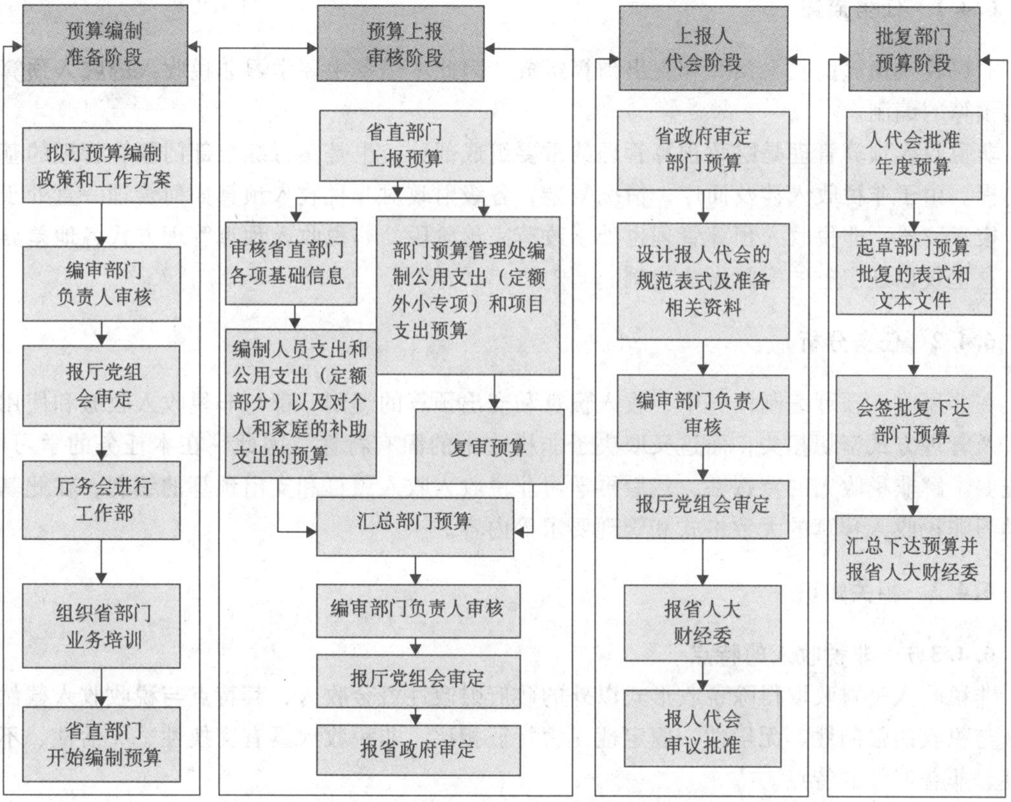

图 6－6　部门预算编制的具体程序步骤

6.3.5　完成任务

完成本任务的判断标准如下：

一是对部门预算构成的掌握是否正确和完整；

二是对部门预算编制的程序是否掌握和熟练理解；

三是对部门预算中的收入预算和支出预算的编制是否熟练运用。

6.3.6 教研交流

（1）准确描述部门预算编制的程序。

（2）掌握部门预算的相关知识。

（3）积极探索部门预算编制实务的思路，提高部门预算编制的效率，寻找加强部门预算编制管理的新途径和办法。

任务四 非税收入预算编制

6.4.1 任务描述

非税收入预算由收入预算和支出预算组成，因此本任务主要学习非税收入的收入预算和支出预算的编制。

非税收入预算管理是财政预算管理的重要组成部分，也是实行综合部门预算管理的基础和前提。由于非税收入涉及面广、情况复杂，各级财政对非税收入预算如何管理一直处于探讨、摸索阶段，非税收入预算管理也处于改革完善阶段。非税收入预算管理方式各地差异较大，这里仅以辽宁省的实际做法为例。

6.4.2 任务分析

在非税收入预算编制任务中，收入预算和支出预算的编制，都与非税收入收缴和使用的形式及管理方式密切相关，而这又取决于非税收入的固有特性，因此，在本任务的学习中，首先要了解非税收入的特殊性，然后再学习非税收入收入预算和支出预算的编制，在此基础上学习非税收入预算的大致格式和管理要求等内容。

6.4.3 相关知识

6.4.3.1 非税收入的特点

非税收入是财政取得除税收形式以外的政府财政性资金收入，其特点与税收收入截然不同。与税收的强制性、无偿性、固定性三大特征相比，非税收入具有交换性、灵活性、不稳定性、非普遍性的特点。

（1）交换性。又称“有偿性”，是指除罚没收入等少数非税收入外，绝大部分非税收入的征缴双方有着直接、对等的利益关系，收缴双方之间存在着交换的关系，是一种补偿性收入。

（2）灵活性。与税收收入的固定性相反，非税收入在收取形式、收取时间和收取标准上都具有灵活性的特点。形式多样是指非税收入在收取时以不同的形式取得，是为特定项目筹集资金而收取的各种形式基金；时间灵活是指非税收入是为了政府某一特定活动的需要而在特殊条件下出台的阶段性措施，并不是长久性收入；标准灵活是指在国家基本政策指导下，各地收取非税收入时可根据不同时期本地的实际情况制定不同的征收标准。

（3）非普遍性。非税收入是政府在履行社会管理职责按照受益补偿原则向接受服务者收取的费用收入。它是有特定的管理和收取对象的收入行为，如果单位和个人未发生受管制行为，未接受服务或获得相应利益，就不在非税收入管理和征收范围之内。可见，非税收入并不是一项普适性收入。

（4）不稳定性。非税收入与政府某一特定活动或对特定的行为和对象相关，一旦该特定活动完成，相应的非税收入则不再存在；或者，特定的行为和特定的对象发生剧增或剧减等变化，非税收入也将随之剧增或剧减，稳定性差。

6.4.3.2 非税收入预算编制

按照预算编制要求，负责征收非税收入的执收单位每年都要编制年度非税收入预算，上报同级财政部门审批。经财政部门批准的年度非税收入预算，是财政部门监督执收单位收取非税收入和向单位安排非税收入的重要依据。因此，各执收单位需要认真编制非税收入预算，财政部门也要加强的非税收入预算的核实与审定工作。由于非税收入的上述特殊性，在财政预算编制的基本要求下，非税收入预算编制管理要求也具有特殊性。与一般预算一样，非税收入预算也包括收入预算和支出预算两个部分。

（1）收入预算的编制

①编制原则：

一是做实收入的原则。与税收收入相比，非税收入由各执收单位负责征收，财政部门不易全面掌握。特别是随着市场经济的发展，非税收入形式日趋多样化，影响非税收入的因素增多，需要财政部门提高非税收入的管理水平。

二是实事求是的原则。与税收收入相比，非税收入增长规模与经济发展速度难以形成固定的正相关关系，因此，在编制预算时要扎实可靠，实事求是。

三是精细管理的原则。非税收入来源渠道多，涉及范围广，每个执收部门和单位负责征收的非税收入项目和个数均有所不同，需要财政提高精细化管理水平。

四是依法依规的原则。非税收入项目和标准要符合国家有关法律法规的规定，不得擅自扩大征收范围，提高征收标准。

②编制方法。在非税收入预算编制中，财政部门要做好如下两个环节的工作：

一是基础准备工作。首先要全面清理非税收入项目，核实执收单位的非税收入项目；在全面清理的基础上，建立非税收入预算编制基础数据库。同时，要全面掌握国家和地方有关设立和取消非税收入项目、调整征收范围和征收标准等有关政策，及时调整和完善非税收入预算工作。

二是收入预算审核工作。财政部门在审核非税收入预算时，要根据年度非税收入项目目录和有关政策规定，认真审核各执收部门和单位的项目名称和项目个数；根据财政部门测算的收入规模，对部门上报的收入预算规模进行逐项审核；根据对非税收入预算的最终审核结果，编制年度非税收入预算，并按部门、单位、项目下达执行。

（2）支出预算的编制。由于非税收入具有的补偿性特点，编制非税收入支出预算要在充分考虑收入预算的基础上进行。支出预算的编制应遵循以下几项原则：

一是综合预算的原则。要将财政预算财力拨款、非税收入和其他收入统一作为部门和单位的预算收入，综合安排支出。

二是明确用途的原则。大部分非税收入的取得，是以向缴款人提供相应的服务或利益为前提条件的，这意味着大部分非税收入的取得，均需发生一定的征收成本，需要安排相应的支出。

三是政府统筹的原则。与税收收入相比，非税收入虽然由各执收部门和单位征收，在资金用途方面具有一定的特殊要求，但非税收入与税收收入的资金性质相同，都属于政府财政收入。

四是细化管理的原则。按人员支出、公用支出和项目支出分别核定非税收入的支出预算，做到人员支出按标准核定，公用支出按定额核定，项目支出按收入规模和实际需要核定，改变以往注重预算财力管理、忽视非税支出管理的粗放管理方式。

6.4.4 技能训练

由于非税收入在财政部门内部需多个处（科、股）管理，应科学分工，合理安排编制程序，提高预算编制质量和效率。例如，辽宁省财政厅要求省直部门将所编部门预算在上报预算处（预算编审中心）、部门预算管理处的同时，将其中的非税收入计划报非税收入管理处。非税收入管理处负责编制非税收入预算，核定征收成本，确定政府统筹规模。与此同时，预算处（预算编审中心）和部门预算管理处对省直部门上报的基本支出和项目支出进行审核。非税收入管理处将非税收入预算、征收成本、政府统筹和部门数用数的编制结果报送领导审定的，转交预算处（预算编审中心），预算处（预算编审中心）据此编制基本支出预算。预算处（预算编审中心）编制基本支出预算后如有结余，再转由部门预算管理处编制定额外小专项和项目支出预算。各地区的做法可能有所差异，但基本原理是一致的。

非税收入预算及执行情况表（见表6-4），可以反映非税收入预算及其执行情况，方便非税收入管理。

表6-4　　非税收入预算及执行情况表　　单位：万元

项目	全年计划	本月			累计			完成（%）
		本月完成	上月完成	+－%	累计完成	上年同期	+－%	
总　计								
缴入国库								
一、一般预算收入								
1. 行政事业性收费								
1）财政上缴收入								
财政专户行政性收费缴国库								
国库调入资金								
银行利息收入								
2）执收单位上缴收入								
证照工本类								
登记注册类								

续表

项目	全年计划	本月			累计			完成（%）
		本月完成	上月完成	+－%	累计完成	上年同期	+－%	
检验监测类								
管理类								
公共设施及资源补偿类								
城市污水处理费								
海域使用金								
教育培训类								
司法类								
其他类								
2. 专项收入								
排污费								
水资源费								
探矿和采矿权价款								
矿产资源补偿费								
道路运输管理费								
教育附加收入								
3. 罚没收入								
4. 户外广告收入								
5. 产权出售收入								
二、基金预算收入								
1. 工业交通部门基金								
墙体材料专项基金								
散装水泥专项资金								
2. 农业部门基金								
新菜地开发建设基金								
耕地开垦费								
森林植被恢复费								
河道工程修建维护费								
3. 土地有偿使用基金								
土地出让金								
土地出让金（房产交易所）								
土地出让金（土地开发办）								
土地收益金								
土地收益金（房产交易所）								
土地收益金（房屋租赁中心）								

续表

项　目	全年计划	本　月			累　计			完成（%）
		本月完成	上月完成	+ -%	累计完成	上年同期	+ -%	
土地租金								
地方新增建设用地有偿使用费收入								
4. 地方财政税费附加								
城镇公用事业附加								
水附加								
电附加								
5. 其他								
城市基础设施配套费								
残疾人就业保障金								
彩票公益金								
体育彩票公益金								
福利彩票公益金								
缴入专户								
一、行政事业性收费								
证照工本类								
登记注册类								
检验监测类								
管理类								
公共设施及资源补偿类								
教育培训类								
其他类								
银行利息收入								
二、基金								
1. 建委								
煤气气源增容费								
2. 水务局								
水源建设费								
水资源增容费								
3. 发改委								
价格调节基金								
三、资产（资源）有偿使用收入								
差价换房补偿金								
四、经营服务性收费								
投资项目评审费								

续表

项　目	全年计划	本月			累计			完成（%）
		本月完成	上月完成	+ - %	累计完成	上年同期	+ - %	
干部疗养院培训费								
国有资产经营收入（交通局）								
场地使用费								
住房交易手续费								
住房租赁手续费								
换房手续费								
发行费								
史志办刊物广告收入								

6.4.5　完成任务

一个良好的非税收入预算有如下标志：

（1）收入预算要在满足支出预算之后仍有余，以调入一般预算统一安排。非税收入是国家财政收入的重要形式，筹资资金满足国家建设的需要是财政的重要任务，因此，非税收入收入预算要大于支出预算。

（2）非税收入支出预算要纳入部门预算之中。目前，通过编制部门预算来规范财政支出管理是各地的通行做法，将组织非税收入的成本纳入部门预算统一安排，是非税收入管理的一项改革内容。

（3）通过执收单位努力能够完成的非税收入收入预算，是比较合理的预算。执收单位轻易完成，或者是无法完成的收入预算，都是在编制时没有很好地按照非税收入预算做实收入、精细管理等原则编制的，应当予以纠正。

（4）非税收入征收成本的确定要合理恰当。

6.4.6　教研交流

（1）编制非税收入收入预算时应注意什么问题？

（2）编制非税收入支出预算时应注意什么问题？

（3）非税收入收入预算和支出预算之间应该保持一个什么样的关系？

（4）在非税收入管理中还应该注意什么问题？

单元七　预算执行

学习目标

预算的执行贯穿整个财政年度，它包括收入预算执行、支出预算执行和预算收支过程中的资金管理。一般来说，预算执行是由政府行政部门负责的，其最高负责人是政府的行政首脑。因而，需要在预算执行的起讫时间、收入预算执行的基本步骤等方面作出明文规定。因此，在本单元的学习中，需要掌握如下内容：

(1) 预算执行程序。明确预算执行组织体系、预算执行期限、预算执行程序和预算执行过程中的具体规范等。

(2) 收入预算执行。了解预算收入执行的组织体系，掌握收入预算执行中的收入入库、收入在各级政府间的划分与报解和收入退库等内容。

(3) 支出预算执行。学习支出预算原则、拨款方式以及支出指标管理等内容，学习国库集中支付制度下银行账户体系建立和财政资金的拨付方式等。

(4) 财政总预算会计核算。掌握财政总预算对全部经济业务的会计核算，学习财政总预算会计的最新变化情况，如国库集中支付制度下的会计核算、政府采购的会计核算以及中央代发债务的会计核算等。

任务一　预算执行程序

7.1.1　任务描述

收入预算执行是执行机构组织预算收入收纳、划分报解以及有关其他事宜的过程，这是一个贯穿全年度的工作。相对于预算编制而言，预算的执行是一个包括一系列技术和步骤，是对人力、物力、财力的动员过程。

7.1.2　任务分析

预算执行需要明确其组织体系、预算执行期限、预算执行程序和预算执行过程中的具体规范等。预算执行组织体系了预算过程各层次的关系，便于预算的监督与执行；预算执行期限了预算执行的起讫时间，便于掌握预算执行的时限要求；预算执行程序是对预算执行中的一般规范进行介绍，以便于了解和掌握预算执行的一般流程。

7.1.3 相关知识

7.1.3.1 预算执行的组织体系

一般来说，预算执行的组织体系包括三个层次，涉及三层关系，具体是指：

一是立法机关和政府行政之间的关系。一般国家的政府预算由国会下属的预算编制委员会编制，政府行政是预算执行机构，预算执行是政府行政执行立法机构编制的财政计划，因而涉及立法机关和政府行政之间的关系，它们之间是执行与监督执行的关系。

二是政府行政与预算执行的主管机构之间的关系。预算经立法机关审查批准，由政府行政负责具体执行，如我国预算法明确规定，国务院和各级人民政府是各级政府预算的执行机关。但政府行政承担起预算执行职责后，还需要有具体的机构，一般地说，财政部门是政府预算执行的主管机构。如我国是由政府组成机构的财政部、厅、局来具体负责各级政府预算的编制与支出预算及部分收入预算的执行工作，而税收收入预算则是由专门设立的税务部门来具体负责。

三是预算执行的主管机关与收入征管机关、财政资金的支用部门和单位之间的关系。财政部门来具体负责预算执行工作，但仍需要其他部门的配合。这些负责收入的部门有税务机关、海关和财政部门；支用部门和单位是支出预算的真正执行者，支用部门和单位的预算执行是在专门的预算管理机构的指导和监督下进行的，这种指导与监督是为了确保资金按照批准的、规定的用途使用，其目的是强化行政主管部门对预算单位预算收支的控制与监督。

7.1.3.2 预算执行期

通常情况下，政府预算经立法机关批准后，即进入预算执行阶段。但由于预算审查批准期与财政年度的起始时间前后不完全一致，因而就出现了预算执行期起讫时间的确认问题。

以财政年度作为预算执行的起始时间，使预算执行与预算编制的期限一致，是世界各国普遍采用的做法，因而应尽量使预算审查批准期与预算年度开始时间接近。当预算审查批准期滞后于预算年度开始时间时，即在预算年度开始之后才对预算进行审核批准，就存在对计划财政年度开始至预算审查批准这一时间内发生的财政收支进行授权或合法性认定，即授予政府行政机关在立法机关审查批准政府预算之前可以安排或支付必需的财政支出。

目前，我国政府预算的审查批准时间处在计划期财政年度开始之后，尤其是层级高的政府预算如中央政府预算，预算的审查批准时间远远地滞后于计划期财政年度开始时间。我国采取的方法是，政府预算执行的起讫时间的确认是在以财政年度为准的基础上，对预算审查批准之前发生的收支的合法性采用默认的方式。

7.1.3.3 预算执行的基本步骤

（1）授权。预算经过立法机关审查批准后即成为一个法律文件，必须交由行政机关来负责具体执行。这样，在立法者与执行者之间就产生了一个授权的问题。从世界各国的实践来看，这一授权过程是自动完成的。即预算交由政府行政机关来具体负责执行，是在宪法或财政预算法律中以法律的形式固定了的。

（2）政府行政机关"批转"部门和单位预算。政府行政机关取得预算执行的权力后，按照立法机关批准的预算，"批转"各部门和单位预算申请，或核准各预算申请部门和单位的预算。一般情况下，这一过程往往只是一种形式。但若出现了在预算编制时没有考虑到的新的变化，政府行政机关也可以根据其“行政主动权”，对批准的预算进行调整或修改。

(3) 核定各预算单位的用款申请。批准的预算是以年度为单位编制的，因此，为了确保预算的顺利执行，具体负责预算执行的行政机关要根据用款单位的用款申请核准各用款单位的用款申请，满足单位支出需要。

(4) 编制预算执行计划。财政机关要根据财政收支规律和核准的用款单位的用款申请及社会经济发展态势，编制预算执行计划。预算执行计划一般以月或季为时间单位，包括收入预算执行计划和支出预算执行计划。

(5) 执行预算。执行预算过程即财政部门依法依规具体办理预算收入和预算支出的过程，这一过程包括两个范畴四个方面：一是收入监交机关按照法律法规的规定监督税收等各项财政收入收纳入库；二是财政机关根据批准的预算和预算执行计划，按照规定的收入管理规章制度办理预算收入收纳、划分报解和退库；三是财政机关根据批准的预算和预算执行计划，按照规定的支出管理规章制度办理支出；四是用款单位作为预算的最终执行者按照政府预算款项的规定用途使用政府财政拨给的资金，保证各项活动的正常开展。前两方面是收入范畴，后两方面属支出范畴。

(6) 预算执行情况记录和分析。预算执行过程中对预算资金活动结果进行会计记录与反映，以便于对预算活动进行监督和评价，是政府预算执行中的一个十分重要的步骤，也是预算执行的一项基础工作。对预算执行情况进行分析，便于改进工作，提高预算执行管理水平，进而形成可行的和必要的修正行动，是预算管理的重要内容。

7.1.4 技能训练

预算执行包括收入预算执行和支出预算执行。从预算组织体系看，除财政部门——这一预算执行主管机关外，收入预算执行涉及收入组织机关和国库两个方面，支出预算执行则涉及到用款部门和单位。

收入预算执行包括收入入库、收入在各级政府间的划分与报解和收入退库等三个方面的内容。预算收入的收纳入库是预算执行中一项经常性工作。收入缴入国库后的下一步工作是国库按照预算收入在政府间的划分情况，将款项在政府间进行分配和报解，并缴入各级政府预算的国库。当收入缴库过程中发生差错或出现其他需要办理退库的情况时，往往需要办理收入退库。

支出预算执行的主要方式是政府预算拨款。预算拨款包括拨款的方式和拨款的程序两个方面的内容。无偿拨款是政府分配财政资金的基本形式。支出预算执行一般包括财政拨款、转拨资金和支付资金等步骤。财政拨款是财政部门按照立法机关批准的预算和其他有关法规向负责支出的部门拨付资金；转拨资金是由各部门和机构将财政预算管理部门拨付的资金，根据批准的部门预算再向下属单位拨付；支付资金是由各用款单位按照项目的性质和用途作出支付拨款、政府采购、发放工资或用于其他项目的资金承诺，经过批准后进行款项支付的活动。

7.1.5 完成任务

通过本任务的学习，应当准确理解和把握如下内容：

(1) 明确我国的预算执行组织体系，理解各层次间的关系。

(2) 准确把握我国预算执行期，以及在预算年度开始后至预算审核批准前这段时间所发生的收支合法性问题的处理方式。

(3) 明确预算执行的基本步骤，并且能够提示学生在履行这一程序时应该注意的问题。

7.1.6 教研交流

(1) 我国预算执行期问题及其在实际工作中应做哪些改进?

(2) 如何理解预算执行的基本步骤? 如何理解各间的逻辑关系?

任务二 收入预算执行

7.2.1 任务描述

收入预算执行是预算执行的最基本内容之一，预算收入是政府实现其职能的重要财力保证，各级财政应加强各项收入的管理，严格收入管理核算手续。参与收入预算执行的机构要各司其职。从过程来看，收入预算执行包括收入入库、收入在各级政府间的划分与报解和收入退库等三个方面的内容，每个方面都有规范和要求。

7.2.2 任务分析

要使参与收入预算执行的机构各司其职，需要明确预算收入执行的组织体系，各机构承担的职责。对收入预算执行中的收入入库、收入在各级政府间的划分与报解和收入退库等内容，我们需要了解收入预算执行的基本步骤，以及收入的收纳、划分、报解和退库等相关管理规定。

7.2.3 相关知识

7.2.3.1 收入预算执行的组织体系

在我国，负责收入预算执行的行政机构除财政机关外，还有税务机关和海关。税务机关负责各项税收的征管、社会保险基金的征管及政府交办的其他预算收入征管；海关负责征收关税和规费，并代征进出口产品的增值税、消费税，以及政府交办的其他税收征管；财政机关负责国有资产收益的监督缴纳和收费等非税收入的收缴。收入预算执行的基本要求是坚持组织收入和促进经济发展相结合，坚持按政策和财政法规组织收入，合理安排日常收入进度，注意收入质量。

7.2.3.2 收入预算执行的基本步骤

收入预算执行的基本步骤有三个，分别是收入入库、划分报解和退库，这三个步骤并不是每一项收入必然都要履行的三个程序，在现在的分级分税体制下，大多数收入可以只有一个收入入库步骤，涉及需要上下级政府间分成的收入则有一个税收划分依据了解的环节，只有由于计算错误等需要退库的收入才有收入退库这样一个步骤。总体来说，退库在预算收入总量中只占很小的比例。

(1) 收入入库。收入入库的过程是税款从纳税人申报到税务机关征收并缴入国库的过程。具体步骤主要有二：一是申报，二是缴纳。申报是纳税人自动向收入机关申报缴款，或收入机关向缴款单位开出缴款单，通知缴款人的开户银行将款项缴入指定的国库；缴纳是缴款人开户银行与国库办理款项的划拨手续。

目前，我国预算收入缴库的方式有直接缴库和集中汇缴两种方式。

①直接缴库。直接缴库是由预算单位或缴款人按有关法律法规规定，直接将应缴收入缴入国库单一账户（预算内资金）或预算外资金专户（预算外资金）的收入收缴方式。直接缴库方式适用于在银行开有结算存款账户的纳税人，以及虽然没有在银行开设结算账户但自行到银行缴纳税款的纳税人。其基本流程是基层税务机关根据纳税人填报的纳税申报表中的应缴税款，填开税收缴款书交纳税人，纳税人在缴款书上加盖财务印章，自行将缴款书送其开户银行，银行根据缴款书，将应缴税款从纳税人存款账户划转其管辖支行，再由管辖支行划转国库。税收缴款书的格式参见表 7－1。

表 7－1　　　　中华人民共和国＿＿＿＿税收缴款书　　　　单位：元

<table>
<tr><td rowspan="4">缴款单位（人）</td><td colspan="2">代　码</td><td colspan="3"></td><td colspan="2">电话</td><td colspan="3"></td><td rowspan="3" colspan="2">预算科目</td><td colspan="2">编码</td><td colspan="2"></td></tr>
<tr><td colspan="2">全　称</td><td colspan="8"></td><td colspan="2">名称</td><td colspan="2"></td></tr>
<tr><td colspan="2">开户银行</td><td colspan="8"></td><td colspan="2">级次</td><td colspan="2"></td></tr>
<tr><td colspan="2">账　号</td><td colspan="8"></td><td colspan="4">收款国库</td><td colspan="2"></td></tr>
<tr><td colspan="3">税款所属时期</td><td colspan="7">年　月　日至　月　日</td><td colspan="6">税款限缴日期　年　月　日</td></tr>
<tr><td rowspan="2">品目名称</td><td rowspan="2">课税数量</td><td rowspan="2">计税金额或销售收入</td><td rowspan="2">税率或单位税额</td><td rowspan="2">已缴或扣除额</td><td colspan="11">实缴税额</td></tr>
<tr><td>亿</td><td>仟</td><td>百</td><td>十</td><td>万</td><td>千</td><td>百</td><td>十</td><td>元</td><td>角</td><td>分</td></tr>
<tr><td></td><td></td><td></td><td></td><td></td><td></td><td></td><td></td><td></td><td></td><td></td><td></td><td></td><td></td><td></td><td></td></tr>
<tr><td></td><td></td><td></td><td></td><td></td><td></td><td></td><td></td><td></td><td></td><td></td><td></td><td></td><td></td><td></td><td></td></tr>
<tr><td></td><td></td><td></td><td></td><td></td><td></td><td></td><td></td><td></td><td></td><td></td><td></td><td></td><td></td><td></td><td></td></tr>
<tr><td></td><td></td><td></td><td></td><td></td><td></td><td></td><td></td><td></td><td></td><td></td><td></td><td></td><td></td><td></td><td></td></tr>
<tr><td colspan="5">金额合计（大写）亿 仟 佰 拾 万 仟 佰 拾 元 角 分</td><td colspan="11"></td></tr>
<tr><td colspan="2">缴款单位（人）
（盖章）
经办人（章）</td><td colspan="2">地方税务机关
（盖章）
填票人（章）</td><td colspan="8">上列款项已收妥并划转收款单位账户

国库（银行）盖章　年　月　日</td><td colspan="2">备注</td><td colspan="2"></td></tr>
</table>

（无银行收讫章无效）　　　　逾期不缴按税法规定加收滞纳金

注：本表适用于税务机关与银行未联网时各税费的申报缴款（一票一税）。不同的税费种类，或相同的税费种类但不同预算科目，或相同的税费种类但不同的所属时期分别填写税票；不同的税目或相同税目但不同税率的业务应分行次填写。“品目名称”一栏填写税种税目编码；车船使用（牌照）税按吨计税的在“课税数量”一栏填写吨数，“计税金额”一栏填写辆数；代扣代缴个人所得税“课税数量”一栏填写人数。其他税种的计税依据（数量或金额）都填在“计税金额”一栏。

②集中汇缴。集中汇缴则是征收机关或依法享有征收权限的单位按法律法规的规定，将所收取的应缴收入汇总缴入国库单一账户（预算内资金）或预算外资金专户（预算外资金）的收入收缴方式。它适用于以现金向税务机关缴纳税款的纳税人和由扣缴义务人、代征人代

扣代征税款的纳税人。税务征收人员或扣缴义务人、代征人收取现金税款或扣收税款后，填开税收完税证或代扣代收税款凭证，税务征收人员和扣缴义务人及代征人按规定时间将所征收的税款汇总，自行填开税收汇总缴款书，到指定银行缴纳税款，然后持税收汇总缴款书报查联和收据联，及完税证或代扣代收税款凭证报查联，向税务机关税收会计办理票款结报（扣缴义务人办理扣缴税款申报），或者税务征收人员和扣缴义务人、代征人直接持完税证或代扣代收税款凭证报查联和税款现金向税收会计结报，然后由税收会计将结报的税款现金汇总，填开税收汇总缴款书到银行缴纳税款。

（2）划分报解。收入缴入国库后的下一步工作是国库按照预算收入在政府间的划分情况，将款项在政府间进行分配和报解，并缴入各级政府预算的国库。在实行各级政府分开国库制度的国家，收入的划分与报解的业务较少。

收入划分报解的依据是政府间分级分税制度规定。地方各级财政预算收入的划分，是在中央财政与地方财政划分范围内、由上一级财政制定本级与下级之间的预算管理体制，各地的差异较大，依当地的规定方法执行。

收入划分报解后，形成相对固定的本级预算收入来源。财政总预算会计依据国库每日报来的预算收入日报表记账。对于各项收入的账务处理必须以审核无误的国库入库凭证、预算收入日报表和其他合法的凭证为依据。发现错误，应在发现的月份按有关规定，及时通知有关单位共同更正。

（3）收入退库。当收入缴库过程中发生差错或出现其他需要办理退库的情况时，往往需要办理收入退库。收入退库在范围与程序上各国都有明确且严格的规定。

缴纳入库的预算收入即为政府财政资金，除同级财政机关外，任何单位或个人均无权运用。对于由特殊原因需要退库的预算收入，要加强监督、严格审核。一方面是审批机关，要加强对预算收入退库的审核；另一方面是办理退库的国库要强审核。此外，总预算会计也要加强对预算收入退库的审核。

第一，预算收入退库范围。预算收入退库是指将已经入库的预算收入退还给原缴款单位或缴款人。依据我国有关规定，属于下列情况的可以办理预算收入退库：①现行政策规定在一定期限内对某些企业实行先征收后退付的税款；②企业按规定预缴税收收入，经年终汇算清缴或结算对超缴部分需要办理的退库；③由于调整税率，需要退还多缴预算收入办理的退库；④改变企业隶属关系，办理财务结算需要退库的；⑤由于技术性差错，错缴多缴的预算收入；⑥各种税款的代扣代征手续费、征管费、业务费的退库；⑦其他按规定应予退库的项目。

凡不符合上述规定范围的预算收入退库，任何部门、单位和个人不得办理退库审批手续，各级国库不得办理退库。

第二，预算收入退库资料。申请退库的纳税人，须提供如下退库资料：①属计划亏损补贴退库，应提供亏损企业名单及审批后的亏损计划和收入退库申请书、收入退还书凭证等；②出口产品退库，应提供出口收入退库审批表、审批计划数、收入退还书凭证等；③超交、多交退库，汇算清缴退库，审批机关应提供已入库缴款书复印件、收入退库申请书、收入退还书凭证和有关资料依据；④先征后退、减免退库，应提供文件依据（包括批文）、已入库缴款书复印件、收入退库申请书、收入退还书凭证；⑤技术性差错类退库，应提供有效的说明依据、退库申请书、已入库缴款书复印件、收入退还书凭证；⑥其他退库，不属于上述范围的退库的，应提供有效的文件依据、说明和必要的凭证、报表等；⑦办理退库业务各机关单位应事先在吉安市中心支库预留印鉴卡，印鉴发生变更或遗失时，按有关规定及时办理相关手续。

第三，收入退库审核。财政部门应认真审核申请人提供的资料，凡属下列情况之一的，不予办理退库：

①预算收入退库凭证未加盖印鉴或所盖印鉴与预留印鉴不相符的；②退库凭证要素填写错误、不符合规定的；③退库凭证金额与文件依据等附件金额不一致、退库金额超过计划指标的；④未经财政部授权的机构，要求国库办理中央预算收入、中央与地方共享收入退库的；⑤下级地方财政部门或其他未经上级财政部门授权的机构，要求国库办理上级地方预算收入或共享收入退库的；⑥退库款项退给非退库申请单位或申请人的；⑦口头或电话通知，要求国库办理退库的；⑧要求国库办理退库，但不提供必要的相关文件、退库申请书的；⑨对本级预算收入的退库，当日退库数大于收入数、国库库存余额又不足的；⑩其他违反规定要求办理退库的。

7.2.4 技能训练

对于收入人库、划分和报解以及收入的退库等，国库与收入征收机关、预算执行的行政主管机关，都必须进行详细、具体、完整的核算，并定期编制相应的报表。这是收入预算执行管理的重要方面，也是对预算执行进行审核、监管和评估所必需的基础资料。

财政总会计确认预算收入，一般以本年度缴入基层国库（含乡镇国库）的数额为准，凭国库报来的属于本级财政的“预算收入日报表”及其附件入账。预算收入日报表的格式参见表 7-2。

表 7-2　　国家金库 * 支库预算收入日报表（全科目）**

编制日期：　　年　　月　　日

科目代码	科目名称	本日发生额	本月累计	本年累计
101	税收收入			
10101	增值税			
1010101	国内增值税			
101010101	国有企业增值税			
101010102	集体企业增值税			
101010103	股份制企业增值税			
101010105	港澳台和外商投资企业增值税			
101010106	私营企业增值税			
10103	营业税			
1010303	金融保险业营业税（地方）			
1010304	一般营业税			
1010320	营业税税款滞纳金、罚款收入			
10104	企业所得税			
1010431	其他国有企业所得税			
1010435	港澳台和外商投资企业所得税			
101043509	其他港澳台和外商投资企业所得税			
1010440	分支机构预缴所得税			

续表

科目代码	科目名称	本日发生额	本月累计	本年累计
101044002	股份制企业分支机构预缴所得税			
1010441	总机构预缴所得税			
101044102	股份制企业总机构预缴所得税			
10106	个人所得税			
1010601	个人所得税			
101060101	利息所得税			
101060109	其他个人所得税			
1010620	个人所得税税款滞纳金、罚款收入			
10109	城市维护建设税			
1010901	国有企业城市维护建设税			
1010902	集体企业城市维护建设税			
1010903	股份制企业城市维护建设税			
1010906	私营企业城市维护建设税			
1010920	城市维护建设税税款滞纳金、罚款收入			
10110	房产税			
1011001	国有企业房产税			
1011002	集体企业房产税			
1011003	股份制企业房产税			
1011020	房产税税款滞纳金、罚款收入			
10111	印花税			
1011119	其他印花税			
1011120	印花税税款滞纳金、罚款收入			
10112	城镇土地使用税			
1011201	国有企业城镇土地使用税			
1011203	股份制企业城镇土地使用税			
1011220	城镇土地使用税税款滞纳金、罚款收入			
10114	车船税			
1011401	车船税			
10119	契税			
1011901	契税			
102	社会保险基金收入			
10201	基本养老保险基金收入			
1020101	基本养老保险费收入			
102010101	企业基本养老保险费统筹部分收入			
102010103	事业单位基本养老保险费统筹部分收入			
102010104	事业单位基本养老保险费个人部分收入			

续表

科目代码	科目名称	本日发生额	本月累计	本年累计
1020199	其他基本养老保险基金收入			
10202	失业保险基金收入			
1020201	失业保险费收入			
102020101	企业失业保险费收入			
102020102	事业单位失业保险费收入			
1020299	其他失业保险基金收入			
10203	基本医疗保险基金收入			
1020301	基本医疗保险费收入			
102030101	企业基本医疗保险费统筹部分收入			
102030102	企业基本医疗保险费个人部分收入			
102030103	机关事业基本医疗保险费统筹部分收入			
102030104	机关事业基本医疗保险费个人部分收入			
1020399	其他基本医疗保险基金收入			
103	非税收入			
10301	政府性基金收入			
1030126	文化事业建设费收入			
103012602	地方所属企事业单位文化事业建设费收入			
1030127	地方教育附加收入			
1030146	国有土地使用权出让金收入			
103014601	土地出让总价款			
10302	专项收入			
1030203	教育费附加收入			
103020301	教育费附加收入			
103020399	教育费附加滞纳金、罚款收入			
10307	国有资源（资产）有偿使用收入			
1030706	非经营性国有资产收入			
103070603	事业单位国有资产处置收入			
110	转移性收入			
1100101	增值税和消费税税收返还收入			
	一般预算收入合计			
	社会保险基金预算收入合计			
	其他基金预算收入合计			
	转移性收入合计			
	合计数			

国库公章：　　　　　　复核：　　　　　　制表：

7.2.5 完成任务

通过本任务的学习，能够掌握如下技能：

（1）了解收入预算执行的组织体系，明确各参与机构的职责与任务；

（2）了解并掌握收入预算执行的基本步骤；

（3）能够组织参与收入入库活动，准确进行收入划分报解；

（4）能够明确预算收入退库范围，审核预算收入退库资料，准确鉴别出不符合收入退库条件的申请。

7.2.6 教研交流

（1）收入预算执行的组织体系中各参与机构的职责是什么？它们之间是如何配合的？

（2）在收入预算执行的三个方面中，各需要注意哪些问题？

（3）依据您的教学经验，在讲授预算收入退库资料审核时，应提醒学生格外要注意哪几项资料？

任务三 支出预算执行

7.3.1 任务描述

财政支出预算执行就是按年初确定的预算支出任务分配和使用财政资金的过程。为了保证财政预算支出的正确执行，财政部门要根据年度支出预算和季度计划，适时、正确地把预算资金拨付给用款单位，以落实预算支出指标，控制监督预算支出，满足国家经济建设和事业发展的需要。财政支出预算执行的一个重要环节就是预算拨款，即财政部门按核定的年度预算支出指标，通过各级国库将预算资金拨付给各用款部门和单位。

在传统的分散型国库收支制度下，预算内收入通过征收机关直接缴入国库，预算内资金支出时，先由支出单位（预算单位）编制预算草案，由财政部门审核汇总经同级人民代表大会审批后成为正式预算，财政部门按计划按预算直接将预算资金从国库经中国人民银行拨付到支出单位（预算单位）开设在商业银行的账户，支出单位（预算单位）再根据有关规定和预算要求，自行支付购买商品和劳务的各类款项，并在年度终了时编制财务决算报表，报送同级财政。

现行的财政支出预算方式是国库集中支付，剔除了传统的分散支付的弊端。国库集中收付制度是对财政资金实行集中收缴和支付的制度，由于其核心是通过国库单一账户对现金进行集中管理，所以这种制度一般又称作国库单一账户制度。

在本任务中，财政支出预算的执行强调两点：一是按年初确定的预算支出任务分配和使用财政资金，二是财政部门按核定的年度预算支出指标，通过各级国库将预算资金拨付给各用款部门和单位。

7.3.2 任务分析

在进行支出预算时，为了提高财政资金的使用效益，须实行财政国库集中支付制度，建立一套科学规范的银行账户体系，其次是规范财政资金的拨付方式。完成财政支出预算执行任务要按照下列执行步骤进行：

（1）财政部门按照立法机关批准的预算和其他有关法规向负责支出的部门、机构拨付资金。

（2）由各部门和机构将财政预算管理部门拨付的资金，根据批准的部门预算再向下属单位拨付。

（3）由各单位按照项目的性质和用途作出支付拨款、政府采购、发放工资或用于其他项目的资金承诺。

（4）批准拨款。具体的拨款方法有现金支付、签发支票或电子拨付。

（5）支付拨款。

7.3.3 相关知识

7.3.3.1 国库集中支付制度的特征有哪些？

这种制度具有三个基本特征：一是财政统一开设国库单一账户；二是所有财政收入直接缴入国库，主要财政支出由财政部门直接支付到商品或劳务供应者；三是建立高效的预算执行机构，科学的信息管理系统和完善的监督检查机制。

注意，在我国传统的分散型国库收支制度下，财政资金分为预算内资金和预算外资金（即非税收入，下同），许多行政事业单位还通过设立“小金库”、账外账等方式截留财政资金。在分散型国库收支制度下，预算内收入通过征收机关直接缴入国库，预算内资金支出时，先由支出单位（预算单位）编制预算草案，由财政部门审核汇总，经同级人民代表大会审批后成为正式预算，财政部门按计划按预算直接将预算资金从国库经中国人民银行拨付到支出单位（预算单位）开设在商业银行的账户，支出单位（预算单位）再根据有关规定和预算要求，自行支付购买商品和劳务的各类款项，并在年度终了时，编制财务决算报表，报送同级财政。

另外，在分散型国库收支制度下，非税收入资金不纳入预算管理程序，而是由财政部门实行“收支两条线管理”，即收入全部上缴财政专户，支出由同级财政部门按预算外支出计划和单位财务收支计划统筹安排，经批准后从财政专户拨付给单位，各单位将返还的财政性资金自行向商品和劳务的供应商支付。此外，还不得不默许一些执收单位自行开设脱离预算管理的资金专户，进行坐收坐支。

7.3.3.2 国库集中支付的基本运作程序

预算单位按照批准的用款计划（见图 7-1）向财政支付机构提出申请，经支付机构审核同意后在预算单位的零余额账户中向收款人支付款项，然后通过银行清算系统由零余额账户与财政集中支付专户进行清算，再由集中支付专户与国库单一账户进行清算。在国库集中支付的方式下，由于银行间的清算是通过计算机网络实时进行的，因而财政支付专户和预算单位的账户在每天清算结束后，都应当是零余额账户，财政资金的日常结余都保留在国库单一账户中。

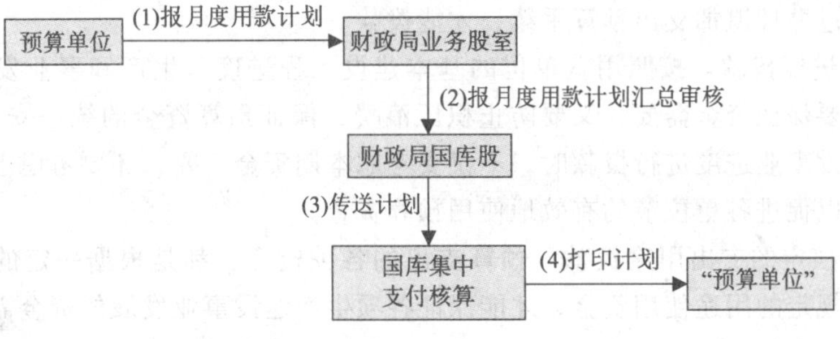

图 7－1 月度用款计划流程图

7.3.3.3 国库集中支付系统运行的基本条件

国库集中支付系统功能的实现，在财政系统必须建立连接财政业务部门、央行国库、集中支付机构、预算单位和经办银行的财政支付管理信息系统，该系统向有关各方提供实时的预算指标信息和支付指令信息；在银行系统必须建立连接央行国库、财政集中支付专户经办银行和所有预算单位经办银行的银行间清算系统，该系统在预算单位发生支付时，能够实时提供央行国库与财政专户及预算单位零余额账户的资金清算。另外，国库集中支付制度的改革，还涉及现行的预算管理、国库管理、银行结算等方面的有关法规必须进行相应的修改，以保证此项改革的合法实施和规范运作。

7.3.3.4 财政支出预算执行的主要任务

（1）研究落实财政税收政策的措施，支持经济和社会的健康发展。

（2）制定组织预算收入和管理预算支出的制度和办法。

（3）督促各预算收入征收部门、各预算缴款单位完成预算收入任务。

（4）根据年度支出的预算和年度用款计划，合理调度预算资金，监督检查各部门，各单位管好、用好预算资金，节减开支、提高资金的使用效益；对能够实行政府采购的资金一律实行政府采购。

（5）指导和监督各部门、各单位建立健全财务制度和会计核算体系，按照规定使用预算资金。

（6）按月编报、汇总预算收支执行数字、分析预算收支执行情况，定期向政府和上级财政报告预算执行情况。

（7）协调预算收入征收部门、国库和其他有关部门的业务工作。

（8）预算年度开始后，政府预算草案在本级人民代表大会批准前，财政部门受政府指示可以先按照上一年同期的预算支出数安排支出，预算经人民代表大会批准后，按照批准的预算执行。

7.3.3.5 预算拨款的原则

为了保证支出预算的顺利执行，预算拨款应遵循以下四项原则：

（1）按照预算拨款。各级财政部门的预算拨款，必须控制在年度预算和季度用款的计划范围内，不能办理无预算、无计划、超预算、超计划的拨款。如遇有特殊情况需要超过预算时，必须经过办理追加支出预算手续，才能拨款。

（2）按照进度拨款。按照用款单位的基本建设工程进度、生产和事业发展的实际进度办理拨款，既要保证资金需要，又要防止积压浪费，保证预算资金的统一安排和灵活调度。在按生产和建设事业进度进行拨款时，不仅要考虑本期资金需要，还要考虑上期资金的使用和结余情况，以促进各单位节约有效地使用预算资金。

（3）按照核定的支出用途拨款。预算支出的各种资金，都是根据一定的需要安排，所以按计划、按规定的用途使用资金，才能保证各项生产建设事业发展的资金需要。因此，办理预算拨款时，应根据预算规定的用途拨款，不能改变支出用途。

（4）按照预算级次拨款。各支出部门和单位都应按国家规定的预算级次，逐级办理预算款项的领拨。各级主管部门，一般不准向没有支出预算关系的单位垂直拨款；主管单位之间也不能发生支出预算的拨款关系。如有需要，应当通过同级财政部门办理划转手续，以减少预算拨款渠道，来加强预算拨款的管理。

7.3.3.6 预算支出账务处理

支出发生时，财政总预算会计做如下分录：

借：一般预算支出

　　上解支出

　　补助支出

　　贷：国库存款（其他财政存款）

预算单位做如下会计分录：

借：经费支出（事业支出）

　　贷：银行存款

7.3.4 技能训练

本任务的技能训练可以通过以下练习进行：

7.3.4.1 财政支出预算执行步骤

（1）我们以统发工资为例，来介绍直接支付的工作流程达到任务描述中的目标（见图7－2）。

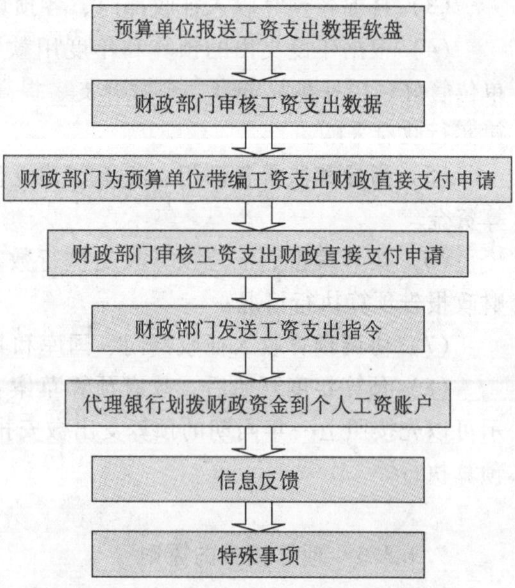

图7－2　财政直接支付的工作流程

（2）传统的财政资金拨付流程。传统的财政资金拨付（实拨资金）流程参见图7－3。

（3）预算支出指标管理。

①预算支出指标管理——纳入预算管理的各种资金来源在支出的过程中，从资金的申请、审核、批准、下达到拨款各个环节所形成的业务活动及相应的公文、财务管理情况。

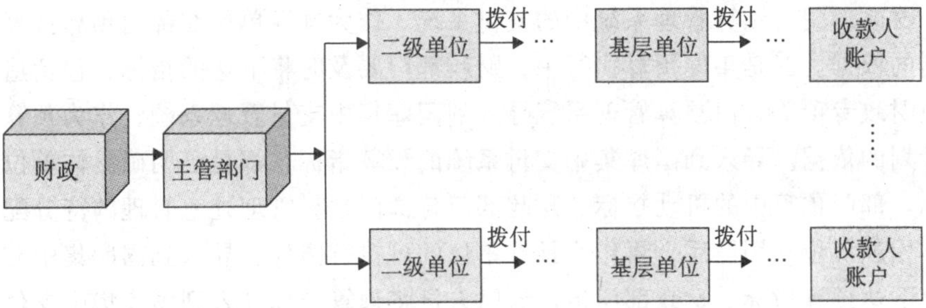

图 7-3 传统的财政资金拨付流程

②预算支出指标管理的范围：

第一，按资金性质可以分为财政拨款支出指标、纳入预算管理的行政性收费支出指标、纳入预算管理的政府性基金支出指标。

第二，按照管理的层次可以分为总预算指标、处室预算指标和单位预算指标。

(4) 指标管理中各处室的职责。指标管理中各处室的职责参见图 7-4。

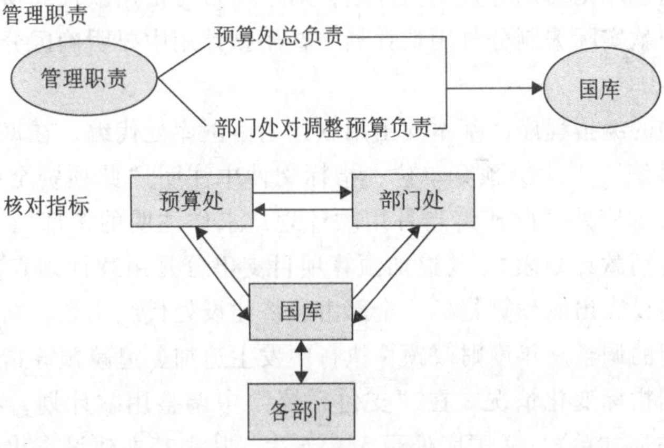

图 7-4 指标管理中各处室的职责

(5) 财政部门对预算指标的控制方法。财政部门对预算指标的控制方法参见图 7-5。

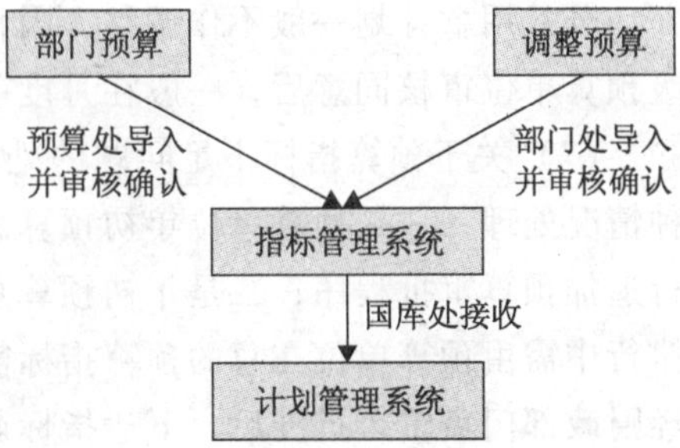

图 7-5 财政部门对预算指标的控制方法

(6) 用款计划管理。用款计划——指预算单位分月用款计划，是预算单位按照财政部门制定的统一格式，根据批准的部门预算、有关编制方法和原则申请财政资金的一种凭据。

①编报用款计划：财政部门下达预算指标是编制用款计划的依据，具体操作步骤如下：

首先，导入预算指标。财政部门要及时将年初批复的部门预算及预算执行中下达的预算指标由预算管理系统导入国库集中支付系统，作为预算单位编制用款计划的依据。一般来讲，财政部门导入预算指标分为三个阶段：一是部门预算批复前，在上年底或本年初财政部门将本年部门预算草案由预算管理系统导入到国库集中支付管理系统，作为预算单位在部门预算未批复下达阶段编制用款计划的依据。二是部门预算批复后，财政部门将预算管理系统中的支付系统，作为预算单位在部门预算批复下达后编制用款计划的依据。三是年度预算执行中，财政部门要及时将下达的指标，包括追加的预算指标和上级财政专项等，由预算管理系统导入到国库集中支付管理系统，作为预算单位编制分月用款计划的依据。导入到国库集中支付系统的预算指标，都是已明确具体单位和用途的可执行指标。部门预算中的机动指标、财政部门各部门预算管理处室管理的待分配指标，要在明确具体用款单位和用途后，再作为预算单位的可执行指标，导入到国库集中支付系统。

其次，下达预算指标。财政部门指定专门人员将预算指标导入到国库集中支付管理系统后，通过国库集中支付管理系统将指标下达给预算单位，预算单位据此编制分月用款计划。

②编制用款计划。用款计划是预算单位办理财政性资金支付业务的依据。为提高工作效率，方便预算单位，各预算单位的用款计划由财政部门代编。

首先，用款计划的编制依据和方法。用款计划分为基本支出用款计划和项目支出用款计划。编制用款计划要依据财政部门通过国库集中支付管理系统下达的年度部门预算和执行中下达的预算指标，结合预算单位用款实际，逐条合理地编制月份用款计划。对于基本支出预算指标，要按照均衡性原则编制分月用款计划；对于项目支出用款预算指标，要按照项目实施进度和预算单位用款实际编制分月用款计划。在用款计划中要明确区分财政直接支付和财政授权支付。

其次，用款计划的编报程序。基本支出用款计划由国库处代编，在每月月底前将下月用款计划通过“支付系统”下达给预算单位；指标文件中注明“此项资金由国库处代编用款计划”的预算指标，国库处据此代编当月用款计划；未作注明的，部门处应填制《部门预算项目支出年度分月用款计划表》、《追加预算项目支出分月用款计划表》，送国库处录入、下达，其中，基本建设支出的预算指标，全部由经济建设处代编用款计划。

第三，用款计划的调整。年度财政预算执行中发生追加、追减预算指标调整变化时，基本支出由国库处根据指标变化情况，在“支付系统”中调整用款计划，项目支出由部门处填制《用款计划调整通知单》，送国库处录入、下达，其中基本建设支出的预算指标，全部由经济建设处代编用款计划。

分月用款计划一般不作调整，因特殊情况确需调整的，预算单位应提前提出申请，经一级预算单位审核同意后，一般在月度前 10 个工作日报财政部门审批。

（7）关于预算指标不足问题的处理。预算执行过程中如果出现指标不足，区分以下两种情况处理：一是预算单位年初预算总指标不足的，执行中需由预算单位提出追加申请，履行追加预算审批程序；二是年初预算总指标有结余但个别项目（如公用经费）安排不足的，执行中需由预算单位在总的预算指标额度内提出调整申请，报经部门预算管理等机构审核，经财政部门负责人批准后，下达指标调整文件，相应调整公用经费用款计划。

7.3.5 完成任务

完成本任务的判断标准如下：

一是对支出预算执行的掌握是否正确和完整；

二是对支出预算的执行程序是否掌握和熟练理解；

三是对支出预算执行中的指标管理和用款计划管理是否熟稔于心。

7.3.6 教研交流

（1）准确描述支出预算执行的主要任务。

（2）熟练支出预算执行的相关知识。

（3）积极探索支出预算执行实务的思路，提高支出预算执行的效率，寻找改善支出预算执行管理的新途径和新办法。

任务四 财政总预算会计实务

7.4.1 任务描述

财政总预算会计是各级政府财政机关核算、反映和监督政府预算执行情况的专业会计。财政总预算会计的主体是各级政府的财政部门，包括中央，省、自治区、设区的市、市辖区，乡、民族乡、镇等各级财政部门。财政总预算会计的主要职责是进行会计核算，反映预算执行，实行会计监督，参与预算管理，合理调度资金。财政机关管理的资金是政府财政资金，具有公共性质，有非营利性特点，因此，在财政总预算会计的会计要素设计中，没有企业会计中的“利润类”账户。

财政总预算会计应当按会计期间结算账目和编制会计报表。会计期间分为年度、季度和月份。会计年度、季度和月份以公历起讫日期为准。年度终了后，可根据需要，设置一定期限的上年决算清理期。清理期限和清理事项由各省、自治区、直辖市财政部门，根据财政部规定的原则作出具体规定。财政总预算会计采用借贷记账法。总预算会计核算以人民币为记账本位币，以“元”为金额单位，元以下记至角、分。有外币收支的，在登记外币金额的同时，应根据国家银行公布的人民币外汇汇率折算成人民币记账。财政总预算会计记录文字使用中文，少数民族地区可以同时使用本民族文字。

为了规范会计核算行为，财政总预算会计制度规定财政总预算会计的一般核算原则，包括真实性原则、相关性原则、可比性原则、统一性原则、一贯性原则、及时性原则、明晰性原则、收付实现制原则、专款专用原则。

7.4.2 任务分析

财政总预算会计由资产、负债、净资产、收入和支出五类要素构成，采用借贷记账法记录会计凭证。本任务主要学习财政总预算会计核算业务，这就需要首先了解财政总预算会计科目的设置情况，会计核算中的重点和难点，以及财政总预算会计的变化情况，比如，国库集中支付制度对会计核算的影响，政府收支分类改革的影响、政府采购的影响，等等。

7.4.3 相关知识

财政总预算会计共有 40 个会计科目，其中资产类科目 12 个，负债类科目 5 个，净资产类 5 个，收入类 9 个，支出类 9 个。通过这些科目，可以对财政总预算的全部经济业务进行会计核算。财政总预算会计科目设置情况参见表 7－3。

表 7－3　　财政总预算会计科目设置情况表

	会计科目	核算内容
	一、资产类	
101	国库存款	核算各级总预算会计在国库的预算资金（含一般预算和基金预算）存款。
102	其他财政存款	核算各级总预算会计未列入“国库存款”科目反映的各项财政性存款。包括财政周转金、未设国库的乡（镇）财政在专业银行的预算资金存款以及部分由财政部指定存入专业银行的专用基金存款等。
103	财政零余额账户存款	核算财政国库支付执行机构在银行办理的财政直接支付业务。
104	有价证券	核算各级政府按国家统一规定用各项财政结余购买有价证券的库存数。
105	在途款	核算决算清理期和库款报解整理期内发生的上下年度收入、支出业务及需要通过本科目过渡处理的资金数。
111	暂付款	核算各级财政部门借给所属预算单位或其他单位临时急需的款项。
112	与下级往来	核算与下级财政的往来待结算款项。
121	预拨经费	核算财政部门预拨给行政事业单位、尚未列为预算支出的经费。
122	基建拨款	核算拨付给经办基本建设支出的专业银行或拨付基本建设财务管理部门的基本建设拨款和贷款数。直接拨给建设单位的基本建设资金，不通过本科目核算。
131	财政周转金放款	核算财政有偿资金的拨出、贷付及收回情况。
132	借出财政周转金	核算上级财政部门借给下级财政部门周转金的借出和收回情况。
133	待处理财政周转金	核算经审核已经成为呆账，但尚未按规定程序报批核销的逾期财政周转金转入和核销情况。
	二、负债类	
211	暂存款	核算各级财政临时发生的应付、暂收和收到不明性质的款项。
212	与上级往来	核算与上级财政的往来待结算款项。
213	已结报支出	核算财政国库资金已结清的支出数额。
222	借入款	核算中央财政和地方财政按照国家法律、国务院规定向社会以发行债券等方式举借的债务。上下级财政之间临时性借垫款，不通过本科目核算。
223	借入财政周转金	核算地方财政部门向上级财政部门借入有偿使用的财政周转金。
	三、净资产类	
301	预算结余	核算各级财政预算收支的年终执行结果。
305	基金预算结余	核算各级财政管理的政府性基金收支的年终执行结果。
307	专用基金结余	核算总预算会计管理的专用基金收支的年终执行结果。
321	预算周转金	核算各级财政设置的用于平衡季节性预算收支差额周转使用的资金。预算周转金应根据《中华人民共和国预算法》要求设置，并不得随意减少。
322	财政周转基金	核算各级财政部门设置的有偿使用资金。
	四、收入类	
401	一般预算收入	核算各级财政部门组织的纳入预算的各项收入。
405	基金预算收入	核算各级财政部门管理的政府性基金预算收入。
407	专用基金收入	核算财政部门按规定设置或取得的专用基金收入。
408	债务收入	核算省级财政部门作为债务主体，发行地方政府债券收到的发行收入等。
409	债务转贷收入	核算省级以下财政部门（不含省级，下同）收到的来自上级财政部门转贷的债务收入。

续表

	会计科目	核算内容
411	补助收入	核算上级财政部门拨来的补助款。包括税收返还收入、按财政体制规定由上级财政补助的款项、上级财政对本级的专项补助和临时性补助。
412	上解收入	核算下级财政上缴的预算上解款。包括按体制规定由国库在下级预算收入中直接划解给本级财政的款项、按体制结算后由下级财政补缴给本级财政的款项和各种专项上解款项。
414	调入资金	核算为弥补一般预算而从基金预算调入资金，或者是为弥补基金预算而从一般预算调入资金。
425	财政周转金收入	核算财政周转金利息及占用费的收入情况。
	五、支出类	
501	一般预算支出	核算各级总预算会计办理的应由预算资金支付的各项支出。
505	基金预算支出	核算各级财政部门用基金预算收入安排的支出。
507	专用基金支出	核算各级财政部门用专用基金收入安排的支出。
508	债务还本支出	核算各级财政部门发生的债务还本支出。
509	债务转贷支出	核算地方各级财政部门对下级财政部门转贷的债务支出。
511	补助支出	核算本级财政对下级财政的补助支出。包括税收返还支出、按原财政体制结算应补助给下级财政的款项和专项补助或临时性补助。
512	上解支出	核算按体制由国库在本级预算收入中直接划解给上级财政的款项、按体制结算补解给上级财政款项和各种专项上解款项。
514	调出资金	核算各级财政部门从基金预算的地方财政税费附加收入结余中调出用于平衡一般预算的资金，以及从一般预算调出用于平衡基金预算的资金。
524	财政周转金支出	核算借入上级财政周转金支付的占用费及周转金管理使用过程中按规定开支的相关费用支出情况。

7.4.4 技能训练

由于预算管理制度改革和新的财政业务的出现，近年来财政总预算会计核算实务中新增加的内容主要有国库集中支付制度、政府采购、财政部代地方发行债务和政府收支分类科目改革。

7.4.4.1 国库集中支付制度下的会计核算

在国库集中支付制度下，财政支付资金的方式有财政直接支付和财政授权支付两种，在“一般预算支出”账户下设“财政直接支付”和“财政授权支付”两个二级明细科目。

(1) 财政直接支付方式的会计核算。财政直接支付是指由财政部门根据预算单位提出的支付申请，通过国库单一账户体系将资金直接支付到商品或劳务供应商或用款单位账户的方式。在直接支付方式下，财政总预算会计的会计处理与财政国库支付执行机构的会计处理不同。

①在直接支付方式下，财政总预算会计的会计处理。财政总预算会计根据财政国库支付执行机构报送的预算资金《财政支出日报表》，与国库报送的划款凭证和《库存日报表》核对无误后，列报预算支出，作如下会计分录：借记“一般预算支出”科目，贷记“国库存款”科目。

【例 7-4-1】 莲花乡财政总预算会计收到国库支付执行机构报送的预算资金《财政支出日报表》，显示当日拨付的人大事务支出 15 万元，发展与改革事务支出 20 万元，共计 35 万元。

借：一般预算支出——一般公共服务

——人大事务 150 000

——发展与改革事务 200 000

贷：国库存款 350 000

②在直接支付方式下，财政国库支付执行机构的会计处理。实行财政国库集中支付制度后，财政国库支付执行机构会计是财政总预算会计的延伸，其会计核算按《财政总预算会计制度》执行。同时，根据财政国库集中支付会计核算管理的需要，增设部分会计科目。在现行《财政总预算会计制度》资产类增设“财政零余额账户存款”会计总账科目；负债类增设“已结报支出”会计总账科目。

“财政零余额账户存款”科目用于核算反映财政零余额账户的财政资金支付业务。本科目贷方，登记当日从财政零余额账户办理的资金支付数；本科目借方，登记当日从国库单一账户、预算外资金财政专户清算划入财政零余额账户的资金冲销数。本科目当日资金清算后，余额为零。

“已结报支出”科目用于核算反映预算单位用款额度内已结报的预算支出业务。本科目贷方等于预算内资金支出之和；年终转账时，借记本科目，贷记一般预算支出等支出科目。本科目年终应无余额。“预算外资金支出”科目用于核算反映由预算外资金支付的各项支出。本科目借方登记预算外资金支出数；贷方登记预算外资金支出的转账冲销数。本科目年终应无余额。

第一，财政批复分月用款计划的财政直接支付额度时，财政总预算会计不作会计账务处理，只在备查簿上记录所批复的财政直接支付额度。

第二，财政国库支付执行机构在为预算单位办理财政直接支付时，根据《财政直接支付凭证》回单联，按预算单位分资金性质和科目列报支出，借记“一般预算支出——财政直接支付”，贷记“财政零余额账户存款”。

【例 7-4-2】 莲花乡财政国库支付执行机构为乡卫生院支付工程款项 30 万元。

借：一般预算支出——财政直接支付——卫生局 300 000

贷：财政零余额账户存款 300 000

第三，财政国库支付执行机构每日将代理银行报送的《财政支出日报表》与国库报来和划款凭证和付款通知联核对无误后，借记“财政零余额账户存款”，贷记“已结报支出”。

【例 7-4-3】 莲花乡财政国库支付执行机构收到代理银行报来的当日《财政支出日报表》，共计 30 万元，核对无误后进行会计处理。

财政国库支付执行机构会计的账务处理为：

借：财政零余额账户存款 300 000

贷：已结报支出——财政直接支付 300 000

财政总预算会计的账务处理为：

借：一般预算支出——财政直接支付——卫生院 300 000

贷：国库存款 300 000

第四，财政直接支付的资金由代理银行支付后，在支付清算次日后发生资金退回的，依据代理银行的通知，作正常支付账务处理的相反方向会计分录，并按原渠道相应恢复预算单位的财政直接支付额度。

【例7-4-4】 例7-4-2的为乡卫生院支付工程款项30万元中有8万元的支出不符合"用款计划"，予以收回。

借：财政零余额账户存款　　80 000

　　贷：一般预算支出——财政直接支付——卫生院　　80 000

第五，年末，国库支付执行机构会计与财政总预算会计核对账务无误后，将"已结报支出——财政直接支付"科目和"一般预算支出——财政直接支付"对冲。

【例7-4-5】 莲花乡国库支付执行机构会计全年的财政直接支付支出总额为1 350万元，经与与财政总预算会计核对账务无误后，将"已结报支出——财政直接支付"科目和"一般预算支出——财政直接支付"对冲。

借：已结报支出——财政直接支付　　1 350 000

　　贷：一般预算支出——财政直接支付　　1 350 000

（2）财政授权支付方式的会计核算。财政授权支付是指预算单位根据财政部门的授权，自行签发支付指令，将资金支付到商品、劳务供应商或用款单位账户的支付方式。适用于财政直接支付以外的零星支出。

①财政批复分月用款计划的财政授权支付额度时，财政总预算会计不作会计账务处理，只在备查簿上记录所批复的财政授权支付额度。

②财政总预算会计向国库发出支付指令，向预算单位零余额账户拨付单位已支出款项时，根据《财政直接支付凭证》回单联，按预算单位分资金性质和科目列报支出，借记"一般预算支出——财政授权支付"，贷记"国库存款"。

【例7-4-6】 依据代理银行报来的报表显示，当日零余额账户支出共计6 000元，其中，乡卫生院购买办公用品3 500元，乡中学支付电费2 500元。莲花乡财政从国库拨付资金到单位零余额账户。

借：一般预算支出——财政授权支付——卫生院　　3 500

　　　　　　　　　　　　　　　　——中学　　2 500

　　贷：国库存款　　6 000

③对于预算单位的授权支付款项，根据代理银行报送的《财政支出日报表》和国库付款通知，核对无误后，财政总预算会计借记"一般预算支出——财政授权支付"科目，贷记"国库存款"科目。

【例7-4-7】 莲花乡财政收到代理银行报送的《财政支出日报表》，当日授权支付的教育管理事务费用3 200元，文化活动费用6 000元。

财政总预算会计的账务处理：

借：一般预算支出——财政授权支付——教育——教育管理事务　　3 200

　　　　　　　　　　　　　　　　——文化体育与传媒——文化活动　　6 000

　　贷：国库存款　　9 200

（3）国库集中支付制度下预算单位年终结余资金的账务处理。

① 预算年度终了时，财政机关预算部门要组织国库执行机构、国库、各部门一级预算

单位进行年终清理，在国库集中支付制度下，其中一项重要的内容就是核实各预算单位的年终结余资金。

【例7-4-8】 年末，莲花乡财政组织各预算单位进行年终清理，核对查实各预算单位的年终预算结余资金。经核实，乡卫生院尚有60 000元预算资金没有支用，其中，财政直接支付资金40 000元，财政授权支付资金20 000元。

财政总预算会计的账务处理：

借：一般预算支出——财政直接支付——卫生院　　40 000
　　　　　　　　——财政授权支付——卫生院　　20 000
　贷：暂存款——卫生院——财政直接支付　　40 000
　　　　　　　　　　——财政授权支付　　20 000

②在国库集中支付制度下，预算单位支用其以前年度的预算结余资金，不在本年的“一般预算支出”科目中核算，而是通过“暂存款”科目核算。

【例7-4-9】 乡卫生院支用上年度预算结余购买器材一批，价值36 000元，以财政直接支付方式支付。

乡财政总预算会计的会计处理如下：

借：暂存款——卫生院——财政直接支付　　36 000
　贷：国库存款——一般预算存款　　36 000

③对于划给预算单位留用的结余资金，财政国库执行管理机构比照预算单位日常资金支付的会计核算程序进行账务处理。

④对财政批准给各预算单位用款计划的财政直接支付和财政授权支付的用款额度，其下达、支用、结余情况相应登记备查账反映，不作正式会计分录。

7.4.4.2 政府采购业务的会计核算

在我国政府采购资金管理普遍实行先集中后支付的办法，即先将采购资金集中于采购资金专户，然后再进入招标投标等采购程序。

（1）财政总预算会计将财政预算内、外资金划入“政府采购资金专户”时的账务处理。

财政总预算会计根据经审批的采购单位主管部门出具的《月份拨款申请书》中“拨政府采购专户”金额，从财政国库、财政预算外资金（或采购单位预算外）专户向“政府采购资金专户”划转资金并作相应的账务处理。

①财政预算内总预算会计，借记“暂付款——政府采购款”，贷记“国库存款”科目。

②财政预算外总预算会计，借记“暂付款——政府采购款”，贷记“其他财政存款”科目。

③财政“政府采购资金专户”会计，借记“其他财政存款”科目，贷记“暂存款——预算内政府采购款——××单位”“暂存款——预算外政府采购款——××单位”科目。

【例7-4-10】 某乡实行政府采购制度，当月为事业单位A单位采购设备一批，预计共需资金200 000元，资金以预算资金50%、单位自筹50%的方式解决。财政总预算会计将预算资金100 000元划入政府采购资金专户。

财政总预算会计的账务处理：

借：暂付款——政府采购款——A　　100 000

贷：国库存款 100 000

财政“政府采购资金专户”会计的账务处理：

借：其他财政存款 100 000

贷：暂存款——预算内政府采购资金——A 100 000

（2）采购单位将单位自筹资金划到“政府采购资金专户”的账务处理。

采购单位将单位自筹资金划到“政府采购资金专户”时，财政“政府采购资金专户”会计借记“其他财政存款”科目，贷记“暂存款——单位自筹资金政府采购款”科目。

【例7-4-11】 A单位将自筹资金50 000元划入政府采购资金专户。

财政“政府采购资金专户”会计的账务处理：

借：其他财政存款 100 000

贷：暂存款——单位自筹政府采购资金——A 100 000

（3）从“政府采购资金专户”向供应商拨付价款的账务处理。

从“政府采购资金专户”向供应商拨付价款时，财政“政府采购资金专户”会计借记“暂存款——预算内政府采购款——××单位”、暂存款——预算外政府采购款——××单位”和“暂存款——单位自筹政府采购资金——A”等科目，贷记“其他财政存款”科目。

【例7-4-12】 经过招投标等程序，确定采购某供应商的设备，总价款180 000元。行政单位A已收到设备，验收无误后，财政按合同将资金划到供应商的账户。

财政“政府采购资金专户”会计的账务处理：

借：暂存款——预算内政府采购资金——A 90 000

——单位自筹政府采购资金——A 90 000

贷：其他财政存款 180 000

（4）财政预算总预算会计将财政安排的预算内资金列报支出的账务处理。

财政预算总预算会计将财政安排的预算内资金列报支出时，借记“一般预算支出——×××类——×××款——×××项”，贷记“暂付款——政府采购款”科目。

【例7-4-13】 乡财政总预算会计将政府采购资金90 000元列为支出。

财政总预算会计的账务处理：

借：一般预算支出——×××类——×××款——×××项 90 000

贷：暂付款——政府采购款——A 90 000

（5）“政府采购资金专户”余额的账务处理。

①“政府采购资金专户”余额属于采购单位财政预算内资金的，财政“政府采购资金专户”会计将余额转回财政国库时，借记“国库存款”科目，贷记“暂付款——政府采购款”科目。

②“政府采购资金专户”余额属于采购单位财政预算外资金的，财政“政府采购资金专户”会计将余额转回财政预算外专户时，财政“政府采购资金专户”会计借记“暂存款——预算外政府采购款——××单位”科目，贷记“其他银行存款”科目。

③“政府采购资金专户”余额属于采购单位自筹资金的，财政“政府采购资金专户”会计将采购单位政府采购资金余额转回采购单位时，财政“政府采购资金专户”会计借记“暂存款——单位自筹资金政府采购款——××单位”科目，贷记“其他财政存款”科目。

【例7-4-14】 将采购结余款项20 000元，按原渠道划回。

将10 000元划回国库时，财政总预算会计的账务处理：

借：国库存款 10 000

　　贷：暂付款——政府采购款——A 10 000

将10 000元划回给A单位时，财政政府采购专户会计的账务处理：

借：暂存款——单位自筹资金政府采购款——A 10 000

　　贷：其他财政存款 10 000

7.4.4.3 财政部代发债务的会计核算

在现行《财政总预算会计制度》中增设收入类科目“408 债务收入”、“409 债务转贷收入”；支出类科目“508 债务还本支出”、“509 债务转贷支出”。

“408 债务收入”科目，用于核算省级财政部门作为债务主体，发行地方政府债券收到的发行收入等。省级财政部门实际收到地方政府债券发行收入时，借记“国库存款”科目，贷记本科目。在年终转账时，将本科目贷方余额全部转入“预算结余”科目，借记本科目，贷记“预算结余”科目。本科目平时贷方余额，反映省级财政部门当年实际收到的地方政府债券发行收入累计数。本科目应按照“政府收支分类科目”规定设置明细账。

“409 债务转贷收入”科目，用于核算省级以下财政部门（不含省级，下同）收到的来自上级财政部门转贷的债务收入。省级以下财政部门实际收到债务转贷收入时，借记“国库存款”科目，贷记本科目。年终转账时，将本科目贷方余额全部转入“预算结余”科目，借记本科目，贷记“预算结余”科目。本科目平时贷方余额，反映省级以下财政部门当年实际收到的来自上级财政部门转贷的债务收入累计数。本科目应按照“政府收支分类科目”规定设置明细账。

“508 债务还本支出”科目，用于核算各级财政部门发生的债务还本支出。各级财政部门偿还债务本金时，借记本科目，贷记“国库存款”科目。年终转账时，将本科目借方余额全部转入“预算结余”科目，借记“预算结余”科目，贷记本科目。本科目平时借方余额，反映各级财政部门当年发生的债务还本支出累计数。本科目应按照“政府收支分类科目”规定设置明细账。

“509 债务转贷支出”科目，用于核算地方各级财政部门对下级财政部门转贷的债务支出。地方各级财政部门对下级财政部门进行债务转贷时，借记本科目，贷记“国库存款”科目。年终转账时，应将本科目借方余额全部转入“预算结余”科目，借记“预算结余”科目，贷记本科目。本科目平时借方余额，反映地方各级财政部门当年对下级财政部门转贷的债务支出累计数。本科目应按照“政府收支分类科目”规定及下级财政部门设置明细账。

（1）省级财政部门收到地方政府债券发行收入时，借记“国库存款”，贷记“债务收入——财政部代理发行地方政府债券收入”。

（2）地方各级财政部门上缴本级承担的地方政府债券发行手续费时，借记“一般预算支出——国内外债务发行”，贷记“国库存款”。

（3）地方各级财政部门将地方政府债券收入转贷给下级财政部门时，按照转出资金数，借记“债务转贷支出——转贷财政部代理发行地方政府债券支出”，贷记“国库存款”。

省级以下财政部门收到上级财政部门转贷的地方政府债券收入时，借记“国库存款”，贷记“债务转贷收入——转贷财政部代理发行地方政府债券收入”。

(4) 地方各级财政部门将债务收入或债务转贷收入安排用于本级政府实际支出时，借记“一般预算支出”，贷记“国库存款”。

(5) 地方各级财政部门上缴本级承担的地方政府债券付息资金时，借记“一般预算支出——财政部代理发行地方政府债券付息”，贷记“国库存款”。

(6) 上级财政部门代收地方政府债券付息资金时，借记“国库存款”，贷记“暂存款——××地方政府债券付息”。上缴代收的地方政府债券付息资金时，借记“暂存款——××地方政府债券付息”，贷记“国库存款”。

上级财政部门垫付地方政府债券付息资金时，借记“暂付款——××地方政府债券付息”，贷记“国库存款”。收到下级财政部门缴来的垫付地方政府债券付息资金时，借记“国库存款”，贷记“暂付款——××地方政府债券付息”。

(7) 地方各级财政部门上缴本级承担的地方政府债券还本资金时，借记“债务还本支出——财政部代理发行地方政府债券还本”，贷记“国库存款”。

(8) 上级财政部门代收地方政府债券还本资金时，借记“国库存款”，贷记“暂存款——××地方政府债券还本”。上缴代收的地方政府债券还本资金时，借记“暂存款——××地方政府债券还本”，贷记“国库存款”。

上级财政部门垫付地方政府债券还本资金时，借记“暂付款——××地方政府债券还本”，贷记“国库存款”。收到下级财政部门缴来的垫付地方政府债券还本资金时，借记“国库存款”，贷记“暂付款——××地方政府债券还本”。

(9) 地方各级财政部门未按时上缴地方政府债券本金，通过年终结算扣缴时，借记“暂付款——××地方政府债券还本”，贷记“与上级往来”；列报支出时，对应由本级财政部门承担的还本支出，借记“债务还本支出——财政部代理发行地方政府债券还本”，贷记“暂付款——××地方政府债券还本”。

上级财政部门年终结算扣缴时，借记“与下级往来”，贷记“暂存款——××地方政府债券还本”或“暂付款——××地方政府债券还本”。

(10) 地方各级财政部门未按时上缴地方政府债券利息，通过年终结算扣缴利息时，借记“暂付款——××地方政府债券付息”，贷记“与上级往来”；列报支出时，对应由本级财政部门承担的付息支出，借记“一般预算支出——财政部代理发行地方政府债券付息”，贷记“暂付款——××地方政府债券付息”。

上级财政部门年终结算扣缴时，借记“与下级往来”，贷记“暂存款——××地方政府债券付息”或“暂付款——××地方政府债券付息”。

(11) 地方各级财政部门未按时上缴地方政府债券发行手续费，通过年终结算扣缴时，借记“暂付款——××地方政府债券发行手续费”，贷记“与上级往来”；列报支出时，对应由本级财政部门承担的发行手续费支出，借记“一般预算支出——国内外债务发行”，贷记“暂付款——××地方政府债券发行手续费”。

上级财政部门年终结算扣缴时，借记“与下级往来”，贷记“暂存款——××地方政府债券发行手续费”或“暂付款——××地方政府债券发行手续费”。

(12) 地方各级财政部门未按时上缴地方政府债券还本付息资金的，通过年终结算扣缴罚息时，借记“上解支出”科目，贷记“与上级往来”科目；上级财政部门借记“与下级往来”科目，贷记“上解收入”科目。

7.4.5 完成任务

总预算会计报表是各级预算收支执行情况及其结果的定期书面报告，也是检验财政总预算会计核算的重要形式。各级总预算会计必须定期编制和汇总预算会计报表。

财政总预算会计报表按照报出时间分类，分为旬报、月报和年报，按总预算会计报表反映的内容分类，分为资产负债表（见表7－4）、预算执行情况表、财政周转金收支情况表、财政周转金投放情况表、预算执行情况说明书及其他附表等。其他附表有基本数字表、行政事业单位收支汇总表以及所附会计报表。

表7－4　　财政总预算资产负债表

编报单位：　　　　年　　月　　日　　　　金额单位：

资产部类			负债部类		
科目名称	年初数	期末数	科目名称	年初数	期末数
一、资产			二、负债		
国库存款			暂存款		
其他财政存款			与上级往来		
财政零余额账户存款			已结报支出		
有价证券			借入款		
在途款			借入财政周转金		
暂付款			负债合计		
与下级往来			三、净资产		
预拨经费			预算结余		
基建拨款			基金预算结余		
财政周转金放款			专用基金结余		
借出财政周转金			预算周转金		
待处理财政周转金			财政周转基金		
资产合计					
五、支出			净资产合计		
一般预算支出			四、收入		
基金预算支出			一般预算收入		
专用基金支出			基金预算收入		
债务还本支出			专用基金收入		
债务转贷支出			债务收入		
补助支出			债务转贷收入		
上解支出			补助收入		
调出资金			上解收入		
财政周转金支出			调入资金		
			财政周转金收入		
支出合计			收入合计		
资产部类总计			负债部类总计		

总预算会计报表要按照制度规定和会计报表的编制要求编制，要做到内容完整、数字正确。各级财政总会计必须定期汇编总预算会计报表，地方各级财政机关要定期向同级人民政

府和上级财政机关报告本地区的预算收支执行情况。

汇总编成的总预算会计报表，地方各级财政机关要及时地报送同级人民政府和上级财政机关；财政部要及时地向国务院汇报中央预算和地方预算收支的执行情况。

总预算会计的年报即各级政府决算，也称国家决算，是年度政府预算执行的总结，反映年度预算收支的最终结果。各级财政机关是具体负责组织政府预算执行的机关，也是政府决算的汇总编制单位，各级财政机关按照政府预算管理体制规定的预算级次，自下而上地逐级汇编财政总决算。

此外，有财政部代理发行的地方政府债券情况的，还要填制“财政部代理发行的地方政府债券情况表”（见表7－5）。

表7－5　××年度××财政部门

财政部代理发行的地方政府债券情况表

填表单位：　　　　　　　　　　　　　　　　　　　　单位：元

项　目	年初地方政府债券余额	本年取得的地方政府债券收入	本年发生的地方政府债券转贷支出	本年发生的地方政府债券还本支出	年末地方政府债券余额
列次	1	2	3	4	5
省本级					
地市级					
县级					
合计		—	—		

说明：（1）表内公式：5列＝1列＋2列－3列－4列。

（2）本年取得的地方政府债券收入：省本级填列“债务收入”科目相关明细科目的本年贷方累计发生额，地市级、县级填列“债务转贷收入”科目相关明细科目的本年贷方累计发生额。

7.4.6　教研交流

通过本任务的学习，需要各位中职教师能够掌握并拓展如下问题：

（1）财政总预算会计各会计科目的使用方法。

（2）国库集中支付制度下财政总预算会计的会计核算。

（3）政府采购业务的财政总预算会计的会计核算。

（4）如果乡镇街道财政也有财政部代发债务，财政总预算会计如何进行会计核算？

（5）在本任务的教学中，应提醒学生注意哪些问题？

单元八 财政决算

学习目标：

1. 财政总决算编制。学习掌握财政的年终清理工作、财政决算编制的基本要求、决算编制的程序和财政总决算的监督管理等内容。

2. 部门决算编制。学习部门决算工作流程和部门决算审核等问题。

3. 财政绩效评价。了解财政绩效评价的原则，学习事前评价、事中评价和事后评价的侧重点，掌握各种评价方法。

财政决算是经过一个预算年度的预算执行工作后政府预算执行情况的最终结果，是政府预算执行情况的总结。部门决算是财政决算的重要组成部分，它既是财政预算执行的结果，也是部门活动的一个财政总结。财政绩效评价是对财政活动及其绩效进行评判的管理行为，其目的是提高财政资金使用效益。

任务一 财政总决算

8.1.1 任务描述

财政总决算是指经法定程序批准的年度财政预算执行结果的会计报告，由决算报表和文字说明两部分构成。财政总决算在法定程序审查和批准之前，被称之为决算草案。由于财政总决算需要经过立法机构的审查，因而也是重要法律文件，是对政府预算工作执行情况的检验。

编制财政总决算是财政部门的一项基本工作。财政总决算要接受人大等职能部门的监督。

8.1.2 任务分析

编制财政总决算前，财政总预算会计要进行一系列年终清理工作，财政决算编制要符合国家对其的基本要求，要遵循决算编制的程序；财政总决算的监督管理是保证财政总决算质量的必要条件，我国财政总决算要接受人大的监督。因此，在本任务中，我们将学习掌握财政的年终清理工作、财政决算编制的基本要求、决算编制的程序和财政总决算的监督管理等内容。

8.1.3 相关知识

8.1.3.1 财政的年终清理工作

每一会计年度终了时，财政部门要对全年各项收支进行全面清查、结算和核对，以便如实反映全年预算执行结果，分析全年预算执行情况，检查财经纪律的遵守情况。财政的年终清理工作包括如下内容：

（1）核对年度预算。预算数字是考核决策上办理收支结算的依据，也是进行会计结算的依据。年终，各级总预算会计应配合预算管理部门把本级财政总预算与上、下级财政总预算和本级各单位预算之间的全年预算数核对清楚。追加追减、上划下划数字，必须在年度终了前核对完毕。为了便于年终清理，本年预算的追加追减和企业事业单位的上划下划，一般截至 11 月底为止。各项预算拨款，一般截至 12 月 25 日为止。

（2）清理本年预算收支。凡属本年的一般预算收入，都要认真清理，年终前必须如数缴入国库。督促国库在年终库款报解整理期内，迅速报齐当年的预算收入。应在本年预算支领列报的款项，非特殊原因，应在年终前办理完毕。清理基金预算收支和专用基金收支。凡属应列入本年的收入，应及时催收，并缴入国库或指定的银行账户。

（3）组织征收机关和国库进行年度对账。年度终了后，按照国库制度的规定，支库应设置 10 天的库款报解整理期（设置决算清理期的年度，库款报解整理期相应顺延）。各经收处 12 月 31 日前所收款项均在“库款报解整理期”内报达支库，列入当年决算。同时，各级国库要按年度决算对账办法编制收入对账单，分类同级财政部门、征收机关核对签章。保证财政收入数字的一致。

（4）清理核对当年拨款支出。各级总预算会计对本级各单位的拨款支出应与单位的拨款收入核对清楚。对于当年安排的非包干使用的拨款，其结余部分应根据具体情况处理。属于单位正常周转占用的资金，可以仍作为预算支出处理；属于应收回的拨款，应及时收回，接按收回数相应冲减预算支出。属于预拨下年度的经费，不得列入当年的预算支出。

（5）清理往来款项。各级财政的暂收、暂付等各种往来款项，要在年度终了前认真清理结算，做到人欠收回，欠人归还。应转作各项收入或各项支出的款项，要及时转入本年有关收支账。

（6）清理财政周转金收支。各级财政预算部门或周转金管理机构应对财政周转金收支款项、上下级财政之间的财政周转金借入借出款项进行清理。财政周转金明细账由财政业务部门核算的，各预算部门或周转管理机构与业务部门的明细账进行核对，做到账账相符。

（7）进行年终财政结算。各级财政要在年终清理的基础上，结清上下级财政总预算之间的预算调拨收支和往来款项。要按照财政管理体制的规定，计算出全年应补助、应上解和应返还数额，与年度预算执行过程已补助、应上解和应返不断数额，与年度预算执行过程已补助、已上解和已返还数额进行比较，结合借垫款项，计算出全年最后应补或应退数额，填制“年终财政决策结算单”，经核对无误后，作为年终财政结算凭证，据以入账。

8.1.3.2 财政总决算基本要求

（1）政府财政部门、各部门、各单位在每一预算年度终了时，应当清理核实全年预算收入、支出数字和往来款项，做好决算数字的对账工作。不得把本年度的收入和支出转为下年度的收入和支出；不得把下年度的收入和支出列为本年度的收入和支出；不得把预算内收入和支出转为预算之外；不得随意把预算外收入和支出转为预算内收入和支出。

（2）决算各项数字应当以经核实的键层单位汇总的会计数字为准。不得以估计数字替代，不得弄虚作假。

（3）各单位应当按照主管部门的布置，认真编制本单位决算草案，在规定期限内上报。各部门在审核汇总所属各单位决算草案基础上，连同本部门自身的决算收入和支出数字，汇编成本部门决算草案并附决算草案详细说明。经部门行政领导签章后，在规定期限内报本级政府财政部门审核。

（4）各级预算收入征收部门应当按照财政部门的要求，及时编报收入年报及有关资料。

（5）对于年度预算执行中上下级财政之间按照规定需要清算的事项，应当在决算时办理结算。预算草案由各级政府、各部门、各单位，在每一预算年度终了后按照国务院规定的时间编制。

（6）编制决算草案。必须符合法律、行政法规。做到收支数额准确、内容完整、报送及时。

8.1.3.3　财政总决算编制的程序

财政总预算的编制程序分为部署、编制、批准和上报四个阶段。

（1）部署。财政部在每年第四季度部署编制决算草案的原则、要求、方法和报送期限，制发中央各部门决算、地方决算及其他有关决算的报表格式。县级以上地方政府财政部门根据财政部的部署，部署编制本级政府各部门和下级政府决算草案的原则、要求、方法和报送期限，制发本级政府各部门决算、下级政府决算及其他有关决算的报表格式。

（2）编制。地方政府财政部门根据上级政府财政部门的部署，制定本行政区域决算草案和本级各部门决算草案的具体编制办法。各部门根据本级政府财政部门的部署，制定所属各单位决算草案的具体编制办法。

（3）批准。财政部应当根据中央各部门决算草案汇总编制中央决算草案，报国务院审定后，由国务院提请全国人民代表大会常务委员会审查和批准。县级以上地方各级政府财政部门根据本级各部门决算草案汇总编制本级决算草案，报本级政府审定后，由本级政府提请本级人民代表大会常务委员会审查和批准。乡、民族乡、镇政府根据财政部门提供的年度预算收入和支出执行结果，编制本级决算草案，提请本级人民代表大会审查和批准。

国务院和县级以上地方各级政府对下一级政府依照《预算法》第六十四条规定备案的决算，认为有同法律、行政法规相抵触或者有其他不适当之处，需要撤销批准该项决算的决议的，应当提请本级人民代表大会常务委员会审议决定；经审议决定撤销的，该下级人民代表大会常务委员会应当责成本级政府依照本法规定重新编制决算草案，提请本级人民代表大会常务委员会审查和批准。

（4）上报。县以上各级政府决算草案经本级人民代表大会常务委员会批准后，本级财政应当自批准之日起 20 日内向本级各部门批复决算。各部门应当自本级财政部门批复本部门决算之日起 15 日内向所属各单位批复决算。

县以上各级政府应当自本级人民代表大会批准本级政府预算之日起 30 日内，将本级政府决算及下级政府上报备案的决算汇总，报上一级政府备案。

8.1.3.4 财政决算的监督管理

预算决算监督是对各级政府预算的编制、预算执行、预算调整以及决算等活动的合法性和有效性实施的监督。它是财政监督的一个重要组成部分，是预算管理的重要内容。按监督时间前后划分，预算决算监督一般分为事前监督、日常监督和事后监督。按监督的内容划分，预算决算监督可以分为对预算编制的监督、对预算执行的监督、对预算调整的监督和对决算的监督等。按监督主体划分，预算决算监督包括各级国家权力机关即各级人民代表大会及其常务委员会对预算、决算进行的监督，各级政府对下一级政府预算执行的监督，各级政府财政部门对本级各部门、各单位和下一级财政部门预算执行的监督检查，以及各级政府审计部门对预算执行情况和决算实行的审计监督。

我国《预算法》和《预算管理条例》规定，县级以上各级政府应当接受本级人民代表大会及其常务委员会对预算执行情况和决算的监督，乡级人民政府应当接受本级人民代表大会对预算执行情况和决算的监督；按照本级人民代表大会或其常务委员会的要求，在每一预算年度内至少两次向本级人民代表大会或者其常务委员会作预算执行情况的报告；认真研究处理本级人民代表大会代表或者常务委员会组成人员有关改进预算管理的建议、批评和意见，并及时答复。

各级政府应当加强对下级政府预算执行的监督，对下级政府在预算执行中违反法律、行政法规和国家方针、政策的行为，依法予以制止和纠正；对本级预算执行中出现的问题，及时采取处理措施。下级政府应当接受上级政府对预算执行的监督；根据上级政府的要求，及时提供资料，如实反映情况，不得隐瞒、虚报；严格执行上级政府作出的有关决定，并将执行结果及时上报。

各部门及其所属各单位应当接受本级财政部门有关预算的监督检查；按照本级财政部门的要求，如实提供有关预算资料；执行本财政部门提出的检查意见。

各级审计机关应当依照《中华人民共和国审计法》以及有关法律、行政法规的规定，对本级预算执行情况，对本级各部门和下级政府预算的执行情况，进行审计监督。

8.1.4 技能训练

8.1.4.1 财政总决算的内容

财政总决算由基层乡（镇）财政机关开始编制，逐级汇总。县（市）财政决算分为乡（镇）级和县（市）两部分，两部分数字汇总后，即编制成县（市）财政总决算。如此层层逐级汇总，形成国家总决算。各级财政总决算各表的数字主要有预算数和决算数。

（1）预算数包括“当年预算数”和“调整预算数”，其中“调整预算数”在当年预算数的基础上调整上级财政专项下达的收支追加追减指标：上年结转使用数、动用地方财政结余、动支预备费和科目调剂等自行安排的全年预算数。

（2）决算数包括各级财政总决算编制的本级决算收入数。

8.1.4.2 财政决算说明书

财政总决算各表编成后，还要根据财政决算收支数字，结合税收年报、各种财务决算、国民经济和社会发展计划完成情况以及平时掌握的有关材料，编写财政决算说明书，形成财政决算。财政决算说明书一般应包括以下内容：

（1）收入方面，结合年度预算安排和国民经济计划完成情况，分析重点企业、行业成本费用水平、资金运用和经济效益等情况；分析工资、物价调整国家重大经济措施出台后对预算收入的影响等。

（2）支出方面，结合各项事业计划、基本建设计划完成情况，各项定员定额执行情况，分析各项主要支出的结余或超支的主要原因，分析一年来预算资金投入的主要方向和事业成果及其存在问题。

（3）结余方面，分析全年总预算收支结余情况，各项专款结余和需要结转下年使用的资金占滚存结余的比重，分析下级财政结余和本级财政结余的增减变化情况以及决算收支平衡中存在的主要问题，以及其他需要说明的问题，意见和建议等。

财政总决算编成后，经同级人民政府审定盖章后报上级财政机关，逐级上报到财政部；财政部再连同中央级总决算一并汇编成国家决算草案，报国务院审定。

8.1.5 完成任务

财政部门要在认真做好年终收支清理工作的基础上，切实抓好财政决算编审和培训工作，进一步发挥决算分析在财政管理中的作用，按照全面推进财政科学化精细化管理的要求，严格遵循“真实、准确、完整、及时”的原则，加强组织领导，扎实工作、开拓创新，认真做好财政决算编审工作。

财政总决算基本格式（简表）参见表8－1。

表8－1　××乡一般预算收支决算总表（简表）

20××年度　　单位：万元

预算科目	预算数	决算数	完成预算的%	预算科目	预算数	决算数	完成预算的%
一、税收收入				一、一般公共服务			
增值税				二、外交			
营业税				三、国防			
企业所得税				四、公共安全			
企业所得税退税				五、教育			
个人所得税				六、科学技术			
资源税				七、文化体育与传媒			
固定资产投资方向调节税				八、社会保障和就业			
城市维护建设税				九、医疗卫生			
房产税				十、环境保护			
印花税				十一、城乡街道事务			
城镇土地使用税				十二、农林水事务			
土地增值税				十三、交通运输			
车船税				十四、采掘电力信息等事务			
耕地占用税				十五、粮油物资储备管理等事务			

续表

预算科目	预算数	决算数	完成预算的%	预算科目	预算数	决算数	完成预算的%
契税				十六、金融监管支出			
烟叶税				十七、地震灾后恢复重建支出			
其他税收收入				十九、国债还本付息支出			
二、非税收入				二十、其他支出			
专项收入							
行政事业性收费收入							
罚没收入							
国有资本经营收入							
国有资源（资产）有偿使用收入							
其他收入							
本年收入合计				本年支出合计			

8.1.6 教研交流

（1）财政年终清理时需要做哪些工作？在教学时，应该提醒学生要特别注意哪些问题？

（2）编制财政总决算有哪些基本要求？

（3）财政决算需要接受哪些部门的监督管理？在讲授该内容时，需要特别强调哪几个方面的监督？

（4）下面是一篇财政决算报告（范文），结合该报告，请撰写一篇“财政决算说明书”。

2006年度财政决算报告

2006年财政收支预算执行情况我已在县第十六届人民代表大会第二次会议上报告过，由于市财政局在批复决算时对我县上报的2006年财政决算有关事项的年终结算作了一定调整，原决算数据相应有所变动，现将结算情况报告于后，并请批准2006年县本级财政决算。

一、2006年财政决算批复情况

（一）一般预算收入决算批复情况

1. 2006年全县一般预算收入决算批复数5 857万元，与上报决算收入数5 857万元一致。

2. 上级补助收入决算批复数72 431.6万元，比上报决算数72 372万元增加59.6万元，其中：

（1）税收返还补助2 984万元（其中所得税返还144万元），与上报决算数2 984万元一致；

（2）专项拨款补助24 816万元，与上报决算数24 816万元一致；

（3）国债专项补助3 300万元，与上报决算数3 300万元一致；

（4）一般性转移支付补助19 168万元，与上报决算数19 168万元一致。

（5）农村税费改革转移支付补助4 263万元（其中农村中小学教师工资918万元），与上报决算数4 263万元一致；

（6）增加工资补助10 273万元，与上报决算数10 273万元一致；

（7）取消农业特产税降低农业税率补助2 793万元，与上报决算数2 793万元一致；

（8）缓解县乡财政困难补助1 230万元，与上报决算数1 230万元一致；

（9）各项结算补助355万元，比上报决算数347万元增加8万元，系增加国有农场税费改革转移支付补助；

（10）新增其他补助51.6万元，具体补助项目为：①受灾财力及乡村警务室补助114.3万元（其中乡村警务室补助14.3万元）；②消化债务激励性财力补助 -100万元（2005补助603万元，2004年扣221万元，用其他财政补助

续

300 万元）；③独生子女父母奖励专项经费 12.3 万元；④市级财力对下级补助 25 万元，其中：县县委礼堂维修资金 10 万元；县检察院网络建设资金 5 万元；县公安局补助 5 万元；县财政局机关伙食团建修资金 5 万元。

3. 国债转贷收入 100 万元，与上报决算数 100 万元一致。

（二）一般预算支出决算批复情况

1. 一般预算支出决算批复数 78 108 万元，与上报决算数 78 108 万元一致；

2. 上解上级支出决算批复数 159 万元，比上报决算数 160 万元减少 1 万元，具体是契税征收经费上解减少 1 万元（原上报 15 万元，决算批复 14 万元）。

3. 拨付国债转贷资金 100 万元，与上报决算数 100 万元一致。

（三）基金预算收支决算批复情况

1. 2006 年全县基金预算收入决算批复数 1 968 万元，与上报决算数 1 968 万元一致；

2. 基金预算补助收入批复数 525 万元，与上报决算数 525 万元一致；

3. 上年结余收入决算批复数 -9 万元，与上报决算数 -9 万元一致；

4. 2006 年全县基金预算支出决算批复数 2 480 万元，与上报决算数 2 480 万元一致；

二、2006 年决算批复平衡情况

（一）全县一般预算收支平衡情况

2006 年全县一般预算收入 5 857 万元，上级补助收入 72 431.6 万元，国债转贷收入 100 万元，上年结余收入 114 万元，收入总计 78 502.6 万元；财政一般预算支出 78 108 万元，上解上级支出 159 万元，拨付国债转贷资金 100 万元，年终滚存结余 135.6 万元，比上报决算增加结余 60.6 万元，其中：净结余 135.6 万元。

（二）县本级一般预算收支平衡情况

2006 年县本级一般预算收入 5 857 万元，上级补助收入 72 431.6 万元，国债转贷收入 100 万元，上年结余收入 174 万元，收入总计 78 562.6 万元；一般预算支出 55 220 万元，补助下级支出 22 948 万元，上解上级支出 159 万元，拨付国债转贷资金 100 万元，年终结余 135.6 万元，比上报决算增加结余 60.6 万元，其中：净结余 135.6 万元。

（三）乡镇一般预算收支平衡情况

2006 年乡镇一般预算收入因县乡财政体制改革调整不再列报，上级补助收入 22 948 万元，上年结余收入 -60 万元，收入总计 22 888 万元；一般预算支出 22 888 万元，年终结余为零，与决算上报数一致。

（四）全县基金预算收支平衡情况

2006 年全县基金预算收入 1 968 万元，上年结转收入 -9 万元，补助收入 525 万元，基金预算收入总计 2 484 万元；基金预算支出 2 480 万元，年终结余 4 万元，与决算上报数一致。

任务二　部门决算编制

8.2.1　任务描述

部门决算是指全面反映各部门（单位）年度预算执行情况的综合财务报告。近年来，我国部门决算编审工作不断改进和完善，已将预算单位的全部收支及资产负债情况全部纳入部门决算编报的范围，并形成一套比较完善的部门决算报表体系和编审工作流程。部门决算数据是分析预测社会事业发展和编制部门预算的重要依据。通过对决算数据进行深入分析，能够揭示单位年度预算执行情况及财务管理和会计核算方面的问题，从而加强和改进财政财务管理，形成“预算→决算→预算规范”的预算管理链，建立部门决算与部门预算相互反映、互为依据、相互促进的有效机制。在本任务中，我们将学习和掌握部门决算编制的有关内容。

8.2.2 任务分析

部门决算是单位财务状况的具体体现，是单位一年收支情况的报告，是单位预算执行情况的总结，也是编制预算、实施科学收支管理的基本依据。部门决算也是财政预算执行结果的综合反映，是财政预算国库管理工作的重要环节，是政府宏观经济决策的重要参考依据。

可见，部门决算是重要的部门会计报告，需要严格遵守决算编制的基本要求，需要遵循编制规律，高质量地完成编制任务。部门决算要根据《中华人民共和国预算法》和《中华人民共和国预算法实施条例》的有关规定，严格贯彻财政部关于部门决算“真实、准确、及时、完整”的八字方针，认真完成部门决算报表编审、编制说明和分析报告工作，并按照规定时间向财政部报送决算。具体要求有：

（1）加强部门决算工作的组织领导，确保部门决算的质量和进度。

（2）做好年终清理和对账工作，为决算编制奠定基础。

（3）加强培训和沟通，准确把握部门决算的政策技术要求。

（4）严格部门决算审核，确保决算数据的完整、准确。

（5）编写好部门决算编报说明和决算分析报告。

（6）及时报送部门决算。

8.2.3 相关知识

8.2.3.1 部门决算与财政总决算的关系

财政总决算是各级财政部门在每一预算年度终了后，根据国家现行财经法规、政策和制度的有关规定及财政部的统一要求，依据日常总预算会计核算资料编制的反映各级政府预算收支执行情况等信息的年度报告。一方面部门决算与财政总决算相互联系，另一方面部门决算与财政总决算又存在区别。

（1）部门决算与财政总决算的相互联系。

①部门决算是财政总决算的重要组成部分，构成了财政总决算中有关支出预算执行情况的重要内容，全面反映了作为财政支出对象的各级行政事业单位的预算执行情况，是对财政总决算报表中有关预算支出执行结果的明细反映。

②部门决算是财政总决算的重要编制基础和依据，是形成财政总决算报表相关数据的重要来源。通过对基层行政事业单位决算报表的填报、收集、审核和汇总，为各级财政部门编制财政总决算报表提供基础数据。

③部门决算报表与财政总决算报表所涉及的相关指标口径是一致的，其相关数据也保持一致。

（2）部门决算与财政总决算的区别。

①从编制主体来看，财政总决算的编制主体是各级财政部门，也就是财政资金的安排和拨出部门；而部门决算的编制主体则是各类行政事业单位和有财政拨款的其他单位，也就是财政资金的使用单位。

②从反映内容来看，财政总决算反映各级政府财政收支状况和预算执行总体情况，而部

门决算报表则是对各级政府财政资金的最终使用情况和支出效益情况的反映。

③从核算的会计制度依据来看，财政总决算是以总预算会计制度为编制依据，而部门决算则主要是以行政事业单位的会计核算制度为编制依据。

8.2.3.2 部门决算的工作流程

从2000年起，财政部开始安排部门决算工作任务。2000—2003年，称行政事业单位决算报表，2004年开始改称部门决算报表。按照财政部惯例，一般每年的10月份召开部门决算工作布置会议和部门决算培训，下一年度的4月份向财政部报送部门决算。总体来看，部门决算编制工作流程分为筹备、编制与上报三个主要阶段。

（1）部门决算编制筹备。在部门决算编制筹备期间，需要做如下准备工作：

①印制报表。在财政部部门决算编审通知和决算报表表式正式下发后，各地方财政部门按照财政部的报表要求印制本地方部门决算报表。

②组织培训。部门决算编制工作时间紧、任务重、涉及业务面广，政策性和技术性要求强，需要加强对编制人员的培训。培训方式通常是通过组织培训会议而未完成的。会议开始前需要准备起草下发部门决算会议通知、起草部门决算表彰通报、如何讲解部门决算报表等工作，会议期间，通过分组讨论的形式，收集关于完善决算工作的建议以及需要解决的问题，以改进部门决算编制工作。

（2）编制部门决算。编制部门决算的具体工作由各部门进行，财政为提高部门决算编报质量，严格部门决算工作的规范操作，县以上财政机关根据地方工作实际，将部门决算划分为本级部门决算和下级部门决算，经汇总并形成分析说明材料后将本级部门总决算上报上一级财政部门。

部门决算报表格式与部门预算格式相同，参见表6-5和表6-6。财政部门的主要工作是根据上级财政部下发参数情况和变化情况，及时将变化的参数下发给本级各部门，便于部门决算编制，并随时解答各部门提出的有关问题。

（3）各部门上报决算报表。各部门要按规定的时间上报决算报表和有关资料，财政部门应对报送时间和人员进行登记。并派专人对收集上来的部门决算进行审核，部门决算经审核通过后，进行汇总，对分析报告进行全面剖析、加工和整理。编写好部门决算说明，撰写好本级财政的部门决算分析报告，上报至上一级财政。

8.2.4 技能训练

部门决算是预算执行情况的综合反映，是政府宏观经济决策的重要参考，也是编制部门预算、实施科学收支管理的基本依据。部门决算审核工作本着“全面认真审核、充分发现问题、及时调整解决”的原则，应着重从准确性、完整性和编制说明分析等方面分别按预算指标、上年结转、当年收支、年末结余和项目等情况进行审核，保证部门决算编报的真实性、完整性、填报口径的准确性，并符合部门决算编报的其他有关要求。

部门上报的部门决算进行审核。审核内容包括政策性审核和技术性审核两个方面。

8.2.4.1 政策性审核

（1）账务处理是否完整，是否有不动用现金、银行的业务（例如，用固定资产对外投资、财政直接支付等）尚未进行会计核算。

（2）预算内外拨款指标、实际拨款数、非税收入上缴数与财政部门是否已经对账完毕；上年度的审计调整是否已经进行了账务处理。

（3）报表中有关机构、人数是否已同本单位的组织人事部门相核对，固定资产数据是否已经同本单位国有资产管理部门相核对。

（4）审核部门预算支出是否符合规定，有无超预算超标准支出项目。

（5）审核预算支出是否按照规定的列报口径列报，有无违规违纪行为。

（6）部门决算支出是否编列齐全，有无漏报现象。

（7）年终决算支出数和12月份会计报表所列全年支出数是否一致，查明超支和增支中有无违反财经纪律的现象。

由于报表编制单位的审核人员熟悉本单位的基本情况，所以报表编制单位的自我审核是确保上报报表准确性最关键的一个步骤。为确保部门决算信息的准确性，报表编制单位应安排人员对报表的编制情况进行复核。担任复核工作的应该是熟悉单位基本情况、会计业务熟练、具有报表编制能力的中高级会计人员。财政部门应对各部门决算的政策性审核结果进行记录，以备查用。

8.2.4.2 技术性审核

（1）决算报表之间的有关数字是否一致。报表年初数是否已经同财政部门或者上级主管部门对上年部门决算的批复相核对；表间勾稽关系是否能够全部满足。

（2）审核上下年度之间的数字是否一致。收支、资产负债等上年结转有关数据原则上应与上年年末结余数核对一致，但也允许合理的增减变化（如机构增减、账务调整等）。若需进行年初数的调整，应事先征得财政部门的同意并在编报分析中加以说明。

（3）财政部门决算和部门决算之间有关上解、补助、暂收、暂付等往来款项是否一致。

（4）审核财政总决算报表的有关数字与部门决算的有关数字是否一致。

财政部门应对各部门决算的技术性审核结果进行记录，该记录是重要的财政文件档案，须妥善保管。

8.2.5 完成任务

目前，财政部门对预算单位的部门决算实行“先审核后汇总”的方式，即先由财政部门内设的部门预算管理司（处、科）审核部门决算，再由国库司（处、科）组织集中审核并整理、汇总部门决算数据。财政部门对预算单位上报的部门决算数据主要是进行政策性审核，审核部门决算编报的真实性、完整性以及填报口径的准确性，是否符合部门决算编报的其他相关要求等。预算单位根据财政部门的初审意见修改后，再全面审核调整后的部门决算数据，审核汇总数据与基础数据的衔接，全套报表的钩稽关系等。财政部门组织的审核还应保证部门决算与财政总决算收支核对相一致。如有不一致的情况，应详细说明原因。

表8-2为部门决算上年结余核对情况表，是部门决算审核中的重要表格。

表 8－2

2009 年度部门决算上年结余核对情况表

编制单位：　　　　　　　　　　　　　　　　　　　　　　　　　　金额单位：元

项目		财决 07 表								财决 02 表			
科目代码	科目名称	2008 年度年末结余		2009 年度上年结余		差额		差异率%		2008 年度年末结余合计	2009 年度上年结余合计	差额	差异率%
		合计	其中：项目支出结余	合计	其中：项目支出结余	合计	其中：项目支出结余	合计	其中：项目支出结余				
	栏次	1	2	3	4	5	6	7	8	9	10	11	12
类	合计												
201	一、一般公共服务												
202	二、外交												
203	三、国防												
204	四、公共安全												
205	五、教育												
206	六、科学技术												
207	七、文化体育与传媒												
208	八、社会保障和就业												
210	九、医疗卫生												
211	十、环境保护												
212	十一、城乡街道事务												
213	十二、农林水事务												
214	十三、交通运输												
215	十四、采掘电力信息等事务												
216	十五、粮油物资储备管理等事务												
217	十六、金融监管支出												
218	十七、地震灾后恢复重建支出												
229	十八、其他支出												

8.2.6 教研交流

(1) 部门决算与财政总决算的关系如何？

(2) 编制部门决算前需要做好哪些准备工作？

(3) 审核部门决算需要注意哪些问题？

(4) 如何撰写部门决算说明书？

(5) 如何撰写部门决算分析报告？

任务三 财政绩效评价实务

8.3.1 任务描述

绩效评价（performance appraisal）是指政府、财政部门、主管部门、单位运用科学、规范的评价方法，在一定时限内按照统一的评价标准和原则，对财政支出行为及绩效进行客观、公正的衡量比较和综合评判的管理行为。

根据开展政府公共支出绩效考评工作的考评主体和客体不同，可以将政府公共支出绩效考评工作分为财政支出项目绩效考评、单位财政支出绩效考评、部门财政支出绩效考评以及财政支出综合绩效考评四个层次。每个层次的绩效评价的主体和对象都不相同：

(1) 财政支出项目绩效考评的考评主体通常是财政部门、审计部门、项目实施单位及其主管部门（单位），考评对象是具体财政支出项目的效益。

(2) 单位财政支出绩效评价的主体通常是财政部门、审计部门和主管部门，考评对象是主管部门所属二级和基层预算单位的财政支出效益。

(3) 部门财政支出绩效考评的主体通常是各级人民代表大会、政府、财政部门和审计部门，考评对象是一级预算单位的财政支出效益。

(4) 财政支出综合绩效考评的主体通常是各级人民代表大会、审计部门等，考评对象是财政支出的整体效益。

8.3.2 任务分析

在进行财政绩效评价时，首先，需要了解财政绩效评价的原则，遵循评价原则；其次，要对评价内容有所规范，事前评价、事中评价和事后评价的侧重点不同，但又相继相承；再次，选择合适的评价方法，是评价结果客观公正的重要前提。

8.3.3 相关知识

8.3.3.1 财政绩效评价的原则

财政绩效评价是财政部门和预算部门（单位）根据设定的绩效目标，运用科学、合理的评价方法、指标体系和评价标准，对财政支出产出和效果进行客观、公正的评价。

(1) 科学规范原则。绩效评价应当注重财政支出的经济性、效率性和有效性，严格执行规定的程序，采用定量与定性分析相结合的方法。

(2) 公正公开原则。绩效评价应当客观、公正，标准统一、资料可靠，依法公开并接受监督。

(3) 分级分类原则。绩效评价由各级财政部门、部门（单位）根据评价对象的特点分类组织实施。

(4) 绩效相关原则。绩效评价应当针对具体支出和产出绩效进行，评价结果应清晰反映支出和产出绩效之间的紧密对应关系。

8.3.3.2 绩效评价的内容

绩效评价是要对如下内容进行考评，如财政资金使用情况、财务管理状况和资产配置、使用、处置及其收益管理情况；为加强管理所制定的相关制度、采取的措施等；绩效目标的实现程度，包括是否达到预定产出和效果等；以及其他需要评价的其他内容。由于对项目“事前”、“事中”和“事后”评价，又有不同的具体体现。

(1)“事前”评价的主要内容。

①绩效目标的设计。

②项目实施前战略上的部署。

③为完成绩效目标，部门准备采取的管理方法。

④根据考评对象的特殊性确定的其他考核内容。

(2)“事中”评价的主要内容。

①绩效目标完成的阶段性成果。

②实施过程中预算资金的使用情况和财务管理情况。

③实施过程中管理制度、措施及力度等。

④根据项目的特殊性确定的其他考核内容。

(3)“事后”考评的主要内容。

①绩效目标的完成情况。

②为完成绩效目标安排的预算资金的使用情况和财务管理状况。

③部门为完成绩效目标采取的加强管理的制度、措施等。

④财政根据考评对象的特殊性确定的其他考核内容。

8.3.3.3 绩效考评的方法

绩效考评方法有许多，常用方法有成本——效益分析法、最低费用选择法、综合指数法、因素分析法、生产函数法、模糊数学法、方案比较法、历史动态比较法、目标评价法和公众评判法。

(1) 成本——效益分析法。针对政府确定的建设目标，提出若干实现建设目标的方案，详列各种方案的全部预期成本和全部预期效益，通过分析比较，选择出最优的政府投资项目。

【例 8-3-1】 某地欲修建一项水利工程。共有 6 个建设方案，其预计成本、收益等资料如表 8-3 所示。

表 8-3　　建设方案及其预计成本、收益

项　目	成本（亿元）SC	收益（亿元）SB	净收益（亿元）NSB = SB - SC	净收益率 NSB/SC	排　序
方案一	1.2	2.4	1.2	1.0	4
方案二	3.5	5.0	1.5	0.4	5
方案三	3.5	12.0	8.5	2.4	2
方案四	5.5	20.6	15.1	2.7	1
方案五	8.0	25.0	17.0	2.1	3
方案六	20.6	16.5	-4.1	-0.2	6

注：这里的收益、成本均为现值的社会的收益和成本。

（2）最低费用选择法。适用于那些成本易于计算而效益不易计量的支出项目，该方法只计算每项备选项目的有形成本，在效益既定的条件下，分析其成本费用的高低，以成本最低为择优标准。

（3）综合指数法。在多种经济效益指标计算的基础上，根据一定的权数计算出综合经济效益指数。

（4）因素分析法。将影响投入（预算支出）和产出（效益）的各项因素罗列出来进行分析，计算投入与产出比进行评价的一种方法。

（5）生产函数法。通过生产函数的确定，明确产出与投入之间的函数关系，借以说明投入与产出水平即经济效益水平的一种方法。

（6）模糊数学法。模糊数学建立模型，对经济效益进行综合评价的方法，将模糊的、难以进行比较、判断的经济效益指标之间的模糊关系进行多层次综合评价计算，从而明确各个单位综合经济效益的优劣。

（7）方案比较法。主要用于预算项目资金管理。首先评价各方案有无经济、社会效益，然后对各方案的经济效益、社会效益进行事前估算，并根据估算结果进行方案选择。

（8）历史动态比较法。将某一类支出或项目的历史数据进行对比分析，了解其历史上的变化及效益波动情况，既可以看出其发展趋势，也可以了解各种因素在不同时期的影响和作用机理，进而分析其效益差异的成因及改进方向。

（9）目标评价法。将当期经济效益或社会效益水平与其预先目标标准进行对比分析的方法。

（10）公众评判法。对于无法直接用指标计量其效益的支出项目，可以选择请有关专家进行评估并对社会公众直接进行问卷调查，以评判其效益，适合于对公共管理部门和财政投资兴建的公共设施进行评价，具有民主性、公开性的特点，但其应用范围有限且有一定模糊性。

8.3.4　技能训练

8.3.4.1　绩效目标

绩效评价一般以预算年度为周期，对跨年度的重大（重点）项目，可根据项目或支出完成情况实施阶段性评价。绩效评价要设定绩效目标。绩效目标是被评价对象使用财政资金

计划在一定期限内达到的产出和效果，根据不同情况由财政部门和部门（单位）分别或共同设定。绩效目标应编入部门年度预算。

绩效目标应当符合以下要求：

（1）指向明确。绩效目标要符合国民经济和社会发展规划、部门职能及事业发展规划，并与相应的财政支出范围、方向、效果紧密相关。

（2）具体细化。绩效目标应当从数量、质量、成本和时效等方面进行细化，尽量进行定量表述，不能以量化形式表述的，可以采用定性的分级分档形式表述。

（3）合理可行。制定绩效目标要经过科学预测和调查研究，目标要符合客观实际。

8.3.4.2 绩效评价和再评价的工作程序

（1）财政部门或部门（单位）实施绩效评价的工作程序。

①设定绩效目标。部门（单位）编制支出预算时，应当设定绩效目标。

②确定被评价的部门（单位）或项目。

③撰写绩效报告。预算年度终了或跨年度重大项目实施一定阶段时，部门（单位）应当分析绩效目标完成情况，撰写绩效报告。

④完成绩效评价。评价部门根据被评价部门（单位）的绩效报告，对其绩效目标的完成情况进行绩效评价，撰写绩效评价报告，并报送财政部门备案。

⑤绩效评价结果反馈和应用。

（2）绩效再评价的工作程序。对于绩效评价结果不满意或有争议的，财政部门可以对部门（单位）实施的财政支出绩效评价结果实施再评价。其工作程序是：

①确定被评价的部门（单位）及项目。

②确定再评价的指标、标准和方法。

③具体组织或委托中介机构进行再评价，撰写再评价报告。

④绩效评价结果反馈及应用。

8.3.5 完成任务

绩效评价工作完成后，需要撰写绩效报告和绩效评价报告。绩效报告和绩效评价报告应当依据充分、内容完整、数据准确、分析透彻、逻辑清晰。

8.3.5.1 绩效报告

绩效报告应当包括以下主要内容：

（1）基本概况，包括部门（单位）职能、事业发展规划、预决算情况、项目立项依据等。

（2）绩效目标及其设立依据和调整情况。

（3）对预算年度内目标完成情况进行总结。

（4）对照绩效目标，对所取得的业绩进行评价。

（5）分析说明未完成项目目标及其原因。

（6）下一步改进工作的意见及建议。

8.3.5.2 绩效评价报告

绩效评价报告应当包括以下主要内容：

(1) 绩效评价指标体系和评价标准。

(2) 为实现绩效目标所采取的主要措施。

(3) 绩效目标的实现程度。

(4) 存在问题及原因分析。

(5) 评价结论及建议。

绩效报告和绩效评价报告的具体格式由财政部门统一制定。绩效评价结果应当采取评分与评级相结合的形式，具体分值和等级可以根据不同评价内容设定。财政部门和部门（单位）应当及时整理、归纳、分析绩效评价结果，将评价结果及时反馈给被评价部门（单位），作为改进预算管理和安排以后年度预算的重要依据。评价结果较好的，可采取适当方式在一定范围内予以表扬，评价结果未达到规定标准的，可在一定范围内予以通报并责令其限期整改，也可相应减少其以后年度预算。绩效评价结果应当按照政府信息公开有关规定，在一定范围内公开。

8.3.6 教研交流

(1) 财政绩效评价应遵循的原则是什么？

(2) “事前”、“事中” 和 “事后” 评价的内容分别是什么？

(3) 绩效评价的方法有哪些？

(4) 绩效评价和再评价的工作程序？

(5) 绩效报告由哪些内容构成？

(6) 如何撰写绩效评价报告？

模块四

农村经济组织财务与会计实务

单元九　农村集体经济组织与农民合作社财务管理实务

学习目标：

1. 农村集体经济组织财务管理实务。农村经济组织财务工作基本内容，能够建立、健全和完善农村经济组织财务工作的基础，能够把握农村集体经济组织资产的特殊构成，学会对资源性资产和一般资产的具体管理和对基本投资的评价操作。合理地进行财务收支的管理，正确进行收益的分配，并能编制财务收支预算，为农村经济组织的财务活动提供基本的计划指导。

2. 农民合作社财务管理实务。学习农民合作社收入管理、成本费用管理和收益分配等内容。

【案例】 莲山市榆林乡观海村为一集体经济组织，其村民陶连升、陶得玉、陶滨、张宝仓、张连贵、林有水和陈明楠组织了“榆林乡山地林牧农民合作社”从事果树种植与育肥畜养殖。观海村的财务管理事务属农村集体经济组织财务管理，“榆林乡山地林牧农民合作社”的财务管理属农民专业合作社财务管理。

任务一　农村集体经济组织财务管理实务

农村集体经济组织财务管理，就是要根据国家《农村集体财务管理规范化管理办法》对农村集体经济组织拥的资产物资、资金的筹集、使用耗费，收入和分配等经济活动等实施组织与管理，简称为村财务管理。

9.1.1　任务描述

观海村为莲山市榆林乡的一村级集体经济组织，拥有土地总面积 7 442 亩，海面管理使用面积 930 亩，村民人口总数为 760 人，户数 165 户。要求：

（1）对观海村资产与资源进行分类、编制资产与资源登记表，建立集体资源性资产、固定资产及承包、出租台账。为观海村资源性资产、固定资产管理做好基础性工作。

（2）对观海村准备购入一台农用机械设备和为村办浮球厂购入一台自动化浮球成型机，进行项目投资评价，提交最佳投资方案，并进行所需要资金的筹划。

（3）要求根据观海村财务收入与财务支出，正确计算观海村的收益。

（4）编制 2010 年《村财务收支计划》和《收益分配计划》，以更好地组织、安排 2010 年村财务活动。

9.1.2　任务分析

要完成农村集体经济组织财务管理任务的学习，需要掌握资产管理、项目投资与资金筹集管理、财务收支与收益管理、财务计划的编制等内容，具体包括：

（1）要完成对观海村资源进行分类、编制资产登记表，首先，应熟悉村集体享有的资源基本构成与特点；其次，设计村集体经济资源登记表并登记村集体所有的资源；再次，建立集体资源性资产、固定资产承包、出租等管理台账。

（2）落实和完成自动化浮球成型机项目投资评价任务，首先要确定可获取所需要资金的渠道和金额，然后根据资金来源制定不同的投资方案，最后对各方案进行择优。

（3）要正确计算观海村的财务收益，首先要掌握农村集体经济组织财务收入构成与来源，其次掌握农村集体经济组织财务支出的构成与去向，正确划分成本与费用的界限，才能完成对观海村财务收益计算。

（4）《村集体经济组织财务收支计划》与《村集体经济组织收益分配计划》是村级集体经济组织财务管理中必须编制的财务计划，《村集体经济组织财务收支计划》是有关可供分配的收入与收益性支出的计划。要完成这一任务，一要对过去财务活动的合法、合理和效益性进行总结；二要根据历史、现实资料和今后的要求，运用一定的方法对未来财务指标或总体情况进行预计和测算；三要提出新时期财务计划草案，交理财小组和村委会讨论通过；四要公示以形成村里法定的财务计划。

9.1.3 相关知识

9.1.3.1 村集体经济组织的资产管理

农村集体经济组织有权依法决定对其所有的土地、企业和其他资产实行承包、转让、租赁、参股、联营、股份合作及其经营形式。农村集体经济组织应当建立健全固定资产管理使用制度，建立固定资产账册，定期盘点，对资产变动情况及时登记，做到账实相符。

(1) 村集体经济组织拥有的流动资产。包括货币资金、应收及预付款项、存货等。存货主要是指库存的各种财产物资，如备用的建筑材料、农用物资、待售产品等。

(2) 村集体经济组织拥有的长期资产。可分为：生产经营用固定资产，是指直接用于生产经营中的固定资产。非生产经营用固定资产，是指一些用在管理和生活服务等方面的固定资产。土地，是指村集体经济组织拥有的土地。长期投资，是指村集体经济组织不准备在一年内（不含一年）变现的投资。

(3) 村集体经济组织拥有的农业资产。是指村集体经济组织拥有的牲畜（禽）和林木方面的资源。从形式上看，是由具有生物性（生长与繁衍）的动物和植物构成；从用途看，可分为消耗性生物资产和生产性生物资产。

(4) 农村集体经济组织土地的分类、管理原则、制度与开发。土地是人类生产生活最基本的客观条件，农村集体经济组织拥用的土地则是农村集体经济组织最重要和最主要的资源性资产。

①在农村土地可以从不同角度进行分类。按照所有制分类，可以分成国家所有和农村集体经济所有。村集体经济所有的土地按照自然状况与用途分类，可以分成农用地、住宅用地和未利用地三种。农用地，是指直接用于农业生产的土地，包括耕地、林地、草地、农田水利用地、养殖水面等用地。农村集体建设用地，是指用于村民住所、相应的公共居住环境、乡间道路、乡镇企业建设等的用地。未利用地，是指农用地和住宅及其他建设用地以外的土地，主要有荒草地、盐碱地、沼泽地、沙地、裸土地、裸岩和石砾地、田坎面积及其他未利用土地。

②农村集体经济组织土地的管理制度。主要有：集体土地产权制度；农村土地使用制度；农村土地流转制度，农村土地的流转是指按照法律进行的土地流动。

③农村土地开发。农业土地开发是指为改善农业生产条件而对土地进行的整理、建设与利用。

9.1.3.2 村集体经济组织项目投资与资金筹集管理

(1) 项目投资评价方法。项目投资评价常用的方法主要有：

①现金净流量法。是从投资活动最终成果角度进行投资评价的方法。在评价中，现金净流量是指投资项目在整个投资周期内发生的现金流入和流出的净额。评价的内容主要包括：

第一，现金流出量。是指由投资项目引起的现金支出：一是购建固定资产支出，包括固定资产的购置成本、建造费用、运输成本及安装成本和无形资产支出、开办费等；二是垫支流动资金，是指由于某项固定资产增加，而相应增加的用于生产经营周转使用流动资金。这是由于生产能力扩大后，引起的流动资金需求量增加所形成的现金流出。

第二，现金流入量。是指由于某项固定资产增加所引起的现金收入增加额。主要包括营业现金流入量，是指由于固定资产增加后扩大了生产能力，因销售收入增加而增加的现金数额，是主要的现金流入，按下式计算：

$$营业现金流入量 = 销售收入 - 付现成本 - 所得税$$
$$= 销售收入 - （全部成本费用 - 折旧） - 所得税$$
$$= 销售收入 - 全部成本费用 + 折旧 - 所得税$$
$$= 净利润 + 折旧$$

上式中的付现成本，是指因固定资产增加而相应增加产品制造成本和有关的各项期间费用、固定资产投入使用后的维修费用和缴纳的所得税，但不包含非付现的折旧费等。

第三，现金净流量。现金流入量与现金支出量的差额。现金流入量大于现金流出量的，净流量为正值，反之为负值，其关系式是：

$$现金净流量 = 全部现金流入量 - 全部现金流出量$$
$$= \begin{matrix}各年营业现\\金流入量之和\end{matrix} + \begin{matrix}固定资产\\变价收入\end{matrix} - \begin{matrix}购建固定\\资产支出\end{matrix} - \begin{matrix}为固定资产垫\\支的营运资金\end{matrix}$$

上式中的固定资产变价收入，是指投资项目的固定资产在报废清理或中途出售转让时所得收入。为固定资产垫支的营运资金，也即是回收的流动资金，是指投资项目经营期完全终止时而回收的原垫付的流动资金。

②净现值与净现值率法。净现值法是结合资金的时间价值，以资金成本或企业要求达到的最低报酬率为折现率，对投资活动最终成果进行投资评价的方法。净现值的计算公式为：

$$净现值 = \sum（某年的现金净流量 \times 复利现值系数） - 初始投资额$$

净现值率法是对初始投资额不相等的各方案进行评价分析的一种方法。净现值率计算公式为：

$$净现值率 = \frac{投资项目净现值}{初始投资额} \times 100\%$$

（2）村集体资金筹集渠道。村集体经济进行项目投资所需资金，可以通过多渠道解决：金融机构借款；村内部自筹“一事一议”资金；上级政府有关部门专项资金拨款；或在村内外招股、招商解决。

9.1.3.3 村集体经济组织的财务收支与收益管理

（1）农村集体经济组织财务收入的构成。农村集体经济组织的财务收入有广义与狭义之分。从广义上来说，财务收入是指村集体或村民委员会按照法律、法规的规定和本村实际情况组织的资金来源。主要有：原有积累、提留收入、发包收入、直接经营收入、资产、设施租赁收入；对内、对外投资的利润收入；国家征用土地的补偿收入；变卖集体财产收入；劳动积累工和义务工的以资代劳收入；国家有关单位拨入的资金；借入资金；外来投资和其他收入 13 项。

（2）农村集体经济组织财务支出的构成。财务支出是一个涵义较广的概念，包括为进行一定的经济活动所发生的资产耗费或经济利益的流出，或为取得一定资产而相对付出的另一项资产等。如：为进行产品生产而耗用原材料、支付人工费；为支付一项费用或为偿还一笔债务而付出货币资金；为获得一项固定资产而支付货币资金等，均构成一个经济组织的财务支出。也可概括的分为偿债支出、收益性支出与资本性三类。

（3）村集体经济组织收益的计算与分配。

①村集体经济组织收益的构成。村集体经济组织的全年收益总额按照下列公式计算：

收益总额＝经营收益＋补助收入＋其他收入－其他支出

其中：

经营收益＝经营收入＋发包及上交收入＋投资收益－经营支出－管理费用

②村集体经济组织收益的分配。村集体经济组织的收益分配是指把当年实现的收益总额连同以前年度的未分配收益，按照一定比例在村集体组织、村集体组织以外的投资者和农户个人之间分配。收益分配是村民、投资者、村集体和上级关注的热点问题，因此，必须严格按照规定的程序和比例，做好收益的分配。村集体经济组织当年可分配收益以关系式表示为：

可分配收益＝本年度收益＋年初未分配收益＋其他转入（如用公积公益金弥补亏损）

村集体经济组织的收益分配要按照以下顺序进行：

①提取公积公益金。是指村集体经济组织按照制度规定，从收益总额中提取的专项资金。其中，公积金专门用于村集体经济转增资本，或用来弥补经营亏损，主要用于生产方面；公益金主要用于村集体福利设施建设的支出。

②提取应付福利费。是指村集体经济组织从收益总额中提取的用于村民福利方面的资金。村提取的福利费主要用于：五保户、困难户和军烈属困难补助；计划生育开支；农民因公伤亡的医疗费和生活困难补助、抚恤金支出等，但不包括集体福利设施的支出，这部分支出由公积公益金列支。福利费使用时，要坚持先提取后使用的原则，一般情况下不允许未提先用。

③向投资者分配。是给予投资者的资本投入报酬，以保障投资者的利益。

④向农户分配。是给予农户享有集体资产所有权的权益报酬，是集体所有制的体现。

⑤其他分配。是指对当年在本村经济活动中有贡献的外部人员按照合约给予的分配。

以上各项分配比例，均要由村民代表大会讨论通过，并报请乡一级政府批准才可执行。

（3）村集体经济组织收益及收益分配表。《村集体经济组织会计制度》中要求村集体经济组织编制的收益及收益分配表格式如表 9－27。

（4）收益分配的管理。收益分配，是一项政策性较强的工作，体现国家对农村政策的落实问题，也牵涉到集体、投资者和农户个人各方经济权益的保障问题。要注意处理好集体、投资者、农户三者的利益关系；生产发展和生活福利关系；眼前利益和长远利益的关系。要按照有关政策做好具体的分配计算和分配方案制定等工作，及时提交村民理财小组、村委会和村民大会讨论。

9.1.3.4 村集体经济组织财务计划的编制

（1）村集体经济组织财务计划编制基本程序。

①财务预测，是根据历史、现实资料和今后的要求，运用一定的方法对未来财务指标或总体情况进行的预计和测算。

②财务计划。是根据预测的有关财务数据和财务指标，对资金筹措、资金使用、对外投资等财务活动，提出内容较为全面、计划指标体系较为完整的计划草案。

③财务决策。将计划草案提交理财小组和村委会讨论通过。

④公示以形成村里法定的财务计划。

（2）村集体经济组织财务计划的主要内容。村集体经济组织财务计划内容，从不同的角度来看，村集体经济组织财务计划由不同的内容构成。从其所反映的经济活动性质来看，包括财务收支计划、收益与分配计划、生产经营计划、基本建设计划、固定资产购置计划等。从其所反映的经济内容的范围来看，分为反映全部经济活动情况的总计划和反映某一方面经济活动的专门计划；从其在时间方面的特点来看，可分为年度计划、季度计划和月度计划等。

（3）财务指标计划任务数的主要测评方法。在编制村集体经济组织财务计划时，一般常用以下方法来确定计划期内有关财务指标的计划任务数：

①平衡计算法。主要是利用财务指标之间的平衡关系来确定计划期财务指标的计划任务数。如资产 = 负债 + 所有者权益，期初结存 + 本期增加 - 本期减少 = 期末结存，收入 - 支出 = 收益等平衡关系来进行计算。在编制财务收支计划和年度收益计划时，都可以用到这些方法。

②分析估算法。是以一定的条件为依据，来确定计划期内有关指标应达到的水平的方法。具体应用时，按所依据的条件不同，有以下几种形式：

a. 基期指标调整法。就是以基期（多以上年为基期）财务指标的实际数为基础，再考虑计划期可能出现的情况，对基期财务指标实际数在构成项目或金额数量上进行加减调整，以估算出计划期可期望达到的财务指标水平。

b. 零基估测法。是一种不考虑往年（基期）情况，以现实面临的内部和外部经济状况年为条件，来估测计划期内某些指标任务数并编制预算或计划的方法。如农田灌溉渠道建设支出额的预算，就可以根据计划的工程量与在编制预算时市场建筑材料与人工的价格确定。

c. 指标比例推算法。是对存在相对稳定关系的不同指标，根据某一指标的计划任务数，按一定比例确定另一指标计划任务数的方法。如在管理人数一定的情况下，就可以按一定的比例与要求，来测算计划期内办公费用、管理人员工资等管理费用的指标限额。

d. 合同确认法。有合同的收支项目，按合同约定条款确认。

e. 本量利分析法。是根据有关产品的产销数量、销售价格、变动成本（是随产品产量而变动的成本费用，如材料费）和固定成本（是同产量变动关系不大的费用，如管理费等）等因素同利润之间的关系，来确定村办直接经营企业上交利润计划任务数的方法。适用于村办直接经营企业上交利润的测评。测算方法如下：

$$\begin{matrix}\text{企业上交利润}\\\text{计划任务数}\end{matrix} = \sum\{\text{预计销售量}\times\text{预计单价}\times(1-\text{税率})-\text{预计变动总成本})$$
$$-\text{预计固定成本}\}\times\text{计划上交比例}$$

例如：某村企业生产甲产品，单价 150 元，单位变动成本 75 元，预计销售数量 1 000 件，税率 8%，固定成本总额 6 000 元，试测算目标利润。

$$\text{目标利润} = 1\,000\times[150\times(1-8\%)-75]-6\,000 = 57\,000\ (\text{元})$$

（4）村集体经济组织财务收支计划表。《财务收支计划表》是村级集体经济组织财务计划的主要构成内容和表现形式，是为了反映村集体经济财务收支的总体情况。财务收支计划表在项目的组成上，收与支放到一张表，左侧为收入项目组合，右侧为支出项目组合，各项收入合计减去各项支出合计为收支差额，即为结余。具体格式见表 9 - 25。

村财务收支计划表主要由本年收入项目和本年支出项目两大部分组成。

①收入项目包含的主要内容有：

a. 经营收入。是指村集体经济组织在计划期间内要进行的各项经营活动预计取得的收入。包括：农产品、工业品和物资的销售收入，出租、对外提供服务和劳务等收入。农产品销售收入应以计划期国家规定的市场价格为基础，再适当考虑物价上涨或下降因素计算确定。物资销售收入，主要是流动资产的变卖。租赁收入可以按照上年数额，结合计划年度固定资产和其他资源的出租计划分析确定。不断扩大对外服务和提供劳务是农村富余劳动力转移，促进城乡协调发展，农民致富的重要途径，也是一部分农民向非农化过渡（非农化就是农民从第一产业向第二、第三产业转化）的先导性尝试，是党和国家大力倡导的，村集体经济组织应该在可能的情况下要重点考虑，使这项收入能逐年增长。

b. 发包及上交收入。是指村里农户和其他单位承包集体经济组织的资源，上交给村集体经济组织的承包金和村办企业需要上缴的利润。

c. 补助收入。主要是指上级财政部门的转移支付，主要包括村委会管理人员工资、办公费和各种专项经费性质的补助。如果能可靠预测到其他部门及民间团体对村集体经济组织的捐助，也应该计划进来。

d. 投资收入。是指村集体经济组织对外投资在计划期内预计取得的收入。

②支出项目包含的主要内容有：

a. 经营支出。主要反映计划期内村集体经济组织因销售商品、对外提供劳务等活动而发生的成本费用。

b. 管理费用。主要是指村集体经济组织在从事各项管理活动中发生的各项支出。

c. 其他支出。主要指村集体经济组织发生的与生产经营活动无直接关系的间接性支出。

（5）收益分配计划表。在财务收支计划表的基础上，村集体经济组织还要编制一份计划期收益和收益分配的计划表，前者对计划期能够有多少收入和有多少支出而做出的计划，而收益计划表则是对计划期内能有多少收益和怎么分配这些收益而做出的计划，《收益分配计划表》也是村级集体经济组织财务计划的主要构成内容。

收益分配计划表是反映村集体经济组织计划年度内收益数额和收益计划分配的数额，它可以给村民一个村集体经济组织年内计划实现的收益总数和收益分配总数，从而预示年末村民可以从集体经济组织中分到多少收益，所以是一张容易引起村民关注的计划表。收益分配表主要由本年计划收益和本年计划收益分配两大部分组成。

①本年度计划收益部分主要包括的内容：年计划经营收入，主要包括年内农产品、工业品、物资销售计划收入，租赁、劳务和服务收入计划数额等；年计划经营收益，是指年计划经营收入减去经营支出和管理费用后的余额，在计划经营收入中包含了发包和投资收益，这部分项目主要用来反映年内计划经营性质的收益总额；本年收益总额计划，是指在经营收益计划基础上加补助和其他收入再减去其他支出的余额，是村财务年计划纯收益数额，也是可以用来分配的收益。所述三个项目之间存在一个关系式，即：

计划经营收益＝计划经营收入＋计划发包及上交收入＋计划投资收益－计划经营支出－计划管理费用

本年计划收益总额＝计划经营收益＋计划补助收入＋计划其他收入－计划其他支出

②本年收益分配计划主要包括的内容：对村集体经济组织而言，当年实现的收益总额加上上年年末的未分配收益就是当年可分配收益总额。在计划时，可根据收益分配的关系式进行：

可分配收益＝本年收益＋年初未分配收益＋其他转入（主要指以公积公益金弥补的亏损）

年末未分配收益＝可分配收益－提取公积公益金－提取应付福利费－外来投资分利－农户分利－其他分配

收益计划表编制完成后，要履行审批手续，要经村理财小组、村委会审议后进行公示。公示后，就可以作为当年的计划确定下来并上报。

9.1.4 技能训练

9.1.4.1 村集体经济组织的资产管理技能训练

（1）实训资料一：经过调查，2009 年末观海村村民人口总数为 1 895 人，户数为 486 户。村委会出示的有关土地所有与使用权证，显示村集体拥有的土地总面积 7 442 亩，海域管理使用面积 930 亩。村委会出示的有关村民承包合同、对外出租出借协议显示：已承包的耕地面积共计 3 900 亩、经济林地 753 亩，非经济林地 100 亩、荒山、裸岩地 60 亩、滩涂 120 亩（适于养殖总面积 330 亩）、海域水面面积亩 60 亩（适于养殖总面积 380 亩）、海域水下面积 100 亩（适于养殖总面积 500 亩）；出租滩涂 20 亩（适于养殖）、海域水面面积 120 亩（适于养殖）、海域水下面积 200 亩（适于养殖）；出借荒山、裸岩地 10 亩、出借滩涂、盐碱地、沼泽地 15 亩。村集体经营使用的土地有：耕地面积 60 亩。村集体管理的非经济林地 300 亩、委托村民个人代管的非经济林地 200 亩；宅基地及公共用地 640 亩。有关土地的其他资料有：耕地撂荒 399 亩、未利用的荒山、裸岩地 360 亩、滩涂、盐碱地、沼泽地 455 亩等。

（2）要求根据资料：

①按照土地（含海域）自然状况编制观海村村集体土地资源分类登记表。

②按照土地（含海域）现已使用状况编制观海村村集体土地资源分类登记表。

③按照土地（含海域）自然状况和现已使用状况编制观海村村集体土地资源综合登记表。

（3）实训资料二：在观海村所签定的合同与协议中有以下两份：

①土地承包合同。土地承包合同基本样式参见表 9－1。

②房屋承包合同。房屋承包合同基本样式参见表 9－2。

③以上两份合同仍在执行中，陶新悦合同约定上交款已如期收到，凭证编号分别为“2007－12－164”、“2008－12－99”、“2009－12－118”；王一林合同约定上交款已如期收到，凭证编号分别为“2008.12－107”、“ 2009.12－82”。观海村对于承发包收益分配的比例为：村委会按 30% 计提公积、公益金，70% 用于村民分配。

（4）根据上述资料，为观海村设计和建立土地资源及承包台账、固定资产及承包台账。

9.1.4.2 村集体经济组织项目投资与资金筹集管理技能训练

（1）实训资料一：

观海村准备为村农业服务队购入一台农用机械设备，现有甲、乙两个方案可供选择。甲方案初始需投资 15 000 元，使用寿命为 5 年，不需垫支流动资金，采用直线法计提折旧，5 年后设备清理无净残值，5 年中每年可获得劳务收入为 7 000 元，付现成本为 2 000 元。乙方案初始需投资 12 000 元，另需垫支流动资金 2 000 元，也于初始投入（设备清理时收

表 9－1　　　　　　　　土地承包合同基本样式（简）

土地承包合同（简）

订立合同双方：　　　　　　　　　　　　　　　　　　　　合同编号：观海村土字 20080408

莲山市榆林乡观海村村委会，以下简称甲方：

承包户主王一林，以下简称乙方。

为了落实联产承包责任制，充分调动农民的生产积极性，明确甲乙双方的权利义务，根据中央（83）、（84）一号文件精神，经村民大会讨论同意和甲乙双方充分协商，特订立本合同，以便双方共同遵守。

第一条　承包土地的面积、地点、等级

甲方将＿＿8＿＿亩土地（其中 5 亩耕地、为农户流转面积，3 亩撂荒地为集体所有）发包给乙方，用于农作物种植，承包土地的所有权属于集体，乙方只有土地使用权，不得买卖、出租、荒芜，不准转作宅基地和构筑其他建筑物。

承包土地为小榆河坡地，土地四至为小砬山西面，小榆河西河沿向西至村公路东侧，南起乡公路北侧向北至大一大二机井北沿一线南侧。

第二条　承包期限

承包时间共＿5＿年，从＿2008＿年＿12＿月＿30＿日起，至＿2014＿年＿12＿月＿30＿日止。

第三条　乙方的权利义务

乙方必须每年向甲方上交 2 400 元，上交时间为每年的　12　月　30　日以前。乙方必须完成甲方按承包土地亩数摊派的义务工日，或上交按义务工日折价的金额。

甲方：莲山市榆林乡观海村（公章）　　　　　代表人：陶得宝（盖章）

乙方户主：王一林（盖章）　　　　　　　　　2008 年 10 月 25 日订

附件：（略）

表 9－2　　　　　　　　房屋承包合同基本样式（简）

房屋承包合同（简）

订立合同双方：　　　　　　　　　　　　　　　　　　　　合同编号：观海村房字 20070031

莲山市榆林乡观海村村委会，以下简称甲方。

莲山市榆林乡观海村村民陶新悦，以下简称乙方。

为了充分利用好村集体的资产，更好地为发展工副业和农业生产服务，增加集体和个人的收入，经社员代表会议认真讨论和甲乙双方充分协商，特签订本合同，供双方共同遵守。

第一条　承包房屋状况

承包房屋名称，旧队部。间数 7 间，面积 $150m^2$，座落于三组村民陶得云住宅东侧，型号为一层平房，为砖瓦结构，资产原值 70 000 元。

第二条　承包期限

承包期限为＿10＿年，即从＿2007＿年＿4＿月＿1＿日起至＿2017＿年＿3＿月＿30＿日止。

第三条　上交承包费的数量、时间及办法

乙方在承包期内共向甲方上交承包费＿30 0000＿元，自＿2007＿年＿4＿月＿1＿日起至＿2016＿年＿12＿月＿31＿日止，每年＿12＿月＿30＿前上交＿30 000＿元，以现金支付，甲方收费后即出具收据。

本合同正本一式二份，甲乙双方各执一份。

甲方：莲山市榆林乡观海村村委会（公章）

代表人：陶得宝（盖章）

乙方：莲山市榆林乡观海村村民陶新悦（盖章）

2007 年 3 月 20 日订

附件：（略）

回），采用直线法计提折旧，使用寿命为 5 年，5 年后设备清理净残值收入 2 000 元，5 年中每年的劳务收入为 8 000 元，付现成本第一年为 3 000 元，以后随着设备日渐陈旧，将逐年增加修理费400元。假设所得税税率为40%，假定投资在第一年初一次完成，各年营业现金流入在各年年末取得。

（2）根据实训资料一的要求：

①计算甲方案每年的折旧额、编制甲方案营业现金流入量计算表。

②计算乙方案每年的折旧额、编制乙方案营业现金流入量计算表。

③编制甲方案现金净流量计算表。

④编制乙方案现金净流量计算表。

⑤编写两方案比较择优说明书。

（3）实训资料二：

观海村准备为村办浮球厂购入一台自动化浮球成型机，因自动化程度、投资方式等不同，所以有三个备选方案，方案一投资额为60万元；方案二投资额为45万元；方案三投资额为30万元。计划投资回收期均为三年，各方案每年的现金净流量表见表9-3，村民要求最低的投资资金利润率为12%。

表9-3 各方案每年的现金净流量 单位：万元

年度	方案一	方案二	方案三
第一年	25	15	14
第二年	30	17	14
第三年	35	19	14
合计	90	51	42

（4）根据实训资料二的要求：

根据实训资料二的要求按净现值和净现值率法进行三个方案的评价。

①编制三项方案现金净流量现值计算表。三项方案现金净流量现值计算表参见表9-4。

表9-4 各方案每年现金净流量现值 单位：万元

年度	现值系数	方案一		方案二		方案三	
		现金净流量	现金净流量现值	现金净流量	现金净流量现值	现金净流量	现金净流量现值
第一年	0.8929						
第二年	0.7972						
第三年	0.7118						
合计	—						

②编制三项方案现金流量净现值计算表。

③编写三项方案比较择优说明书。三项方案比较择优说明书在必要时可结合净现值率撰写。

（5）实训资料三：

观海村为村办浮球厂购入一台自动化浮球成型机，实际上采用了方案一，所需资金，村集体能够承担30万元，因投资额超过了村集体现有资金支付能力，所以经村民代表大会通过，不足资金一是采取一事一议筹资10万元，二是决定向当地农村信用社申请担保贷款20万元。为观海村贷款提供担保的是莲山村紧固件厂，为取得莲山村紧固件厂的担保，将浮球厂价值50万元的厂房抵押给莲山村紧固件厂，有关手续已办理妥当。

（6）要求结合实训资料三的相关内容为观海村编写贷款申请书。贷款申请书基本格式见表9-5。

表9-5

贷 款 申 请 书

贷款人名称：________________________

申请日期：________年________月________日

一、申请担保贷款情况

申请担保贷款金额（万元）

申请担保期限自________年________月________日至________年________月________日

担保贷款资金用途：

还款资金来源：

还款计划：

反担保措施：

申请企业意见：

申请企业盖章：------------------法人代表签字：（盖章）

________年________月________日

经办人（签字）：

二、拟贷款银行意见

拟贷款银行

拟贷款银行签署意见：

拟贷款银行（公章）：

________年________月________日

三、市信保中心意见

会员服务部初审意见：

初审人：

________年________月________日

担保业务部复审意见：

复审人：

________年________月________日

市信保中心意见：

主 任：

________年________月________日

※ 知识拓展：申请担保企业需提供以下文件：

(1)具体经办人受权委托书及身份证复印件。

(2) 企业近期财务报表。

(3) 借款申请(复印件)。

(4)评定资信等级所需要的材料。中小企业贷款申请指南请参阅：http://www.hebnx.com/News.aspx?cid=26&id=119网站(河北省农村信用社信贷业务)。

（7）实训资料四：

观海村为村农业服务队购入一台农用机械设备，实际上采用了乙方案，资金来源为集体自有资金，共14 000元。为村办浮球厂购入一台自动化浮球成型机，实际上采用了方案一，资金来源为集体自有资金20万元、一事一议筹资10万元（每人80元、1 250人）、取得信用社贷款20万元、取得财政乡镇企业无息贷款6万元、另有村民个人捐赠4万元，共计60万元。

（8）实训资料四的要求：

①编制项目投资及资金来源台账。项目投资及资金来源台账（信息公布表），如表9-6所示。

②编制一事一议筹资筹劳及使用台账。一事一议筹资筹劳及使用台账（信息公布表），如表9-7所示。

表 9－6

项目投资及资金来源台账（信息公布表）

年　月　日

№：

编制单位：________　　单位：元

项目名称	项目预算总金额	资金来源							实用金额	结余金额	备注
		合计									

村民民主监督人员			
姓　名	单　位	职　务	项目 1 备注：
			项目 2 备注：
民主理财小组意见			项目 3 备注：
乡经管站审核意见			村单位负责人：
			制表人：

表 9－7

一事一议筹资筹劳及使用台账（信息公布表）

年　月　日

№：

编制单位：________　　单位：元

项目名称	筹资情况			筹劳情况			使用情况		
	筹资标准	筹资人数	筹资总额	筹劳标准	以资代劳劳力数	筹资总额	使用时间	已用金额	结　余

备注：

民主理财小组意见		镇经管站审核意见		单位负责人：
				制表人：

9.1.4.3 村集体经济组织的财务收支与收益管理技能训练

（1）实训资料一：

观海村2009年12月份财务收入流水明细（信息公布）表（见表9－8）。

表9－8　　2009年12月份财务收入明细（信息公布）表

村名：观海村　　编制时间：2009年　12　月　31　日

收入摘要说明	金额（元）
收乡政府政策性住房与冬种生产奖励	660.00
卖配电房剩余柴油	1 650.00
收大连峰天公司11月至12月货场租赁费	2 000.00
收李丽华房屋转让费	1 000.00
收本月摊位出租费	36 632.00
出售上年产10万公斤玉米	240 000.00
乡财政拨入村干部报酬补助经费	1 500.00
收乡政府农村垃圾集中处理设施维修补助经费	10 224.00
收乡政府道路设施维修补助	35 000.00
收乡政府创省级体育俱乐部补助经费	5 000.00
收乡政府省体育小康村灯光球场维护补助款	40 000.00
收乡政府村口桥拆障补助	28 000.00
收大砬子山采石场山地补偿费（2009年—2011年）	810 000.00
卖村二个发电机组（原值88 196.6元）	88 196.60
收回王文生欠款	4 054.00
收办公楼后面建水泥路陶玉生押金	43 000.00
利息收入	566.87
收大连于水君2009年海边5亩沙滩地租金	3 978.00
收沈阳连里明2009年10亩海面养殖承包费	16 024.00
收12月份舞厅租金	2 480.00
收大明钢厂车队停车费	61 986.00
收货车厢出卖款	10 200.00
收移动公司施工田亩产量补偿费	3 191.30
收2009年扫地卫生费	20 000.00
陶升林征地补偿费村集体留成	37 000.00
收大杨服装厂捐助村小学建校舍款	55 007.00
收村办农业服务队上交利润款	100 000.00
收大杨服装厂土地出让费（征地款）	350 564.50
收乡拨小榆河灌溉工程建设款	22 200.00
收市农业局2008年示范村建设活动补助经费	40 000.00
收浮球厂一事一议筹资	100 000.00
收陶林娟浮球厂捐赠	40 000.00
本期收入合计	1 970 114.27

（2）根据资料一对观海村财务收入编制分类明细（信息公布）表。

（3）实训资料二：

观海村2009年12月份财务支出流水明细（信息公布）表（见表9－9）。

表9－9　　观海村2009年12月份财务支出公开明细表

村名：观海村　　　　编制时间：2009年　12　月　31　日

摘要说明	金额（元）
修理卫生车、打扫卫生、移栽花木、做垃圾场用挖机等	13 389.00
国庆节买水果、补贴、聚餐、打扫卫生、篮球场划线材料工资	1 865.00
国庆节买毛巾、洗发水、沐浴露等礼品	4 297.00
采石场分队款代表误工、集市补贴	1 980.00
书记赵一伟学费、资料费、班费	500.00
11月份老人工资、补伍武老人工资50元	32 200.00
省级体育县建设、生态检查买中华香烟	1 334.00
打印、买办公用品、节能灯、玻璃、电费、电话费及办事路费	2 251.45
村干部工资	12 650.00
订阅报刊、征兵误工、平阳电视台补贴、村拍照	3 967.08
送林四明到上海治疗费用	6 080.00
党员村民代表老协妇联、清账人员等会议补贴	4 640.00
卖村二个发电机组（损失60 196.6元）	60 196.6
年终慰问陶玉林等生活困难补助款、发放黄年糕	9 340.00
年终返集市经营者柜台押金	14 260.00
开年终总结会议补贴	10 700.00
交通工具乘客意外伤害保险（村两委车保险）	1 200.00
拆迁赔偿张东田	1 100.00
买石子、红砖用于下街打墙围（入库）	1 148.50
买灯泡、灯罩等（入库）	4 420.00
买零件修理路灯及工资、路费	2 419.00
还曲凡双林殿征田款	25 656.00
买充电手电筒、民兵治安误工补贴	4 050.00
小榆河工程用挖机、拖车、水泥、石子及工资等	5 365.00
拆张东田一间三层楼用于村建道路	138 000.00
村口桥小陈房屋拆除误工（改建作道路用）	400.00
卫生院西面、修水泥路、停车棚下道路加宽等	13 760.00
买配件修水泵、柴油、机油、红砖等（入库）	3 190.00
12月份打扫菜场工资	1 000.00
付双林殿租赁款\田租等	6 620.00
退王弓强歌舞厅租金	2 480.00
出库上年产10万公斤玉米	160 000.00
建车站钢结构搭建、公交停车棚、减速带	44 240.00
交摊位管理费、卫生费、铁架赔偿费等	3 030.00
买配件电影院修水管、水费	846.00

续表

摘要说明	金额（元）
搭路牌、汽车棚误工及车队进站买烟开支	1 155.00
暂借治病款	5 000.00
大砬山采石场土地补偿费分户款	760 617.4
菜场棚修理修自来水管、买电线、节能灯修线路	10 865.00
车站地图设计、停车泊位	4 755.00
抽水机维修、保养、挖沟工资及发农业直补误工工资	890.00
尚忠公司欠土地款	150 000.00
安全标语牌，监督委员会、村两委牌	1 210.00
买信纸400本打字复印、排版等村电费、电话费	8 990.18
买办公用品、办事费用、拍照等	4 106.80
建小学计算机房	16 850.00
打扫卫生、修垃圾车、创文明乡宣传牌画等	12 574.50
运垃圾桶、外花园管理、剪花工资	3 000.00
退还建水泥路押金	30 000.00
菜场水费、电费、打扫卫生、除虫	3 095.44
林四明精神病医疗费补助、林直路父逝世补助、买花圈	13 209.00
假币收缴	100.00
资助上大学款	8 721.30
小榆河工程水泵、电机、人工费	71 444.00
修理桥头、桥脚水泥路、上下街波度接头、球场路灯及配件工资	57 298.50
县文艺队演出、教自由舞、安装健身器材费用	9 139.00
卖出配电房剩余柴油	1 200.00
建灰坦买黄泥、沙、石、用挖机	130 768.00
买垃圾桶	30 680.00
买空调及打洞工资，买办公用桌椅、书柜、沙发等	53 775.00
开村民大会（665人*30元）	19 973.20
村两委党员学习会等会议补贴、用餐、水果干部误工、电话费等	31 149.90
本期支出合计	2 039 449.85

（4）根据资料二编制观海村财务支出分类明细（信息公布）表。

（5）根据编制的观海村财务收支分类明细（信息公布）表计算观海村12月份的财务净收益。

9.1.4.4　村集体经济组织财务计划编制的技能训练

（1）实训资料一：

①假设表9－8、表9－9（或表9－23、表9－24）为观海村2009年度的全年收入和支出资料。

②经预计2010年收入项目中，经营收入中的货场租赁费、摊位出租费、沙滩地租金将分别提高10%，大明钢厂车队停车费将减少50%，其他将与2009年持平，为市政道路施工

提供劳务，新增劳务收入80 000元，也将发生相应的劳务支出50 000元。发包及上交收入项目中，原有的不变，但将签署新的荒地出租5年期合同，每年租赁费57 000元。补助收入中的体育俱乐部、灯光球场、村口桥拆障、示范村等补助将被取消，其他项目将减少50%对村委会干部的补贴，国家将实行新标准，按5人给予行政经费补贴，每人预计年补贴额为6 000元，国家希望工程已确定在2010年为本村援建一希望小学，预计造价为400 000元；其他收入中：收取的扫地卫生费和利息收入可能与2009年持平、销售闲置的流动性资产收入予计为90 000元（成本是82 000元）、其他项目难以估计；对山蓉乡石材加工厂的投资160 000元，因其破产原来的投资款可能只能返还50 000元；村新办浮球厂实行独立核算，2010年可投产经营，产品单价15元，单位变动成本7.5元，预计年销售数量10 000件，税率8%，固定成本总额6 000元，要求按85%的比例向村委会上交利润：{10 000×〔16.1×(1－8%)－7.5〕－6 000}×85%＝57 052（元），经协商，确定上交村委会利润为57 000元。

（2）根据实训资料一和表9－8（或表9－23）的资料，设计和编制观海村2010年度财务收入计划表。

（3）实训资料二：

经预计2010年支出项目中：经营支出中的成本与上年持平，菜场管理的日常支出基本会保持在上年水平上，但因菜场年久失修，2010年要进行较为全面的大修，预计支出额为80 000元，新出租的荒地要进行平整，会发生支出3 000元。管理费用中，环境维护与卫生支出将比上年增长20%；办公费用支出中村干部工资将提高10%，而其他费用要降低5%；学习、会议支出要在2009年基础上降低15%，管理费用中的其他支出预计不会发生较大的变动。在其他支出中原来的各个项目难以预计，但2010年计划对全村每户补助沼气池改建款400元。

（4）根据实训资料二和表9－9（或表9－24）的资料，设计和编制观海村2010年财务支出计划表。

（5）实训资料三：

观海村2010年初的未分配收益为293 000元，提取公积公益金比例、提取应付福利费比例、外来投资分利比例和农户分配比例分别为：10%、5%、8%和60%。

（6）要求根据实训资料三和编制完成的财务收支计划表，编制观海村2010年财务收益分配计划表。

（7）根据编制完成的观海村2010年财务收支计划表和财务收益分配计划表，编写观海村2010年“财务收支”与“财务收益及收益分配”计划公示的告示。

9.1.5 完成任务

9.1.5.1 完成村集体经济组织的资产管理训练任务

（1）提交观海村村集体土地资源分类登记表。观海村村集体土地资源分类登记表参见表9－10。

（2）按照土地（含海域）使用状况编制观海村村集体土地资源分类登记表。观海村村集体土地资源分类登记表参见表9－11。

表9－10　观海村土地（含海域）资源自然状况分类登记表

2009年12月31日　　单位：亩

土地（含海域）自然状况	数　量
耕地面积	4 359
经济林地	753
非经济林地	600
宅基地及公共用地	640
荒山、裸岩地	430
滩涂盐碱地沼泽地	660
海域水面面积	930
海域水下面积	930
合　计	9 302

表9－11　观海村土地（含海域）资源使用与管理状况分类登记表

2009年12月31日　　单位：亩

土地（含海域）使用状况	数　量
宅基地	640
农户承包	5 093
村集体经营	360
出租	340
出借	25
撂荒	399
未利用	2 445
合　计	9 302

（3）提交观海村村集体土地资源综合登记表。观海村村集体土地资源综合登记表参见表9－12。

表9－12　观海村土地（含海域）资源综合登记表

2009年12月31日　　单位：亩

	宅基地	农户承包	村集体经营	出租	出借	撂荒	未利用	合计
耕地面积		3 900	60			399		4 359
经济林地		753						753
非经济林地		100	300				200	600
宅基地及公共用地	640							640
荒山、裸岩地		60			10		360	430
滩涂盐碱沼泽地		120		20	15		505	660
海域水面面积		60		120			750	930
海域水下面积		100		200			630	930
合　计	640	5 093	360	340	25	399	2 445	9 302

（4）莲山市榆林乡观海村村集体土地资源及承包台账设置见表9－13。固定资产及承包台账设置见表9－14。

9.1.5.2　完成村集体经济组织项目投资与资金筹集管理训练任务

（1）根据实训资料一：

①计算甲方案每年的折旧额、提交甲方案营业现金流入量计算表。

$$甲方案每年折旧额=\frac{15\ 000}{5}=3\ 000（元）$$

甲方案营业现金流入量计算表参见表9－15。

表 9-13

莲山市榆林乡观海村村集体资源性资产台账

2009 年 12 月 31 日

编号：资源字 00001

<table>
<tr><td>资源名称</td><td colspan="2">座落及四址</td><td>权　属</td><td colspan="2">资源性质</td><td colspan="2">面积（亩）</td><td rowspan="2">其中：</td><td>农户流转面积</td><td colspan="2">所属集体面积</td></tr>
<tr><td>耕地、撂荒地</td><td colspan="2">小榆河坡地</td><td>观海村</td><td colspan="2">耕地、撂荒地</td><td colspan="2">8</td><td>5</td><td colspan="2">3</td></tr>
<tr><td colspan="12">资源发包及变动情况记载</td></tr>
<tr><td rowspan="2">摘　要</td><td rowspan="2">租赁起止年限</td><td rowspan="2">用　途</td><td rowspan="2">承包金
（元/年．亩）</td><td rowspan="2">年承包金</td><td rowspan="2">承包人</td><td rowspan="2">合同编号</td><td colspan="4">结算兑现</td><td rowspan="2">备　注</td></tr>
<tr><td>交款时间</td><td colspan="2">金　额</td><td>入账凭证号</td></tr>
<tr><td rowspan="2">土地承包</td><td rowspan="2">2008. 12. 30 - 2014. 12. 30</td><td rowspan="2">种植业</td><td rowspan="2">300</td><td rowspan="2">2 400</td><td rowspan="2">王一林</td><td>土字 20080408</td><td>2008. 12. 25</td><td colspan="2">2 400</td><td>08. 12 - 107</td><td></td></tr>
<tr><td></td><td>2009. 12. 28</td><td colspan="2">2 400</td><td>09. 12 - 82</td><td></td></tr>
<tr><td colspan="12">发包收益分配比例：</td></tr>
<tr><td>村提取（%）</td><td>金　额（元）</td><td>分配农户（%）</td><td>金额（元）</td><td colspan="8">备　注</td></tr>
<tr><td>30</td><td>720</td><td>70</td><td>1 680</td><td colspan="8">每年所收款为预收下一年的承包费，列入下一年的收入并分配</td></tr>
<tr><td></td><td></td><td></td><td></td><td colspan="8"></td></tr>
<tr><td colspan="12">注：1. 资源性质：指耕地、非耕地、已利用的自然河道；2. 用途：指农业（种植业、养殖业），非农产业（二产、三产、其他）</td></tr>
</table>

制表：　　稽核：　　会计：　　管理责任人：　　观海村财务章：

表 9-14

莲山市榆林乡观海村村集体固定资产台账

2009 年 12 月 31 日

编号：固字 00001

<table>
<tr><td>资产名称</td><td>旧队部房屋</td><td>资产权属：</td><td colspan="3">村集体</td><td colspan="3">型号：一层平房 7 间</td><td colspan="2">资产原值：70 000 元</td></tr>
<tr><td>资产性质</td><td>【 】经营性</td><td>【√】公益性</td><td colspan="2">【 】管理性</td><td colspan="2">【 】其他</td><td>使用状况：</td><td>【√】在用</td><td colspan="2">【 】闲置</td></tr>
<tr><td colspan="8">不 动 产</td><td colspan="3">动 产</td></tr>
<tr><td>座 落</td><td>三组村民陶得云住宅东侧</td><td>面积（㎡）</td><td>150</td><td>结 构</td><td>砖瓦结构</td><td>存放地点</td><td colspan="2"></td><td>保管人</td><td></td></tr>
<tr><td colspan="11">资产发包及变动情况记载：</td></tr>
<tr><td rowspan="2">摘　要</td><td rowspan="2">租赁起止年限</td><td rowspan="2">租金（元/年）</td><td rowspan="2">租金总额</td><td rowspan="2">承租人</td><td rowspan="2">合同编号</td><td colspan="4">结算兑现：</td><td rowspan="2">备注</td></tr>
<tr><td>交款时间</td><td colspan="2">金　额</td><td>入账凭证号</td></tr>
<tr><td>房屋承包</td><td>2007. 4. 1 - 2017. 3. 30</td><td>30 000</td><td>300 000</td><td>陶新悦</td><td>房字 20070031</td><td>2007. 12. 30</td><td colspan="2">30 000</td><td>2007 - 12 - 164</td><td></td></tr>
<tr><td></td><td></td><td></td><td></td><td></td><td></td><td>2008. 12. 20</td><td colspan="2">30 000</td><td>2008 - 12 - 99</td><td></td></tr>
<tr><td></td><td></td><td></td><td></td><td></td><td></td><td>2009. 12. 15</td><td colspan="2">30 000</td><td>2009 - 12 - 118</td><td></td></tr>
<tr><td colspan="11">发包收益分配比例：</td></tr>
<tr><td>村提取（%）</td><td>金 额（元）</td><td>分配农户（%）</td><td>金 额（元）</td><td colspan="7">备　注</td></tr>
<tr><td>30</td><td>900</td><td>70</td><td>21 000</td><td colspan="7">当年上交的承包收入当年分配。</td></tr>
<tr><td></td><td></td><td></td><td></td><td colspan="7"></td></tr>
</table>

制表：　　稽核：　　会计：　　管理责任人：　　观海村财务章：

表 9-15　　甲投资方案营业现金流入量计算表　　单位：元

项　目	行次	第 1 年	第 2 年	第 3 年	第 4 年	第 5 年
劳务收入	(1)	7 000	7 000	7 000	7 000	7 000
付现成本	(2)	2 000	2 000	2 000	2 000	2 000
折　旧	(3)	3 000	3 000	3 000	3 000	3 000
税前净利	(4) = (1) - (2) - (3)	2 000	2 000	2 000	2 000	2 000
所得税	(5) = (4) ×40%	800	800	800	800	800
税后净利	(6) = (4) - (5)	1 200	1 200	1 200	1 200	1 200
现金流入量	(7) = (1) - (2) - (5) = (3) + (6)	4 200	4 200	4 200	4 200	4 200

②计算乙方案每年的折旧额、提交乙方案营业现金流入量计算表。

$$乙方案每年折旧额 = \frac{12\ 000 - 2\ 000}{5} = 2\ 000（元）$$

乙方案营业现金流入量计算表参见表 9-16。

表 9-16　　乙投资方案营业现金流入量计算表　　单位：元

项　目	行次	第 1 年	第 2 年	第 3 年	第 4 年	第 5 年
劳务收入	(1)	8 000	8 000	8 000	8 000	8 000
付现成本	(2)	3 000	3 400	3 800	4 200	4 600
折 旧	(3)	2 000	2 000	2 000	2 000	2 000
税前净利	(4) = (1) - (2) - (3)	3 000	2 600	2 200	1 800	1 400
所得税	(5) = (4) ×40%	1 200	1 040	880	720	560
税后净利	(6) = (4) - (5)	1 800	1 560	1 320	1 080	840
现金流入量	(7) = (1) - (2) - (5) = (3) + (6)	3 800	3 560	3 320	3 080	2 840

③提交甲方案现金净流量计算表。甲方案现金净流量计算表参见表 9-17。

表 9-17　　甲投资方案现金净流量计算表　　单位：元

项　目	第 1 初年	第 1 年末	第 2 年末	第 3 年末	第 4 年末	第 5 年末	合　计
固定资产投资	-15 000						-15 000
营业现金流入量		4 200	4 200	4 200	4 200	4 200	21 000
现金净流量合计	-15 000	4 200	4 200	4 200	4 200	4 200	6 000

④提交乙方案现金净流量计算表。乙方案现金净流量计算表参见表 9-18。

⑤提交两方案比较择优说明书。两方案比较择优说明书参见表 9-19。

（2）根据实训资料二按净现值和净现值率法进行三个方案的评价。

①编制三项方案现金净流量现值计算表。三项方案现金净流量现值计算表参见表 9-20。

表 9－18　乙投资方案现金净流量计算表　单位：元

项　目	第 1 初年	第 1 年末	第 2 年末	第 3 年末	第 4 年末	第 5 年末	合　计
固定资产投资	－12 000						－12 000
流动资金垫支	－2 000						－2 000
营业现金流入量		3 800	3 560	3 320	3 080	2 840	16 600
固定资产残值						2 000	2 000
流动资金回收						2 000	2 000
现金净流量合计	－14 000	3 800	3 560	3 320	3 080	6 840	4 600

表 9－19

甲乙方案择优比较说明书（简）

甲投资方案的现金净流量计算表明，按该方案进行投资的净收益为 **6 000** 元；乙投资方案的现金净流量计算表明，按该方案进行投资的净收益为 **4 600** 元，两方案的现金净流量都为正值，这说明两方案都是可行性方案。虽然甲投资方案的现金净流量大于乙投资方案，但还不能据此就选择甲方案，因为甲方案本身的投资额也高于乙方案。所以，还应结合决策者资金支付能力或对资金使用效益程度的要求，再作进一步分析。

分析人：　　年　　月　　日

表 9－20　各方案每年现金净流量现值　单位：万元

年　度	现值系数	方案一		方案二		方案三	
		现金净流量	现金净流量现值	现金净流量	现金净流量现值	现金净流量	现金净流量现值
第一年	0. 8929	25	22. 32	15	13. 39	14	12. 50
第二年	0. 7972	30	23. 92	17	13. 55	14	11. 16
第三年	0. 7118	35	24. 91	19	13. 52	14	9. 97
合　计	—	90	71. 15	51	40. 46	42	33. 63

②编制三项方案现金流量净现值计算表，参见表 9－21。

表 9－21　三项方案现金流量净现值计算表　单位：万元

方　案	现金净流量现值总额	初始投资成本	现金流量净现值
方案一	71. 15	60	11. 15
方案二	40. 46	45	－4. 54
方案三	33. 63	30	3. 36

③提交三项方案择优比较说明书，参见表 9－22。

（3）依据实训资料二和实训资料三，为观海村撰写的贷款申请书。贷款申请书参见表 9－9。

（4）根据实训资料四，要求：

①提交项目投资及资金来源台账。项目投资及资金来源台账格式参表 9－6。

②提交一事一议筹资筹劳及使用台账。一事一议筹资筹劳及使用台账格式参表 9－7。

表 9－22

三项方案择优比较说明书（简要）
从三项方案现金流量净现值计算表中可以看到：方案一与方案三现金流量净现值为正值，说明这两项方案都能够使投资达到村民要求最低的投资资金利润率12%以上，而方案二现金流量净现值为负值，说明该方案投资的资金利润率在12%以下，达不到投资所要求的收益程度，也就是为不可行方案，应予放弃。将方案三与方案一相比较，方案三现金流量净现值虽然较少，但所需投入资金规模也小，为能够判断方案三与方案一哪一方案更佳，现计算每一方案的净现值指数，以相对数来说明各方案的投资收益程度。方案一的净现值指数为：(11.15÷60)×100%=18.58%；方案三净现值指数为：(3.36÷30)×100%=11.2%。计算结果表明，方案一较方案三能够使投资获得更高的收益率，每百元投资，方案一可以比方案三多获得7.38元的收益（18.58%－11.2%=7.38%）。因此，在资金充足、有足够投资能力的条件下，应以方案一为最佳投资方案。但如果没有足够的资金实施方案一时，方案三仍是可以选用的较优方案。
分析人：　　　　年　　月　　日

9.1.5.3 完成村集体经济组织的财务收支与收益管理训练任务

（1）根据实训资料一编制观海村财务收入分类明细（信息公布）表。观海村财务收入分类明细（信息公布）表参见表9－23。

表 9－23　　观海村2009年12月份财务收入分类公开明细表

村名：观海村　　　　编制时间2009年12月31日

分类		收入摘要说明	金额（元）
负债收入（小计43 660.00元）		收办公楼后面建水泥路陶玉生押金	43 000.00
		收乡政府政策性住房与冬种生产奖励	660.00
资本性收入（小计：1 414 771.50元）		收大砬子山采石场山地补偿费（2009年—2011年）	810 000.00
		陶升林征地补偿费村集体留成	37 000.00
		收大杨服装厂捐助村小学建校舍款	55 007.00
		收大杨服装厂土地出让费（征地款）	350 564.50
		收浮球厂一事一议筹资	100 000.00
		收乡拨小榆河灌溉工程建设款	22 200.00
		收陶林娟浮球厂捐赠	40 000.00
可供村民当期分配的收入（小计：649 232.17元）	经营收入	出售上年产10万公斤玉米	240 000.00
		收大连峰天公司11月至12月货场租赁费	2 000.00
		收本月摊位出租费	36 632.00
		收大连于水君2009年海边5亩沙滩地租金	3 978.00
		收12月份舞厅租金	2 480.00
		收大明钢厂车队停车费	61 986.00
	发包及上交收入	收沈阳连里明2009年10亩海面养殖承包费	16 024.00
		收村办农业服务队上交利润款	100 000.00

续表

分类		收入摘要说明	金额（元）
可供村民当期分配的收入（小计：649 232.17元）	补助收入	乡财政拨入村干部报酬补助经费	1 500.00
		收乡政府农村垃圾集中处理设施维修补助经费	10 224.00
		收乡政府道路设施维修补助	35 000.00
		收乡政府创省级体育俱乐部补助经费	5 000.00
		收乡政府省体育小康村灯光球场维护补助款	40 000.00
		收乡政府村口桥拆障补助	28 000.00
		收市农业局2008年示范村建设活动补助经费	40 000.00
	其他收入	收李丽华房屋转让费	1 000.00
		收移动公司施工田亩产量补偿费	3 191.30
		收2009年扫地卫生费	20 000.00
		卖配电房剩余柴油	1 650.00
		利息收入	566.87
	投资收益		
其他收入（小计：102 450.60元）		收回王文生欠款	4 054.00
		收货车厢出卖款	10 200.00
		卖村二个发电机组（原值88 196.6元）	88 196.60
		本期收入合计	2 210 114.27

（2）根据实训资料二编制观海村财务支出分类公开明细表，参见表9－24。

表9－24　　观海村2009年12月份财务支出分类公开明细表

村名：观海村　　编制时间2009年12月31日

分类		支出摘要说明	金额（元）
偿债支出（小计：102 116元）		11月份老人工资、补伍武老人工资50元	32 200.00
		年终返集市经营者柜台押金	14 260.00
		还曲凡双林殿征田款	25 656.00
		退还建水泥路押金	30 000.00
资本性支出（小计：565 240.1元）	固定资产	卖村二个发电机组（损失60 196.6元）	60 196.60
		小榆河工程用挖机、拖车、水泥、石子及工资等	5 365.00
		建车站钢结构搭建、公交停车棚、减速带	44 240.00
		车站地图设计、停车泊位	4 755.00
		建小学计算机房	16 850.00
		小榆河工程水泵、电机、人工费	71 444.00
		拆张东田一间三层楼用于村建道路	138 000.00
		村口桥小陈房屋拆除误工（改建作道路用）	400.00
		建灰坦买黄泥、沙、石、用挖机	130 768.00
		买垃圾桶	30 680.00
		买空调及打洞工资、买办公用桌椅、书柜、沙发等	53 775.00
	库存物资	买石子、红砖用于下街打墙围（入库）	1 148.50
		买灯泡、灯罩等（入库）	4 420.00
		买配件修水泵、柴油、机油、红砖等（入库）	3 190.00

续表

分类			支出摘要说明	金额（元）
收益性支出（小计：409 688.44元）	经营支出	产品成本	出库上年产10万公斤玉米	160 000.00
		劳务成本（菜场管理支出）	菜场水费、电费、打扫卫生、除虫	3 095.44
			交摊位管理费、卫生费、铁架赔偿费等	3 030.00
			12月份打扫菜场工资	1 000.00
			菜场棚修理、修自来水管、买电线、节能灯修线路	10 865.00
			菜场抽水机维修、保养、挖沟工资及发农业直补误工工资	890.00
	管理费用	环境维护与卫生支出	修理卫生车、打扫卫生、移栽花木、做垃圾场用挖机等	13 389.00
			运垃圾桶、外花园管理、剪花工资	3 000.00
			打扫卫生、修垃圾车、创文明乡宣传牌画等	12 574.50
			修理桥头、桥脚路、上下街波度接头、球场路灯及配件工资	57 298.50
			修理路灯及工资、路费	2 419.00
			卫生院西面、修整水泥路、停车棚下道路加宽等	13 760.00
			搭路牌、汽车棚误工及车队进站买烟开支	1 155.00
			买配件电影院修水管、水费	846.00
		办公费用支出	打印、买办公用品、节能灯、玻璃、电费、电话费及交通费	2 251.45
			订阅报刊、征兵误工、平阳电视台补贴、村拍照	3 967.08
			村干部工资	12 650.00
			安全标语牌、监督委员会、村两委牌	1 210.00
			买信纸400本打字复印、排版等村电费、电话费	8 990.18
			买办公用品、办事费用、拍照等	4 106.80
			买充电手电筒、民兵治安误工补贴	4 050.00
		学习、会议支出	国庆节买水果、补贴、聚餐、打扫卫生、篮球场划线材料	1 865.00
			国庆节买毛巾、洗发水、沐浴露等礼品	4 297.00
			党员村民代表老协妇联、清账人员等会议补贴	4 640.00
			开年终总结会议补贴	10 700.00
			开村民大会（665人×30元）	19 973.20
			村两委、党员学习会、用餐、水果，干部误工、电话费等	31 149.90
			采石场分队代表误工、集市补贴	1 980.00
			省级体育县建设、生态检查买中华香烟	1 334.00
			书记赵一伟学费、资料费、班费	500.00
		其他支出	交通工具乘客意外伤害保险（村两委车保险）	1 200.00
			拆迁赔偿张东田	1 100.00
			付双林排殿租赁款、田租等	6 620.00
	其他支出		假币收缴	100.00
			卖配电房剩余柴油	1 200.00
			退王弓强歌舞厅租金	2 480.00

续表

分类		支出摘要说明	金额（元）
应付福利费支出（小计：46 489.3 元）		送林四明到上海治疗费用	6 080.00
		资助上大学款	8 721.30
		年终慰问陶玉林等生活困难补助款、发放黄年糕	9 340.00
		林四明精神病医疗费补助、林直路父逝世补助、买花圈	13 209.00
		县文艺队演出、教自由舞、安装健身器材费用	9 139.00
其他支出（小计：915 617.4 元）	内部往来	暂借治病款	5 000.00
	应收款项	尚忠公司欠土地款	150 000.00
	再分配开支	大砬山采石场土地补偿费分户款	760 617.40
本期支出合计			2 026 799.85

（3）根据编制的观海村财务收支分类公开明细表，观海村 12 月份的财务净收益为：

财务净收益 = 649 232.17 − 409 688.44 = 239 543.73（元）

9.1.5.4 完成村集体经济组织财务计划编制训练任务

（1）提交观海村 2010 年财务收入计划表。观海村 2010 年财务收入计划表参见表 9－25。

表 9－25　观海村财务收入计划表（参考格式）

编制单位：观海村村民委员会　　2010 年度　　单位：元

收入项目	行次	上期实际	本期计划	增减百分比（%）
一、经营收入	1			
1. 出售自产 10 万公斤玉米	2	240 000.00	240 000.00	—
2. 收大连峰天公司货场租赁费	3	2 000.00	2 200.00	10.00
3. 收摊位出租费	4	36 632.00	40 295.00	10.00
4. 收大连于水君海边 5 亩沙滩地租金	5	3 978.00	4 376.00	10.00
5. 收舞厅租金	6	2 480.00	2 480.00	—
6. 收大明钢厂车队停车费	7	61 986.00	30 993.00	-50.00
7. 劳务收入	8	—	80 000.00	—
小　计	9	347 076.00	400 344.00	15.35
二、发包及上交收入	10			
1. 收沈阳连里明 2009 年 10 亩海面养殖承包费	11	16 024.00	16 024.00	—
2. 收村办农业服务队上交利润款	12	100 000.00	100 000.00	—
3. 签署新的荒地出租 5 年期合同	13	—	120 000.00	—
4. 浮球厂上交利润	14	—	57 000.00	—
小　计	15	116 024.00	293 024.00	152.55
三、补助收入	16			
1. 乡财政拨入村干部报酬补助经费	17	1 500.00	30 000.00	

续表

收入项目	行次	上期实际	本期计划	增减百分比（%）
2. 收乡政府农村垃圾集中处理设施维修补助经费	18	10 224.00	5 100.00	-50.00
3. 收乡政府道路设施维修补助	19	35 000.00	17 500.00	-50.00
4. 收乡政府创省级体育俱乐部补助经费	20	5 000.00	—	
5. 收乡政府省体育小康村灯光球场维护补助款	21	40 000.00	—	
6. 收乡政府村口桥拆障补助	22	28 000.00	—	
7. 收市农业局2008年示范村建设活动补助经费	23	40 000.00	—	
小　计	24	159 724.00	52 600.00	-67.17
四、其他收入	25			
收李丽华房屋转让费	26	1 000.00	—	
收移动公司施工田亩产量补偿费	27	3 191.30	—	
收2009年扫地卫生费	28	20 000.00	20 000.00	
卖配电房剩余柴油	29	1 650.00	—	
利息收入	30	567.00	567.00	
销售闲置的流动性资产	31	—	90 000.00	
小　计	32	26 408.00	110 567.00	318.68
五、投资收入	33			
1. 对山蓉乡石材加工厂投资的损失	34	—	-110 000	—
收入合计	35	649 232.00	746 535.00	14.99

（2）提交观海村2010年财务支出计划表。观海村2010年财务支出计划表参见表9-26。

表9-26　　观海村财务收入计划表（参考格式）

编制单位：观海村村民委员会　　2010年度　　单位：元

支出项目	行次	上期实际	本期计划	增减百分比（%）
一、经营成本	1			
1. 产品成本	2	160 000.00	160 000.00	0
2. 劳务成本（菜场管理支出）	3	18 880.00	87 100.00	361.00
3. 道路施工劳务支出	4	—	50 000.00	—
4. 荒地出租支出	5	—	3 000.00	—
小　计	6	178 880.00	300 100.00	67.71
二、管理费用	7			
1. 环境维护与卫生支出	8	104 442.00	125 400.00	20.00
2. 村干部工资	9	12 650.00	13 915.00	10.00
3. 办公费用	10	24 576.00	23 350.00	-5.00
4. 学习、会议支出	11	76 440.00	64 970.00	-15.00
5. 其他等	12	8 920.00	8 920.00	0

续表

支出项目	行次	上期实际	本期计划	增减百分比（%）
小　　计	13	227 028.00	236 595.00	4.21
三、其他支出	14			
1. 销售闲置的流动性资产成本	15	1 200.00	82 000.00	6 800.00
2. 其他	16	2 580.00	2 580.00	0
小　　计	17	3 780.00	84 580.00	2 200.00
成本费用合计	18	409 688.44	621 275.00	51.64

（3）提交观海村2010年收益分配计划表。观海村2010年收益分配计划表参见表9－27。

表9－27　　观海村财务收益及收益分配计划表

编制单位：　　　　年度　　　　单位：元

项　目	行　次	金　额	项　目	行　次	金　额
本年收益：			收益分配：		
一、经营收入	1	400 344.00	四、本年收益	21	125 260.00
加：发包及上交收入	2	293 024.00	加：年初未分配收益	22	293 000.00
投资收益	3	－110 000.00	其他转入	23	
减：经营支出	6	300 100.00	五、可分配收益	26	418 260.00
管理费用	7	236 595.00	减：1. 提取公积公益金	27	41 826.00
二、经营收益	10	46 673.00	2. 提取应付福利费	28	20 913.00
加：补助收入	11	52 600.00	3. 外来投资分利	29	33 460.00
其他收入	12	110 567.00	4. 农户分配	30	250 960.00
	13		5. 其他	31	
减：其他支出	16	84 580.00			
三、本年收益	20	125 260.00	六、年末未分配收益	35	71 101.00

（4）提交观海村2010年“财务收支”与“财务收益及收益”分配计划公示的告示。观海村2010年“财务收支”与“财务收益及收益”分配计划公示的告示参见表9－28。

表9－28　观海村2010年“财务收支”与“财务收益及收益”分配计划公示的告示

告　　示

莲山市榆林乡观海村村民：

经村委会和村理财小组认真讨论修改，通过了我村2010年度的财务收支预算和财务收益及分配计划草案。根据国家及榆林乡有关村集体经济组组织财务管理及有关村集体财务公示制度的规定，现于村委会院内公示板上公示2010年度的《观海村财务收入计划表》、《观海村财务支出计划表》、《观海村财务收益及收益分配计划表》。

公示期自即日始15个工作日，即2010年1月15日—2010年1月30日，凡对公示内容有意见者，请在公示期内及时以书面或口头形式向村委会或村理财小组反映，也可直接向乡财经办反映。

接待时间：每天8：00－12：00，14：00－16：30

联系电话：村委会：8472339　村理财小组：8472330　乡财经办：8472200

观海村村委会（印章）　　观海村理财小组（印章）

二〇一〇年一月一十四日

9.1.6 教研交流

（1）现阶段村集体资产管理的主要问题在哪里？

（2）村集体经济组织的资产管理教学该如何结合实际？

（3）村集体经济组织的资金筹集有什么特点，如何强化其资金的管理？

（4）村集体经济组织的投资如何管理和提高效益？

（5）如何使财务收支管理教学能为农村的经济发展服务？

（6）《村集体经济组织会计制度》与村集体经济组织财务收支管理具有什么关系？

（7）如何进行村集体经济组织收益的管理？

（8）村级财务收支与村集体经济组织收益教学的难点在哪？

任务二 农民专业合作社财务管理实务

农民专业合作社，是指在农村家庭承包经营基础上，同类农产品的生产经营者或者同类农业生产经营服务的提供者、利用者，自愿联合、民主管理的互助性经济组织，以其成员为主要服务对象，提供农业生产资料的购买，农产品的销售、加工、运输、贮藏以及与农业生产经营有关的技术、信息等服务。

9.2.1 任务描述

莲山市榆林乡观海村五组的陶连升、陶得玉、陶滨、张宝仓、张连贵、林有水和陈明楠六户村民，以“榆林乡山地林牧农民合作社”为名，联合成立农民专业合作社，主要从事果树种植与育肥畜养殖。要求：

（1）根据《农民专业合作社财务会计制度》，对榆林乡山地林牧农民合作社经营过程中将要发生的耗费进行管理上的划分，设计有关成本费用的管理核算方法，为正确进行成本费用的核算等打下基础。

（2）根据《农民专业合作社财务会计制度》，对榆林乡山地林牧农民合作社规划的有关收入活动进行财务管理上的划分，针对不同来源的收入，指出应采取的不同管理、处理原则与方法。

（3）榆林乡山地林牧农民合作社经过 2010 年一年的经营活动，年终需要进行盈余的核算及盈余的分配，并且要根据《农民专业合作社法》，为每个成员设置合作社成员账户，以建立健全合作社财务核算基础工作。

9.2.2 任务分析

本任务将对农民专业合作组织财务管理的基本内容进行介绍，重点学习收入管理、成本费用管理和收益分配问题。

（1）要实现成本费用管理任务所要求的目标，就要正确理解生产经营过程中的成本与费用的区别和联系，了解农民专业合作社基本的生产经营活动内容及其成本与费用会计核算的要求，掌握成本与费用不同要求下的界限。

（2）要实现收入管理任务所要求的目标，首先要正确理解《农民专业合作社财务会计制度》中所阐述的计入当期损益收入的涵义，能够掌握计入当期损益收入与不能计入当期损益收入的界限，把握两者之间的区别、不同的管理与处理方法。

（3）要完成收益分配任务，合作社财务人员一要掌握合作社盈余的构成及各项目之间的数量关系，即要完成合作社盈余的计算；二要掌握合作社盈余分配程序、方法与分配的依据，即要完成盈余在应享有盈余的成员之间的划分；三要为每个成员设置合作社成员账户，并完成相应的登记。

9.2.3 相关知识

9.2.3.1 农民专业合作社成本费用管理

（1）成本费用的理解、分类与构成。

①在农民专业合作社从事产品生产时，其产品生产成本主要包括以下内容：

a. 直接材料费用。是指农民专业合作社在从事种植、养殖、加工等生产经营活动时发生的原材料、农用物资（种子、种苗、化肥、地膜农药等）、农产品、辅助材料、外购半成品和其他材料类的消耗。

b. 直接人工费用。是指农民专业合作社从事产品生产人员的工资、奖金、津贴和各种福利补助费。但是，这里面，不包括农民专业合作社管理人员的工资和各项福利费用。

c. 其他直接费用。指除了直接材料、直接人工以外的其他直接费用，包括机械作业费、灌溉费用、生产经营专用设备的折旧和修理费用等。

②在农民专业合作社从事提供劳务时，其劳务成本主要包括以下内容：

a. 中介费用。是指用以委托劳务中介机构而需要支付的信息等各项费用。

b. 培训费。是指为提高劳务人员技能而付出的培训费用。

c. 工资费用。是指劳务人员发生的工资、奖金和各种福利补贴。

（2）成本费用的管理要求。

①正确确认费用。合作社在日常的生产经营活动中，会发生各种各样的费用，为了保证成本费用的真实性，对发生的各种费用，应该从两个主要方面确认：

一是看费用是否合法、合理。在合法性方面，主要看成本费用的列支是否符合制度（包括是否符合国家财务制度规定的开支范围，也包括是否符合村自定的开支标准）。凡是在成本构成范围内的消耗和支出，才可以列入成本项目中。在合理性方面主要是看成本费用开支是否符合节约原则。

二是看归集的费用是否符合权责发生制原则。权责发生制是以应收应付作为标准来处理经济业务，确定本期收入和费用的会计处理基础。

②合理分配费用。生产经营的费用确认后，还要对形成的共同费用进行合理分配。主要有两个方面的要求：一是要将共同费用在各个成本对象中进行合理分配，使各类别的产品负担合理的费用；二是合理的进行收入和成本的配比，什么时期的收入要同什么时期的成本相配比，什么产品的收入也要同什么产品的成本相配比，以保证经营成果的真实性。

③建立成本费用责任制。为了调动降低成本费用的积极性，应该建立起成本费用责任制，可以将成本费用化成考核指标分解落到成本费用的耗用单位，并附带奖惩制度，以调动

成本费用耗用单位降低费用消耗的积极性。

④掌握种植业成本管理组成。

⑤掌握林木与牲畜农业资产成本、费用的计量，正确划分成本与费用的界限。

9.2.3.2 农民专业合作社收入的管理

（1）农民专业合作社计入当期盈余收入的构成。计入当期盈余的收入是合作社本期盈余（利润）的来源，因此，获得尽可能多的收入就成为农民专业合作社经济上的主要追求目标。所谓计入当期盈余的收入就是农民专业合作社通过销售农产品、工业品、对外提供劳务或变卖物资等经济活动所获得的经济利益的总流入。农民专业合作社这一方面的收入，从来源渠道上看，主要由以下构成：

①经营收入。是指合作社销售产品、提供劳务，以及为成员代购代销、向成员提供技术、信息服务等活动取得的收入。

②其他收入。是指合作社除从事主要生产经营活动以外而取得的收入。例如，产品物资的盘盈、罚款收入、利息收入、无法支付的应付款项等。

③投资收益。是指合作社对外投资取得的收益或发生的损失。

（2）农民专业合作社收入的确认。经营收入是农民专业合作社日常生产经营活动的收入，是合作社收入的主要来源。销售产品、提供劳务则又是经营收入的主要形式，为了保证盈余核算的准确，对在销售产品、提供劳务过程中所取得的收入，根据财务制度规定确认。

（3）农民专业合作社收入的管理。

①农民专业合作社与其成员的交易、与利用其提供的服务的非成员的交易，应当分别核算。

②加强销售合同的管理。销售合同是买卖双方商品交易的契约或协议，具有法律效力。

③建立健全销售业务的内部管理制度，明确收款、发货和经办人的职责，保证货款及时完整地收到并入账，防止货款流失。

9.2.3.3 农民专业合作社盈余、所有者权益与成员账户管理

（1）合作社盈余的构成与分配。

①合作社盈余的构成。盈余是指合作社在一定时间内（通常为年）所取得的净收入，是当年财务活动的净成果。合作社盈余的构成是：经营收入、投资收益和其他收入三个收入项目与经营支出、管理费用和其他支出三个成本费用项目。其关系式是：

本年盈余＝经营收入＋投资收益＋其他收入－经营支出－管理费用－其他支出

＝（经营收入＋投资收益－经营支出－管理费用）＋其他收入－其他支出

＝经营收益＋其他收入－其他支出

在上式中，投资收益＝投资收益账户贷方发生额－投资收益账户借方发生额。

②合作社盈余的分配。合作社所实现盈余的分配对象是合作社、成员户及其他投资者，由于盈余分配是保障和体现各方权益的直接表现形式，所以应严格按国家的政策和规定的程序进行分配。合作社可供分配的盈余由本年盈余、以前年度累计未分配盈余和其他转入三部分构成，其关系式是：

本年可供分配盈余＝本年盈余＋以前年度累计未分配盈余＋其他转入

上式中其他转入是指合作社按规定用公积金弥补亏损等转入的数额。

合作社可供分配盈余应按照以下顺序进行分配：

首先，提取盈余公积金和公益金。合作社所实现的盈余，首先要满足维护和发展合作社生产经营的需要，所以，合作社盈余分配的第一步，就是按合作社章程规定的比例提取盈余公积，提取的盈余公积主要用于合作社弥补亏损或转增股金。如果合作社章程还规定按一定比例提取公益金，则还要再计提公益金。

其次，进行盈余返还。合作社盈余中的经营收益，是合作社实现盈余的主要来源，并主要由合作社与各成员户之间进行交易所形成的，因此，根据国家农民专业合作社管理要求并在合作社章程中明确规定，对合作社所实现的可分配盈余应以不低于60%的比例返还给成员。具体分配办法按照章程规定或者经成员大会决议确定。

在进行盈余返还分配时，首先确定应返还盈余总额，然后再确定需返还给每一成员的盈余。在确定返还给每一成员的盈余时，一般以成员与本社的交易量或交易额为标准进行分配，或将应返还盈余总额分为两部分：一部分以交易量为标准进行分配，另一部分以交易额为标准进行分配。分配的基本方法如下：

分配率＝应返还盈余总额/分配标准总量

某成员应分返还盈余额＝分配率×该户的分配标准数量

最后，进行剩余盈余分配。所谓剩余盈余是指可供分配盈余在经过提取盈余公积金和盈余返还分配后的余额。关系式可表示如下：

剩余盈余＝可供分配盈余－提取的盈余公积金公益金－盈余返还总额

对剩余盈余即可进行全部分配，也可只分其中一部分。该分配是以各成员对合作社经营所需资本的贡献大小为标准进行的分配，目的在于体现合作社也具有一般经济组织资本化经营的特征。根据《农民专业合作社财务会计制度》规定，对剩余盈余进行分配的标准，可按三个方面的内容加总确定，第一方面是该成员的出资额，这一方面是指成员加入合作社时，按合作社注册资本份额（比率）所缴纳的股金；第二方面是该成员享有的本社公积金份额，成员享有的本社公积金份额由两部分构成，一是该成员实际出资额超过注册资本份额的部分，二是该成员享有的本社盈余公积金份额；第三方面是该成员享有的本社专项基金份额，成员享有的本社专项基金份额也由两部分构成，一是享有的财政补助份额；二是享有的接受捐赠份额。分配的基本方法如下：

分配率＝计划分配剩余盈余总额/合作社剩余盈余分配标准总额

其中：合作社剩余盈余分配标准总额 ＝ $\sum$（某户出资额＋该户享有的公积金份额＋该户享有的专项基金份额）

某成员应分得的剩余盈余额＝分配率×该成员剩余盈余分配标准额

（2）合作社所有者权益与成员账户管理。

①合作社所有者权益的内容与管理要求。合作社的所有者权益包括：

a. 股金与资本公积。合作社对成员入社投入的资产要按有关规定确认和计量，按双方确认的价值计入相关资产。

b. 专项基金。是指合作社接受国家财政直接补助形成的固定资产、农业资产和无形资产的价值，以及接受他人捐赠、用途不受限制或已按约定使用的资产价值。专项基金是合作社非经营活动所获得的，应由合作社全体成员共同享有的额外收益，应按来源不同进行明细核算，同时，还应将其平均量化分摊到每一成员并分别记入各成员账户。

c. 盈余公积与未分配盈余。盈余公积是指合作社从当年可分配盈余中提取的公积金。提取的公积金也应按照章程规定将其量化分摊到每一成员并分别记入各成员账户。未分配盈余是指各项盈余分配过程结束后仍留存在合作社的盈余，其所有权仍归合作社全体成员所有。

合作社按照法定程序减少注册资本或成员退股、或成员按规定转让出资、或合作社用资本公积转增股金、或合作社用盈余公积转增股金及弥补亏损等时，应在有关明细账及备查簿中详细记录发生的变动情况，以全面详细反映合作社所有者权益的变动状况。

②合作社成员账户管理。

合作社成员账户的格式与内容。《农民专业合作社法》第三十六条规定：农民专业合作社应当为每个成员设立成员账户（格式见表9－29），主要记载的内容是：该成员的出资额；量化为该成员的公积金份额；该成员与本社的交易量（额）。

表9－29　成员账户

成员姓名：　　联系地址：　　第　页

编号	年		摘要	成员出资	公积金份额	形成财产的财政补助资金量化份额	捐赠财产量化份额	交易量		交易额		盈余返还金额	剩余盈余返还金额
	月	日						产品1	产品2	产品1	产品2		
1													
2													
3													
4													
5													
年终合计													
				公积金总额：				盈余返还总额：					
备注：													

成员账户编制说明：

a. 本表反映合作社成员入社的出资额、量化到成员的公积金份额、成员与本社的交易量（额）以及返还给成员的盈余和剩余盈余金额。

b. 年初将上年各项公积金数额转入，本年发生公积金份额变化时，按实际发生变化数填列调整。“形成财产的财政补助资金量化份额”、“捐赠财产量化份额”在年度终了，或合作社进行剩余盈余分配时，根据实际发生情况或变化情况计算填列调整。

c. 成员与合作社发生经济业务往来时，“交易量（额）”按实际发生数填列。

d. 年度终了，以“成员出资”、“公积金份额”、“形成财产的财政补助资金量化份额”、“捐赠财产量化份额”合计数汇总成员应享有的合作社公积金份额，以“盈余返还金额”和“剩余盈余返还金额”合计数汇总成员全年盈余返还总额。

9.2.4　技能训练

9.2.4.1　成本费用管理技能训练

（1）训练背景：榆林乡山地林牧农民合作社成立后，其经营活动内容大致规划如下：

①各成员户各自承包的果园，日常管护仍由各户独立进行，合作社为各户统一采购和供应化肥、农药、种苗及提供相关的技术指导，统一收购和销售果品。

②成立后的第三年准备承包荒山，建立合作社集体果园，将发生平整土地等基础建设费用。

③建立合作社果树苗圃，一是用于为合作社成员户提供果树种苗，二是用于出售，再有一部分用于合作社自建的果园。果树种苗培育期为三年，所培育的种苗第三年即可开始出售和移植；四年后即可进入结果盛产期，盛产期约为8年。

④各成员户原有的育肥牛（大小不等）采取集中统一圈养方式，由合作社统一进行检疫、饲喂，育成后由合作社统一收购与销售。集中的情况是：陶连升家12头、陶得玉家9头、陶滨家8头、张宝仓家8头、张连贵家6头、林有水家3头、陈明楠家3头。

⑤在以上的经营活动中，可能发生的具体费用有：人员工资、化肥与农药、差旅费、电话费、饲料费、电费、水费、招待费、咨询费、技术指导费、牲畜治疗费、铁锹等一般劳动工具费、日常维修的材料费、汽车运输费、油费等等。

（2）训练要求：

①从财务管理角度，针不同的经营活动，提出相应的费用管理和处理方法。

②从财务管理角度，针对第五项所列可能发生的具体费用，提出相应的管理和处理构想。

9.2.4.2　收入的管理技能训练

（1）训练背景：榆林乡山地林牧农民合作社成立后，其规划的有关收入活动项目主要有以下几个方面：

①统一收购和销售果品，统一收购和销售育肥牛；向各成员户提供化肥、农药等农业生产用物资及合作社苗圃培育的果树种苗；向非成员户销售化肥、农药等农业生产用物资、销售合作社苗圃培育的果树种苗；

②聘请果树专家为各成员户及非成员户提供果木技术指导。

③合作社修建牛舍时，预计能取得乡财政无偿扶持拨款。

④可以收到市肉联厂收购育肥牛定金和购置牛舍卫生设施捐款。

⑤可以收到天壮饲料公司捐赠的部分矿物质添加饲料。

（2）训练要求。从财务管理角度，针不同的收入来源，提出相应的财务管理与处理方法。

9.2.4.3　农民专业合作社盈余、所有者权益与成员账户管理

（1）训练背景。

①榆林乡山地林牧农民合作社成立后，2010年经过一年的经营活动，有关盈余核算的指标如下：

经营收入总额为702 000元；其他收入总额为24 000元；经营支出总额为540 000元；管理费用总额为33 000元；其他支出总额7 200元；

②在一年的经营活动中，与各成员户的交易额分别是：陶连升家124 200元、陶得玉家86 400元、陶滨家102 600元、张宝仓家81 000元、张连贵家48 600元、林有水家43 200元、陈明楠家54 000元。

③在一年的经营活动中，取得的乡财政补助和其他捐赠有：合作社修建牛舍时，取得乡

财政无偿扶持拨款 30 000 元；收到市肉联厂牛舍卫生设施捐款 24 000 元；收到天壮饲料公司捐赠的矿物质添加饲料 18 000 元。

④山地林牧农民合作社成员大会通过对剩余盈余分配的决议：剩余盈余按其总额的 95% 进行分配。

⑤其他资料登记成员出资总额 660 000 元，其中陶连升出资额 300 000 元；计提盈余公积 10%；计提盈余公益 3%；可分配盈余返还总额不低于可分配盈余的 65%。

（2）训练要求。

①利用表 9－28 设置陶连升成员账户，并根据前述相关资料及后续有关业务资料，登记陶连升成员账户中的有关项目。

②计算合作社本年经营收益、本年盈余与本年可供分配盈余。

③将取得的乡财政补助和其他捐赠量化分摊到每一成员。

④按规定程序进行合作社盈余分配，并进行相应的盈余公积的每一成员量化分摊。

⑤编制盈余及盈余分配表，参见表 9－30。

表 9－30 盈余及盈余分配表（简表）

年 月 会农社 02 表

编制单位： 单位：元

项 目	行 次	金 额	项 目	行 次	金 额
本年盈余			盈余分配		
一、经营收入	1		四、本年盈余	16	
加：投资收益	2		加：年初未分配盈余	17	
减：经营支出	5		其他转入	18	
管理费用	6		五、可分配盈余	21	
二、经营收益	10		减：提取盈余公积	22	
加：其他收入	11		盈余返还	23	
减：其他支出	12		剩余盈余分配	24	
三、本年盈余	15		六、年末未分配盈余	28	

9.2.5 完成任务

9.2.5.1 完成成本费用管理训练任务

（1）对不同经营活动中的费用，合作社财务管理人员应根据《农民专业合作社财务会计制度》采取不同的管理、处理原则和方法：

①对规划的第一项经营活动，首先，要在核算方面划清农户与合作社不同主体的界限，各成员户果园的日常培植活动不构成合作社的经营活动。其次，合作社为各户统一采购和供应化肥、农药、种苗等生产用物资，则构成了合作社的经营活动，是合作社要纳入管理和核算的范围。

②对规划的第二项经营活动，应根据平整土地过程中支出的性质，对平整土地等基础建设费用进行分类核算。

③对规划的第三项经营活动所发生的费用，应根据苗圃的生产过程分阶段进行管理和核算。

(2) 对经营活动中可能发生的人员工资、化肥与农药、差旅费、电话费、饲料费、电费、水费、招待费、咨询费、技术指导费、牲畜(禽)检验、检疫治疗费、铁锹等一般劳动工具费、日常维修的材料费、汽车运输费、油费等具体费用，应从不同的财务管理角度对其进行分类管理与核算。

9.2.5.2 完成收入的管理训练任务

榆林乡山地林牧农民合作社财务人员应针对不同来源的收入，依据《农民专业合作社财务会计制度》，采取不同的管理、处理原则与方法：

(1) 对于合作社规划的第一个方面收入活动项目，这一方面的收入构成了《农民专业合作社财务会计制度》所规定的合作社可计入当期盈余的收入，是合作社日常主要经营活动收入，应列为合作社经营收入来进行管理与核算。

(2) 对于合作社规划的第二个方面收入活动项目，聘请果树专家为各成员户及非成员户提供果木更新诊断与技术指导，作为收入项目也符合《农民专业合作社财务会计制度》所规定的合作社可供分配的收入。

(3) 对于合作社规划的第三个方面收入活动项目，合作社修建牛舍时，争取获得的乡政府财政性无偿扶持拨款收入，是属于具有特定来源、特定用途的资金来源，不属于合作社可计入当期盈余的收入，因此，不能计入当期损益的某收入项目中去。

(4) 对于合作社规划的第四个方面收入活动项目，可以收到市肉联厂收购育肥牛的定金和购置牛舍卫生设施的捐款。对于收到的市肉联厂收购育肥牛定金，在没有交售市肉联厂订购的育肥牛之前，按权责发生制核算原则，不能将收取的定金计入收取定金当期的经营收入中，而应计入合作社有关的负债中，待订购的育肥牛交售后才能转为交售当期的经营收入中去。对于收到市肉联厂购置牛舍卫生设施捐款，应按约定用途使用。对于合作社收到的企业、个人等捐赠，应按《农民专业合作社财务会计制度》所规定的要求，一方面计入有关资产账户，另一方面计入专项基金账户，不得做为其他收入计入当期盈余。

(5) 对于合作社规划的第五个方面收入活动项目，在收到天壮饲料公司捐赠的部分矿物质添加饲料时，也应按《农民专业合作社财务会计制度》所规定的要求，一方面计入有关资产账户，另一方面计入专项基金账户，不得做为其他收入计入当期盈余。

9.2.5.3 完成合作社盈余、所有者权益与成员账户管理任务

(1) 在表9-29成员姓名位置填写：陶连升，设立成员账户；根据其他资料登记陶连升出资额300 000元；根据本训练背景“2)”中的资料登记陶连升交易额124 200元。

(2) 榆林乡山地林牧农民合作社2010年：

经营收益 = 702 000 - 540 000 - 33 000 = 129 000 (元)

盈余 = 129 000 + 24 000 - 7 200 = 145 800 (元)

可供分配盈余 = 145 800 (元)

(3) 乡财政补助和其他捐赠量化分摊：

乡财政补助量化每一成员分摊额 = 30 000/7 = 4 285.71 (元)

其他捐赠量化每一成员分摊额 = (24 000 + 18 000)/7 = 6 000.00 (元)

根据上述计算结果，在成员账户——陶连升户登记其应享有的乡财政补助份额和应享有

的其他捐赠份额。

(4) 2010 年合作社盈余分配:

①计提盈余公积金并量化分配。

应提盈余公积金 = 145 800 × 10% = 14 500 (元)

量化分配每一成员的份额 = 14 500/7 = 2 071.43 (元)

根据上述计算结果在成员账户——陶连升户登记其应享有的盈余公积金份额。

②计提盈余公益金。

应提盈余公益金 = 145 800 × 3% = 4 374 (元)

由于计提的盈余公益金在合作社章程中所规定的用途具有互助互济共同使用的性质，所以，日常不予量化分配到每一成员。

③进行盈余返还。

应返还盈余总额 = 145 800 × 65% = 94 770 (元)

分配标准总额(各成员与合作社交易总额) = 124 200 + 86 400 + 102 600 + 81 000 + 48 600 + 43 200 + 54 000 = 539 800 (元)

返还盈余分配率 = (94 770/539 800) × 100% = 17.56%

成员陶连升应分返还盈余额 = 17.56% × 124 200 = 21 809 (元)

其他各户应分返还盈余同理，根据上述计算结果在成员账户——陶连升户登记其应享有的返还盈余份额。

④进行剩余盈余分配。

剩余盈余分配总额 = (145 800 − 14 500 − 4 374 − 94 770) × 95%

= 32 156 × 95% = 30 548 (元)

分配标准总额 = 660 000 + 14 500 + (30 000 + 24 000 + 18 000) = 746 500 (元)

剩余盈余分配率 = 30 548/746 500 = 0.0409

成员陶连升分配标准总额 = 300 000 + 4 285.71 + 6 000 + 2 071.43 = 312 357.14 (元)

成员陶连升应分得的剩余盈余 = 0.0409 × 312 357.14 = 12 775 (元)

(或) = 30 548 × (312 357.14/746 500) = 12 782 (元)

其他各户应分得的剩余盈余同理，根据上述计算结果在成员账户——陶连升户登记其应享有的剩余盈余份额。

⑤填制完成表 9 − 30。

9.2.6 教研交流

(1) 农民专业合作社盈余分配的基本程序是怎样的?

(2) 为什么要设置农民专业合作社成员账户?

(3) 农民专业合作社盈余分配的教学以什么教学方式为好?

(4) 可用于合作社成员分配的收入也即构成合作社盈余基础的收入包括哪些内容?

(5)《农民专业合作社财务会计制度》对于合作社取得的无偿拨款和捐赠有什么规定?

(6) 如何能让学生更深刻地理解广义收入与狭义的计入当期盈余收入的区别?

(7) 从财务管理的不同角度对费用进行分类有什么意义?

(8) 怎样能较好的让学生全面把握一个合作社有关成本与费用的管理?

单元十　农村集体经济组织和农民合作社会计实务

学习目标：

在本单元的学习中，我们要掌握如下内容：

1. 农村集体经济组织会计制度的适用范围及“内部往来”、“牲畜（禽）资产”、“林木资产”、“一事一议资金”等典型会计科目的应用。

2. 农民专业合作社财务会计制度的适用范围及“委托加工物资”、“委托代销商品”、“应付盈余返还”、“应付剩余盈余”等特殊会计科目的应用。

3. 能独立辨析《村集体经济组织会计制度》、《农民专业合作社财务会计制度（试行）》、最新2006年《企业会计准则》三项会计制度、准则间的异同。

4. 在了解国际合作社组织运作现状的基础上，能够为我国农村地区组织机构、财务制度方面改革提出合理建议。

本单元主要针对目前农村地区存在的两种主要经济组织：农村集体经济组织、农民专业合作社的会计制度进行讲解，在明确不同组织会计核算制度与通行企业会计准则的异同后，我们将进一步总结这两种农村组织会计制度的相互关系，并于本单元结尾处对这两种组织形式的未来发展趋势进行开放式讨论。

【案例】 南昌市青山湖区共有75个行政村。在现有的村集体经济组织当中，大多数仍沿用传统集体经济实现形式，未推行相关产权制度改革，经济发展程度较低，农民生活困难。作为农村集体经济组织产权制度改革的积极探索，该地区下辖的进顺村率先完成了村集体经营性资产的产权制度改革。从改革后的效果来看，2007年进顺村实现总产值20多亿元，利税8 000多万元，村集体纯收入近3 000万元，村民人均收入过万元，村集体固定资产5亿多元，净增5.25倍。[11]

瑞安市梅屿蔬菜合作社成立于2001年4月13日，是瑞安市首个具有法人资格的农民专业合作社。该社现有社员463人，带动农户4 000户，辐射梅屿及附近7个乡镇39个行政村，拥有“强绿”牌番茄、芹菜、黄瓜三大主导产品，年生产总值4 500万元，销售网络遍及杭州、上海、武汉、常州等13个地区，被评为“浙江省示范性农民专业合作社”。梅屿蔬菜合作社相关法人信息如下：

成立审批部门：市工商行政管理局。社员总数：463个（其中农民社员总数462个、团体社员总数1个）。最近工商登记时间：2006年5月30日。注册资金：30万元（出资总额）。注册商标名称：“强绿”。经营服务场所面积：425m^2；合作社及社员基地规模：6 000（亩、头、羽）。[12]

通过上述案例可以发现，我国农村经济管理实践中存在两种主要的经济组织形式：村集体经济组织、农民专业合作社。二者目的一致功能近似，但在日常经营管理过程中分别遵循不同的会计制度。本单元将结合实例依次介绍《村集体经济组织会计制度》、《农民专业合作社财务会计制度（试行）》。

任务一　农村集体经济组织会计实务

10.1.1　任务描述

我国2006年颁布新会计准则之后，绝大多数企业都要按照统一的会计准则进行财务信息列报，同时允许特殊企业、非企业组织适用专门的会计制度。比如对规模小、雇工少的企业，我们采用《小企业会计制度》进行核算；而对广大农村地区的集体经济组织，则有专门的《村集体经济组织会计制度》加以规范。

为了准确掌握该制度，我们必须了解村集体经济组织的几个要点：

首先，该制度适用的组织形式“村集体经济组织”是指按村或村民小组设置的街道性集体经济组织，是以从事经济发展为主，同时兼有一定街道管理职能的农业基层管理单位。在实务中一般适用于以公有土地为基础的地区性、综合性的做为发包单位的村级集体经济组织。

其次，由于村集体经济组织兼具生产经营与街道管理的双重职能，带有比较浓重的行政管理痕迹，不宜将其直接视为企业单位，因此目前村集体经济组织并不具备法人资格，通常情况下由村民委员会代行相关职权，在会计日常核算方面具有简单要求、简化核算的特点。

最后，为了与新时期经济发展格局相适应，村集体经济组织在生产经营上采取有统有分、统分结合的双层管理体制。在资金来源上逐步实现了与国有企业、民营企业等其他经济形式的多元化合作，因此所有制结构上也必然是以集体所有制为主，多种成分并存。

本任务将集中讨论《村集体经济组织会计制度》在日常核算过程中与通行会计准则相异之处。

10.1.2　任务分析

由于农业生产以及农村经济组织的特殊性，有关部门制定的《村集体经济组织会计制度》虽然在原则上与2006年版会计准则并不抵触，比如村集体经济组织会计在确认、计量时仍然坚持“会计主体、持续经营、会计分期、货币计量”四大基本假设以及“权责发生制”这一会计基础等，但在一些具体核算规则上还是存在明显不同。

（1）村集体组织在管理、核算上的双重性质。由于村集体经济组织以发展经济为主，同时负有一部分街道管理职能，因此在会计核算上不但要完成企业会计的收入、费用和收益的核算，同时也必须承担起做为基层政府对货币资金的提留、调拨、投放和收回的资金控制与运用职能。

（2）村集体组织会计的两级核算体制。由于我国目前在农村地区推行的是以家庭联产承包责任制为主、其他责任制为辅的经济运作方式，因此村集体经济组织推行了与之相适应的统一核算与分散核算相结合的两级会计核算体制。具体而言，村集体经济组织与其下属的联产承包单位（大多数是农户家庭）实质上是发包方与承包方的关系。村集体经济组织不但要完成做为发包方自身的收支核算，还要对下属的各个承包单位实行灵活多样的分散核算。

（3）村集体经济组织会计要素设置的特殊要求。从整体上来看，村集体经济组织也设置了六大会计要素，分别是：资产、负债、所有者权益、收入、支出、收益。各自涵盖的内容如图 10－1 所示。

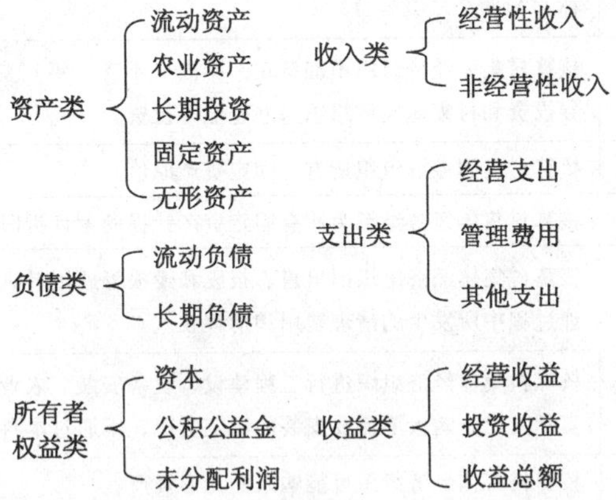

图 10－1　村集体经济组织会计要素图

为了真正掌握对农村集体经济组织的会计核算方法，我们有必要在以后环节就《村集体经济组织会计制度》的基本核算要求按会计科目展开论述，并辅以案例说明该制度的应用。

10.1.3　相关知识

村集体经济组织会计是村集体经济组织以货币为统一计量尺度，对其经济活动进行全面、系统、连续、综合的核算和监督，为各种会计信息使用者提供有用经济信息的一种经济管理活动。

根据 2005 年 1 月 1 日实施的《村集体经济组织会计制度》要求，村集体组织会计核算目前共设置 33 个一级会计科目，并为极少数可能涉及特殊业务的村组织开设 3 个特殊科目。各科目具体核算内容见表 10－1 所示。

表 10－1　　村集体经济组织会计科目核算表

序号	会计科目名称	会计科目核算要求
	资产类	
1	现金	核算村集体经济组织的库存现金。
2	银行存款	核算村集体经济组织存入银行、信用社或其他金融机构的款项。
3	短期投资	核算村集体经济组织购入的各种能随时变现并且持有时间不准备超过一年（含一年）的股票、债券等有价证券投资。
4	应收款	核算村集体经济组织与外单位、外部个人发生的各种应收及暂付款项。
5	内部往来	核算村集体经济组织与所属单位、农户的经济往来业务。

续表

序号	会计科目名称	会计科目核算要求
6	库存物资	核算村集体经济组织库存的各种原材料、农用材料、农产品、工业产成品等物资。
7	牲畜（禽）资产	核算村集体经济组织购入或培育的牲畜（禽）的成本。本科目设置“幼畜及育肥畜”和“产役畜”两个二级科目。
8	林木资产	核算村集体经济组织购入或营造的林木成本。本科目设置“经济林木”和“非经济林木”两个二级科目。
9	长期投资	核算村集体经济组织不准备在一年内（不含一年）变现的投资，包括股票投资、债券投资和村集体经济组织兴办企业等投资。
10	固定资产	核算村集体经济组织所有的固定资产原值。
11	累计折旧	核算村集体经济组织为所有固定资产计提的累计折旧。
12	固定资产清理	核算村集体经济组织因出售、报废和毁损等原因转入清理的固定资产净值以及在清理过程中所发生的清理费用和清理收入。
13	在建工程	核算村集体经济组织进行工程建设、设备安装、农业基本建设设施大修理等发生的实际支出。购入不需要安装的固定资产，不通过本科目核算。
特1	无形资产	核算村集体经济组织可能购入的无形资产。
特2	拨付所属单位资金	核算村集体经济组织可能发生的向其下属单位拨付的资金。
	负债类	
14	短期借款	核算村集体经济组织从银行、信用社和有关单位、个人借入的期限在一年以下（含一年）的各种借款。村集体经济组织借入的期限在一年以上（不含一年）的借款在“长期借款及应付款”科目核算。
15	应付款	核算村集体经济组织与外单位和外部个人发生的偿还期在一年以下（含一年）的各种应付及暂收款项等。
16	应付工资	核算村集体经济组织应付给其管理人员及固定员工的报酬总额。上述人员的各种工资、奖金、津贴、福利补助等，不论是否在当月支付，都应通过本科目核算。村集体经济组织应付给临时员工的报酬，不通过本科目核算，在“应付款”或“内部往来”科目中核算。
17	应付福利费	核算村集体经济组织从收益中提取，用于集体福利、文教、卫生等方面的福利费(不包括兴建集体福利等公益设施支出)，包括照顾烈军属、五保户、困难户的支出，计划生育支出，农民因公伤亡的医药费、生活补助及抚恤金等。
18	长期借款及应付款	核算村集体经济组织从银行、信用社和有关单位、个人借入的期限在一年以上（不含一年）的借款及偿还期在一年以上（不含一年）的应付款项。
19	一事一议资金	核算村集体经济组织兴办生产、公益事业，按一事一议的形式筹集的专项资金。
特3	专项应付款	核算村集体经济组织可能发生的接受具备专门用途的国家下拨资金。
	所有者权益类	
20	资本	核算村集体经济组织实际收到投入的资本。
21	公积公益金	核算村集体经济组织从收益中提取的和其他来源取得的公积公益金。
22	本年收益	核算村集体经济组织本年度实现的收益。

续表

序号	会计科目名称	会计科目核算要求
23	收益分配	核算村集体经济组织当年收益的分配（或亏损的弥补）和历年分配后的结存余额。本科目设置“各项分配”和“未分配收益”两个二级科目。
	成本类	
24	生产（劳务）成本	核算村集体经济组织直接组织生产或对外提供劳务等活动所发生的各项生产费用和劳务成本。
	损益类	
25	经营收入	核算村集体经济组织当年发生的各项经营收入。
26	经营支出	核算村集体经济组织因销售商品、农产品、对外提供劳务等活动而发生的实际支出。
27	发包及上交收入	核算农户和其他单位承包集体耕地、林地、果园、鱼塘等上交的承包金及村（组）办企业上交的利润等。本科目设置“承包金”和“企业上交利润”两个二级科目。
28	农业税附加返还收入	核算村集体经济组织收到的乡（镇）农税征收部门返还的农业税附加、牧业税附加等资金。已免征农业税和牧业税的地区，不使用该科目。
29	补助收入	核算村集体经济组织收到的财政等有关部门的补助资金。
30	其他收入	核算村集体经济组织除“经营收入”、“发包及上交收入”、“农业税附加返还收入”和“补助收入”以外的其他收入。如罚款收入、存款利息收入、固定资产及库存物资的盘盈收入等。
31	管理费用	核算村集体经济组织管理活动发生的各项支出，如管理人员的工资、办公费、差旅费、管理用固定资产的折旧和维修费用等。
32	其他支出	核算村集体经济组织与经营管理活动无直接关系的其他支出。如公益性固定资产折旧费用、利息支出、农业资产的死亡毁损支出、固定资产及库存物资的盘亏、损失、防汛抢险支出、无法收回的应收款项损失、罚款支出等。
33	投资收益	核算村集体经济组织对外投资取得的收益或发生的损失。

另外，村集体经济组织会计报表在设置上也与企业会计报表结构不同，具体构成如表 10－2 所示。

表 10－2　村集体经济组织会计报表体系

报表名称	编报期间	编报时必须遵循的要求	报表编号
科目余额表	月度/季度	月度/季度报表的格式由各省、市、自治区的财政部门或农村经营管理部门制定	
收支明细表	月度/季度		
资产负债表	年度	年度报表必须按照《村集体经济组织会计制度》在全国范围内统一格式、统一编号	村会 01 表
收益及收益分配表	年度		村会 02 表
各类内部管理报表	不定期	各村集体经济组织根据需要自行确定	

10.1.4　技能训练

在本环节，我们仅就村集体经济组织内部往来项目、农业资产项目、对外投资项目、一事一议资金项目等明显不同于企业日常核算的内容加以分录讲解，其他与通行企业会计准则核算要求近似的会计科目不再赘述。

10.1.4.1 应收款项类

村集体经济组织应收款项是指村集体经济组织在日常生产经营活动中发生的各种应收但尚未收到的款项。从其产生的来源看，可以区分为与外部单位、个人发生的应收预付款项，及其与内部下属承包单位、农户之间的应收款项两种。本村与外单位之间的应收款项直接使用“应收款”科目，本村与内部村民、组员、下属单位等的应收应付经济往来业务，则使用“内部往来”科目。

“内部往来”期末借方余额合计数反映下属单位、农户欠村集体经济组织的款项总额；期末贷方余额合计数反映村集体经济组织拖欠下属单位、农户的款项总额。

【例10－1】 大团结村集体经济组织销售1 000公斤苹果给红火商业批发行，价格2 500元，并代垫200元运输费，款项尚未收到。

借：应收款——红火商业批发行	2 700
贷：经营收入	2 500
现金	200

【例10－2】 上述交易4日后，收到购货方交付的银行转账支票一张，用于偿付前欠款。

借：银行存款	2 700
贷：应收款——红火商业批发行	2 700

【例10－3】 村委会调查发现，某债务人张某因破产已无力归还拖欠两年的1 800元购货款，经批准转作坏账处理。

借：其他支出	1 800
贷：应收款——张某	1 800

【例10－4】 村技术员李旺到县城参加技术培训，预借差旅费3 800元；出售给村下属丰盛面粉加工厂大麦8 200元；结算出村民赵力承包果园应交承包金3万元；为铺设有线电视网络，决定采用一事一议方式在全村筹资12万元。

借：内部往来——李旺	3 800
——丰盛面粉厂	8 200
——赵力	30 000
——全村农户	120 000
贷：现金	3 800
经营收入	8 200
发包及上交收入	30 000
一事一议资金	120 000

【例10－5】 李旺出差回来报销差旅费，同时返还多余的现金200元。

借：管理费用	3 600
现金	200
贷：内部往来——李旺	3 800

【例10－6】 经动员，共收到用于铺设有线电视网络的一事一议资金105 000元，存入

银行指定账户。

借：银行存款　　105 000

　贷：内部往来——相关农户名　　105 000

10.1.4.2　农业资产类

村集体经济组织的农业资产是《村集体经济组织会计制度》考虑农村生产特殊性新设置的一项资产类别，主要特指生物资产（活体动物、植物）中的牲畜（禽）资产和林木资产。

与其他资产相比较，农业资产具有完全不同的特殊属性。

首先，由于农业资产是活体的动植物，本身具有生物生长、转化能力，因此在持有期间必然有自然价值增值的过程，这将是会计核算的一个重点。

其次，由于活体动植物的生命跨度相当大，既有几十天即可出笼屠宰的肉鸡，也有可以存活几十年甚至上百年的珍稀林木，因此农业资产实际上兼具流动资产与固定资产双重属性，而且在一定条件下二者可以相互转化，这也对会计核算增加了难度。

再次，绝大多数的农业资产在存活期间都需要不断追加投资以保证其生长质量，因此如何区分不同存活期限的农业资产并采用不同方法分别进行后续支出计量也成为该类资产所特有的会计业务。

最后，对于具备了长期资产性质的农业资产，考虑到其在以后若干期间产生收益、发生支出，我们必须对其成本进行分摊。《村集体经济组织会计制度》统一规定了计提折旧的预计净残值率为5%，并要求按照扣除净残值后的余额直线摊销。

（1）牲畜（禽）资产。村集体经济组织取得的牲畜（禽）资产从寿命周期上看可以划分为两大类：未成年不能立即投入到生产过程的幼畜及育肥畜、已经成年可以独立完成农业生产的成年产役畜。与此相对应，我们分设“牲畜（禽）资产——幼畜及育肥畜”以及“牲畜（禽）资产——产役畜”两个二级科目进行不同内容的核算。二者在核算过程中的差异如图10－2所示：

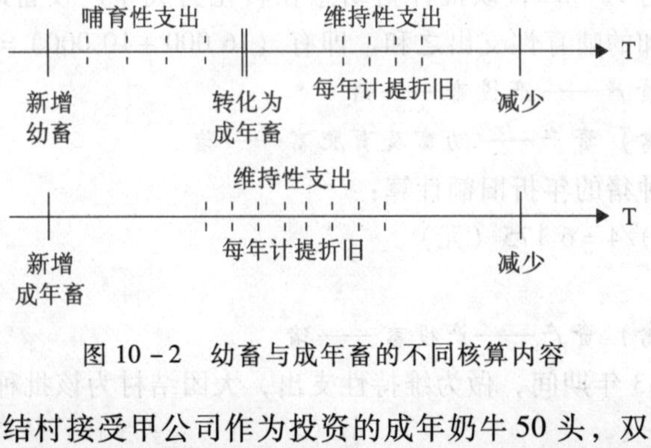

图10－2　幼畜与成年畜的不同核算内容

【例10－7】　大团结村接受甲公司作为投资的成年奶牛50头，双方作价250 000元，预计可以产奶5年；接受某澳洲农场捐赠的成年绵羊100头，市场公允价值40万元，预计可产羊毛5年；用银行存款购买种猪幼崽200只，共支付16 000元。

借：牲畜（禽）资产——产役畜——奶牛　　250 000

　　　　　　　　　——产役畜——绵羊　　400 000

——幼畜及育肥畜——猪 16 000

贷：资本——甲公司 250 000

公积公益金 400 000

银行存款 16 000

【例 10-8】 第一年为饲养绵羊投入饲料、人工、资金等共计 15 000 元，同时根据 5% 的预计净残值率为绵羊计提年折旧。

借：经营支出 15 000

贷：库存物资（应付工资、银行存款等） 15 000

绵羊的年折旧额计算：400 000 ×（1-5%）/5 = 76 000（元）。分录为：

借：经营支出 76 000

贷：牲畜（禽）资产——产役畜——绵羊 76 000

【例 10-9】 使用 4 年后，大团结村将该批绵羊以 10 万元出售给某肉食品加工厂，款项收到存入银行。

确认收入的分录为：

借：银行存款 100 000

贷：经营收入 100 000

结转该批绵羊的摊余成本：400 000 - 4 × 76 000 = 96 000（元）（或 76 000 + 400 000 × 5% = 96 000），即此时该批绵羊的摊余成本仅剩下第 5 年折旧额及净残值金额。

借：经营支出 96 000

贷：牲畜（禽）资产——产役畜——绵羊 96 000

【例 10-10】 本年度为哺育该批种猪幼崽耗费库存饲料、人工、资金等共计 1 万元。

借：牲畜（禽）资产——幼畜及育肥畜——猪 10 000

贷：库存物资（应付工资、银行存款等） 10 000

【例 10-11】 购入的第 2 年初，该批种猪幼崽已经成年，预计可以使用 4 年，转为成年产役畜处理，并从本年年末开始计提该批成年猪折旧。

结合例题 10-7 与 10-10，该批种猪幼崽在转化为成年产役畜时，总成本等于初始采购成本及采购当年追加的哺育性支出之和。即有（16 000 + 10 000）= 26 000（元）。

借：牲畜（禽）资产——产役畜——猪 26 000

贷：牲畜（禽）资产——幼畜及育肥畜——猪 26 000

在第 2 年末该批种猪的年折旧额计算：

26 000 ×（1-5%）/4 = 6 175（元）

借：经营支出 6 175

贷：牲畜（禽）资产——产役畜——猪 6 175

【例 10-12】 第 3 年期间，做为维持性支出，大团结村为该批种猪共投入饲料、人工、资金等合计 6 400 元。

借：经营支出 6 400

贷：库存物资（应付工资、银行存款等） 6 400

【例 10-13】 第 4 年末，大团结村将该批种猪当中的 160 头以 6 200 元出售给肉食品加工厂，款项收到存入银行。

确认收入的分录为：

借：银行存款　　6 200

　贷：经营收入　　6 200

结转该批种猪的 80% 的摊余成本［即(160/200)×100%］：(26 000 - 3×6 175)×80% =5 980（元）。

借：经营支出　　5 980

　贷：牲畜（禽）资产——产役畜——猪　　5 980

（2）林木资产。林木资产是指村集体经济组织购入或自行营造的林木，一般分为经济林木和非经济林木两种。二者的区别之处在于经济林木主要用于生产果品、药材、工业原料及油制品等，而非经济林木主要是成年后木质本身可以使用的木材。从常见的树种来看，苹果树、桑树、橡胶树等是经济林木；槐树、松树、柳树等则是非经济林木。

根据制度要求，我们分别设置了“林木资产——经济林木”和“林木资产——非经济林木”两个二级科目进行不同内容的核算。从会计核算的角度来看，经济林木在投产成林、能够创造经济价值以后，应该视同为一项普通的长期资产在每期计提折旧；非经济林木在郁闭成林后，不需要每期计提折旧。二者在核算过程中的差异如图 10-3 所示：

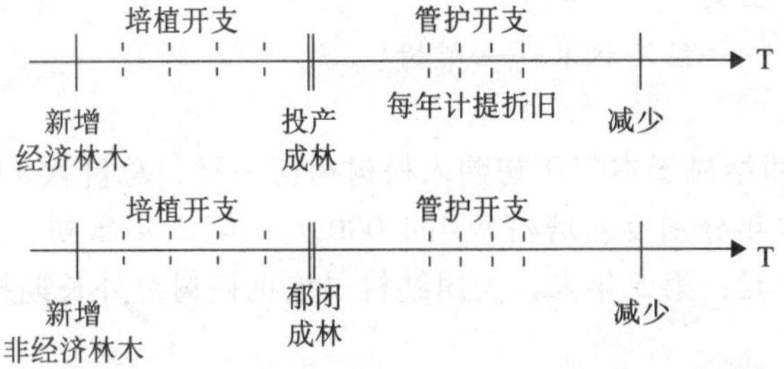

图 10-3　经济林木与非经济林木的不同核算内容

【例 10-14】　大团结村于本年年初购入梨树树苗一批，总价款 24 000 元，款项尚未支付；购买当年及次年分别投入培植费用 6 000 元；第 3 年年初，该批梨树苗投产成林，预计可正常产果 6 年，当年发生管护费用 7 600 元，并于当年末首次为该梨树林木计提折旧；第 7 年末，因发生火灾造成该批梨树完全毁损，经调查认定应由保险公司按成本价赔偿 4 000 元，村护林员王某赔偿 2 500 元，余额记入当期支出。

①第一年购入时：

借：林木资产——经济林木——梨树　　24 000

　贷：应付款　　24 000

②第一年培植开支：

借：林木资产——经济林木——梨树　　6 000

　贷：库存物资（应付工资、银行存款等）　　6 000

③第二年培植开支：

借：林木资产——经济林木——梨树　　6 000

　贷：库存物资（应付工资、银行存款等）　　6 000

④第三年初，梨树苗已投产成林，此时该批林木总成本为：24 000 + 6 000 + 6 000 =

36 000（元）。当年发生的管护费用：

借：经营支出 7 600

贷：库存物资（应付工资、银行存款等） 7 600

当年年底应计提折旧为：3 6000×（1－5%）/6＝5 700（元）。

借：经营支出 5 700

贷：林木资产——经济林木——梨树 5 700

第四年至第七年折旧分录与上例相同。

⑤截至第 7 年末，该批梨树林木的摊余价值为：36 000－5×5 700＝7 500（元），扣除应由保险公司及村护林员赔偿款项以外，差额部分记入其他支出。

借：应收款——保险公司 4 000

内部往来——王某 2 500

其他支出 1 000

贷：林木资产——经济林木——梨树 7 500

假定其他条件不变，保险公司按照市场价格应赔偿 8 000 元，则分录为：

借：应收款——保险公司 8 000

内部往来——王某 2 500

贷：林木资产——经济林木——梨树 7 500

其他收入 3 000

【例 10－15】 大团结村于本年年初购入松树树苗一批，总价款 5 000 元，款项以银行存款支付；购买当年及次年分别投入培植费用 1 000 元；第 3 年年初，该批松树苗郁闭成林，支付现金管护费用 600 元；第 5 年末，大团结村以该批松树对外长期投资，双方约定交易价格为 1 万元。

①第一年购入时：

借：林木资产——非经济林木——松树 5 000

贷：银行存款 5 000

②第一年培植开支：

借：林木资产——非经济林木——松树 1 000

贷：库存物资（应付工资、银行存款等） 1 000

③第二年培植开支：

借：林木资产——非经济林木——松树 1 000

贷：库存物资（应付工资、银行存款等） 1 000

④第三年初，松树苗已郁闭成林，此时该批林木总成本为：5 000＋1 000＋1 000＝7 000（元）。当年发生的管护费用：

借：其他支出 600

贷：现金 600

⑤截至第 5 年末，该批松树林木的总成本仍然是第三年初郁闭成林时的历史成本 7 000 元。

借：长期投资 10 000

贷：林木资产——非经济林木——松树 7 000

公积公益金 3 000

假定其他条件不变，假定双方约定该批松树的交易价格为 6 500 元，则分录为：

借：长期投资　6 500

　公积公益金　500

　贷：林木资产——非经济林木——松树　7 000

10.1.4.3 对外投资类

《村集体经济组织会计制度》根据持有目的及时间将对外投资划分为短期投资与长期投资两种。短期投资指能够随时变现并且持有时间不准备超过一年（含一年）的股票、债券等有价证券投资。长期投资指不准备在一年内（不含一年）变现的有价证券投资。

在整个投资业务核算中，始终贯穿着一条简化核算的操作原则。这是因为对于村级组织而言，从事对外有价证券、实物投资的业务数量少、金额小，而且往往局限在与本村组织有直接生产上下游关系的企业、个人上。在不影响会计信息使用的大前提下，村组织会计对短期投资、长期投资业务均做出了适当简化的处理。

（1）短期投资。村组织在取得短期投资时，假如购买的股票、债券、基金实际支付价格中包含已宣告但尚未领取的现金股利、已到付息期但尚未收到的债券利息的，该部分股利、利息不再单独列示，而是直接记入短期投资的取得成本中；以后实际收到该股利、利息的，直接冲减对应金额的短期投资取得成本。

【例 10－16】 大团结村于 2009 年 3 月 6 日以银行存款购入 X 公司股票。该股票单价 2.7 元，共 1 万股，另支付交易税费 2 600 元。购买时，该股票每股含有已宣告但尚未实际支付的股利 0.3 元。3 月 10 日，X 公司将上述股利存入大团结村组织银行账户中。4 月 10 日，大团结村以 27 400 元将 X 股票卖出。

①3 月 6 日，购入时

借：短期投资——X 股票　29 600（2.7×10 000＋2 600）

　贷：银行存款　29 600

②3 月 10 日，收到股利时

借：银行存款　3 000

　贷：短期投资——X 股票　3 000

③4 月 10 日，出售该股票时，总成本为 29 600－3 000＝26 600（元）

借：银行存款　27 400

　贷：短期投资——X 股票　26 600

　　投资收益　800

（2）长期投资。村集体组织在进行长期投资核算时，实质上采用了成本法的核算模式。对于发生的投资损益直接记入“投资收益”科目，不考虑投资收益是否冲减初始投资成本，收回投资时按实际收回价款或价值与原账面价值的差额记入“投资收益”科目。

【例 10－17】 大团结村于 2008 年 3 月 6 日以银行存款购入 Y 公司股票。该股票单价 2.7 元，共 1 万股，另支付交易税费 2 600 元。2008 年 5 月 15 日，Y 公司宣告发放 2007 年股利，每股 0.2 元。5 月 22 日，上述款项存入大团结村银行账户中。2009 年 4 月 10 日，大团结村以每股 31 500 元将 Y 股票卖出，另支付相关税费 2 400 元。

① 2008 年 3 月 6 日，购入时

借：长期投资——Y股票　　29 600

　贷：银行存款　　29 600

② 2008年5月15日，Y公司宣告股利

借：应收款——应收股利　　2 000

　贷：投资收益　　2 000

③ 2008年5月22日，收到股利

借：银行存款　　2 000

　贷：应收款——应收股利　　2 000

④ 2009年4月10日，出售该股票

借：银行存款　　29 100（31 500－2 400）

　投资收益　　500

　贷：长期投资——Y股票　　29 600

10.1.4.4 应付薪酬类

在村集体经济组织进行薪酬核算时，将应该支付给管理人员、固定员工的报酬总额计入到"应付工资"科目；将来源于村组织集体收益用于村集体科教文卫支出、生活困难补助、抚恤金等支出归入"应付福利费"科目核算。同时，针对在劳动过程中雇佣的临时人员，一般通过"内部往来"或"应付款"科目进行核算。

【例10－18】大团结村考核上月员工出勤情况，并分别计算出不同部门员工的薪酬如下：

（1）本村固定在编人员工资为：管理人员6 200元、生产劳动人员12 000元、牲畜（禽）饲养人员3 500元、林木护理人员2 800元、村在建发电厂施工人员4 700元。

（2）本期因自建发电厂导致务农人手短缺，临时雇用外来人员培植经济林木幼苗，工资1 200元。

①固定人员工资

借：管理费用　　6 200

　生产（劳务）成本　　12 000

　牲畜（禽）资产　　3 500

　林木资产　　2 800

　在建工程　　4 700

　贷：应付工资　　29 200

②临时外来务工人员工资

借：林木资产　　1 200

　贷：应付款　　1 200

【例10－19】大团结村研究决定从本年度实现的收益当中提取1万元记入福利费项目。同时支付本村五保户赵某生活补助现金1 200元、支付吴某军烈属优抚款项1 500元。

（1）提取福利费

借：收益分配——各项分配　　10 000

　贷：应付福利费　　10 000

(2) 支付各种福利费

借：应付福利费——五保户（赵某）　　1 200

　　　　　　　——军烈属（吴某）　　1 500

　　贷：现金　　2 700

10.1.4.5 一事一议资金类

村集体经济组织会计制度中的一事一议资金，是指因兴办生产、公益事业，按照一事一议的原则由村集体组织出面筹集的专项资金，该筹资方案一经通过就形成了本村组织的长期负债。在我国不断进行农村地区税费改革的大前提下，通过一事一议的方式向广大村民筹资已经成为村集体公益事业开支的主要资金来源。

一事一议资金在用途上主要面向村农田水利建设、村级公路修建、村环保植树造林、村集体用生产设备等。在实务中存在筹资与筹劳两种类型。

通过一事一议资金筹集的款项，与前述流动负债下应付福利费的区别在于：应付福利费更倾向于直接补助到村民成员手中，金额小、补助行为瞬间完成、受众零星分散；一事一议资金用于村集体大型公用公益事业，金额大、收益持续时间较长、受众基本上涵盖了本村级单位的全体成员。这也从另一个角度解释了为什么应付福利费科目核算内容不包括兴建集体福利等公益设施支出。

村组织使用一事一议资金后，可能是购建某种有形资产，通过在建工程结转至固定资产；也可能完成某项修桥补路的具体劳务，不形成固定资产。二者的核算差异表现在前者最终会增加一项固定资产，而后者一般做为期间费用记入管理费用或其他支出；相似之处在于最终都要将一事一议资金结转至公积公益金科目。

【例 10-20】　大团结村打算下半年购买 2 台风力发电机，用于满足本村日益增长的生产生活需求。于 7 月 1 日研究决定采取一事一议资金方式筹资 14 万元。7 月 10 日村民将上述款项足额缴存到指定银行账户。7 月 16 日发电机运抵本村，共支付 117 000 元，其后发生安装调试费 21 000 元，于 7 月 23 日投产使用。

(1) 7 月 1 日，通过一事一议资金方案。

借：内部往来——全体村民　　140 000

　　贷：一事一议资金——发电机　　140 000

(2) 7 月 10 日，资金筹足。

借：银行存款　　140 000

　　贷：内部往来——全体村民　　140 000

(3) 7 月 16 日，购入发电机。

借：在建工程——发电机　　117 000

　　贷：银行存款　　117 000

(4) 发生安装调试费。

借：在建工程——发电机　　21 000

　　贷：银行存款（应付款、库存物资等）　　21 000

(5) 7 月 23 日，正式投产使用。

借：固定资产——发电机　　138 000

贷：在建工程——发电机　　138 000

（6）完工后，将实际使用的一事一议资金转入公积公益金。

借：一事一议资金——发电机　　138 000

贷：公积公益金　　138 000

10.1.5　完成任务

通过上述技能训练环节我们可以看出村集体经济组织与企业会计准则在会计核算过程中的明显不同。由于农户生产合作、农产品饲养培育的特殊性，村集体会计制度新增了“内部往来”、“牲畜（禽）资产”、“林木资产”等会计科目来准确反映、计量相关特殊资产；对于村组织层次而言业务发生量比较少的投资业务、租赁业务、公积金业务等村集体会计制度，则做了适当的简化处理。因此，对于两大农业资产科目核算的理解与运用是真正理解村集体会计制度中资产要素的关键。另外，从我国农村现有的小规模生产方式来看，本村农户与村集体之间的内部交换业务是准确核算村集体资产的又一重点。我们通过“内部往来”科目不但理清了集体与个人之间的利益关系，同时也为今后进一步变革村集体生产关系奠定基础。

从整个会计工作流程来看，村集体经济组织会计制度仍然坚持了凭证、账簿、报表三大核算环节。本村成员在经济业务发生时首先要取得相关原始凭证，并由村会计人员据以编制记账凭证，统一登记账簿，并于会计期间终了时编制会计报表。

本任务最后环节将结合具体案例完成某村集体组织资产负债表的编制。根据会计核算工作的内在逻辑性，可以准确书写各笔业务分录（以此代替填制记账凭证）的学生视为成绩合格；在此基础上能完成科目余额表填列的成绩良好；最终能编制出资产负债表的学生成绩优秀。

10.1.6　教研交流

核算练习题：已知：大团结村 2008 年 11 月末科目余额表以及 12 月份发生的各笔经济业务、本年末村委会对收益结转与收益分配的决定如表 10－3 所示：

大团结村在 12 月份及年终决算前共发生以下业务事项：

（1）1 日，接受甲公司人民币 10 万元投资，款项存入银行；接受县农业局从不需安装的专用农机设备投资，该设备公允价值 15 万元，双方协议按照 12 万元入股；接受乙农场以成年优质奶牛投资，双方协议作价 28 万元。

（2）1 日，接受 X 外资粮农组织捐赠人民币 20 万元，款项存入银行。

（3）2 日，归还本月到期的 3 年期银行长期借款，本金 30 万元，最后一期利息 2 万元。

（4）2 日，为筹措农副产品收购款，从丙信用社借入 3 个月借款 6 万元，规定年利率 6%，到期一次还本付息。

（5）3 日，为准备越冬施肥，用银行存款 14 万元购买化肥一批，当日收到化肥，存入仓库。

（6）4 日，从丁物资公司赊购苹果树幼苗一批，约定价格 19 万元。幼苗运抵本村，并立即支付现金 1 万元用于培植费用。

（7）5 日，开出银行转账支票一张交付给丁物资公司，票面金额 29 万元，用于偿还本次购买苹果树苗款 19 万元以及上月拖欠款项 10 万元。

表 10－3　　　　　　　　　科目余额表

2008 年 11 月 30 日　　　　　　　　　　　　金额：万元

科目编号	科目名称	期末余额		科目编号	科目名称	期末余额	
		借方	贷方			借方	贷方
	资产类				所有者权益类		
101	现金	3		301	资本		88
102	银行存款	120		311	公积公益金		35
111	短期投资	2		321	本年收益		0
112	应收款	36		322	收益分配		128
113	内部往来	28			成本类		
121	库存物资	210		401	生产（劳务）成本	10	
131	牲畜（禽）资产	64			损益类		
132	林木资产	81		501	经营收入		320
141	长期投资	36		502	经营支出	35	
151	固定资产	65		511	发包及上交收入		0
152	累计折旧		12	521	农业税附加返还收入		0
153	固定资产清理	0		522	补助收入		0
154	在建工程	4		531	其他收入		40
	负债类			541	管理费用	72	
201	短期借款		31	551	其他支出	24	
202	应付款		44	561	投资收益		9
211	应付工资		6				
212	应付福利费		5				
221	长期借款及应付款		65				
231	一事一议资金		7		（借方/贷方）合计		

（8）6 日，收到本村上月购买的 M 短期债券分得的债券利息 0.2 万元，存入银行；卖出已持有 2 年的 N 公司股票，该股票账面价值 15 万元，本村以市价 17.3 万元售出，同时支付相关税费 0.5 万元。

（9）7 日，村技术员李旺到县城参加为期一周的农机技术培训班学习，预借差旅费现金 0.5 万元；

（10）8 日，村民吴某缴纳上月应交的违反计划生育指标罚款 2 万元，款项收到，存入银行。

（11）10 日，购入一台需要安装的活塞式抽水机，支付银行存款 7 万元；在安装过程中投入银行存款 1 万元、使用价值 2 万元的库存零件。完工后正常投入使用。

（12）11 日，计提本月固定资产折旧 2 万元，其中属于农用生产设备 1.7 万元，村委会办公设备 0.3 万元。

（13）12 日，出售农用拖拉机一台。该设备原值 4 万元，已计提折旧 3 万元，出售前支付现金清理费 0.2 万元。经协商双方以 2 万元价格成交，款项收到存入银行。

(14) 14 日，计提上月本村应支付的工资。其中固定在编人员工资为：管理人员 1 万元、生产劳动人员 5 万元、牲畜（禽）饲养人员 2 万元、林木护理人员 3 万元、临时雇用外来人员培植经济林木幼苗，工资 1 万元。

(15) 15 日，从银行提取现金 14 万元，除支付上述各项工资 12 万元外，还直接支付应发的各项福利费总计 2 万元。

(16) 16 日，李旺出差回来，返还多余的现金 0.1 万元。

(17) 上月未完工空心砖一批，累积在生产成本科目。本月 17 日完工，总成本 7 万元，转入库存商品科目（假定其他相关业务已处理完毕）。

(18) 18 日，上半年以一事一议资金方式筹资铺设的通讯电缆正式完工，总造价 6 万元，结转该笔一事一议资金（假定其他相关业务已处理完毕）。

(19) 19 日，收到上月销售农产品应收款项 15 万元，存入银行。

(20) 20 日，销售库存优质大麦一批，成本 40 万元，售价 55 万元，款项收到存入银行。

(21) 21 日，计算出村民刘某应缴纳的鱼塘承包收入 8 万元，暂未收到款项。

(22) 22 日，收到县税务局下拨的农业税返还资金 4 万元、收到县政府下发的自然灾害专项补助资金 5 万元，款项均存入银行。

(23) 31 日，在年度终了时，将本期所有收入账户余额转入“本年收益”账户的贷方，合计 443.6 万元。

(24) 31 日，将本期所有费用支出账户余额转入“本年收益”账户的借方，合计 174.7 万元。结转完毕，各收入、支出账户无余额。

(25) 31 日，将“本年收益”贷方余额 268.9 万元结转至“收益分配”科目。结转完毕，“本年收益”账户无余额。

(26) 31 日，根据村委会决议，决定在本期实现的净收益中提取公积公益金 30 万元、提取福利费用 20 万元、向各投资方分配 110 万元、向本村农户分配 90 万元。

(27) 将收益分配科目的各项分配统一结转到未分配收益项目下。

任务要求：

（一）完成 12 月份各项业务的日常核算（用分录代替凭证）；

（二）编制 12 月末科目余额表；

（三）编制 2008 年年度资产负债表。

任务二　农民专业合作社会计实务

10.2.1　任务描述

在本单元案例中，梅屿蔬莱合作社 2001 年成立时注册资金仅仅为 30 万元，发展至今竟然创造出 4 500 余万元的年产值，确实让人赞叹。

实际上，专业合作社并非为我国农村地区所特有。从全世界的范围来看，目前国际上最大的“非政府组织”恰恰是“国际合作社联盟”。隶属于该组织体系内的数千个不同行业、产业的合作社，为全球尤其是经济欠发达地区的经济发展、社会进步做出了不可磨灭的贡献。联合国2009年12月21日通过一项决议，宣布2012年为“国际合作社年”。另外，在我国农民合作社发展较成熟的地区，已经尝到合作社甜头的社员正在筹建更高层次的“农民专业合作社联社”。种种迹象表明，专业合作社这种特殊组织形式今后仍将具有长期的生命力。

在本任务以下各环节里，我们首先对农民专业合作社的含义做出准确界定，并从剖析会计实务操作的角度逐步分清合作社会计制度与企业会计准则、村集体经济组织会计制度的差异。

农民专业合作社是在农村家庭承包经营基础上，同类农产品的生产经营者或者同类农业生产经营服务的提供者、利用者，自愿联合、民主管理的互助性经济组织。经工商行政管理部门批准后，农民专业合作社取得法人资格。

农民专业合作社以其成员为主要服务对象，提供农业生产资料的购买，农产品的销售、加工、运输、贮藏以及与农业生产经营有关的技术、信息等服务。农民专业合作社定义不包括农村地区现有的信用合作社、供销社和农村集体经济组织。

10.2.2 任务分析

从上述定义可知，农民专业合作社与村集体经济组织区别还是比较明显的（表10－4），农民专业合作社更具备专业化经济组织的特点。

表10－4 村集体经济组织与农民专业合作社的主要区别

	村集体经济组织	农民专业合作社
身份取得	先天性，只要是农村户口就一定隶属于某个村集体组织中	后天性，只有经过农户申请后才能加入
个体地位	村集体组织中农户不再具有自主地位	入社后的农户依然是独立的主体
管理方式	大多数情况下，由村委会代行职权	通过合作社成员大会，采取平等的一人一票民主管理方式
法律形式	村集体组织目前仍不能在工商管理部门注册，不是市场主体	合作社本身是依法注册成立的市场主体
组建基础	沿用原有的地域划分、行政划分	以经济业务为纽带，不局限于自然行政区域

（1）成员以农民为主体。设立农民专业合作社，至少有5名符合规定的成员，其中农民比例不低于成员总数的80%。成员总数为20个以下的，可以有1个企业、事业单位或者社会团体成员；成员总数超过20个的，企业、事业单位和社会团体成员不得超过成员总数的5%。

（2）以服务成员为宗旨，谋求全体成员的共同利益。农民专业合作社本质上是一个互助性经济组织，对内部成员不以赢利为目的，要把从市场上获得的收益根据分配标准返还给合作社成员。因此农民专业合作社实际上具备了对内服务与对外经营的双重属性。

（3）入社自愿、退社自由。简单地说，以同类农产品为纽带，与之相关农民生产者、经营者，参与上下游生产经营的企业、事业单位和社会团体都可以自愿加入合作社。

对于在社成员，只要已经结清相关债权债务的，提出申请后均可以自由退社。

（4）成员地位平等，实行民主管理。农民专业合作社的最高权力机构为成员大会（或成员代表大会），每一成员均享有一票的基本表决权。“一人一票制”既体现了合作社“人合”的特点，也从制度上保证了该组织的管理民主化。

（5）盈余主要按照成员与农民专业合作社的交易量（额）比例返还。农民专业合作社每年实现的可分配盈余，都要按照一定的标准分配给本社成员。在分配过程中，首先按照成员与本社的交易量（额）比例返还，且返还总额不得低于可分配盈余的60%；其次将剩余部分按照成员账户中记载的出资额、公积金份额、本社接受国家财政直接补助和他人捐赠形成的财产平均量化到成员的份额，按比例分配给本社成员。

通过这一制度安排，既保证了对入社农户按年度交易量（额）进行优先分配，又兼顾了对企事业单位、社会团体等出资入社方的按资分配。

村集体经济组织在实务中逐渐暴露出一系列诸如农村统分脱钩、上下不畅、“一事一议资金”迟迟不能到位等制度难题。针对这一现状，我国于2007年7月1日实施了《中华人民共和国农民专业合作社法》，并于2008年1月1日配套实行《农民专业合作社财务会计制度（试行）》，为变革农村生产关系提供了有力的法律保障。

合作社会计制度包含的会计要素如图10-4所示：

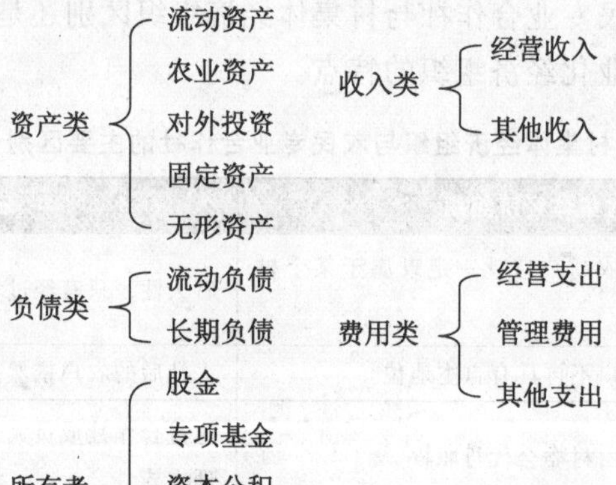

图10-4　合作社会计制度要素图

10.2.3　相关知识

根据《农民专业合作社财务会计制度（试行）》的要求，目前共设置37个一级会计科目，并为极少数可能涉及特殊业务的合作社设置4个特殊科目。考虑到大部分会计科目在名称、核算要求方面与《村集体经济组织会计制度》完全一致，本环节仅列示合作社会计制度会计科目一览表（表10-5），相关特殊科目的核算内容将在技能训练环节以分录形式展开讨论。

表 10－5　　农民专业合作社会计科目表

顺序号	科目编号	科目名称	顺序号	科目编号	科目名称
		资产类	19	211	应付款
1	101	库存现金	20	212	应付工资
2	102	银行存款	21	221	应付盈余返还
特 1	109	其他货币资金	22	222	应付剩余盈余
3	113	应收款	23	231	长期借款
4	114	成员往来	24	235	专项应付款
5	121	产品物资			所有者权益类
特 2	122	包装物	25	301	股金
6	124	委托加工物资	26	311	专项基金
7	125	委托代销商品	27	321	资本公积
8	127	受托代购商品	28	322	盈余公积
9	128	受托代销商品	29	331	本年盈余
10	131	对外投资	30	332	盈余分配
11	141	牲畜（禽）资产			成本类
12	142	林木资产	31	401	生产成本
特 3	149	其他农业资产			损益类
13	151	固定资产	32	501	经营收入
14	152	累计折旧	33	502	其他收入
15	153	在建工程	34	511	投资收益
16	154	固定资产清理	35	521	经营支出
17	161	无形资产	36	522	管理费用
特 4	171	长期待摊费用	37	529	其他支出
		负债类			
18	201	短期借款			

另外，合作社会计报表在设置结构上也体现了对外经营、对内服务的特色，新增成员权益变动表及与之配套的成员账户。报表体系具体构成如表 10－6 所示：

表 10－6　　村集体经济组织会计报表体系

报表名称	编报期间	编报时必须遵循的要求	报表编号
科目余额表	月度/季度	月度/季度报表的格式由各省、市、自治区的财政部门或农村经营管理部门制定	
收支明细表	月度/季度		
资产负债表	年度	年度报表必须按照《农民专业合作社财务会计制度（试行）》在全国范围内统一格式、统一编号	村农社 01 表
盈余及盈余分配表	年度		村农社 02 表
成员权益变动表	年度		村农社 03 表
各类内部管理报表	不定期	各村集体经济组织根据需要自行确定	

10.2.4 技能训练

在本环节，我们继续通过分录形式讲解农民专业合作社会计制度不同于村集体经济组织的会计制度、企业会计准则之处。

10.2.4.1 应收款项类

合作社在生产经营过程中发生的应收款项按照对象可以划分为对外、对内两类。凡是本社与外单位、个人产生的应收预付款，均通过“应收款”科目核算。凡是本社与合作社社内农户、单位发生的应收应付款项，均通过“成员往来”科目核算。对比村集体会计制度来看，对外业务从科目名称到核算内容保持一致；对内业务的科目名称则从“内部往来”变成了“成员往来”，另外合作社会计还要使用“成员往来”科目完成对内部社员的盈余分配。

【例 10-21】 新希望果蔬合作社本期销售给红火商行苹果一批，成本 12 000 元，售价 15 000 元；销售给佳佳连锁超市蔬菜一批，成本 6 600 元，售价 8 400 元。

确认收入

借：应收款——红火商行　　15 000
　　　　　——佳佳超市　　8 400
　贷：经营收入　　23 400

结转成本

借：经营支出　　18 600
　贷：产品物资　　18 600

【例 10-22】 收到红火商行交付的转账支票 15 000 元，存入银行；接到法院通知，佳佳超市因经营不善破产，本社做为债权人可获得破产清偿财产 1 400 元，款项存入银行。

收到红火商行款项

借：银行存款　　15 000
　贷：应收款——红火商行　　15 000

收到佳佳超市破产财产分配

借：银行存款　　1 400
　　其他支出　　7 000
　贷：应收款——佳佳超市　　8 400

【例 10-23】 新希望果蔬合作社向本社果农张有财销售化肥一批，成本 3 600 元，售价 4 000 元，款项尚未收到。

确认收入

借：成员往来——张有财　　4 000
　贷：经营收入　　4 000

结转成本

借：经营支出　　3 600
　贷：产品物资　　3 600

【例 10-24】 合作社用银行存款为果农张有财代垫优质果树苗采购款 10 200 元；张有

财上月上交合作社的水果中有部分未达到本社收购协议，按约定对其处以 1 400 元的罚款。

借：成员往来——张有财　　11 600
　　贷：银行存款　　10 200
　　　　其他收入　　1 400

【例 10－25】 本月收购张有财水果一批，总价款 5 200 元。收购时支付 60%，余款待下月结清。

借：产品物资　　5 200
　　贷：银行存款　　3 120（5 200×60%）
　　　　成员往来——张有财　　2 080

【例 10－26】 年终结算前，确认本年度应该返还张有财盈余 18 250 元、分配剩余盈余 4 650 元，将上述款项转入张有财个人的成员账户。

借：应付盈余返还——张有财　　18 250
　　应付剩余盈余——张有财　　2 650
　　贷：成员往来——张有财　　20 900

【例 10－27】 确认本年度合作社与张有财之间的"成员往来"科目借贷方发生额，并以银行存款为张有财结清相关款项（假定双方本年度只发生上述交易）。

合作社应收(成员往来借方)＝4 000＋11 600＝15 600（元）

合作社应付(成员往来贷方)＝2 080＋20 900＝22 980（元）

合作社尚拖欠张有财＝22 980－15 600＝7 380（元），以银行存款结清。

借：成员往来——张有财　　7 380
　　贷：银行存款　　7 380

10.2.4.2 存货类

合作社会计制度在处理存货资产的问题上主要侧重于分清存货的性质。凡是本社自产自用类存货，均使用"产品物资"科目，并根据不同的实物形态分设材料、低值易耗品、包装物、产成品等明细科目。凡是本社委托给外单位、个人代加工或代销售的存货，使用"委托加工物资"、"委托代销物资"科目核算。凡是属于本社接受下属社员委托代购、代销的存货，则使用受托代购商品、受托代销商品专属科目进行核算。

"产品物资"与村集体会计制度中的"库存物资"近似，"委托加工物资"与企业会计准则的核算要求类似，本节将重点讨论合作社与内部社员之间的存货交易。

【例 10－28】 新希望果蔬合作社接受村民赵某以稻谷进行投资。双方协商作价 12 000 元，赵某在合作社中享有 1 万元的资本金份额。

借：产品物资——材料（稻谷）　　12 000
　　贷：股金　　10 000
　　　　资本公积　　2 000

【例 10－29】 合作社本期培育新品樱桃一批，共发生种肥农药、人工培植等支出 7 400 元，樱桃验收入库，结转生产成本。

借：产品物资——产成品（樱桃）　　7 400
　　贷：生产成本　　7 400

【例 10－30】 新希望果蔬合作社本月 4 日收到村民钱某 6 万元存款，为其采购新品樱桃幼树一批。10 日采购完毕，共支付 5 万元价款，合作社按本社协议收取 2% 手续费。该批树苗验收后交付给钱某，同时返还剩余购货款。

（1）4 日，收到购货款

借：银行存款　　60 000

　　贷：成员往来——钱某　　60 000

（2）10 日，采购完毕，收到树苗

借：受托代购商品　　50 000

　　贷：银行存款　　50 000

（3）10 日，扣除手续费、返还多于金额，并结清内部交易

借：内部往来——钱某　　60 000

　　贷：受托代购商品　　50 000

　　　　经营收入　　1 000（50 000×2%）

　　　　银行存款　　9 000

【例 10－31】 新希望果蔬合作社 5 日接受本社农户李某委托，为其代卖 3 吨大蒜，双方约定销售价格为 4 500 元。7 日该批大蒜售出，实际取得销售收入 4 800 元，款项存入银行。8 日，结清内部交易。

（1）5 日，接受代销委托。

借：受托代销商品　　4 500

　　贷：成员往来——李某　　4 500

（2）7 日，收到销售款。

借：银行存款　　4 800

　　贷：受托代销商品　　4 500

　　　　经营收入　　300

（3）8 日，结清内部交易。

借：成员往来——李某　　4 500

　　贷：银行存款　　4 500

（4）若 7 日实际销售收入为 4 400 元，则分录为：

借：银行存款　　4 400

　　经营支出　　100

　　贷：受托代销商品　　4 500

10.2.4.3　对外投资类

考虑到合作社实际发生的投资行为较少，合作社财务会计制度在规定投资业务核算时本着简化处理的原则，将村集体制度中的“短期投资”、“长期投资”合并表述为“对外投资”。

“对外投资”科目的使用与村集体会计制度的要求相同，并且不再区分投资行为的目的与持有期长短。合作社可以用于对外投资的资产类型包括货币资金、实物资产、无形资产等。

【例 10－32】 新希望果蔬合作社 8 日在证券市场购入 X 股票 2 万元，其中包含已宣告但尚未支付的股息 2 000 元。另支付手续费 200 元。下月 10 日，以 21 000 元价格将该股票售出。

（1）8 日，购入股票。

借：对外投资——X 股票　　20 200

　贷：银行存款　　20 200

（2）下月 10 日，售出股票。

借：银行存款　　21 000

　贷：对外投资——X 股票　　20 200

　　投资收益　　800

10. 2. 4. 4 无形资产类

农民专业合作社财务会计制度将无形资产固定为合作社必须列报的资产类一级科目，体现了合作社比村集体组织更接近于现代企业的特征。

合作社无形资产核算与企业会计准则明显不同之处在于合作社会计制度不考虑自行研制、开发无形资产的投入。凡是合作社自行研发的无形资产，直接按照依法申请取得无形资产时发生的注册费、律师费等实际支出，借记“无形资产”。

另外，为简化核算，合作社会计制度规定无形资产从使用之日起，按直线法分期平均摊销，摊销年限不超过 10 年。

【例 10－33】 新希望果蔬合作社自行研究出一项新品樱桃树苗的嫁接培植技术，按法律程序向专利主管部门申请取得专利，支付相关注册费 1 200 元，律师费 600 元。

借：无形资产　　1 800

　贷：银行存款　　1 800

【例 10－34】 接上例，新希望合作社认为该项培植技术可以领先同行 5 年，因此决定按照 5 年时间直线法计提折旧。

借：管理费用　　360（1 800/5）

　贷：无形资产　　360

10. 2. 4. 5 应付盈余类

合作社对本社成员进行盈余分配区分为两个阶段：首先按交易量（额）分配，其次按出资额、累积额分配。在不同的分配阶段使用不同的会计科目进行核算。

首先，按交易量（额）分配。

“应付盈余返还”科目专门用来核算合作社可分配盈余中应按成员与本社交易量（额）返还给成员的金额。根据合作社会计制度规定，按交易量（额）返还的盈余额度不得低于可分配盈余的 60%。

【例 10－35】 新希望果蔬合作社 2008 年度弥补亏损、提取公积后的可分配盈余为 32 万元，本社章程规定按 80% 比例分配。该年度本社与社员交易总额为 100 万元，其中农户甲、乙、丙交易额分别为 10 万元、52 000 元、78 000 元。合作社根据各自交易额占全社成员总交易额的比例计提盈余，并用银行存款结清。

（1）本年可分配盈余中应返还社员的金额。

320 000 ×80% =256 000（元）

（2）甲、乙、丙农户各自的交易额比例。

甲：（100 000/1 000 000） ×100% =10%

乙：（52 000/1 000 000） ×100% =5.2%

丙：（78 000/1 000 000） ×100% =7.8%

（3）计算甲、乙、丙各自应分得盈余额度。

甲：256 000 ×10% =25 600（元）

乙：256 000 ×5.2% =13 312（元）

丙：256 000 ×7.8% =19 968（元）

（4）计提应分配盈余。

借：盈余分配——各项分配　58 880

　贷：应付盈余返还——甲　25 600

　　　　　　　　　——乙　13 312

　　　　　　　　　——丙　19 968

（5）用银行存款支付盈余。

借：应付盈余返还——甲　25 600

　　　　　　　——乙　13 312

　　　　　　　——丙　19 968

　贷：银行存款　58 880

其次，按出资额、累计额分配。

"应付剩余盈余"科目是指合作社在按交易量（额）分配盈余以后，利用可分配盈余的剩余部分再次对社员进行分配的盈余。根据合作社会计制度规定，合作社应该综合考虑：①成员账户中记载的出资额；②成员账户中记载的公积金份额；③国家财政直接补助和他人捐赠形成财产平均量化到成员账户中的份额等标准进行分配。该次分配集中体现了农民专业合作社"资合"的特点。

【例 10 -36】 接上例，根据章程规定，新希望果蔬合作社将剩余盈余中的15%对社员进行再次分配。2008 年末新希望果蔬合作社所有者权益合计 30 万元。本社农户丁个人账户记载的出资额 1 500 元、资本公积与盈余公积之和 1 000 元、专项基金 500 元。入社企业 A 农资供销公司账户记载的出资额 4 万元、资本公积与盈余公积之和 18 000 元、专项基金 2 000 元。合作社分别计提上述剩余盈余，并以银行存款结清。

（1）本年可供分配的剩余盈余金额。

320 000 ×15% =48 000（元）

（2）农户丁、企业 A 剩余盈余分配比例。

农户丁：（1 500 +1 000 +500）/300 000 =1%

企业 A：（40 000 +18 000 +2 000）/300 000 =20%

（3）计算农户丁、企业 A 应分得剩余盈余金额。

农户丁：48 000 ×1% =480（元）

企业 A：48 000 ×20% =9 600（元）

（4）计提剩余盈余。

借：盈余分配——各项分配　　10 080

　贷：应付剩余盈余——丁　　480

　　　　　　　　——A　　9 600

（5）用银行存款支付盈余。

借：应付剩余盈余——丁　　480

　　　　　　　——A　　9 600

　贷：银行存款　　10 080

10.2.4.6 专项应付类

专项应付款是指合作社接受国家财政直接补助而收到的货币资金。根据合作社会计制度的要求，首先将该笔资金列为合作社的债务，以后在使用过程中结转为使用期当期费用或形成某项实物资产、无形资产。

【例10-37】 新希望果蔬合作社收到县政府下拨的农业补助资金10万元，存入银行。

借：银行存款　　100 000

　贷：专项应付款　　100 000

【例10-38】 新希望果蔬合作社使用上述财政补助当中的26 000元为技术员秦某支付参加省农机技术培训班培训费。

借：专项应付款　　26 000

　贷：银行存款　　26 000

【例10-39】 新希望果蔬合作社使用上述财政补助当中的45 000元购买一台不需要安装的专用设备。

借：固定资产　　45 000

　贷：银行存款　　45 000

同时，按规定将该笔专项应付款转入专项基金。

借：专项应付款　　45 000

　贷：专项基金　　45 000

10.2.4.7 专项基金类

同村集体组织会计制度相比，合作社会计制度再次恢复了资本公积与盈余公积两个一级科目，以此分别核算生产过程与非生产过程产生的公积金。

另外，合作社会计制度中完全不同于企业会计、村集体会计的一点是增设了“专项基金”科目，用来核算合作社接受国家财政补助或接受捐赠的内容。“专项基金”与前述负债类要素中“专项应付款”的区别在于二者是一项多环节复杂业务中的先后两个不同核算步骤。合作社接受国家的货币性补助，首先做为一项负债记入“专项应付款”，在以后的使用过程中假如利用该资金形成了某项非货币资产，则应在增加某项非货币资产的同时转销“专项应付款”。该账务处理充分体现了国家财政对合作社的政策扶持。接受国家财政补助的账务处理请参见“专项应付款”部分例题，下面例示接受捐赠业务。

【例10-40】 新希望果蔬合作社接受某国际粮农组织捐赠农用仪器一批，价值25万元。

借：固定资产　　250 000

　贷：专项基金——捐赠资金　　250 000

10.2.5 完成任务

通过上述业务我们可以看出，农民专业合作社的会计核算必须分清合作社对内与对外两个层次。作为一种组织形式，合作社对外经济交往时采用的会计核算方法比村集体组织更接近普通企业，更具有业务核算的普遍性、可比性。同时在合作社对内部社员的业务操作上，则体现出了更加灵活的“人合与资合兼顾”的特点，更能激发农民的生产积极性。这也从一个侧面解释了本单元之初的案例中，一个成立时仅有30万元资本金的农民蔬菜合作社能实现几千万元年产值的原因。

另外，在进行负债业务核算时，我们需要注意如下两个方面：

（1）合作社应付款项的核算范围。在合作社会计制度规定的应付款项内容中，包含了“成员往来”贷方的余额合计数。严格地说，“成员往来”贷方表示合作社拖欠本社成员的款项，既有立即可偿还也有准备在长时间分次偿还部分，因此将“成员往来”贷方的余额按时间标准分别归集到流动、长期负债为宜。但是从简化操作的角度出发，在不影响信息使用的前提下，合作社会计制度规定“成员往来”期末贷方的余额直接以其合计数字归集到流动负债的“应付款项”项目中。

（2）关于合作社支付给成员的报酬。合作社会计制度规定，应支付给本社管理人员、固定成员的日常工资、奖金、津贴、补助等通过“应付工资”科目核算，不再单设“应付福利费”。在年末向本社成员分配盈余时，使用“应付盈余返还”、“应付剩余盈余”科目。

农民专业合作社会计制度在大多数核算方法与核算内容上近似于村集体经济组织会计制度，本环节不再单设日常会计核算练习。要求学员在学习了本章两节内容之后，独立完成最后环节的思考题。

10.2.6 教研交流

（1）为什么说目前我国农民专业合作社兼具“人合与资合”的双重属性？试从农民专业合作社会计核算的筹集资金、盈余分配等不同环节加以解释。

（2）纵观我国历次农村改革，结合目前国家解决“三农”问题的各项举措，试论今后农村地区会不会实现“政治村委会、经济合作社”的政治经济新格局？

（3）结合任课班级农户家庭实际生产经营情况，向学生介绍该地区农村经济组织形式的特点。

模块五
政务电子信息系统

单元十一　电子信息系统

学习目标：

以兰贝斯财政教学软件为基础，进行财政相关业务的管理。主要包括预算编制、政府采购、预算执行等方面的内容。

财政信息化建设是一项涉及整个财政管理，贯穿预算管理全过程的建设性工作。信息系统的开发和运用，为财政信息化管理、国库集中收付制度的高效规范运作，提供了重要的基础条件和技术支持。财政信息化是一项科学严谨、环环相扣、十分复杂的系统工程，既要秉承科学、系统、完整的指导原则，又要符合地方的改革方案和管理方法。

【案例】中南市玉林街道欲以兰贝斯财政教学软件为基础，对员工进行财政相关业务的培训，他们选择了中南市公安局的资料，练习预算编制、政府采购、预算执行等方面的内容。

任务一　预 算 编 制

11.1.1　任务描述

利用兰贝斯预算编制系统教学版，按照“两上两下”的要求，完成部门预算编制。

11.1.2 任务分析

11.1.2.1 系统登录

双击桌面上的“预算编制系统教学版”图标，弹出如图 11－1 所示的窗口，选择“部门预算编制系统”。弹出“部门预算编制系统”登录窗口（见图 11－2）。录入预算年度、用户代码、操作密码后，点击“确定”按钮，即可进入部门预算主界面（见图 11－3）。

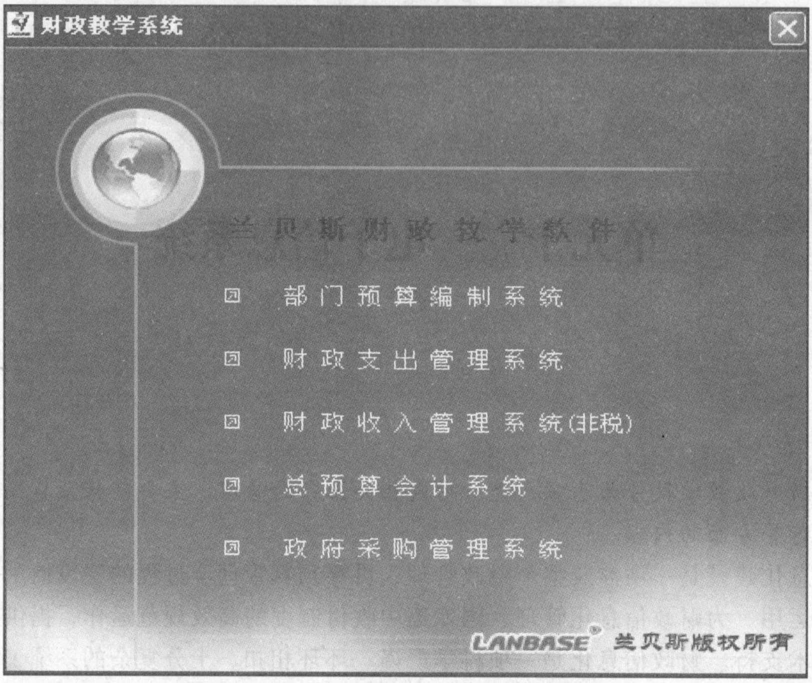

图 11－1 财政教学系统主菜单

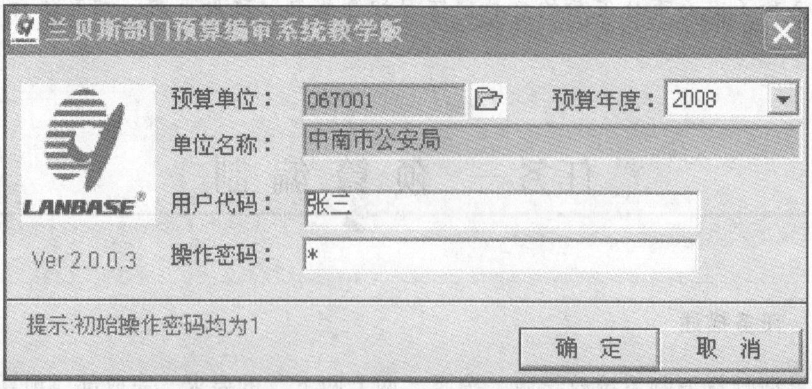

图 11－2 预算编制登录界面

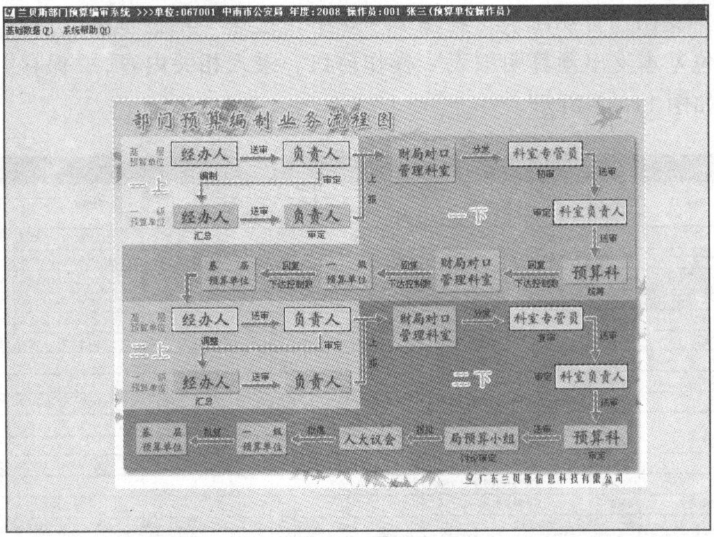

图 11－3　部门预算主界面

11.1.2.2　预算单位编制及上报（一上阶段）

（1）单位基本情况表。点击图 11－4 的“一上阶段”黄色图标“经办人”项，显示“单位预算申报”操作菜单（见图 11－5），点击“单位基本情况表”菜单项，再点“确定”。进入单位基本情况表录入窗口，可以根据相应项填入相应数据，再点击“保存”图标保存数据（见图11－6）。

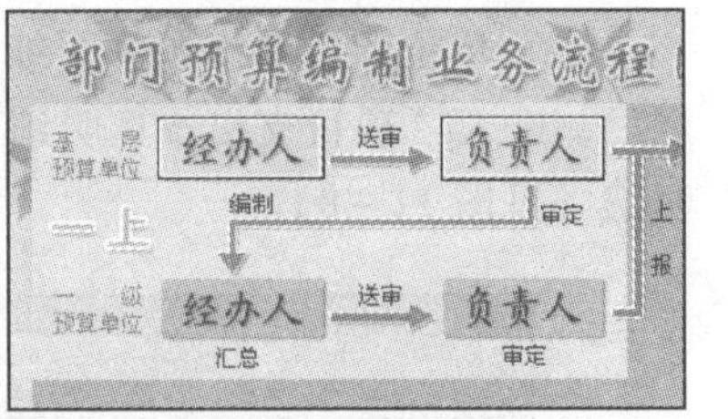

图 11－4　“一上”操作流程

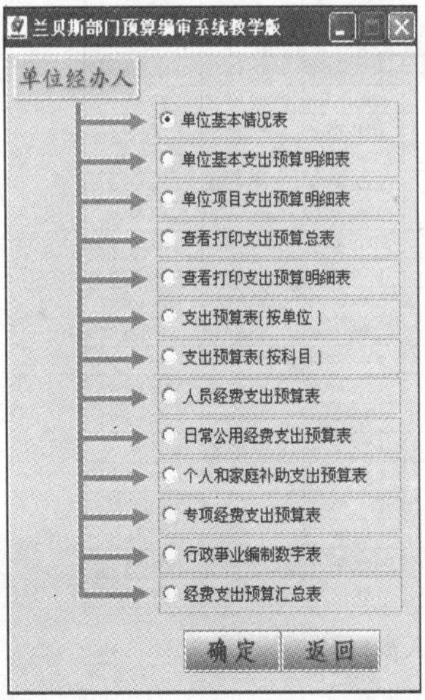

图 11－5　“单位预算申报”操作菜单

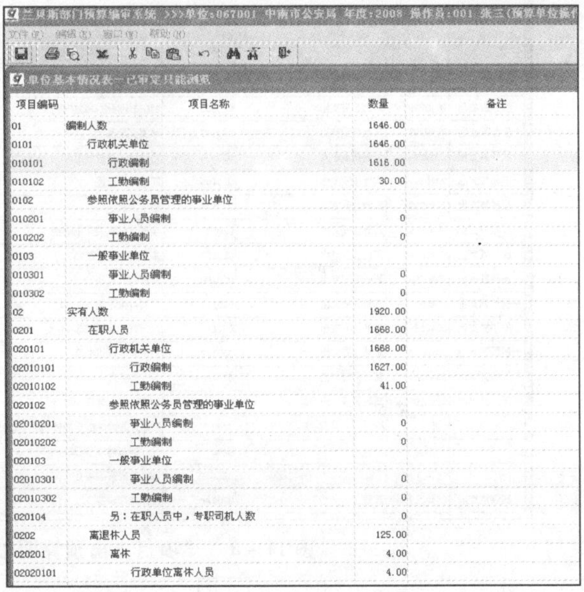

项目编码	项目名称	数量	备注
01	编制人数	1646.00	
0101	行政机关单位	1646.00	
010101	行政编制	1616.00	
010102	工勤编制	30.00	
0102	参照依照公务员管理的事业单位		
010201	事业人员编制	0	
010202	工勤编制	0	
0103	一般事业单位		
010301	事业人员编制	0	
010302	工勤编制	0	
02	实有人数	1920.00	
0201	在职人员	1668.00	
020101	行政机关单位	1668.00	
02010101	行政编制	1627.00	
02010102	工勤编制	41.00	
020102	参照依照公务员管理的事业单位		
02010201	事业人员编制	0	
02010202	工勤编制	0	
020103	一般事业单位		
02010301	事业人员编制	0	
02010302	工勤编制	0	
020104	另：在职人员中，专职司机人数	0	
0202	离退休人员	125.00	
020201	离休	4.00	
02020101	行政单位离休人员	4.00	

图 11－6　“单位基本情况表”录入窗口

（2）单位基本支出预算明细表。在图 11－5 中，选择“单位基本支出预算明细表”，确定后，进入“单位基本支出预算明细表”操作窗口，录入相关内容，“保存”后关闭并退出当前窗口操作，如图 11－7 所示。

基本支出预算明细表(单位:元)－已审定只能浏览

功能分类(双击选择)	功能分类科目名称	经济分类科目	项目代码	项目名称	人员标准						车辆标准		项目预算	资金来源			
					标准1		标准2		标准3					合计	财政性资金(双击批复录入)	单位自有资金	
					行政编制定额	人数	事业编制定额	人数	离退休定额	人数	定额	台数				历年结余	其他自有资
			01	基本支出合计		8,893				18			179,409,840.00	179,409,840.00	179,409,840.00		
			0101	一、人员支出		6,744							110,601,600.00	110,601,600.00	110,601,600.00		
			010101	工资性支出		6,744							110,601,600.00	110,601,600.00	110,601,600.00		
			01010101	基本工资与岗位津贴		1,660							76,375,000.00	76,375,000.00	76,375,000.00		
2040299	其他公安支出	工资福利支出	0101010101	基本工资与津贴（均统发）	45,330	1,648	800		700				74,654,400.00	74,654,400.00	74,654,400.00	.00	
2040299	其他公安支出	工资福利支出	0101010102	基本工资与津贴（均非统发）	45,330	39	1,800		1,400				1,721,400.00	1,721,400.00	1,721,400.00	.00	
2040299	其他公安支出	基本工资	0101010103	基本工资（统发）											.00	.00	
2040299	其他公安支出	津贴补贴	0101010104	岗位津贴（非统发）											.00	.00	
2040299	其他公安支出	津贴补贴	01010102	预算外津贴及节支奖（统发）	9,600	1,686							16,185,600.00	16,185,600.00	16,185,600.00	.00	
2040299	其他公安支出	奖金	01010103	工作实绩考核奖励金（非统发）	9,600	1,686							16,185,600.00	16,185,600.00	16,185,600.00	.00	
2040299	其他公安支出	津贴补贴	01010104	事业单位岗位津贴（非统发）											.00	.00	
2040299	其他公安支出	奖金	01010105	计划生育奖（非统发）	1,100	1,686							1,854,600.00	1,854,600.00	1,854,600.00	.00	
2040299	其他公安支出	津贴补贴	01010106	经营性及特殊行业津贴（非统发）											.00	.00	
2040299	其他公安支出	其他工资福利支出	01010107	预留增人经费											.00	.00	
			0102	二、日常公用支出		1,772				18			64,753,440.00	64,753,440.00	64,753,440.00		
			010201	公务社保及业务等包干经费		1,772				18			64,753,440.00	64,753,440.00	64,753,440.00		
2040299	其他公安支出	差旅费	01020101	公务及社保包干经费	30,240	1,668			30,240	18			50,984,640.00	50,984,640.00	50,984,640.00	.00	
2040299	其他公安支出	水费	01020102	水电费	4,500,000	1							4,500,000.00	4,500,000.00	4,500,000.00	.00	

图 11－7　“单位基本支出预算明细表”录入窗口

（3）单位项目支出预算明细表。在图 11－5 中，选择“单位项目支出预算明细表”，确定后，进入“项目支出预算明细表”操作窗口，可以增加新项目来增加单位要支出的预算明细（见图 11－8）。

兰贝斯部门预算编审系统 >>>单位:067001 中南市公安局 年度:2008 操作员:001 张三(预算单位操作员)

文件(F) 编辑(E) 窗口(W) 帮助(H)

项目支出预算明细表(单位:元)－已审定只能浏览

收支科目类型	功能分类	功能分类科目名称	项目代码	项目名称	项目预算	资金来	
						合计	财政性资金(双击批复录入)
			02	项目支出合计	46,478,400.00	46,478,400.00	46,478,400.00
			0201	一、已批准并核定规模项目(其他专项)	34,032,900.00	34,032,900.00	34,032,900.00
一般预算支出	2040299	其他公安支出	020101	国家赔偿费	1,500,000.00	1,500,000.00	1,500,000.00
一般预算支出	2040299	其他公安支出	020102	110技侦等设备维护费	1,943,000.00	1,943,000.00	1,943,000.00
一般预算支出	2040299	其他公安支出	020103	破案奖励基金	1,000,000.00	1,000,000.00	1,000,000.00
一般预算支出	2040299	公安罚没收入	020104	行政性收费收入返还	1,100,000.00	1,100,000.00	1,100,000.00
一般预算支出	2040299	其他公安支出	020105	罚没收入返还	1,050,000.00	1,050,000.00	1,050,000.00
一般预算支出	2040299	其他公安支出	020106	警校经费	2,541,500.00	2,541,500.00	2,541,500.00
一般预算支出	2040299	其他公安支出	020107	全市公安机关奖励经费	1,550,000.00	1,550,000.00	1,550,000.00
一般预算支出	2040299	其他公安支出	020108	举报毒品奖励基金	1,000,000.00	1,000,000.00	1,000,000.00
一般预算支出	2040299	其他公安支出	020109	资产收入返还	306,000.00	306,000.00	306,000.00
一般预算支出	2040299	其他公安支出	020110	专项斗争经费	2,000,000.00	2,000,000.00	2,000,000.00
一般预算支出	2040299	其他公安支出	020111	110技侦等设备线路租金	3,722,400.00	3,722,400.00	3,722,400.00
一般预算支出	2040299	其他公安支出	020112	行政复议诉讼经费	200,000.00	200,000.00	200,000.00
一般预算支出	2040299	其他公安支出	020113	公安装备费	14,770,000.00	14,770,000.00	14,770,000.00
一般预算支出	2040299	其他公安支出	020114	巡警巡逻车维修油料费	1,350,000.00	1,350,000.00	1,350,000.00
			0202	二、已批准未核定规模项目(其他专项)			
			0203	三、待批准项目(其他专项)			
			0204	四、政府采购项目	11,445,500.00	11,445,500.00	11,445,500.00
一般预算支出	2040299	其他公安支出	020401	反恐专项设备	700,000.00	700,000.00	700,000.00

图 11－8　“项目支出预算明细表”录入窗口

点击左上角“增加新项目”图标，打开“项目信息”界面（见图 11－9），输入新增

项目信息，然后“保存”，确定成功后，输入的新增预算就会出现在项目支出预算明细表中。

还可以点击图标，或双击当前记录进行修改。

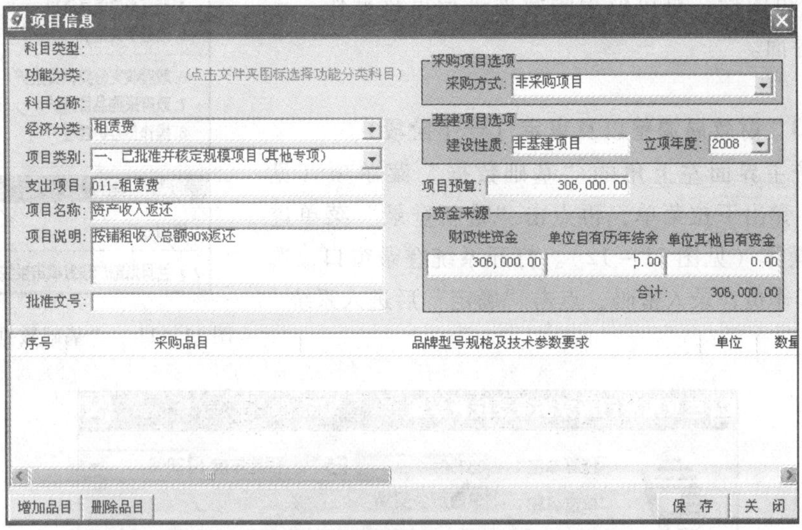

图 11－9　“新增项目信息”录入窗口

（4）预算数据报表汇总。录入完成前面三张申报数据后，可以生成多张汇总报表。兰贝斯部门预算编审系统教学版列出了“部门预支出的十张汇总表”格式。点击相应的下列菜单项，点“确定”按钮，即可打开对应的汇总报表。

例如，选择“查看打印支出预算总表”，“确定”后，显示界面如图 11－10 所示。

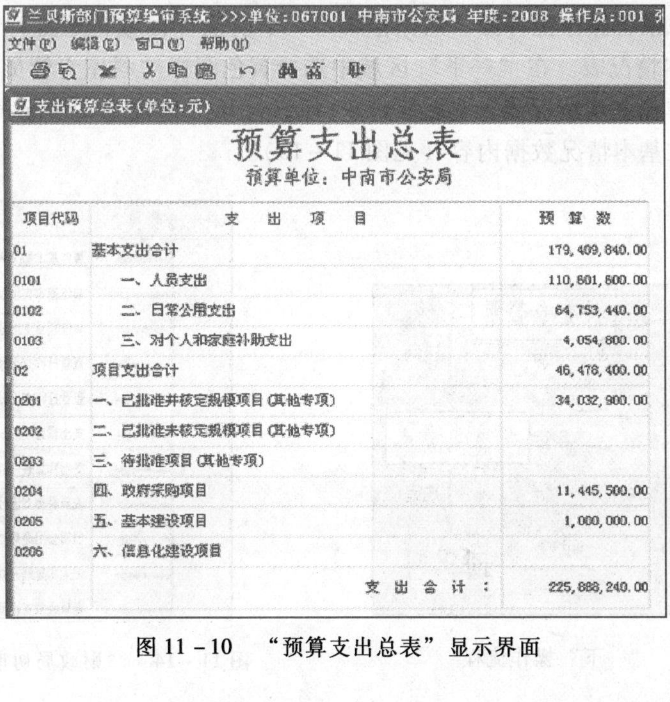

项目代码	支　出　项　目	预 算 数
01	基本支出合计	179,409,840.00
0101	一、人员支出	110,601,600.00
0102	二、日常公用支出	64,753,440.00
0103	三、对个人和家庭补助支出	4,054,800.00
02	项目支出合计	46,478,400.00
0201	一、已批准并核定规模项目(其他专项)	34,032,900.00
0202	二、已批准未核定规模项目(其他专项)	
0203	三、待批准项目(其他专项)	
0204	四、政府采购项目	11,445,500.00
0205	五、基本建设项目	1,000,000.00
0206	六、信息化建设项目	
	支 出 合 计 ：	225,888,240.00

图 11－10　“预算支出总表”显示界面

（5）部门预算申报单位审核。完成以上预算数据录入工作后，单位负责人需对申报数据进行审定，在部门预算编制及管理系统主操作窗口，点击“一上”阶段内的“负责人”黄色图标，对单位申报数据进行审核操作，显示审核成功界面。

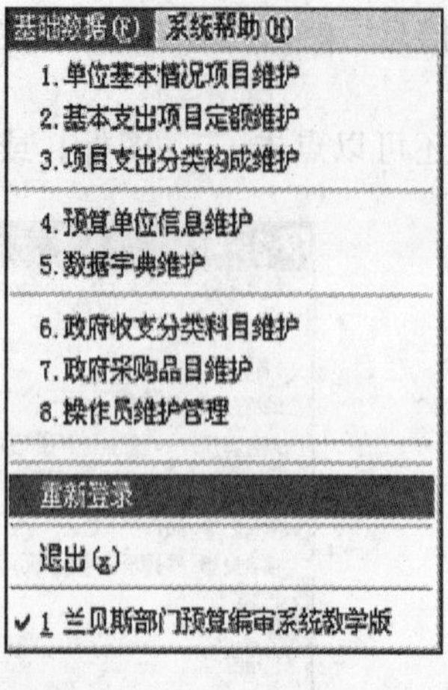

图 11－11　“基础数据”菜单项

11.1.2.3　财政局调整以及审定（一下阶段）

点击系统主界面左上角的“基础数据”菜单项（见图 11－11），弹出下拉菜单，再点击“重新登录”菜单进行用户更改操作（见图 11－12）。打开系统登录窗口，选择财政部门操作员，录入密码，点击“确定”后进入系统。

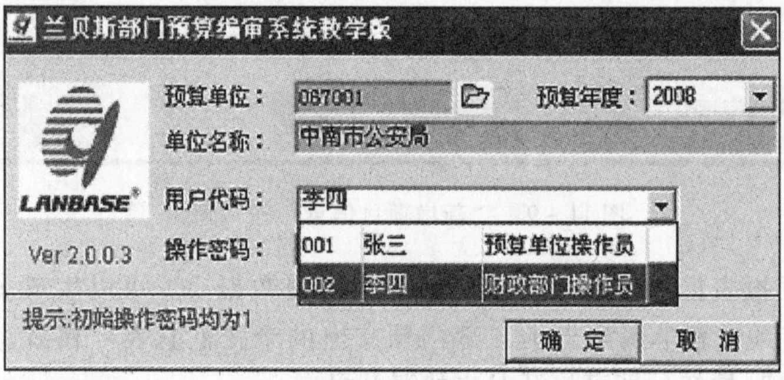

图 11－12　“重新登录”界面

登录后，进入系统操作主界面，该操作属“一下阶段”区域，如图 11－13 所示。

（1）单位基本情况表。在“一下”区域中选择黄色图标“科室专管员”，在弹出的下拉菜单项中选择“单位基本情况表”（见图 11－14），打开“单位基本情况表”窗口，显示单位申报录入的单位基本情况数据内容（见图 11－15）。

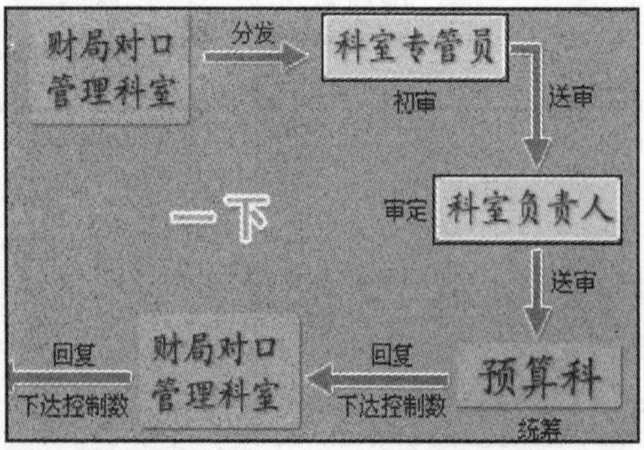

图 11－13　“一下”操作流程

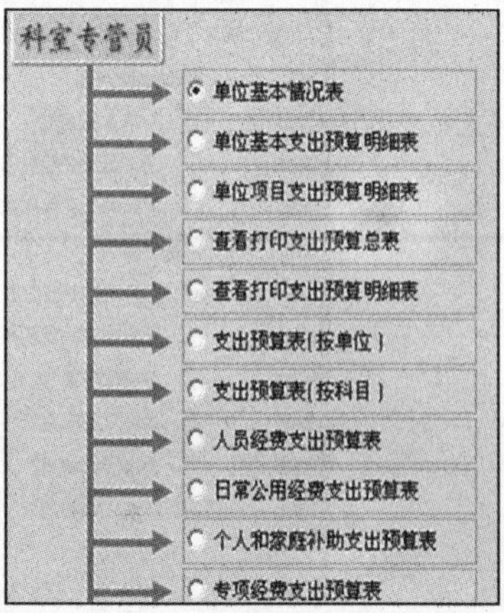

图 11－14　“财政局初审”操作菜单

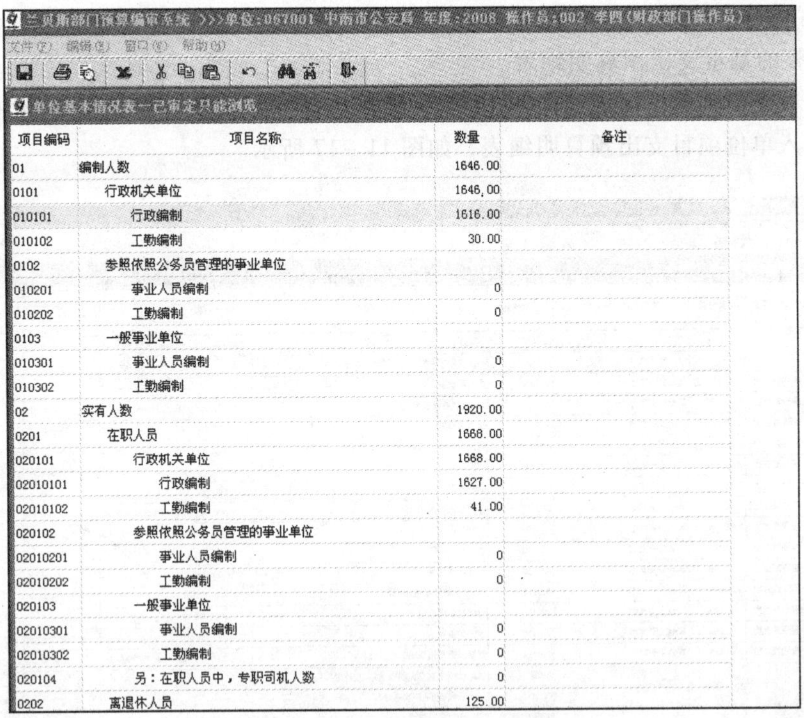
兰贝斯部门预算编审系统 >>>单位:067001 中南市公安局 年度:2008 操作员:002 李四(财政部门操作员)

单位基本情况表—已审定只能浏览

项目编码	项目名称	数量	备注
01	编制人数	1646.00	
0101	行政机关单位	1646.00	
010101	行政编制	1616.00	
010102	工勤编制	30.00	
0102	参照依照公务员管理的事业单位		
010201	事业人员编制	0	
010202	工勤编制	0	
0103	一般事业单位		
010301	事业人员编制	0	
010302	工勤编制	0	
02	实有人数	1920.00	
0201	在职人员	1668.00	
020101	行政机关单位	1668.00	
02010101	行政编制	1627.00	
02010102	工勤编制	41.00	
020102	参照依照公务员管理的事业单位		
02010201	事业人员编制	0	
02010202	工勤编制	0	
020103	一般事业单位		
02010301	事业人员编制	0	
02010302	工勤编制	0	
020104	另：在职人员中，专职司机人数	0	
0202	离退休人员	125.00	

图 11－15　单位申报录入的单位基本情况数据

财政部门不能对以上表内容进行修改，因为该单位基本情况数据需以申报单位录入为准，只可以为财政单位作预算核对用途。

（2）基本支出预算情况表。在图 11－14 中，选择“单位基本支出预算明细表”，点击“确定”，显示单位基本支出预算明细表，如图 11－16 所示。

兰贝斯部门预算编审系统 >>>单位:067001 中南市公安局 年度:2008 操作员:002 李四(财政部门操作员)

基本支出预算明细表(单位:元)

功能分类(双击选择)	功能分类科目名称	经济分类科目	项目代码	项目名称	标准1 行政编制定额	人数	事业编
			01	基本支出合计		8,893	
			0101	一、人员支出		6,744	
			010101	工资性支出		6,744	
			01010101	基本工资与岗位津贴		1,686	
2040299	其他公安支出	工资福利支出	0101010101	基本工资与津贴（均统发）	45,300	1,648	
2040299	其他公安支出	工资福利支出	0101010102	基本工资与津贴（均非统发）	45,300	38	
2040299	其他公安支出	基本工资	0101010103	基本工资（统发）			
2040299	其他公安支出	津贴补贴	0101010104	岗位津贴（非统发）			
2040299	其他公安支出	津贴补贴	01010102	预算外津贴及节支奖（统发）	9,600	1,686	
2040299	其他公安支出	奖金	01010103	工作实绩考核奖励金（非统发）	9,600	1,686	
2040299	其他公安支出	津贴补贴	01010104	事业单位绩效津贴（非统发）			
2040299	其他公安支出	奖金	01010105	计划生育奖（非统发）	1,100	1,686	
2040299	其他公安支出	津贴补贴	01010106	经营性及特殊行业津贴（非统发）			
2040299	其他公安支出	其他工资福利支出	01010107	预留增人经费			
			0102	二、日常公用支出		1,772	
			010201	公务社保及业务等包干经费		1,772	
2040299	其他公安支出	差旅费	01020101	公务及社保包干经费	30,240	1,668	
2040299	其他公安支出	水费	01020102	水电费	4,500,000	1	
2040299	其他公安支出	劳务费	01020103	临工经费	14,400	102	
2040299	其他公安支出	委托业务费	01020104	专项业务费	7,800,000	1	

图 11－16　单位基本支出预算明细表

财政部门根据财政预算，可以对单位申报数据进行修改及调整，完成后点击“保存”，可保存已调整的基本支出预算明细表。

（3）项目支出预算情况表。在图 11－14 中，选择“单位项目支出预算明细表”，点击“确定”，进入单位项目支出预算明细表，如图 11－17 所示。

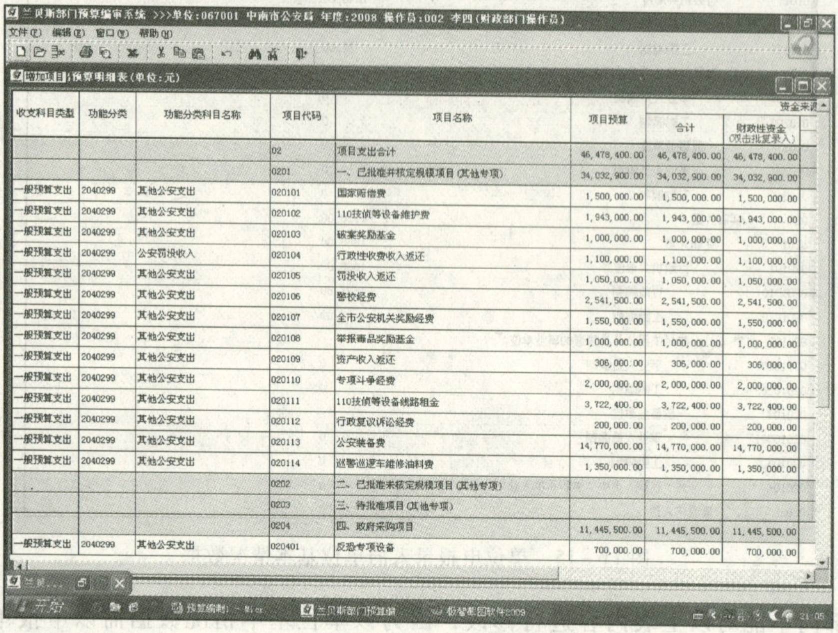

收支科目类型	功能分类	功能分类科目名称	项目代码	项目名称	项目预算	资金来源 合计	财政性资金（双击批复录入）
			02	项目支出合计	46,478,400.00	46,478,400.00	46,478,400.00
			0201	一、已批准并核定规模项目（其他专项）	34,032,900.00	34,032,900.00	34,032,900.00
一般预算支出	2040299	其他公安支出	020101	国家赔偿费	1,500,000.00	1,500,000.00	1,500,000.00
一般预算支出	2040299	其他公安支出	020102	110技侦等设备维护费	1,943,000.00	1,943,000.00	1,943,000.00
一般预算支出	2040299	其他公安支出	020103	破案奖励基金	1,000,000.00	1,000,000.00	1,000,000.00
一般预算支出	2040299	公安罚没收入	020104	行政性收费收入返还	1,100,000.00	1,100,000.00	1,100,000.00
一般预算支出	2040299	其他公安支出	020105	罚没收入返还	1,050,000.00	1,050,000.00	1,050,000.00
一般预算支出	2040299	其他公安支出	020106	警校经费	2,541,500.00	2,541,500.00	2,541,500.00
一般预算支出	2040299	其他公安支出	020107	全市公安机关奖励经费	1,550,000.00	1,550,000.00	1,550,000.00
一般预算支出	2040299	其他公安支出	020108	举报毒品奖励基金	1,000,000.00	1,000,000.00	1,000,000.00
一般预算支出	2040299	其他公安支出	020109	资产收入返还	306,000.00	306,000.00	306,000.00
一般预算支出	2040299	其他公安支出	020110	专项斗争经费	2,000,000.00	2,000,000.00	2,000,000.00
一般预算支出	2040299	其他公安支出	020111	110技侦等设备线路租金	3,722,400.00	3,722,400.00	3,722,400.00
一般预算支出	2040299	其他公安支出	020112	行政复议诉讼经费	200,000.00	200,000.00	200,000.00
一般预算支出	2040299	其他公安支出	020113	公安装备费	14,770,000.00	14,770,000.00	14,770,000.00
一般预算支出	2040299	其他公安支出	020114	巡警巡逻车维修油料费	1,350,000.00	1,350,000.00	1,350,000.00
			0202	二、已批准未核定规模项目（其他专项）			
			0203	三、待批准项目（其他专项）			
			0204	四、政府采购项目	11,445,500.00	11,445,500.00	11,445,500.00
一般预算支出	2040299	其他公安支出	020401	反恐专项设备	700,000.00	700,000.00	700,000.00

图 11－17 单位项目支出预算明细表

点击  增加项目，也可以选择表中一项明细后，点击  修改明细，其编辑窗口如图 11－18 所示。完成增加和修改后，点击“保存”按钮，保存修改后的数据内容。

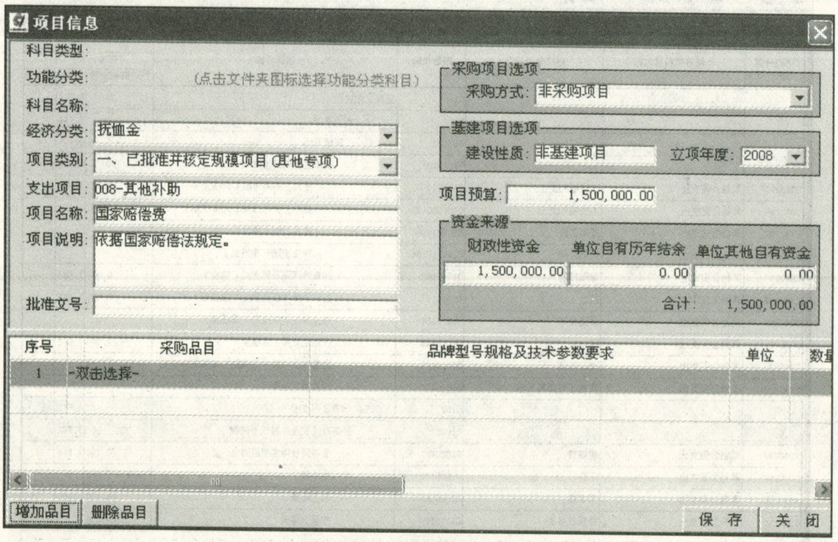

图 11－18 编辑项目窗口

(4) 科室负责人审定。在“一下”区域点击“科室负责人”图标，系统弹出预算批复审核提示窗口。点击“是”按钮，确认科室负责人通过审核操作。

11.1.2.4 再次申报与审定（二上/二下）

从“一下”阶段财政局“科室负责人”审定后，然后按如图 11－3 所示的业务流程，把申报预算数据重新返回到基层预算单位，预算单位根据财政局下达的控制数，对预算数据再次进行调整，再次申请上报。

“二上”、“二下”的业务操作与“一上”、“一下”类似，这里不再赘述。

11.1.3 相关知识

编制部门预算，要从基层单位编起，层层审核汇总。在编报过程上，按照“两上两下”的要求，由财政局直接到一级主管部门，主管部门负责汇总、审核、分析基层单位的收支预算建议计划，编制并上报本部门收支预算建议计划。

部门预算的编制与管理过程总共分为四个阶段，这四个阶段是：单位第一次上报阶段（简称一上阶段）、财政局第一次批复阶段（简称一下阶段）、单位再次上报阶段（简称二上阶段）、财政局第二次批复阶段（简称二下阶段）。

11.1.3.1 系统流程

部门预算编制与管理系统的流程如图 11－3 所示，流程图中醒目的黄色是必选环节，蓝色衬托的部分是可选环节和过程环节。只有必选环节有相应的功能操作，而可选环节和过程环节则不提供软件功能。

(1) 一上阶段。基层预算单位填报年度预算（经办人）→送审至单位负责人→单位负责人审定→上报到一级预算单位→一级预算单位经办人汇总所有辖下的年度预算总数→送审至一级预算单位负责人→一级预算单位负责人审定→上报到财政局对口管理科室。

在实际工作中，年度预算经过基层预算单位负责人审定后，将会直接上报到财政局对口业务科室，而无需经过一级预算单位汇总和审定后才上报至财政局对口业务科室，这时一级预算单位汇总辖下基层预算单位的年度预算主要作用变成了对本部门年度预算的综合和备查。特别是实行了国库集中支付改革的地方，更多地将一级预算单位汇总审定上报流程变为可选流程，只剩下基层预算单位经办人填报和基层预算单位负责人审定是一上阶段的必选环节。

(2) 一下阶段。财政局对口管理科将上报的单位年度预算分发给专管员→专管员初审→送审到科室负责人→科室负责人审定→送审到预算科→预算科统筹年度预算收入和预算支出的平衡情况，然后下达控制数给各科室→各科室再下达控制数给相应的一级预算单位或直接下达给基层预算单位。

(3) 二上阶段。基层预算单位根据批复的控制数，在控制数范围调整年度预算，再经过同一上阶段类似的业务处理流程，将调整后年度预算再次上报到财政局对口业务科室。

(4) 二下阶段。财政局对口管理科室再次将预算单位调整后的年度预算分发给与单位相关的专管员，专管员再次审查→送审到科室负责人→科室负责人审定→送审到预算科统筹审定→送审到局预算小组讨论通过→报人大会议批准→财政局将人大会议批准的年度预算回复给预算单位。

11.1.3.2　系统的基础资料设置

系统基础资料设置，由系统主界面的“基础数据”菜单项提供功能，如图11－19所示，为系统的基础数据维护菜单。

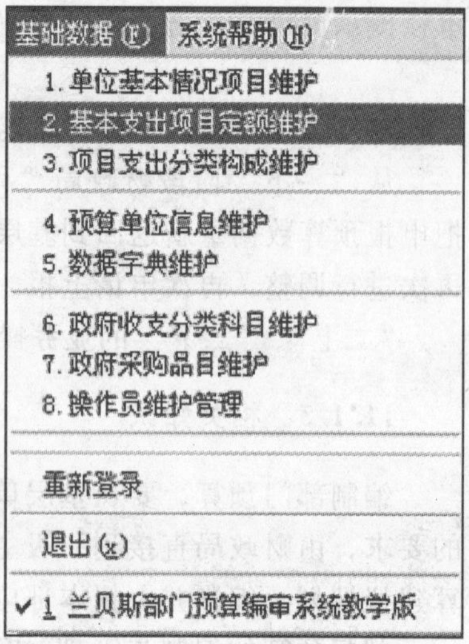

图11－19　“基本数据”菜单项

（1）单位基本情况项目维护。提供预算单位填报其基本情况时的规定项目，如单位的编制情况、实有人数、单位人员情况等。一般的做法是，由预算科会同业务科确定这些规定项目，下发后由单位如实填报，没有的项目不填报。

（2）基本支出项目定额维护。提供预算单位填报其基本支出项目的规定项目，分为人员支出、公用支出、补助支出。每一细项再细分为行政编制定额、事业编制定额、离退休定额、附带车辆定额。对于不确定的定额，通过标记“是否允许单位修改”选项来提供单位填报时，自行填报该项额度（见图11－20）。

项目代码	项目名称	是否明细项目	行政编制定额	事业编制定额	离退定额	车辆定额	是否允许单位修改	支出项目类别
01	基本支出合计	☐					☐	
0101	一、人员支出	☐					☐	
010101	工资性支出	☐					☐	
01010101	基本工资与岗位津贴	☐					☐	
0101010101	基本工资与津贴(均统发)	☑	56500.00	42000.00	36000.00		☑	001-工资性支出
0101010102	基本工资与津贴(均非统发)	☑	35000.00	28000.00	21000.00		☑	001-工资性支出
0101010103	基本工资(统发)	☑	25000.00	22000.00	18000.00		☑	001-工资性支出
0101010104	岗位津贴(非统发)	☑	26800.00	25000.00	15000.00		☑	001-工资性支出
01010102	预算外津贴及节支奖(统发)	☑	9600.00	7800.00	6800.00		☑	001-工资性支出
01010103	工作实绩考核奖励金(非统发)	☑	9600.00	7800.00	6800.00		☑	001-工资性支出
01010104	事业单位绩效津贴(非统发)	☑					☑	001-工资性支出
01010105	计划生育奖(非统发)	☑	2500.00	2500.00	1800.00		☑	002-社会保障缴费
01010106	经营性及特殊行业津贴(非统发)	☑					☑	002-社会保障缴费
01010107	预留增人经费	☑					☑	003-其他支出
0102	二、日常公用支出	☐					☐	
010201	公务社保及业务等包干经费	☐					☐	
01020101	公务及社保包干经费	☑	20640.00	20000.00	15000.00		☑	009-日常公用支出
01020102	水电费	☑	68000.00	50000.00	50000.00		☑	009-日常公用支出
01020103	临工经费	☑	14400.00	14400.00	6500.00		☑	009-日常公用支出
01020104	专项业务费	☑					☑	009-日常公用支出
010205	车辆维修费	☑	25000.00	26000.00	18000.00		☑	010-车辆经费
010206	公务岗位交通补贴	☑	12000.00	15000.00	10000.00		☑	009-日常公用支出
010207	市外公务交通补贴	☑					☑	009-日常公用支出
0103	三、对个人和家庭补助支出	☐					☐	

图11－20　“基本支出项目定额维护”窗口

（3）项目支出分类构成维护。提供给用户自定义项目支出项目的分类设定，实际管理中用户可自定义分类的数量和分类方法（注意，软件下发到单位时，该部分数据不允许改动）。

（4）预算单位信息维护。提供维护预算单位信息的功能（注意，软件下发到单位时，该部分数据不允许改动）。

（5）数据字典维护。提供用户自定义数据项或扩充数据功能，如业务科室编码、资金来源编码等。

（6）政府收支分科科目维护。提供维护政府收支分类科目的功能。

（7）政府采购品目维护。提供政府采购品目维护功能，可增加、删除、修改政府采购品目的分类及其细分品目资料（注意，软件下发到单位时，该部分数据不允许改动）。

（8）系统操作员维护管理。提供增加、删除、修改系统操作员的功能。操作员信息包括：操作员号、操作员名、登录密码及角色定义。操作员的角色定义分为预算单位操作员和财政部门操作员两项。定义了操作员的角色后，该操作员登录后，只能使用相应的功能。

11.1.4 技能训练

利用兰贝斯预算编制系统教学软件，以“中南市公安局”为案例单位，编制部门预算。“单位基本情况表”、“单位基本支出预算明细表”、“单位项目支出预算明细表”的内容参考以下表格录入（见表11－1、表11－2、表11－3）。

表11－1　　单位基本情况表

01	编制		030107	副处级	13
0101	行政机关单位	1 646	030109	正科级	78
010101	行政编制	1 616	030110	正科级非领导	4
010102	工勤编制	30	030111	副科级	126
02	实有人数		030112	副科级非领导	46
0201	在职人员		030113	科级以下	1 414
020101	行政机关单位	1 668	0302	离休人员数	4
02010101	行政编制	1 627	030204	副处级	1
02010102	工勤编制	41	030207	科级以下	3
0202	离退休人员	125	0303	退休人员数	121
020201	离休	4	030302	副厅级	1
02020101	行政单位离休人员	4	030303	正处级	2
020202	退休	121	030304	副处级	9
02020201	行政单位退休人员	121	030305	正科级	32
0203	其他人员		030306	副科级	60
020301	离岗退养人员	18	030307	科级以下	17
02030101	行政单位离岗退养人员	18	0304	离岗退养人员数	18
020302	临时工	102	030404	副处级	2
020305	遗属人员	7	030405	正科级	7
03	单位人员情况		030406	副科级	9
0301	在职人员数	1 686	05	房屋状况（平方米）	
030103	副厅级	1	06	办公用房建筑面积	19 440
030105	正处级	2	0601	专用房屋建筑面积	
030106	正处级非领导	2	0602	职工宿舍建筑面积	6 190

续表

0603			19	台式电脑	344
07	机动车状况（辆）		20	手提电脑	19
08	车辆定编数	196	21	打印机	140
09	定编车辆实有数	181	22	传真机	49
0901	行政用车	61	23	复印机	52
0902	专业用车	14	24	速印机	2
0903	执法用车	106	25	打印、复印一体机	
10	非定编车辆实有数	87	26	扫描仪	33
1001	行政用车	44	27	碎纸机	29
1002	专业用车	21	28	空调	70
1003	执法用车	22	2801	柜式空调	
11	摩托车数	320	2802	分体式空调	
12	船艇数		29	摄影摄像器材（台）	36
13	主要办公设备		30	摄录机	73
14	租用专线		31	投影仪	6
15	租用专线（条）		32	锅炉（吨位）	
16	租用专线（年租金）		33	电视机	137
17	小型机（台）		34	冰箱	35
18	PC 服务器（台）	13			

表 11－2　　　　单位基本支出预算明细表　　　　单位：元

科目代码	预算科目	项　目	人员标准		财政性资金
			行政编制定额	人　数	
		基本支出合计	178 865 520	1 686	178 865 520
2401	公安支出	人员支出	110 601 600	1 686	110 601 600
2401	公安支出	工资性支出	110 601 600	1 686	110 601 600
2401	公安支出	基本工资与岗位津贴	76 375 800	1 686	76 375 800
2401	公安支出	均统发	74 654 400	1 686	74 654 400
2401	公安支出	均非统发	1 721 400	38	1 721 400
2401	公安支出	预算外津贴及节支奖（统发）	16 185 600	1 686	16 185 600
2401	公安支出	工资实绩考核奖励金（非统发）	16 185 600	1 686	16 185 600
2401	公安支出	计划生育奖（非统发）	1 854 600	1 686	1 854 600
		日常公用支出	64 209 120		64 209 120
2401	公安支出	公务社保及业务等包干经费	64 209 120	1 686	64 209 120
2401	公安支出	公务及社保包干经费	50 440 320	1 686	50 440 320
2401	公安支出	水电费	4 500 000		4 500 000
2401	公安支出	临工经费	1 468 800	102	1 468 800
2401	公安支出	专项业务费	7 800 000		7 800 000

续表

科目代码	预算科目	项目	人员标准		财政性资金
			行政编制定额	人数	
		对个人和家庭补助支出	4 054 800		4 054 800
1802	公检法机关离退休	离退休费	4 025 280	125	4 025 280
1802	公检法机关离退休	离休费	140 000	4	140 000
1802	公检法机关离退休	统发	140 000	4	140 000
1802	公检法机关离退休	退休费	3 557 400	121	3 557 400
1802	公检法机关离退休	统发	3 557 400	121	3 557 400
1802	公检法机关离退休	退休社会保险缴费	275 880	121	275 880
1802	公检法机关离退休	离休特需经费	3 600	4	3 600
1802	公检法机关离退休	离休特需经费	48 400	121	48 400
2401	公安支出	遗属补助	29 520	6	29 520

表 11－3　　单位项目支出预算明细表　　单元：元

科目代码	预算科目	项目名称	财政性资金	项目说明
*	*	合　计	75 103 700	
2401	公安支出	一、常规项目		
2401	公安支出	全市民警警服费	4 837 500	全市着装民警 4297 人的警服费
2401	公安支出	全市公安枪弹费	808 000	全市民警训练用子弹
2401	公安支出	全市公安机关奖励经费	1 550 000	依据公安部《公安机关人民警察奖励条例》
2401	公安支出	110 技侦等设备线路租金	3 722 400	专用线路租金
2401	公安支出	110 技侦等设备维护费	1 943 000	专用设备维护费
2401	公安支出	看守所经费	12 084 700	囚犯经费
2401	公安支出	收教治安拘留所经费	4 257 600	囚犯经费
2401	公安支出	戒毒所经费	5 956 000	强制戒毒经费
2401	公安支出	警校经费	2 541 500	警察培训经费
2401	公安支出	巡警巡逻车维修油料费	1 350 000	巡警 24 小时轮班巡逻执勤车辆油料及维修
2401	公安支出	资产收入返还	306 000	按铺租收入总额 90% 返还
2401	公安支出	行政性收费收入返还	1 100 000	按行政性收费收入总额 2% 返还
2401	公安支出	罚没收入返还	1 050 000	按罚没收入总额 30% 返还
		小计	41 506 700	
2401	公安支出	二、续建项目		
2401	公安支出	国家赔偿费	1 500 000	依据国家赔偿法规定
2401	公安支出	破案奖励基金	1 000 000	对破获命案、特大刑案、严重暴力案、盗抢机动车等案件奖励
2401	公安支出	举报毒品奖励基金	1 000 000	依据市公安局、财政局联合制订
		小计	3 500 000	

续表

科目代码	预算科目	项目名称	财政性资金	项目说明
2401	公安支出	三、新增项目		为进一步打击“两抢一盗”犯罪工作的专项斗争经费
2401	公安支出	专项斗争经费	2 000 000	依据行政复议法、行政诉讼法规定
2401	公安支出	行政复议诉讼经费	200 000	用于改善基层派出所的基础设施和最基本的装备
2401	公安支出	困难镇区派出所“固本强基工程”补助经费	2 000 000	《劳动教养试行办法》公安部办理劳动教养案件程序规定
2401	公安支出	劳动教养专项经费	1 000 000	公安部2002年60号令、省公安厅粤公通字（2004）126号文件规定
2401	公安支出	执法质量考评专项经费	500 000	
		小计	5 700 000	
2401	公安支出	四、采购项目		
2401	公安支出	公安装备费	14 770 000	为进一步提高打击犯罪所需添置一批技侦及日常办案用的装备
2401	公安支出	《中山警讯》一期设备	237 000	《中山警讯》专用设备
2401	公安支出	巡警汽车	1 500 000	巡警警车巡逻车
2401	公安支出	“111”工程系统二期	2 090 000	“111”系统二期工程
2401	公安支出	侦控系统	1 000 000	技侦工作需要（绝密）
2401	公安支出	技侦监控系统	1 200 000	技侦工作需要（绝密）
2401	公安支出	技侦资料系统	1 000 000	资料采集系统（绝密）
2401	公安支出	排爆机械人	1 400 000	近年来各种涉爆恶性案件日趋增多，随着当前反恐形势发展需要
2401	公安支出	反恐专项设备	700 000	根据反恐斗争的工作需要
2401	公安支出	监所管理监控系统	500 000	依据（监）字（2004）90号文规定
		小计	24 397 000	

11.1.5 完成任务

在“一上”阶段，完成部门预算数据录入工作后，可以生成多张汇总报表，再由单位负责人对申报数据进行审核，当出现“已成功审定”窗口，说明“一上”阶段的任务完成。

在“一下”阶段，进行单位申报数据的修改和调整，再由科室负责人对预算批复进行审核，当出现“已成功审定”窗口，说明“一下”阶段的任务完成。

“二上”、“二下”的任务完成与“一上”、“一下”类似。

11.1.6 教研交流与探讨

（1）在进行预算编制过程中，应以哪些不同的身份出现？

（2）填报“一上”中三表的技巧是什么？
（3）执行“一上预算审定”，需注意什么？
（4）财政部门专管员如何批复预算资金？

任务二 政府采购

11.2.1 任务描述

利用兰贝斯政府采购管理系统教学软件，完成招标采购管理。

11.2.2 任务分析

11.2.2.1 系统登录

单击电脑桌面上的“政府采购管理信息系统”图标，打开“政府采购管理系统教学版”系统登录窗口，录入用户名、密码后，点击“确定”即可进入系统主界面（见图 11－21）。

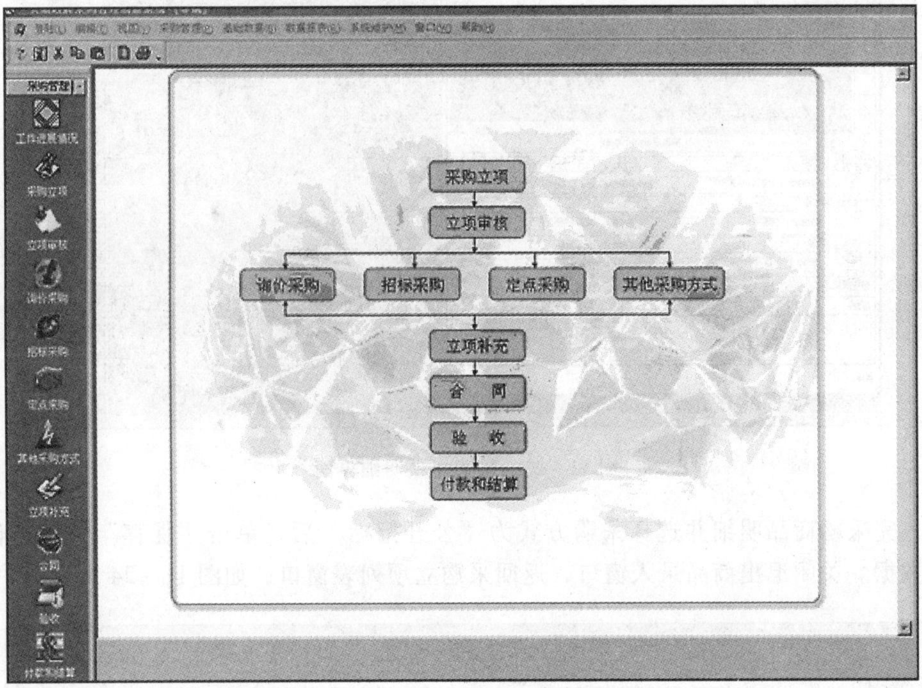

图 11－21 “政府采购业务管理系统”窗口

11.2.2.2 采购立项

在政府采购业务管理系统主界面，单击左侧的“采购立项”图标按钮，打开“采购立项”窗口。点击“采购立项”按钮，进入采购立项操作界面，如图 11－22 所示。

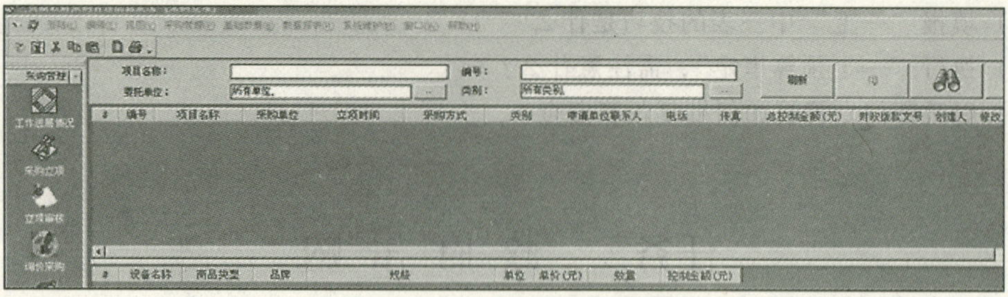

图 11 - 22　采购立项操作界面

点击“增加”按钮，打开采购立项明细增加窗口，如图 11 - 23 所示。选择单位名称、录入项目名称及相关申请单位资料，再录入商品明细记录。

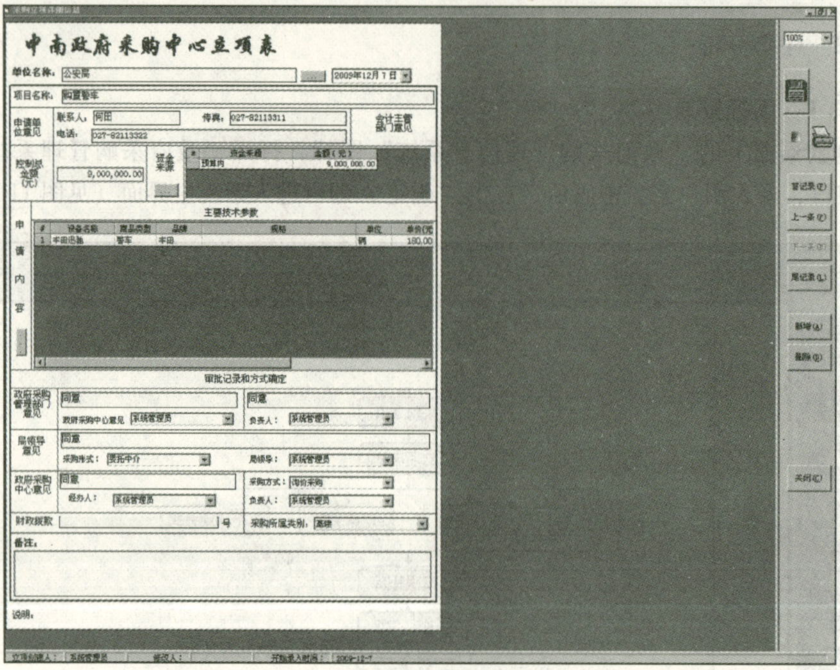

图 11 - 23　采购立项明细界面

录入完采购商品明细并选择采购方式为“公开招标”后，单击“保存”按钮，保存采购立项数据。关闭退出商品录入窗口，返回采购立项列表窗口，如图 11 - 24 所示。

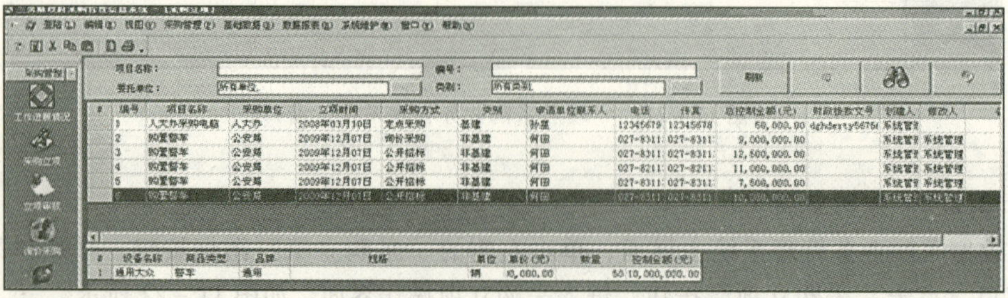

图 11 - 24　采购立项列表窗口

11.2.2.3 采购立项审核

选择需要审核的采购立项记录，在记录前的“□”框中打上“✓”，然后点击“确定”按钮，执行审核操作。

系统弹出审核提示窗口，需要用户确认是否对当前选择的单据进行审核，点击“是”，进行确认。审核完成后，采购立项操作已经结束（见图 11－25）。

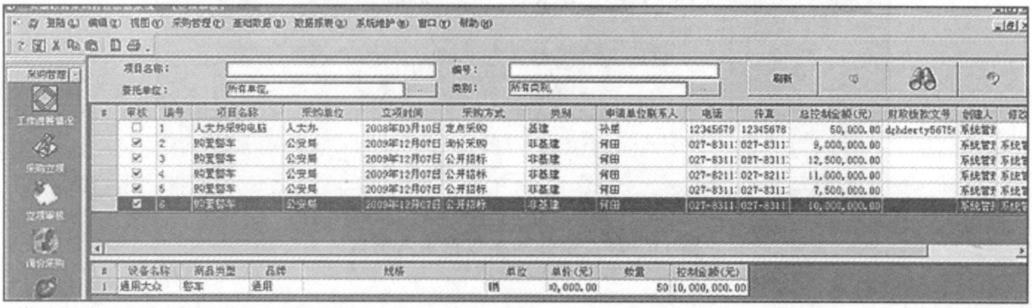

图 11－25 采购立项审核界面

11.2.2.4 招标立项

单击政府采购管理系统主界面左侧的“招标采购”按钮，弹出下拉菜单，选择“招标立项”菜单项，打开招标立项窗口，如图 11－26、图 11－27 所示。

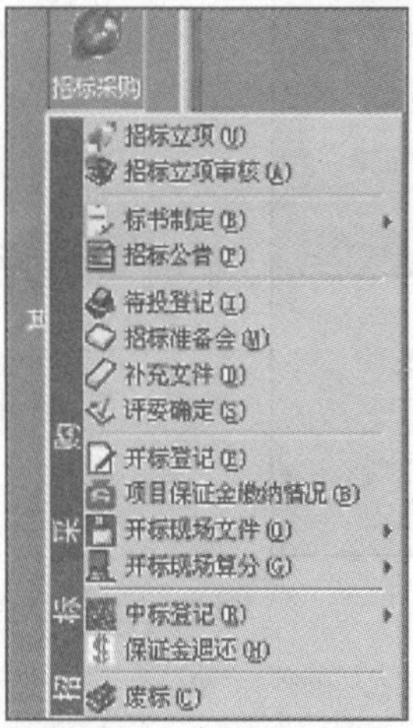

图 11－26 招标采购下列菜单项

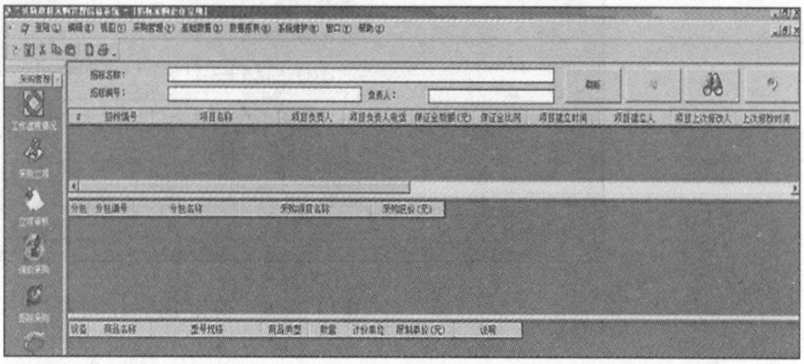

图 11－27 招标采购立项窗口

点击“增加”按钮，弹出招标立项向导窗口。点击“下一步”按钮，进行招标基本数据的录入，如招标项目名称、招标负责人、电话、保证金缴纳方式等资料（见图 11－28）。

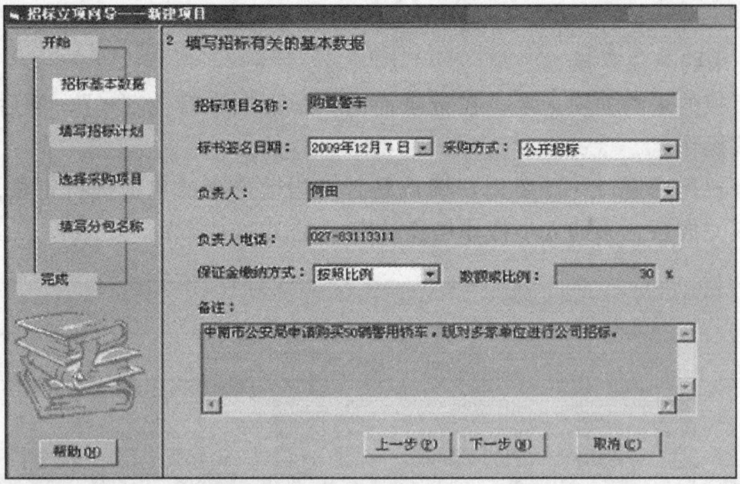

图 11-28　招标基本数据录入窗口

点击“下一步”按钮，进入确定招标计划窗口，录入标书相关的时间及投标开标地点(见图 11-29)。

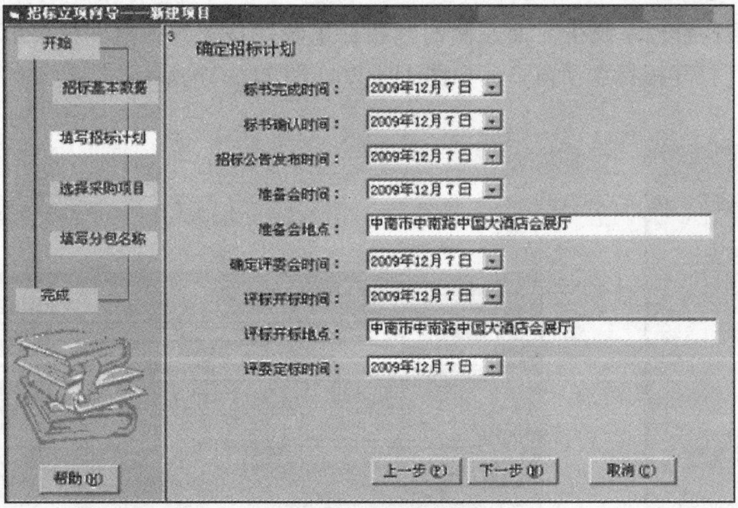

图 11-29　确定招标计划窗口

继续点击“下一步”按钮，进入选择采购项目窗口。选择指定的采购项目，在记录前面的“□”框中打上“✓”(见图 11-30)。

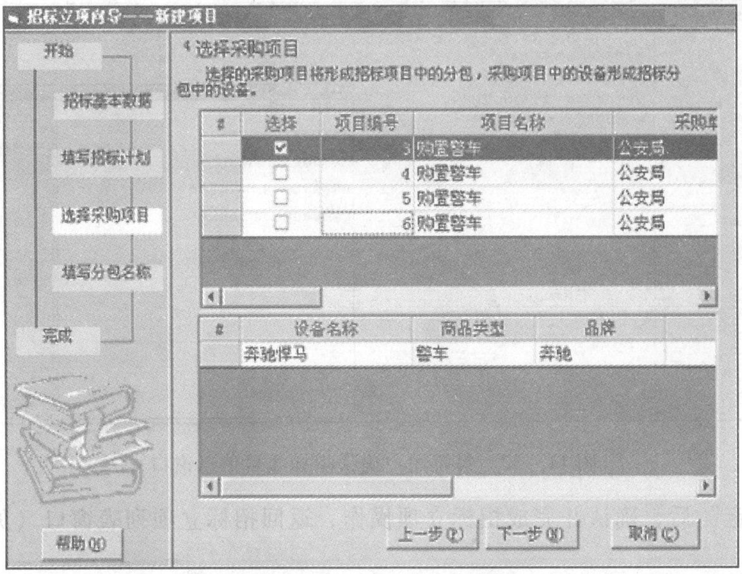

图 11－30　选择采购项目窗口

点击“下一步”，填写分包名称。继续点击“下一步”，往下进行操作（见图 11－31）。

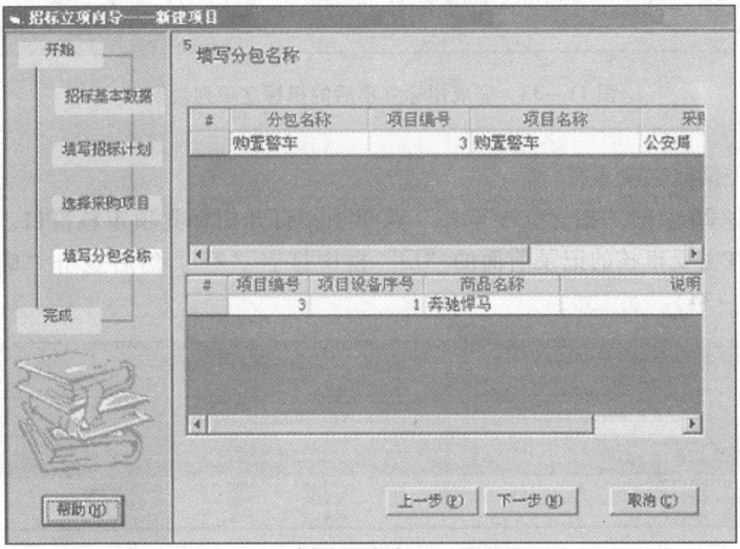

图 11－31　填写分包名称窗口

点击“完成”按钮，等待用户确认招标项目信息（见图 11－32）。

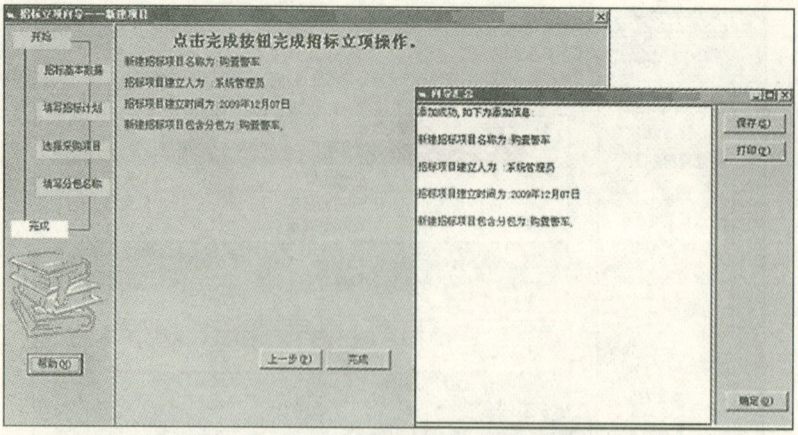

图 11－32　等待用户确认招标项目信息窗口

点击“确定”后，确认并完成招标立项操作，返回招标立项列表窗口（见图 11－33）。

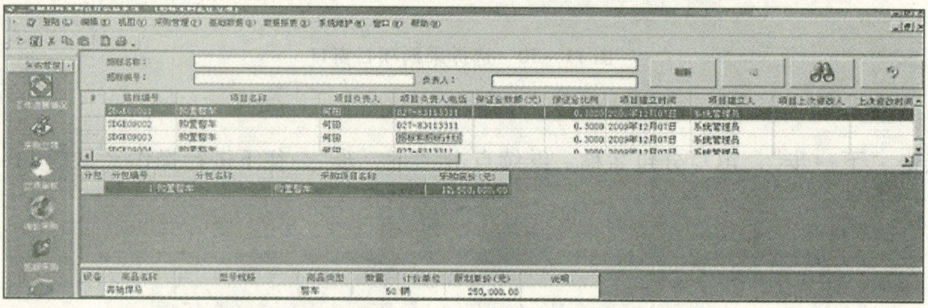

图 11－33　完成招标立项后的招标立项列表窗口

11.2.2.5　招标立项审核

选择图 11－26 中的“招标立项审核”菜单项，打开招标立项审核窗口。选择指定的招标立项记录，在需要审核的记录前面的“□”框中打上“✓”。然后点击“确定”进行审核操作（见图 11－34）。

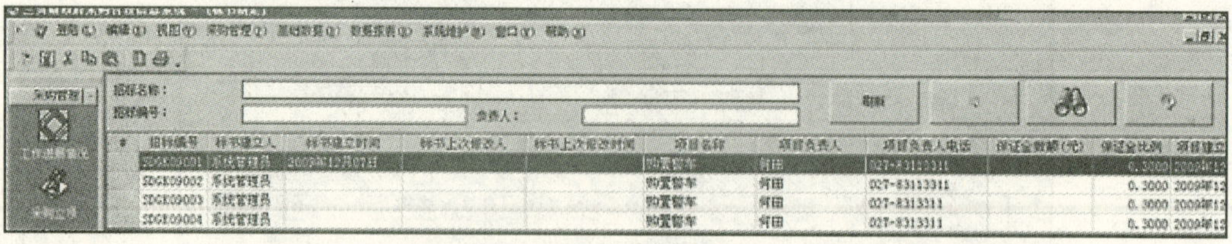

图 11－34　招标立项审核窗口

11.2.2.6　制定标书

选择图 11－26 中的“标书制定”菜单的下级子菜单“制定标书”，打开标书制定窗口（见图 11－35）。点击“编辑”按钮，可对指定的招标立项记录进行标书制定、发送以及打印。制定完成后，系统会在当前窗口指定记录行上显示“标书建立时间”、“标书建立人”等信息。

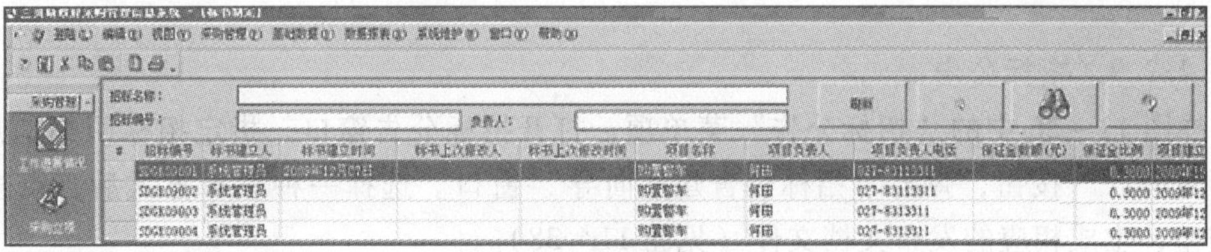

图 11－35　标书制定窗口

11.2.2.7　标书确认

选择图 11－26 中的“标书制定”菜单的下级子菜单“标书确认”，打开标书确认窗口。点“编辑”按钮可修改已建立但未确认的标书。当确认标书录入完成并正确后，在明细记录前的“□”框中打上“✓”，单击“确认”即可对所选择指定的标书记录进行确认操作（见图 11－36）。

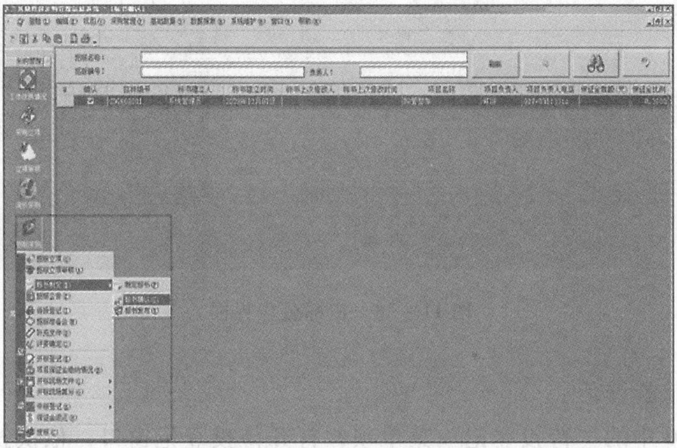

图 11－36　标书确认窗口

11.2.2.8　标书发布

选择图 11－26 中的“标书制定”菜单的下级子菜单“标书发布”，打开标书发布窗口。选择需要发布的标书主要信息，点击“发布”按钮，弹出标书发布向导窗口。选择发布方式后，点击“确定”，生成发布文档文件，然后根据发布方式进行发布（见图 11－37）。

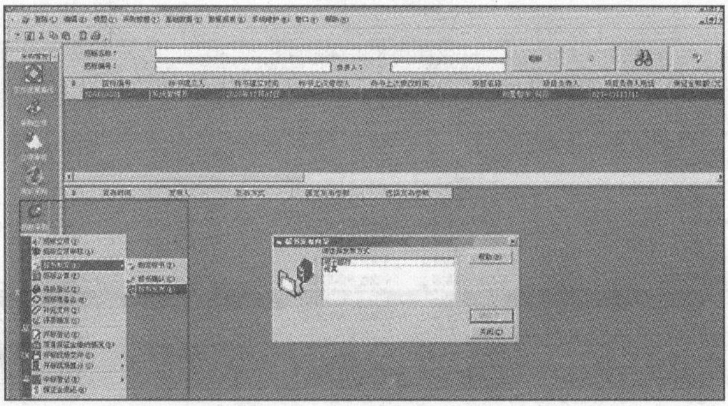

图 11－37　标书发布窗口

11.2.2.9 招标公告

选择图 11－26 中的“招标公告”菜单项，打开招标公告窗口。指定招标明细信息，点击“新建公告”按钮，弹出“招标公告建立向导”窗口。选择一种发布方式后，点击“确定”按钮，生成相应的发布文档文件（见图 11－38）。

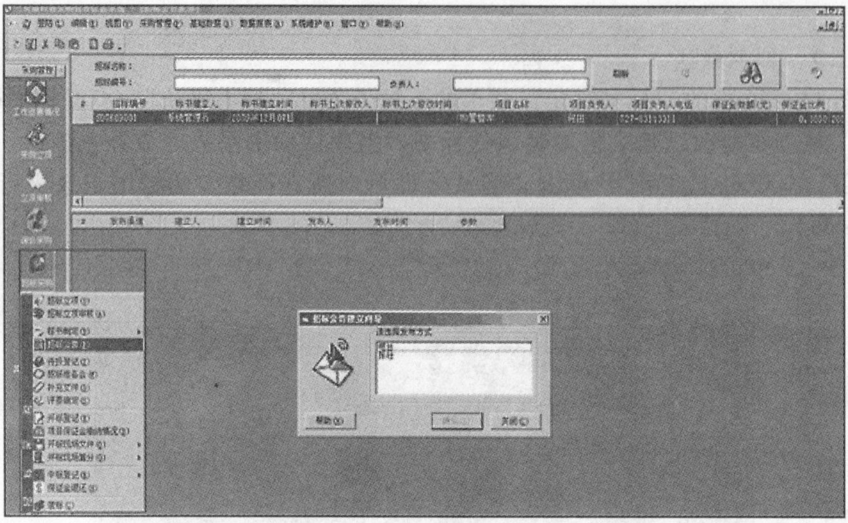

图 11－38　招标公告界面

11.2.2.10 待投登记

选择图 11－26 中的“待投登记”菜单项，打开待投登记窗口，依次执行以下操作：选择待投项目、指定待投单位资料、指定待投明细、保存待投信息、打印待投资料内容。若有多家单位登记待投，需连续重复多次按此顺序执行操作（见图 11－39、图 11－40）。

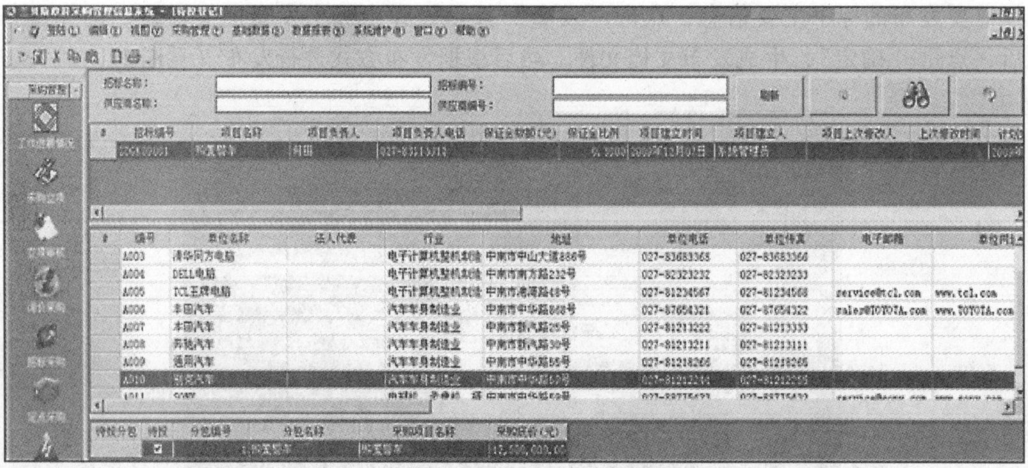

图 11－39　待投登记界面

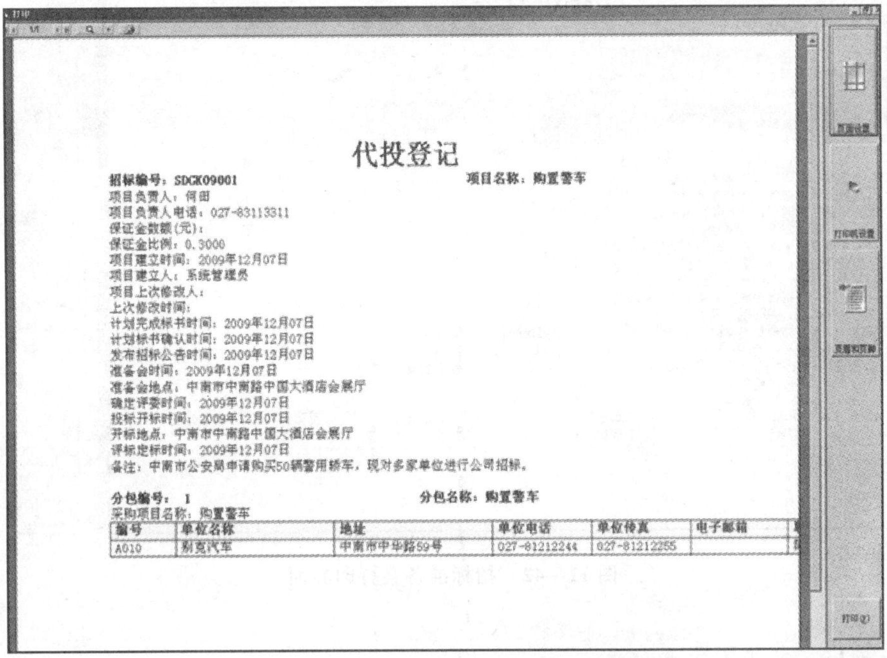

图 11－40　打印待投登记界面

11.2.2.11　招标准备会

选择图 11－26 中的“招标准备会”菜单项，打开招标准备会生成窗口。选择指定的招标单位，在记录前的“□”框中打上“✓”，点击“保存”按钮，保存最后确认招标的单位名单。点击“打印”按钮，可打印当前所选择的招标单位资料（见图 11－41、图 11－42）。

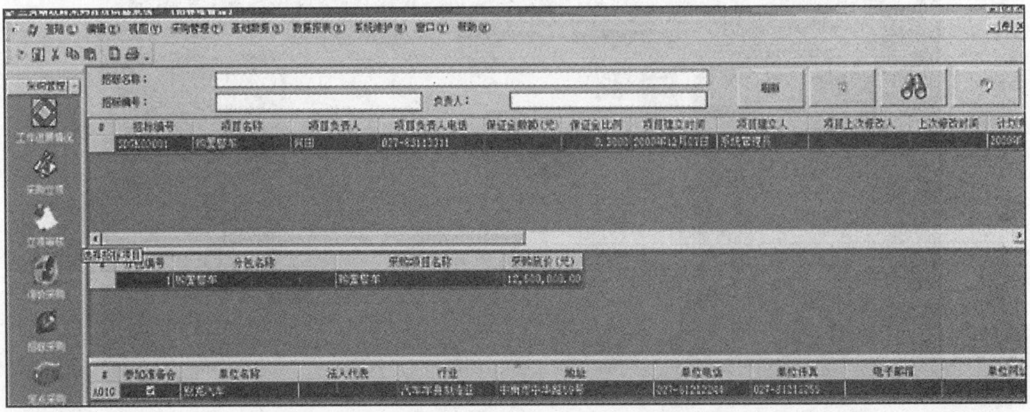

图 11－41　招标准备会生成界面

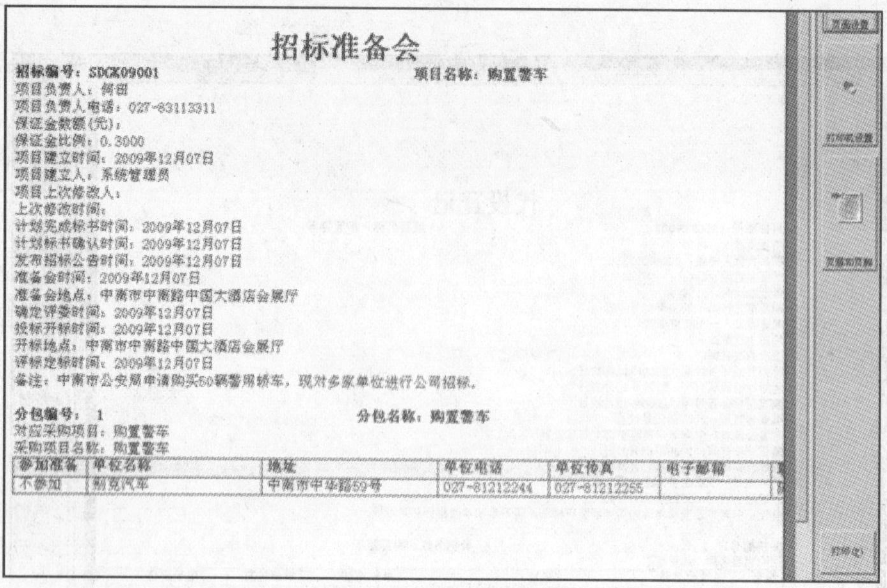

图 11－42　招标准备会打印界面

11.2.2.12　补充文件

选择图 11－26 中的“补充文件”菜单项，打开招标补充文件录入窗口。点击“新建”按钮，打开补充文件录入窗口，录入标书补充内容后，点击“确定”按钮返回。

确认标书补充文件正确无误后，点击“发布”按钮对录入的标书补充文件进行发布（见图 11－43）。

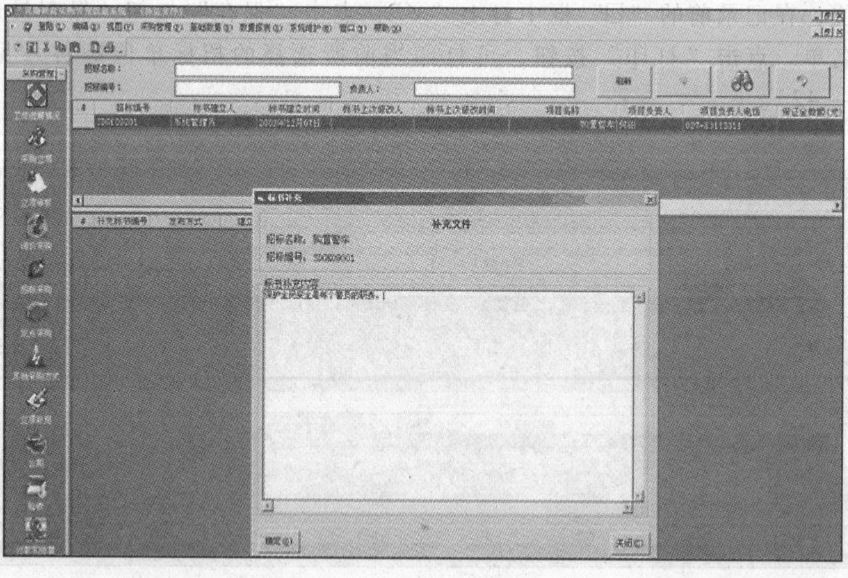

图 11－43　标书补充文件界面

11.2.2.13 评委确定

选择图 11－26 中的“评委确定”菜单项，打开评委确定窗口（图 11－44）。

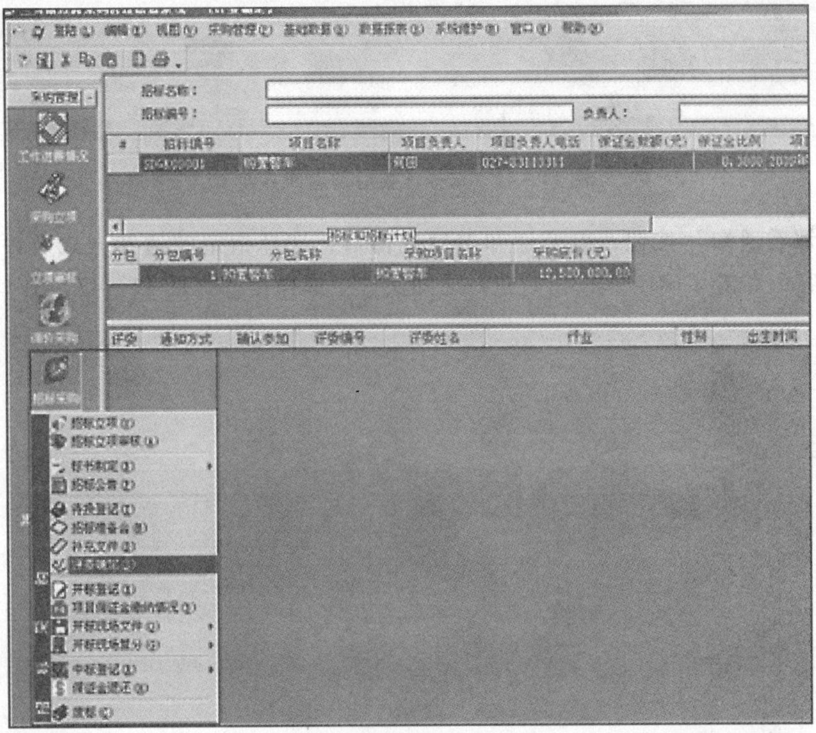

图 11－44 评委确定界面

点击“编辑评委”按钮，打开评委选择窗口，在招标评委的记录前的“□”框中打上“✓”（见图 11－45），然后点击“确定”按钮插入选择的评委名单，关闭后返回界面如图 11－46所示。

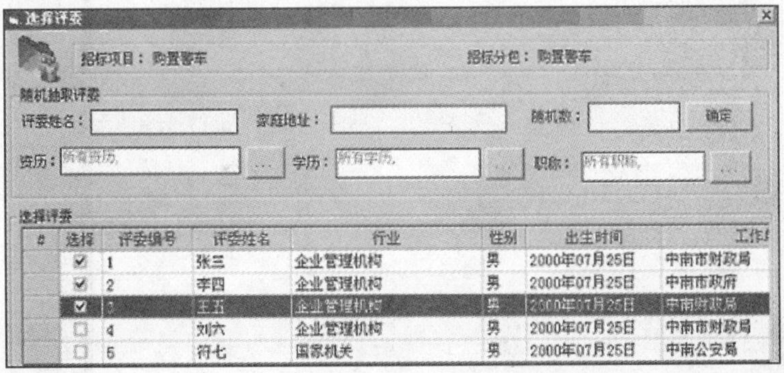

图 11－45 选择评委界面

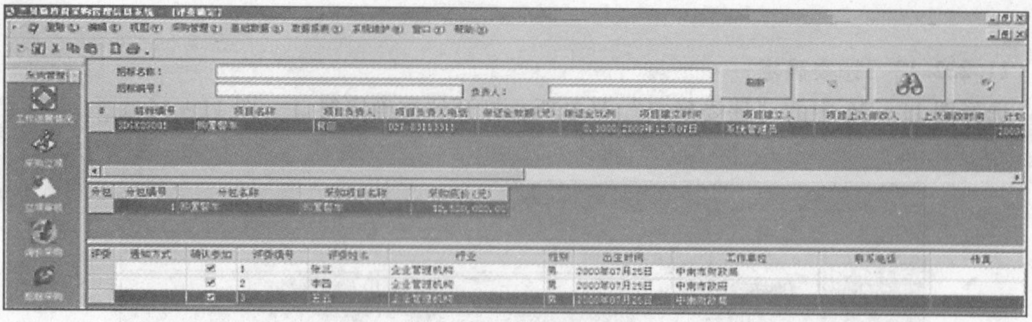

图 11－46　选择评委后的返回界面

点击“评委通知”按钮，打开通知书生成窗口，选择指定的通知方式及评委名单后，录入通知内容，点击“确定”按钮，执行通知文件生成操作（见图 11－47、图 11－48）。

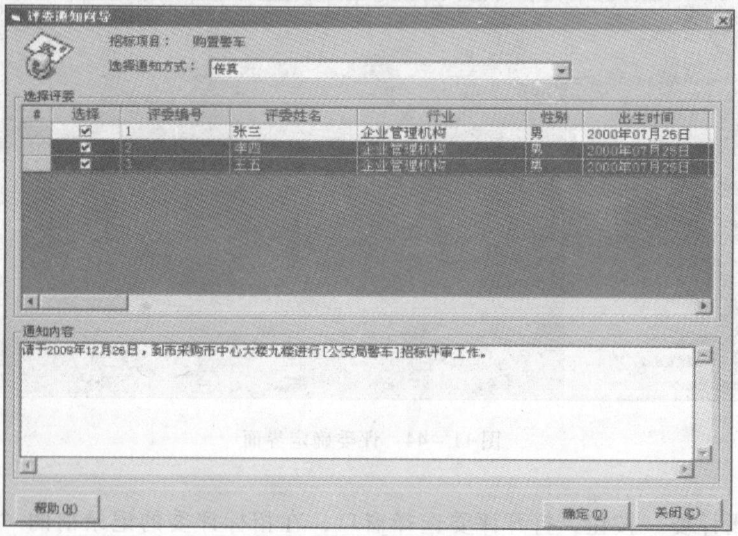

图 11－47　评委通知书生成窗口

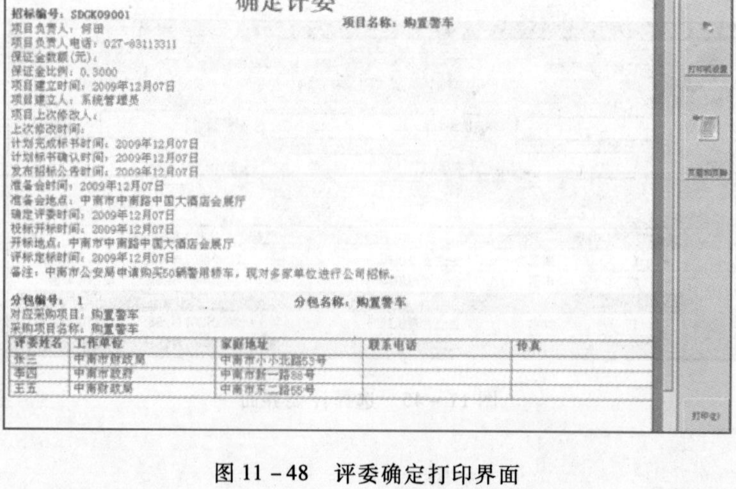

图 11－48　评委确定打印界面

11.2.2.14 开标登记

选择图 11-26 中的“开标登记”菜单项，打开开标登记录入窗口。指定招标项目记录后，点击“登记”按钮，打开投标登记窗口（见图 11-49）。

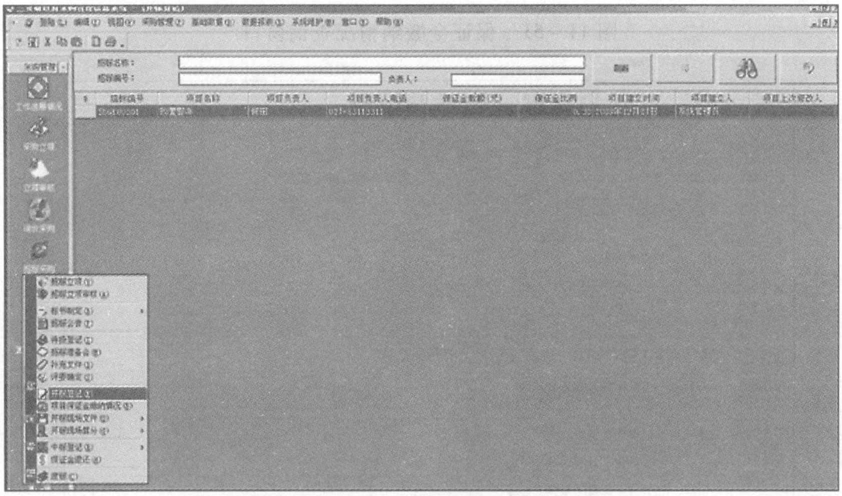

图 11-49 开标登记界面

选择投标项目后，再选择待标单位，然后在竞标明细记录前的“□”框中打上“✓”，点击“保存投标”按钮，进行投标登记操作（见图 11-50）。

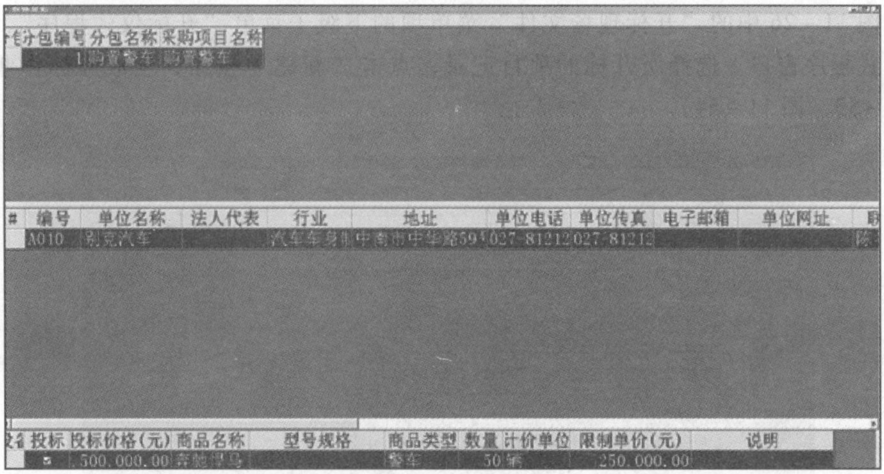

图 11-50 投标登记界面

11.2.2.15 项目保证金缴纳情况

选择图 11-26 中的“项目保证金缴纳情况”菜单项，打开招标供应商保证金缴纳情况查询窗口。进入缴纳情况查询窗口后，点击“详情”按钮，查看当前选择的投标项目保证金缴纳情况（见图 11-51、图 11-52）。

图 11－51　保证金缴纳情况查询窗口

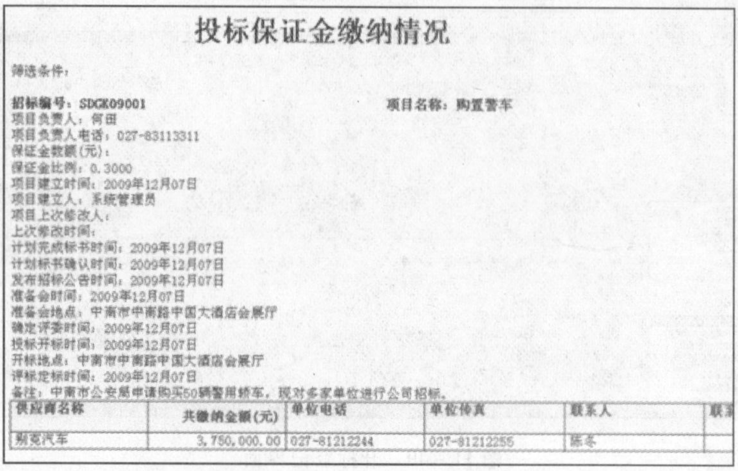

投标保证金缴纳情况

筛选条件：

招标编号：SDGK09001　　项目名称：购置警车
项目负责人：何田
项目负责人电话：027-83113311
保证金数额（元）：
保证金比例：0.3000
项目建立时间：2009年12月07日
项目建立人：系统管理员
项目上次修改人：
上次修改时间：
计划完成标书时间：2009年12月07日
计划标书确认时间：2009年12月07日
发布招标公告时间：2009年12月07日
准备会时间：2009年12月07日
准备会地点：中南市中南路中国大酒店会展厅
确定评委时间：2009年12月07日
投标开标时间：2009年12月07日
开标地点：中南市中南路中国大酒店会展厅
评标定标时间：2009年12月07日
备注：中南市公安局申请购买50辆警用轿车，现对多家单位进行公司招标。

供应商名称	共缴纳金额（元）	单位电话	单位传真	联系人	联系
别克汽车	3,750,000.00	027-81212244	027-81212255	陈冬	

图 11－52　保证金缴纳情况窗口

11.2.2.16　开标仪式程序

选择图 11－26 中的“开标现场文件”菜单项的下级子菜单“开标仪式程序”，打开招标开标仪式程序窗口。选择所开标的项目记录，点击“新建”按钮，生成开标作业指导书（见图 11－53、图 11－54）。

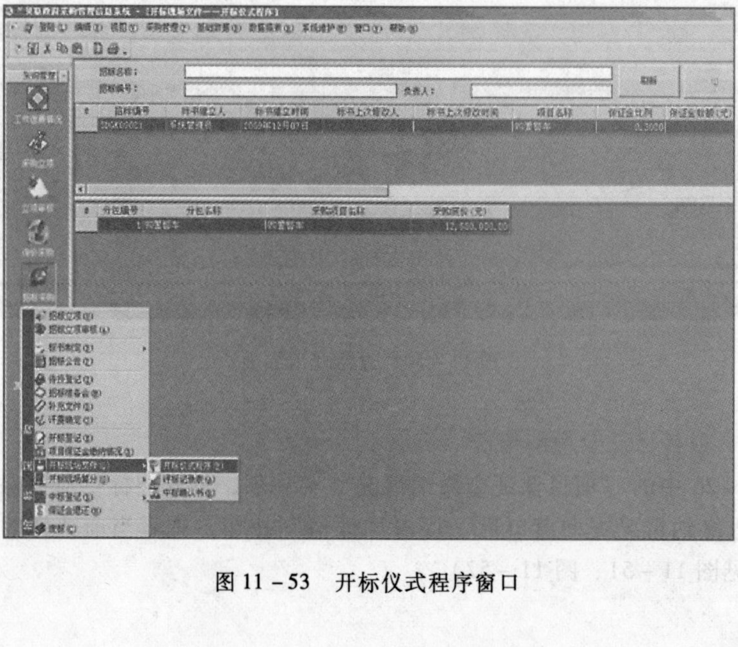

图 11－53　开标仪式程序窗口

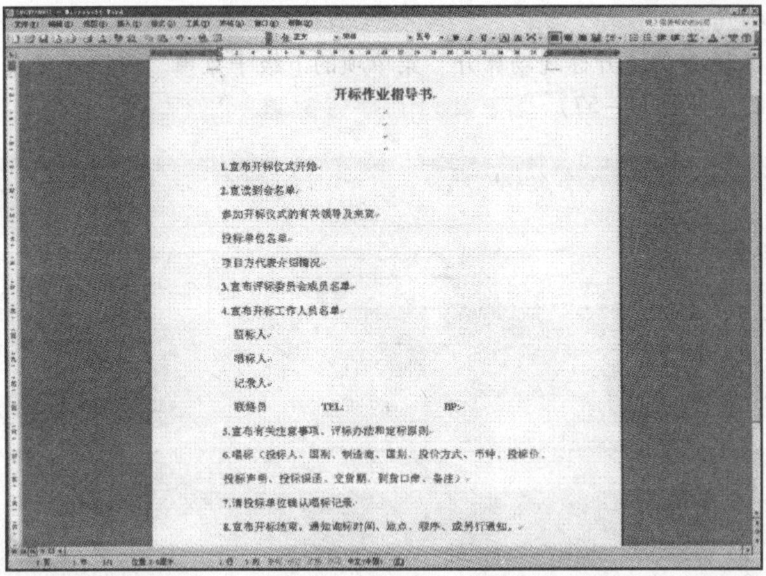

开标作业指导书

1.宣布开标仪式开始

2.宣读到会名单

参加开标仪式的有关领导及来宾

投标单位名单

项目方代表介绍概况

3.宣布评标委员会成员名单

4.宣布开标工作人员名单

招标人

唱标人

记录人

联络员 TEL: BP:

5.宣布有关注意事项、评标办法和定标原则

6.唱标（投标人、国别、制造商、国别、投价方式、币种、投标价、投标声明、投标保证、交货期、到货口岸、备注）

7.请投标单位确认唱标记录

8.宣布开标结束，通知询标时间、地点、顺序、或另行通知。

图 11－54　开标作业指导书

11. 2. 2. 17　评标记录表

选择图 11－26 中的“开标现场文件”菜单项的下级子菜单“评标记录表”，打开评标记录表生成窗口。选择指定的评标记录，点击“新建”按钮，生成评委评标意见表（见图 11－55）。

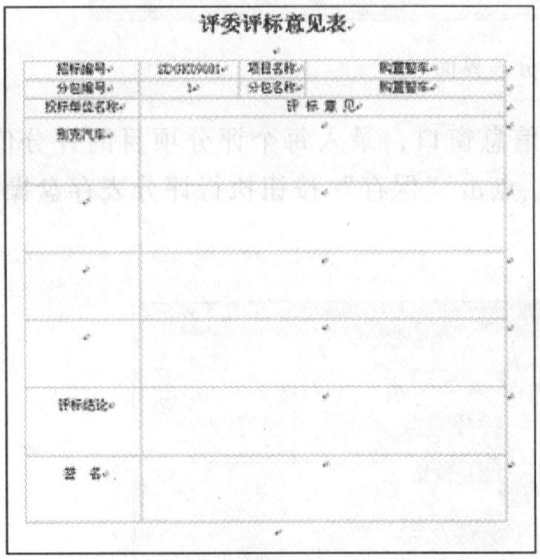

评委评标意见表

招标编号	SDGK09001	项目名称	购置警车
分包编号	1	分包名称	购置警车
投标单位名称	评标意见		
别克汽车			
评标结论			
签名			

图 11－55　评委评标意见表

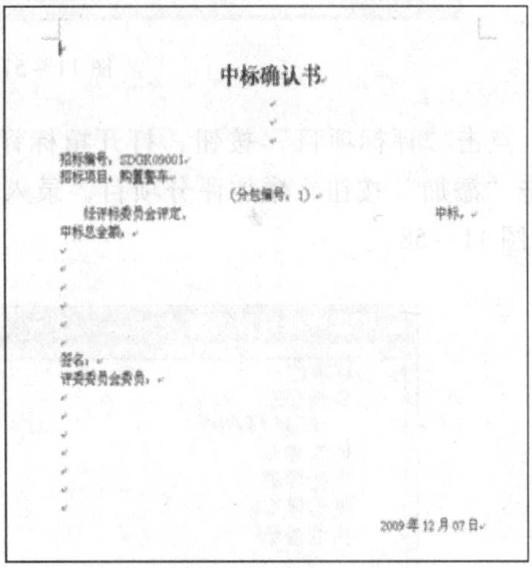

中标确认书

招标编号：SDGK09001

招标项目：购置警车

（分包编号：1）

经评标委员会评定，中标。

中标总金额：

签名：

评委委员会委员：

2009 年 12 月 07 日

图 11－56　中标确认书文件

11. 2. 2. 18　中标确认书

选择图 11－26 中的“开标现场文件”菜单项的下级子菜单“中标确认书”，打开招标开标确认书生成窗口。选择指定的投标项目记录后，点击“新建”按钮，生成中标确认书文件（见图 11－56）。

11.2.2.19 专家评分表

选择图 11－26 中的“开标现场算分”菜单项的下级子菜单“专家评分表”，打开专家评分表操作窗口（见图 11－57）。

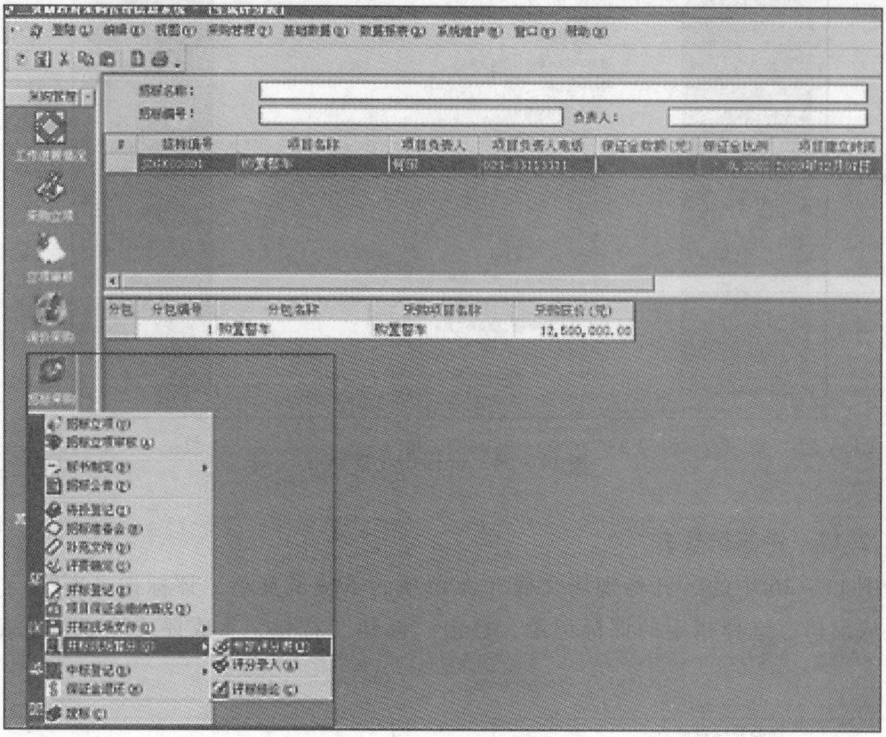

图 11－57 生成评分表界面

点击“评标项目”按钮，打开招标评标项目信息窗口，录入每个评分项目的评分值。点击“添加”按钮，增加评分项目，录入完成后，点击“保存”按钮执行评分表存盘操作（见图 11－58）。

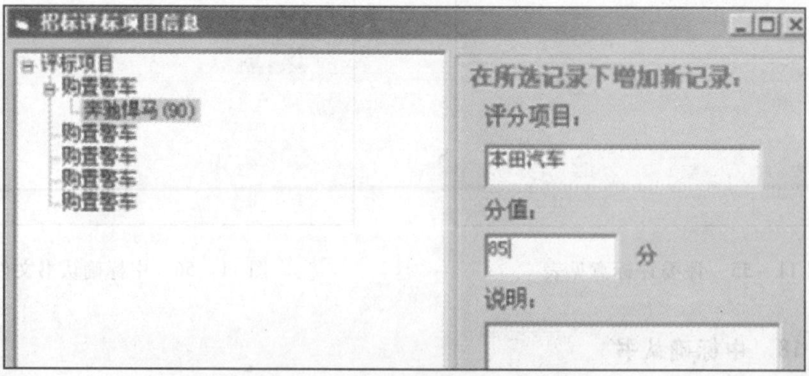

图 11－58 评标项目信息界面

11.2.2.20　评分录入

选择图 11－26 中的“开标现场算分”菜单项的下级子菜单“评分录入”，打开招标评分录入操作窗口。点击“评委评分”按钮，打开评分录入窗口（见图 11－59）。

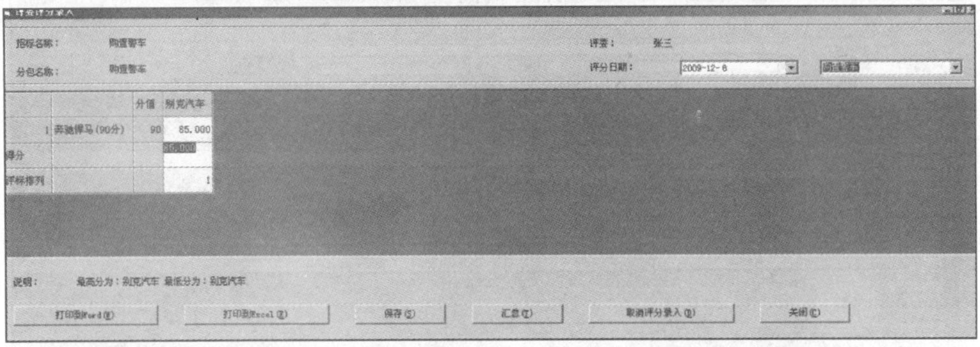

图 11－59　评分录入窗口

录入相关投标产品的分数后，点击“汇总”按钮，汇总该评委的总得分数、最高分与最低分。确定后点击“保存”按钮，保存评分信息。

11.2.2.21　评标结论

选择图 11－26 中的“开标现场算分”菜单项的下级子菜单“评分结论”，打开招标评分结论操作窗口。点击“评标结论”按钮，打开评标结论录入窗口，录入评标结论后，点击“确定”按钮，保存内容及退出当前操作窗口（见图 11－60、图 11－61）。

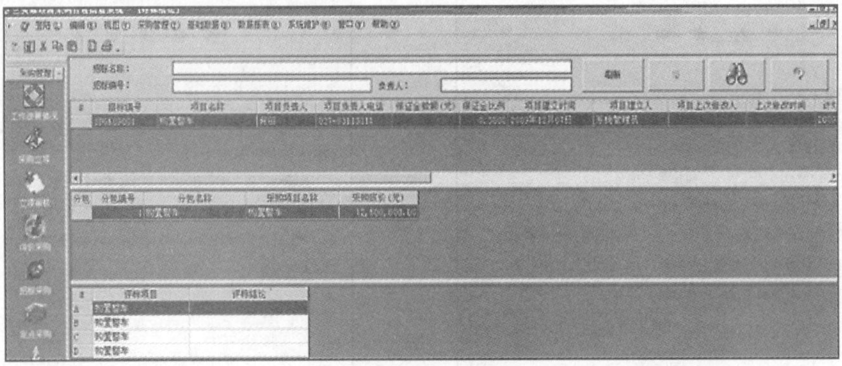

图 11－60　评标结论窗口

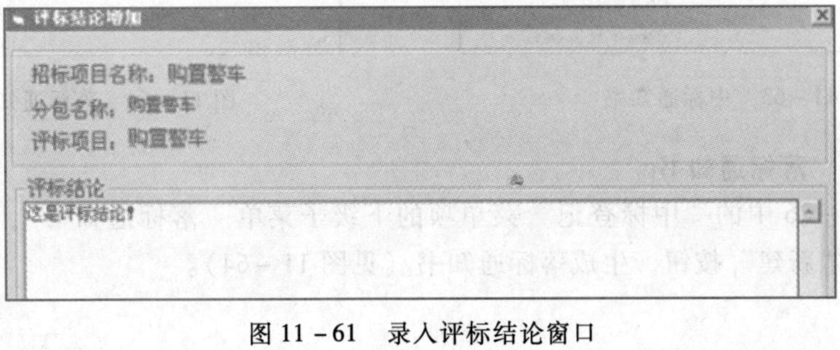

图 11－61　录入评标结论窗口

11.2.2.22　登记中标

选择图 11－26 中的“中标登记”菜单项的下级子菜单“登记中标”，打开登记中标操作窗口。点击“保存中标”后弹出确定窗口，点击“是”保存成功（见图 11－62）。

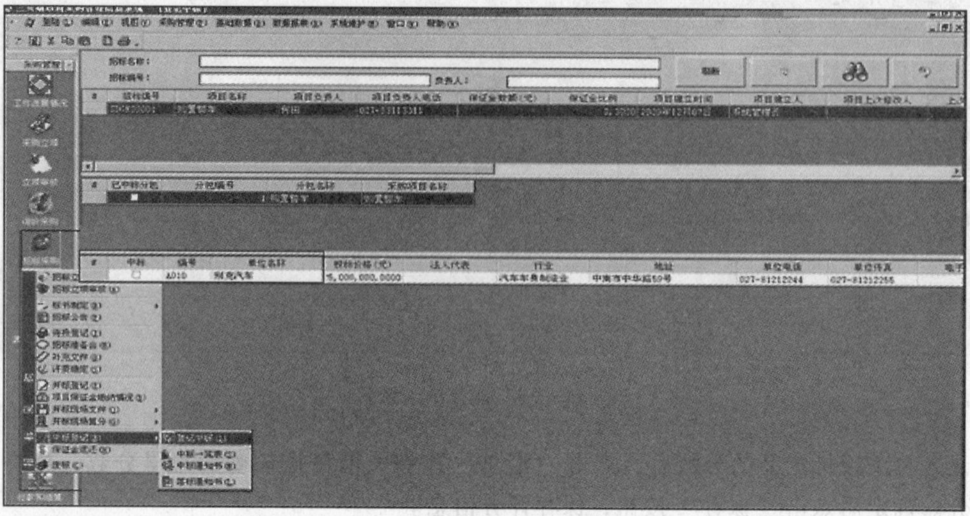

图 11－62　登记中标窗口

11.2.2.23　中标通知书

选择图 11－26 中的“中标登记”菜单项的下级子菜单“中标通知书”，打开中标通知书窗口。点击“新建”按钮，生成中标通知书（见图 11－63）。

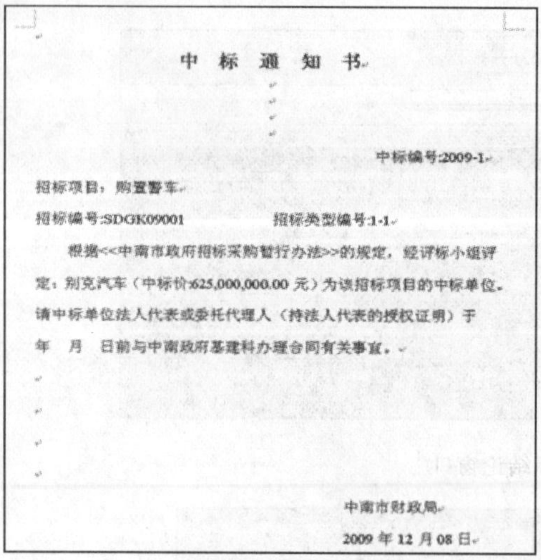

中标通知书

中标编号:2009-1

招标项目：购置警车

招标编号:SDGK09001　　　　招标类型编号:1-1

根据<<中南市政府招标采购暂行办法>>的规定，经评标小组评定：别克汽车（中标价:625,000,000.00 元）为该招标项目的中标单位。请中标单位法人代表或委托代理人（持法人代表的授权证明）于　年　月　日前与中南政府基建科办理合同有关事宜。

中南市财政局

2009 年 12 月 08 日

图 11－63　中标通知书

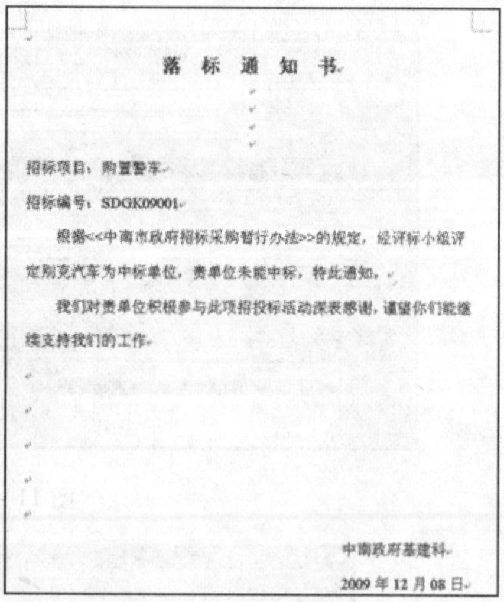

落标通知书

招标项目：购置警车

招标编号：SDGK09001

根据<<中南市政府招标采购暂行办法>>的规定，经评标小组评定别克汽车为中标单位，贵单位未能中标，特此通知。

我们对贵单位积极参与此项招投标活动深表感谢，谨望你们能继续支持我们的工作。

中南政府基建科

2009 年 12 月 08 日

图 11－64　落标通知书

11.2.2.24　落标通知书

选择图 11－26 中的“中标登记”菜单项的下级子菜单“落标通知书”，打开落标通知书窗口。点击“新建”按钮，生成落标通知书（见图 11－64）。

11.2.2.25 保证金退还

选择图 11－26 中的“保证金退还”菜单项，打开保证金退还窗口。选择要退还保证金的记录，点击“退还保证金”即可（见图 11－65）。

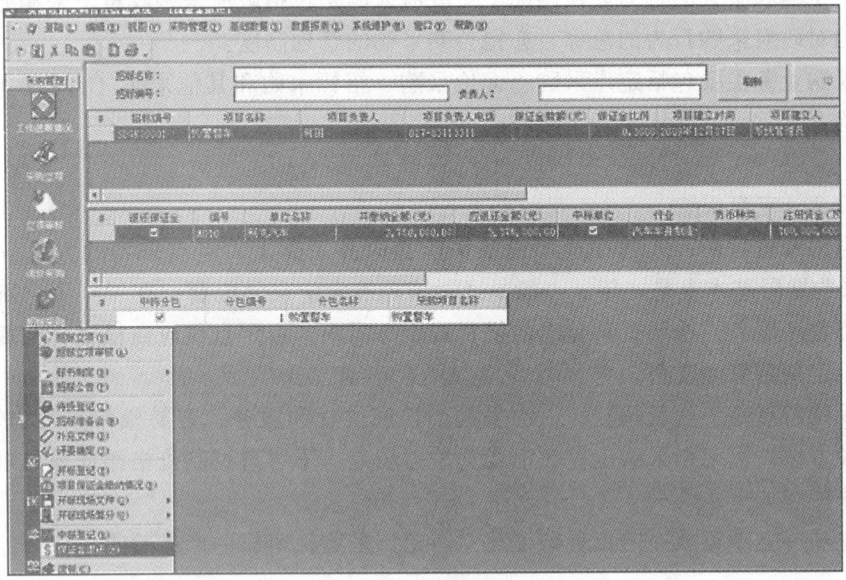

图 11－65 保证金退还窗口

11.2.2.26 废标

选择图 11－26 中的“废标”菜单项，打开废标窗口。选择要废标的记录，点击“确定”按钮，即可把指定的投标记录废除（见图 11－66）。

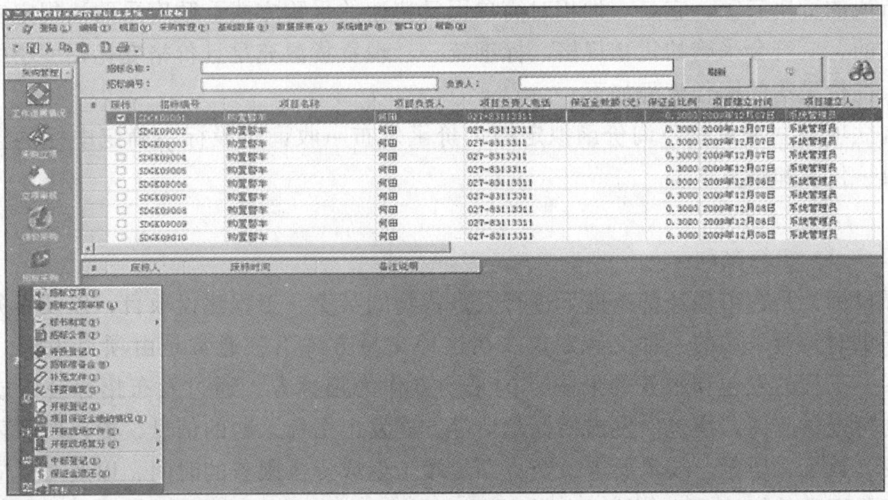

图 11－66 废标窗口

11.2.3 相关知识

政府采购是指各级国家机关、实行预算管理的事业单位和社会团体（可以统称采购机关）使用财政预算内资金和预算外资金等财政性资金，以购买、租赁、委托或雇佣等形式获取货物、工程和服务的行为。在国际上，政府采购是包括政府采购政策、采购方式及采购管理在内的对政府采购行为的总称，亦指公共采购的管理制度。

政府采购业务主要包括定点采购、询价采购、招标采购和其他采购（自购、单一来源）等四种采购方式。

11.2.3.1 定点采购

在政府采购过程中，尤其在通用设备采购和服务采购上，定点采购的方式应用非常广泛。定点采购期限基本上是一年，一般是通过招标确定定点供应商，在一年中，所确定的采购设备、货物和服务，按照日常提出的供货或服务需求，由定点供应商根据合同规定进行供货和服务，定期结算和支付。

定点采购特点是工作量较轻，一次采购，长期供货和服务，容易操作。采购效率较高，支付也比较方便，但定点采购也存在市场竞争力较差、不容易控制价格浮动等局限性。定点采购的操作流程如下：

采购立项→立项审核→定点采购证建立→定点采购证审核→产品验收

11.2.3.2 询价采购

询价采购，是指询价小组（由采购人的代表和有关专家共3人以上的单数组成，其中专家的人数不得少于成员总数的三分之二）根据采购需求，从符合相应资格条件的供应商名单中确定不少于三家的供应商向其发出询价单让其报价，由供应商一次报出不得更改的报价，然后询价小组在报价的基础上进行比较，并确定最优供应商的一种采购方式，也就是我们通常所说的货比三家，它是一种相对简单而又快速的采购方式。政府采购法规定实行询价采购方式的，应符合采购的货物规格、标准统一、现货货源充足且价格变化幅度小的政府采购项目。询价采购的操作流程如下：

采购立项→立项审核→询价函拟定→询价函发布→收询价投标→确定中标供应商→合同→验收→付款和结算

11.2.3.3 招标采购

招标投标，是在市场经济条件下进行大宗货物的买卖、工程建设项目，以及服务项目的采购与提供时，所采用的一种交易方式。在这种交易方式下，通常是由项目采购（包括货物的购买、工程的发包和服务的采购）的采购方作为招标方，通过发布招标公告或者向一定数量的特定供应商、承包商发出招标邀请等方式发出招标采购的信息，提出所需采购项目的性质及其数量、质量、技术要求，交货期、竣工期或提供服务的时间，以及对供应商、承包商的资格要求等招标采购条件，表明将选择最能够满足采购要求的供应商、承包商与之签订采购合同的意向，有意向的商家参加投标竞争。经招标方对各投标者的报价及其他的条件进行审查比较后，从中择优选定中标者，并与其签订采购合同。

招标采购包括公开招标和邀请招标两种方式。公开招标采购方式是政府采购的主要方式，是采购人的首选，但是它适用于政府集中采购目录和采购限额标准以上的采购项目。而邀请招标采购方式，《招标投标法》没有特定条件，《政府采购法》则明确两种选择：一种是采购项目具有特殊性，只能在有限的供应商范围内采购。表明供应商为数不多的情形。二是采购公开招标方式的费用占采购项目总价值比例过大的情况。采购人通过限制投标人以达到经济效益目标。招标询价采购的操作流程如下：

采购立项→立项审核→招标立项→招标立项审核→制定标书→标书确定→标书发布→招标公告→待投登记→招标会→补充文件→评委确定→开标登记→保证金缴纳情况→开标仪式→评标记录→中标确认→专家评分→评分录入→评标结论→（分支）→中标登记→中标通知→合同→验收→付款和结算→落标通知→保证金退→废标登记

11.2.3.4 其他采购

其他采购就是除了定点采购、询价采购和招标采购以外的所有政府采购行为，都属于其他采购方式。其他采购的操作流程如下：

采购立项→立项审核→其他采购（自购、单一来源、竞争性谈判等）

11.2.4 技能训练

【技能训练 1】 利用兰贝斯政府采购管理系统教学软件，完成以下业务的招标采购操作（见表 11－4）。

采购方式：招标采购

案例单位：中南市公安局

案例内容：购置警车

采购数量：50 辆

投标单位：别克、大众、奔驰、本田、丰田

表 11－4 **采购立项明细资料**

招标商	商品名称	单位	单价（万元）	数量	金额（元）	资金来源	合计
丰田迅驰轿车	丰田迅驰	辆	18	50	900	预算内	900
奔驰悍马轿车	奔驰悍马	辆	25	50	1 250	预算内	1 250
本田威雅轿车	本田威雅	辆	22	50	1 100	预算内	1 100
别克迷你轿车	别克迷你	辆	15	50	750	预算内	750
一汽大众轿车	一汽大众	辆	2	50	1 000	预算内	1 000

【技能训练 2】 利用兰贝斯政府采购管理系统教学软件，完成以下业务的询价采购操作（见表 11－5）。

采购方式：询价采购

案例单位：中南市公安局

案例内容：采购办公台式 PC 电脑

采购数量：200 台

供应商：IBM、DELL、TCL、清华同方、联想

表 11－5　　采购立项明细资料

询价招标商	商品名称	单位	单价（元）	数量	金额（元）	资金来源	合计
IBM 电脑公司	IBM 电脑	台	8 000	200	1 600 000	预算内	1 600 000
DELL 电脑公司	DELL 电脑	台	6 000	200	1 200 000	预算内	1 200 000
TCL 电脑公司	TCL 电脑	台	5 000	200	1 000 000	预算内	1 000 000
联想电脑公司	联想电脑	台	6 000	200	1 200 000	预算内	1 200 000

11.2.5　完成任务

利用蓝贝斯政府采购管理系统教学软件，进行招标采购操作时，若登记中标并最终生成“中标通知书”，说明招标采购任务完成。

11.2.6　教研交流与探讨

（1）在定点采购中，如何建立定点采购证？
（2）在询价采购中，当进行了询价函拟定、询价函发布后，如何收询价投标？
（3）在其他采购中，完成了采购立项和立项审核后，如何进行其他采购操作？

任务三　预 算 执 行

11.3.1　任务描述

利用兰贝斯预算执行系统教学软件，完成传统支付业务管理。

11.3.2　任务分析

11.3.2.1　系统登录

双击电脑桌面上的“预算执行系统教学版”图标，打开“预算执行系统教学版”系统登录窗口，录入用户代码、密码、指标年份，“确定”即可进入系统主界面。

11.3.2.2　本级指标录入

双击左侧的“指标管理”菜单组，弹出指标管理下拉菜单列，如图 11－67 所示。

单击“本级指标管理”菜单项，单击右边的“本级指标录入”按钮，进入录入财政总指标界面。如图 11－68 所示。若第一次进入国库集中收付管理系统，系统中并没有存在本级指标业务，所以记录是空的。

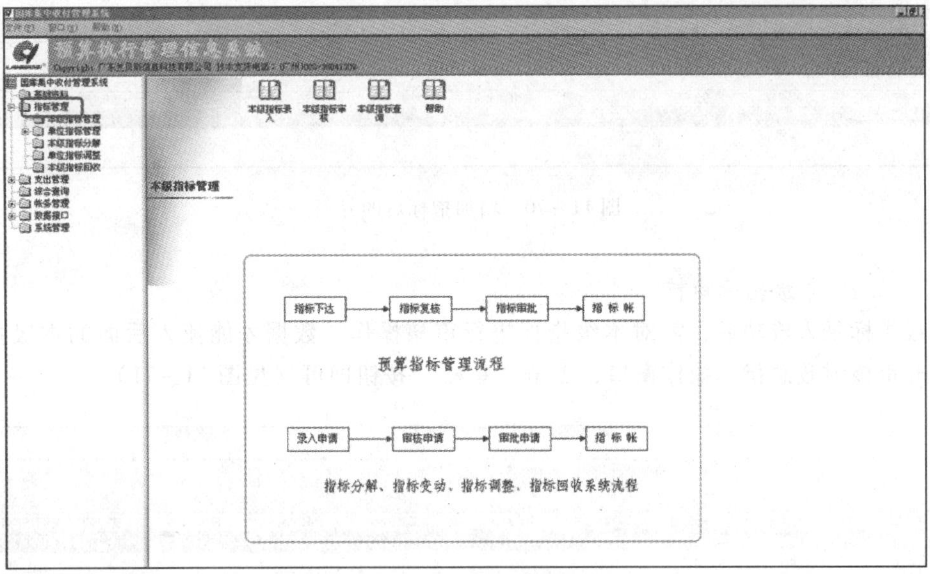

图 11－67　本级指标管理界面

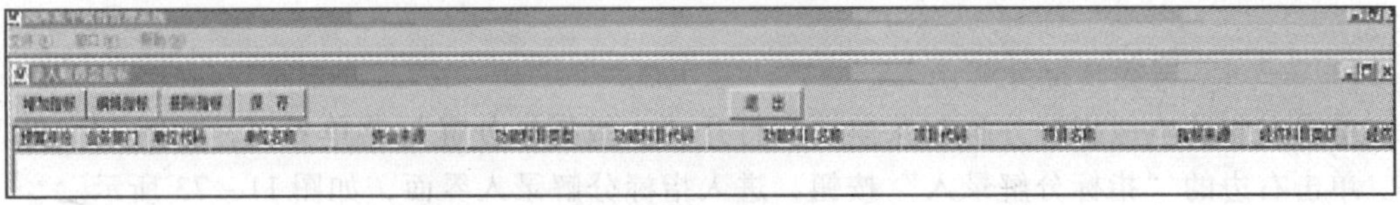

图 11－68　财政总指标界面

单击“增加指标”按钮，打开指标编辑窗口，如图 11－69 所示。录入相关信息后，“确定”即可保存录入的项目信息。关闭窗口后，显示界面如图 11－70 所示。

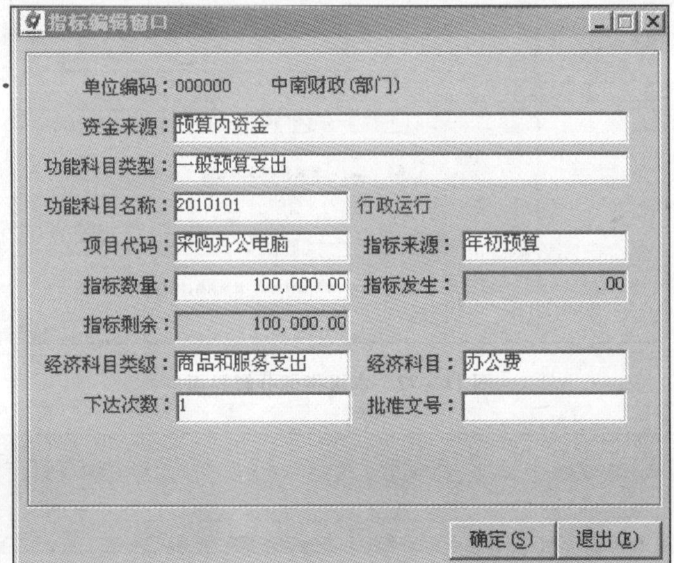

图 11－69　指标编辑界面

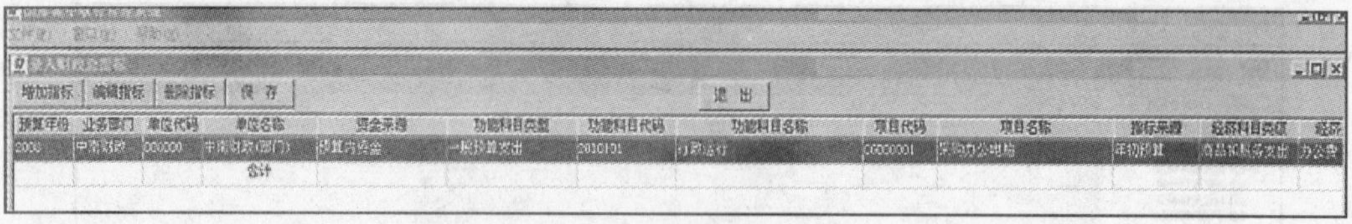

图 11－70　增加指标后的界面

11.3.2.3　本级指标审核

本级指标录入成功后，需对本级指标进行审核操作，数据才能流入后面的本级指标分解。打开审核财政总指标操作窗口，点击“审核”按钮即可（见图 11－71）。

图 11－71　本级指标审核窗口

11.3.2.4　本级指标分解录入

单击左侧“本级指标分解”菜单项，打开“本级指标分解”菜单界面，如图 11－72 所示。单击右边的“指标分解录入”按钮，进入指标分解录入界面，如图 11－73 所示。

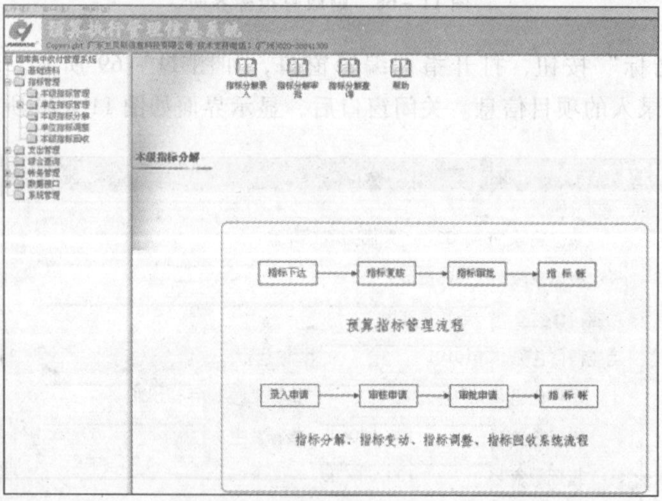

图 11－72　本级指标分解界面

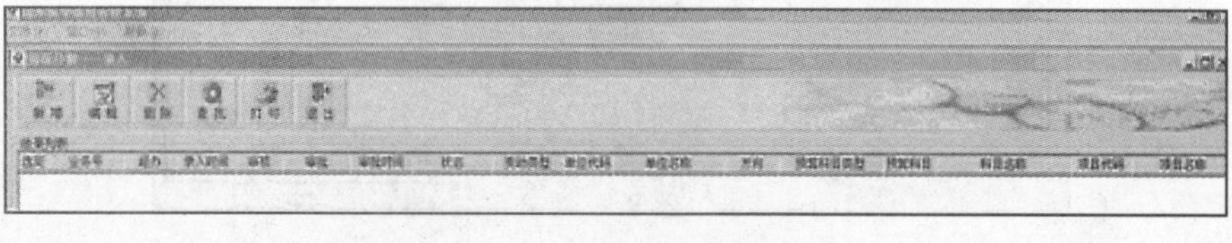

图 11－73　指标分解录入界面

单击“新增”按钮，打开新建指标分解编辑界面，如图 11－74 所示。点击单位名称下的 按钮，选择需要分解指标的单位，确定后返回到新建指标分解界面，如图 11－75 所示。

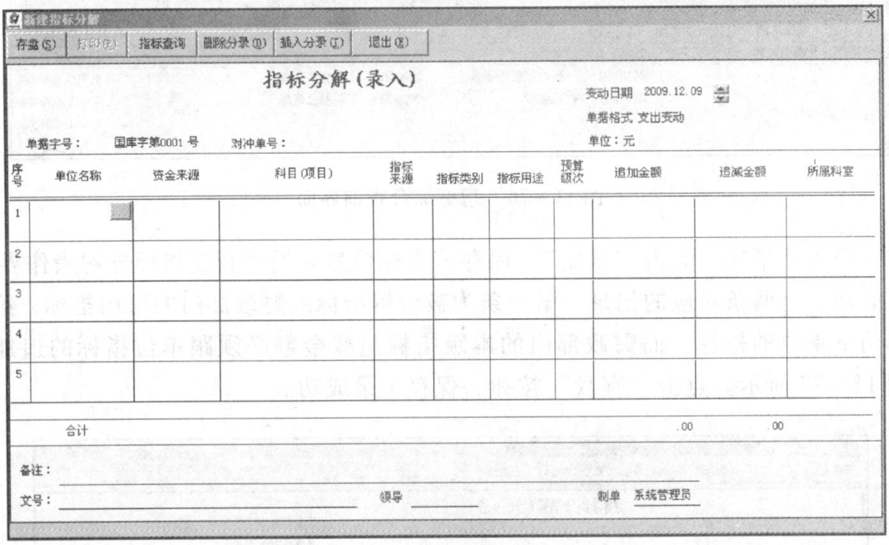

图 11－74　新建指标分解界面

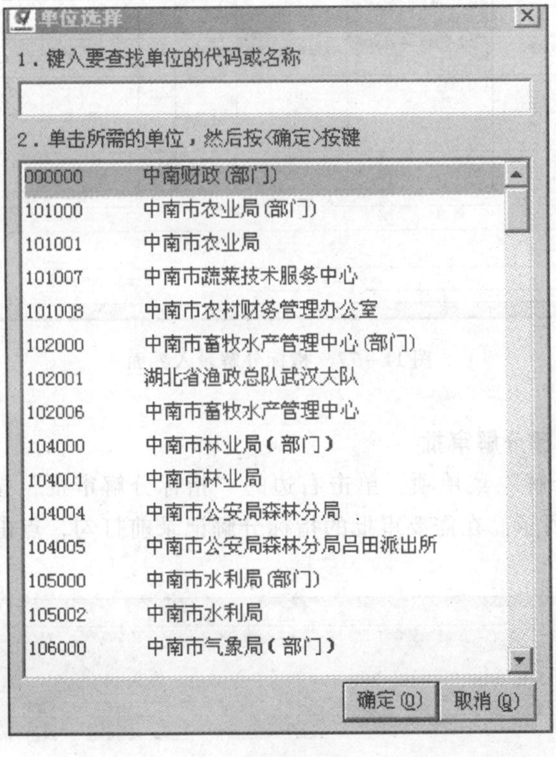

图 11－75　选择分解指标单位界面

必需选择“财政（部门）”，因为单位指标分解需要在上级财政部门下进行分解。

点击“指标查询”按钮，打开指标综合查询界面，显示刚才所选单位的所有指标记录，如图 11－76 所示。

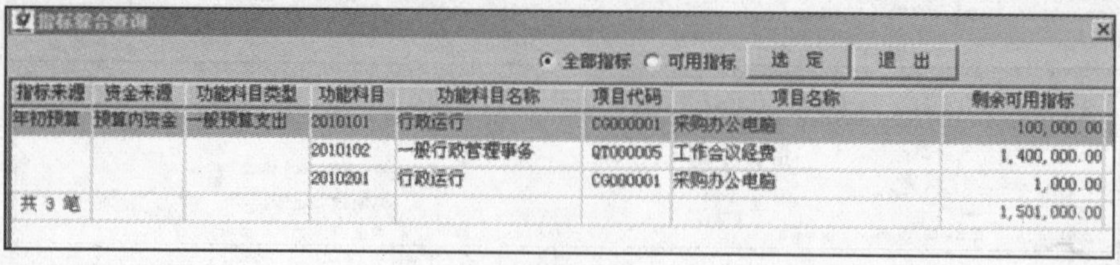

图 11－76　指标综合查询界面

选择一条可用指标，点击“选定”，保存该指标信息并返回新建指标分解操作界面。

这里必须要有两条对应的记录。第一条为被分解指标的财政部门的可用指标；第二条为该财政部门下单位的指标。而财政部门的本级指标追减金额必须跟单位指标的追加金额一致，如图 11－77 所示。点击“存盘”按钮，保存记录成功。

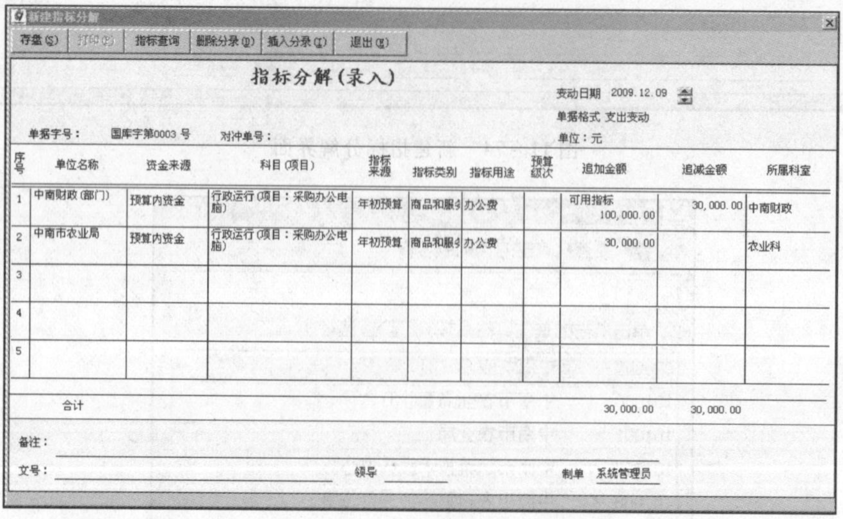

图 11－77　指标分解录入界面

11.3.2.5　本级指标分解审批

单击“本级指标分解”菜单项，单击右边的“指标分解审批”按钮，进入指标分解审批界面，如图 11－78 所示。在需要审批的指标分解记录前打勾，点击“审批”按钮，审批指标成功。

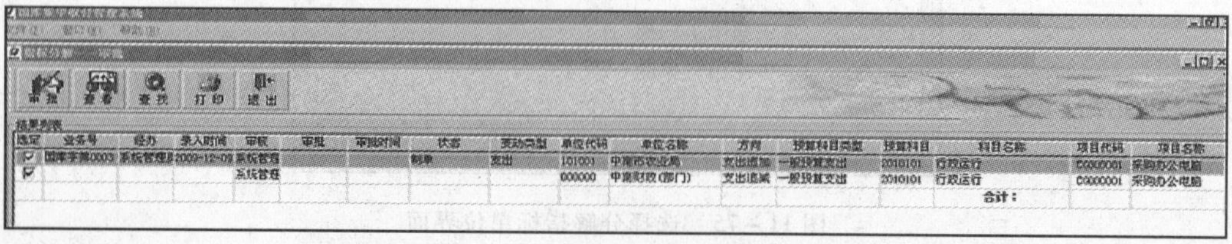

图 11－78　指标分解审批界面

11.3.2.6 用款申请录入

双击左侧“支出管理”菜单组，弹出支出管理下拉菜单列，然后再单击“传统支付管理”菜单组，点击“用款申请”菜单项，如图 11－79 所示。

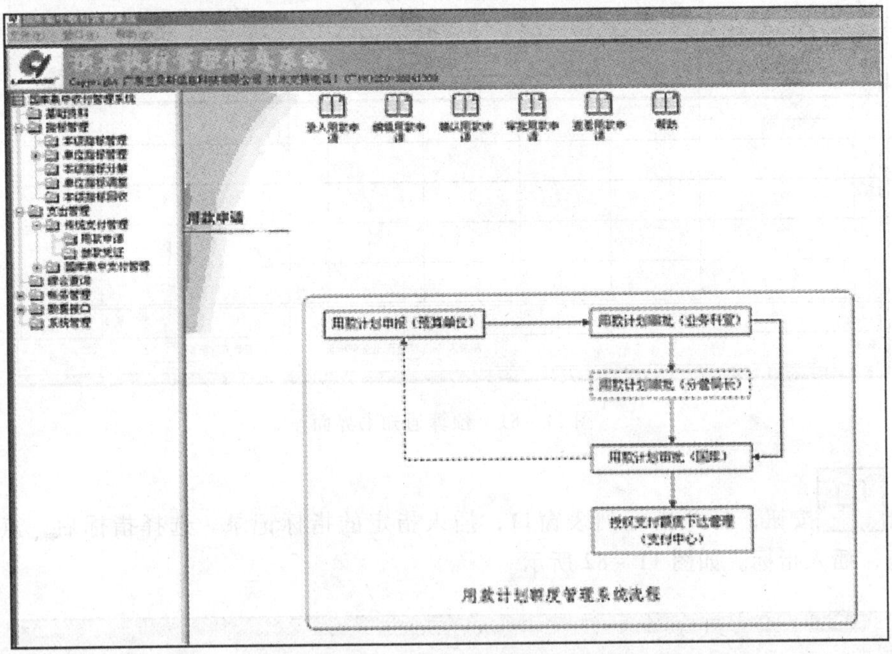

图 11－79　支出管理界面

双击右边的“录入用款申请”按钮，打开“条件参数”窗口，如图 11－80 所示。选择条件参数后，点击“确定”，系统打开预算通知书界面。如图 11－81 所示。

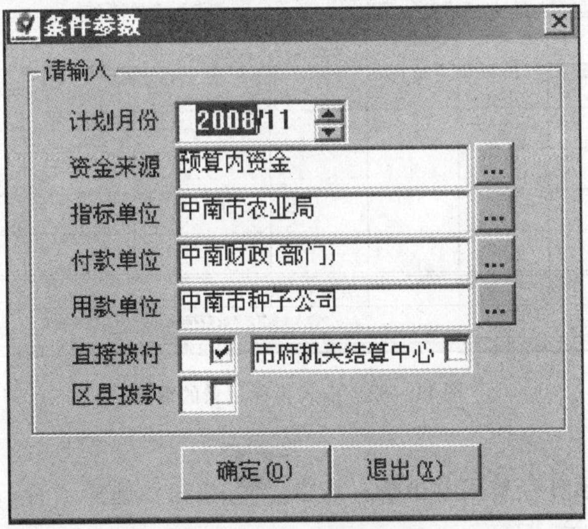

图 11－80　条件参数窗口

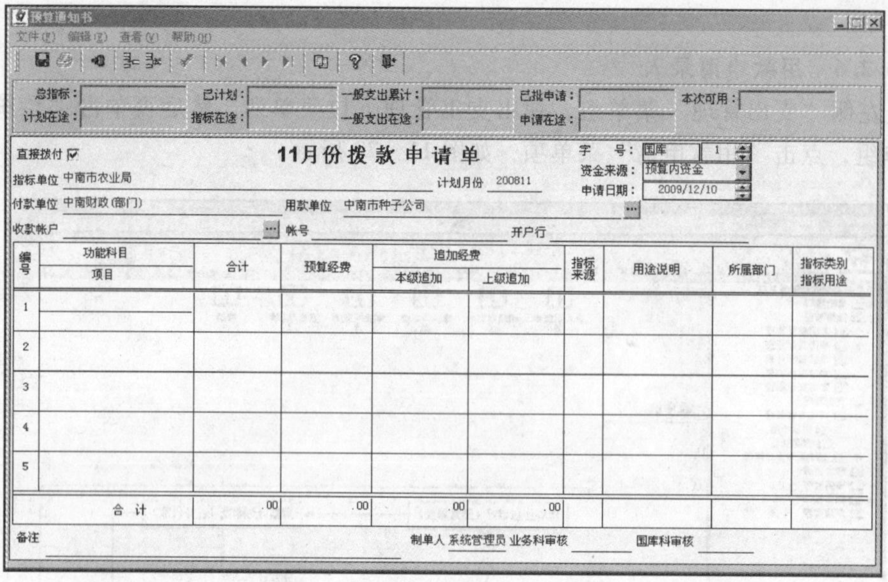

图 11－81　预算通知书界面

点击按钮，打开指标列表窗口，插入指定的指标记录。选择指标后，点击“选定”按钮，插入指标。如图 11－82 所示。

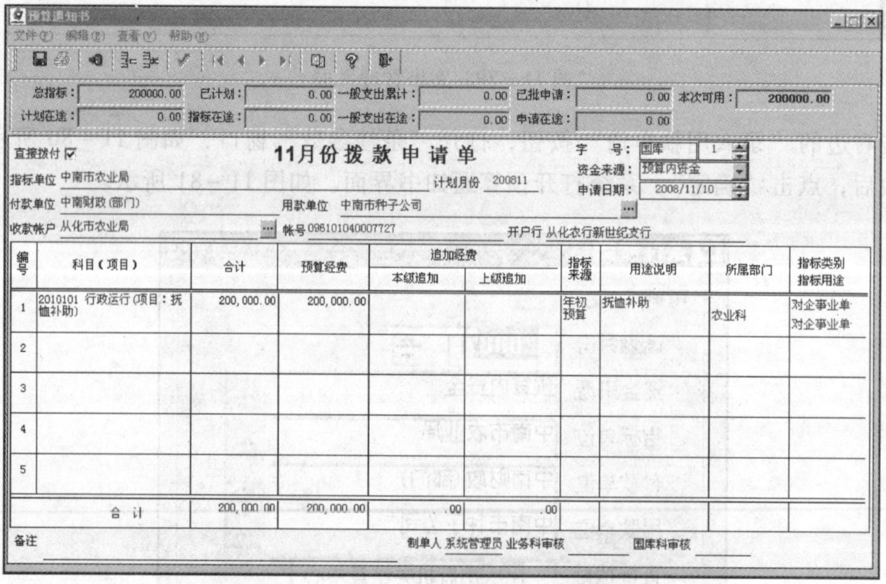

图 11－82　插入指标记录的窗口

录入所选指标的预算经费用款申请，点击按钮，选择“否”，保存用款申请记录成功。如图 11－83 所示。

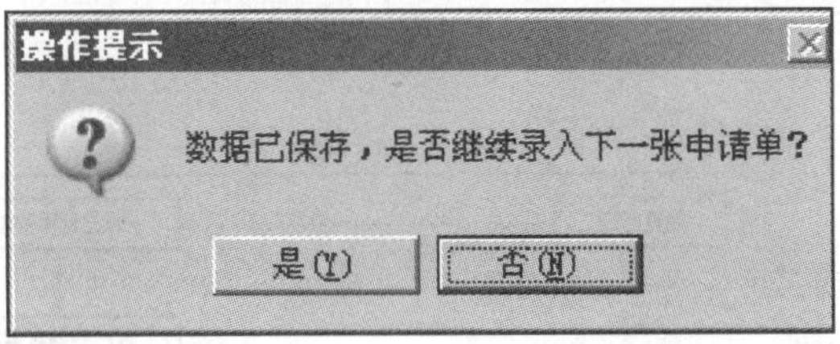

图 11－83　保存用款申请记录窗口

11.3.2.7　用款申请确认

单击“用款申请菜单项”，双击“确认用款申请”按钮，进入用款申请确认界面（见图 11－84）。

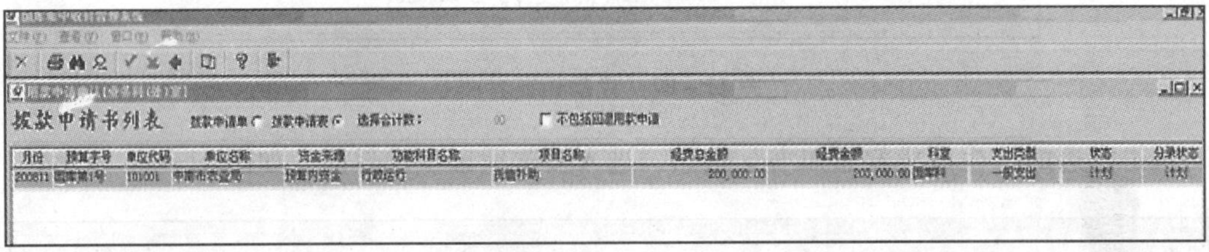

图 11－84　用款申请确认窗口

点击按钮，确认用款申请。系统提示：“一共审核了 1 张用款申请!”。点击“确定”，确认用款申请成功（见图 11－85）。

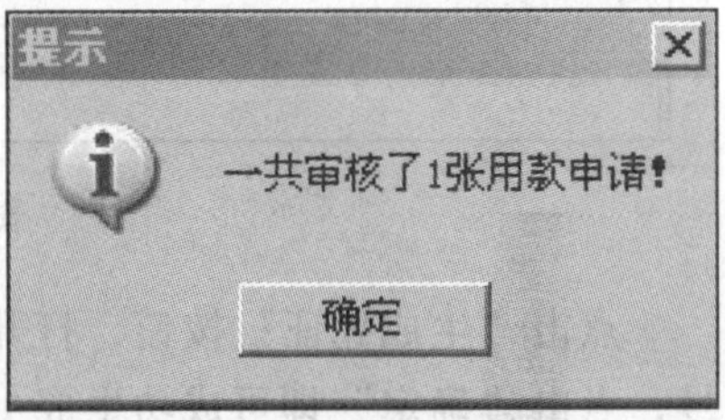

图 11－85　用款申请成功界面

11.3.2.8　用款申请审批

单击“用款申请菜单项”，双击“审批用款申请”按钮，进入用款申请书列表界面，如图 11－86 所示。选择一条需要审批的用款记录，点击“审批”按钮，系统提示“一共审批了 1 张用款申请!”，选择“确定”，审批用款申请成功。

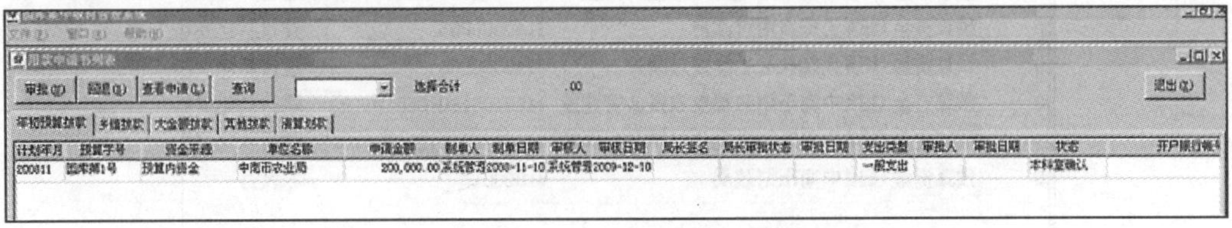

图 11－86　用款申请审批界面

11.3.2.9　生成拨款通知书

在“传统支付管理”菜单组下，单击“拨款凭证”，打开“拨款凭证”菜单项，如图 11－87 所示。

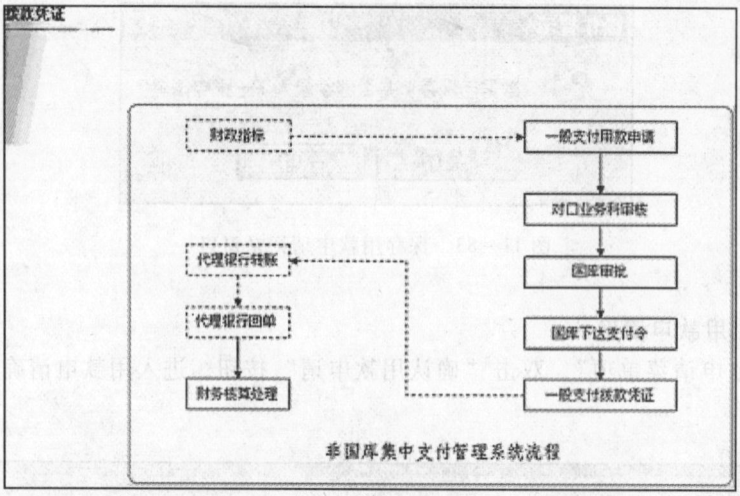

图 11－87　拨款凭证界面

双击右边的“生成拨款通知书”按钮，进入拨款凭证生成界面，如图 11－88 所示。

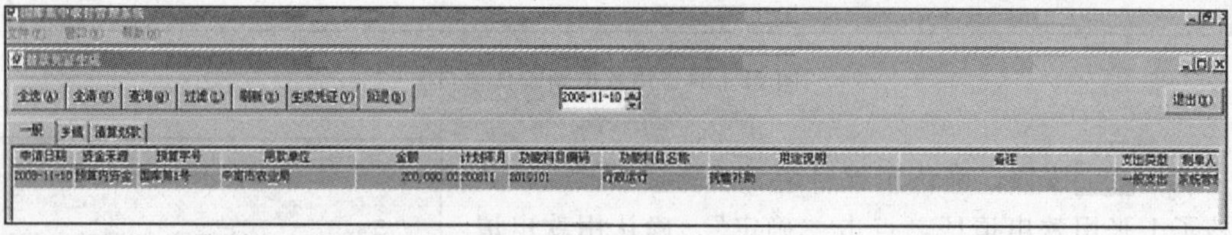

图 11－88　拨款凭证生成界面

点击“生成凭证”按钮，打开选择付款账号窗口，如图 11－89 所示。选择一条付款账号，点击“确定”即可成功生成 1 张凭证。

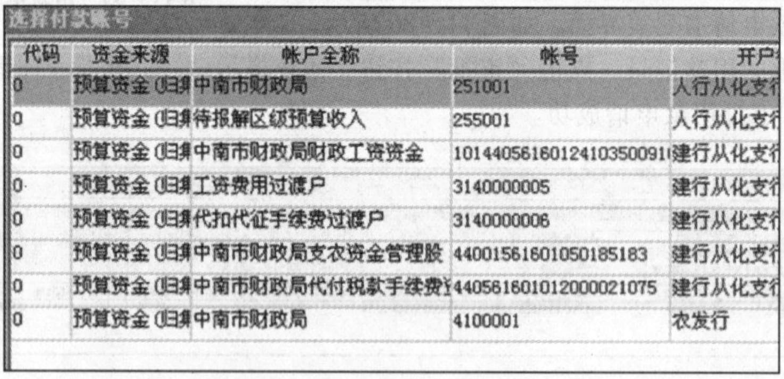

代码	资金来源	帐户全称	帐号	开户
0	预算资金 (归集	中南市财政局	251001	人行从化支行
0	预算资金 (归集	待报解区级预算收入	255001	人行从化支行
0	预算资金 (归集	中南市财政局财政工资资金	1014405616012410350091	建行从化支行
0	预算资金 (归集	工资费用过渡户	3140000005	建行从化支行
0	预算资金 (归集	代扣代征手续费过渡户	3140000006	建行从化支行
0	预算资金 (归集	中南市财政局支农资金管理股	44001561601050185183	建行从化支行
0	预算资金 (归集	中南市财政局代付税款手续费	440561601012000021075	建行从化支行
0	预算资金 (归集	中南市财政局	4100001	农发行

图 11－89　选择付款账号窗口

11.3.2.10　打印拨款凭证

在“拨款凭证”菜单中，双击“打印拨款凭证”按钮，打开拨款凭证打印界面，如图 11－90 所示。

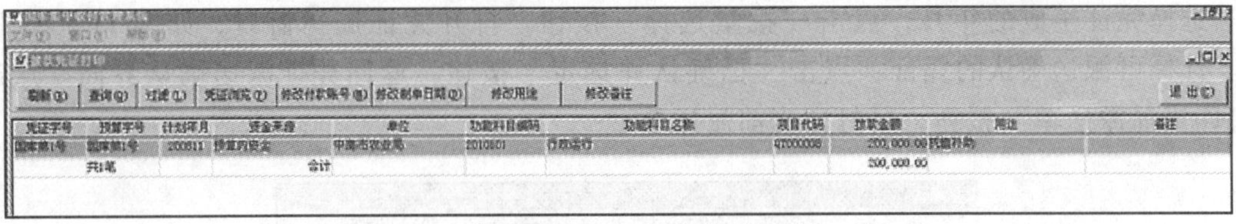

图 11 - 90　拨款凭证打印界面

点击“凭证浏览”按钮，打开凭证浏览界面，如图 11 - 91 所示。单击“打印”按钮，打印凭证单。

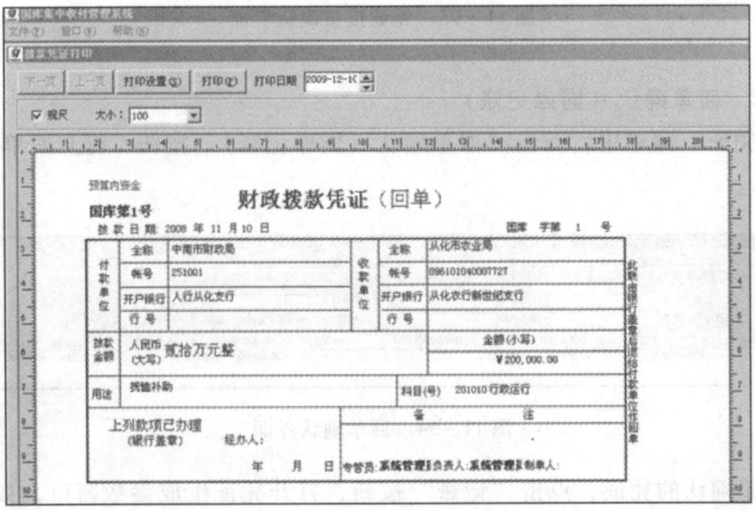

图 11 - 91　凭证浏览界面

11.3.2.11　凭证派送确认

在“拨款凭证”菜单中，双击“凭证派送确认”按钮，打开凭证派送确认窗口，如图 11 - 92 所示。

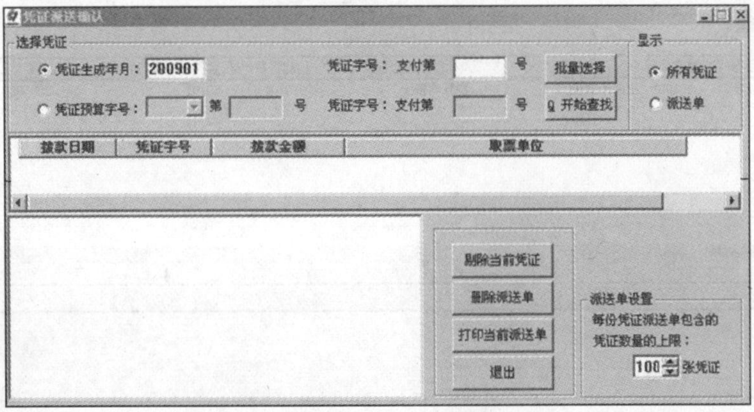

图 11 - 92　凭证派送确认界面

选择凭证生成的年月，点击“批量选择”按钮，打开凭证选择窗口，如图 11－93 所示。选择可派送确认的凭证，点击“已确认并选定”按钮，返回凭证派送确认界面。点击“打印当前派送单”按钮，可打印当前派送单。

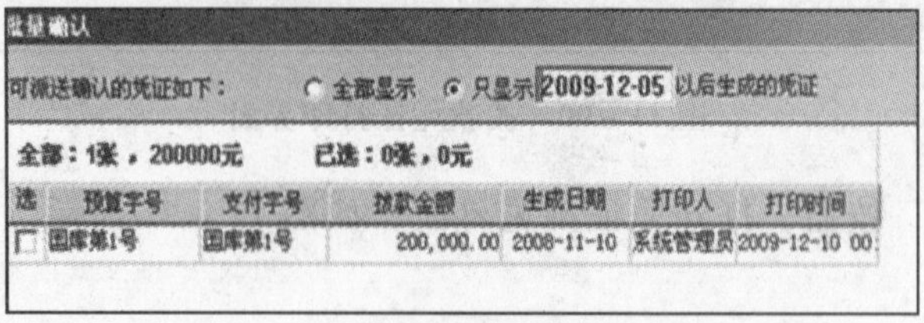

图 11－93　凭证批量确认界面

11.3.2.12　回单确认（国库记账）

在“拨款凭证”菜单中，双击“回单确认（国库记账）”按钮，打开回单确认界面，如图 11－94 所示。

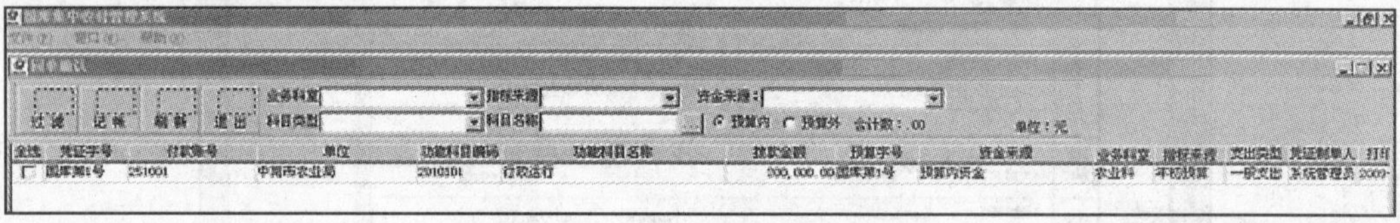

图 11－94　回单确认界面

选择要回单确认的凭证，点击“记账”按钮，打开凭证生成参数窗口，如图 11－95 所示。点击“确定”按钮，确认国库记账成功。

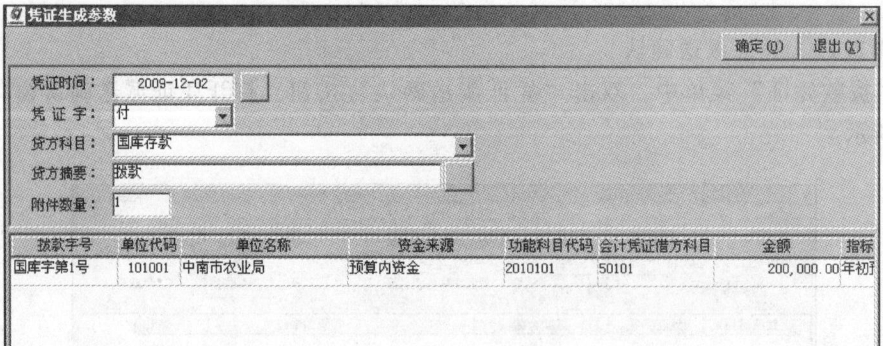

图 11－95　凭证生成参数界面

11.3.3 相关知识

当前我国财政体制改革工作的中心任务是，建立以国库单一账户体系为基础，国库集中收付制度为核心的现代国库管理制度。具体来说，就是财政部门在经办国库业务的银行开设国库单一账户，所有财政性收入直接缴入国库单一账户，所有财政性支出均由国库单一账户直接支付到商品和劳务提供者手上。

国库集中支付管理系统根据各业务的走向，分为传统支付业务管理、工资统发业务管理、政府采购业务管理、专项支出业务管理、授权支付业务管理等方面。

11.3.3.1 传统支付业务流程

[财政本级指标]→本级指标录入→本级指标审核

[本级指标分解]→指标分解录入→指标分解审批

[传统支付管理]→用款申请录入→用款申请确认→用款申请审批→生成拨款通知书→打印拨款凭证→凭证派送确认→回单确认（国库记账）

11.3.3.2 政府采购业务流程

[年初预算指标]→年初指标录入→年初指标审核→年初指标审批

[计划管理]→用款计划录入→用款计划审核→用款计划审批

[政府采购合同管理]→合同登记→合同确认→修改合同付款状态

[政府采购合同支出]→用款申请录入→用款申请复核→用款申请审核

[支付凭证]→生成拨款通知书（采购支出）→打印拨款凭证（采购支出）→汇总清算单→清算单打印→凭证派送→支付中心记账→汇总清算记账→国库记账

11.3.3.3 专项支出业务流程

[单位追加调整指标]→指标录入→指标复核→指标审核

[计划管理]→用款计划录入→用款计划审核→用款计划国库审批

[专项支出]→申请书录入→申请书审核→申请书审批

[支付凭证]→生成拨款通知书（专项支出）→打印拨款凭证（专项支出）→汇总清算单→清算单打印→凭证派送→支付中心记账→汇总清算记账→国库记账

11.3.3.4 统发工资业务流程

[单位年初指标]→年初预算录入→年初预算审核→年初预算审批

[统发工资接口]→统发工资银行数据

[统发工资支出]→统发工资数据处理→审批用款申请→统发工资国库记账

[支付凭证]→生成拨款通知书（统发工资）→打印工资凭证→支付中心工资记账→支付工资清算记账

11.3.3.5 授权支付业务流程

[单位年初指标]→年初预算录入→年初预算审核→年初预算审批

［计划管理］→用款计划录入→用款计划审核→用款计划国库审批

［授权额度］→支付额度生成→支付额度审核→支付额度汇总→额度通知单确认→打印额度通知单→额度汇总清算单

［支付报表］→日支出报表支付中心记账→日支出报表国库记账→日支出报表打印

11.3.4 技能训练

【技能训练1】 利用兰贝斯预算执行系统，完成以下业务的传统支付管理（表11－6、表11－7、表11－8）。

表11－6 本级指标录入参考数据

预算年份	业务部门	单位名称	资金来源	功能科目类型	功能科目名称	项目名称	指标数量	指标剩余	经济科目类级	指标来源	经济分类科目
2007	中南财政	中南财政（部门）	预算内资金	一般预算支出	一般财政管理事务	工作会议经费	1 000 000.00	1 000 000.00	商品和服务支出	年初预算	会议费

表11－7 本级指标分解录入参考数据

预算年份	单位名称	所属科室	资金来源	功能科目类型	功能科目名称	项目名称	追加金额	追减金额	经济科目类级	指标来源	经济分类科目
2007	中南市农业局	农业科	预算内资金	一般预算支出	一般财政管理事务	工作会议经费	300 000.00	300 000.00	商品和服务支出	年初预算	会议费

表11－8 用款申请录入参考数据

计划年份	指标单位	付款单位	用款单位	资金来源	直接拨付
2007	中南市农业局	中南财政（部门）	中南市农业局	预算内资金	是

【技能训练2】 利用兰贝斯预算执行系统，完成以下业务的授权支付管理（表11－9、表11－10）。

表11－9 年初预算录入参考数据

计划年份	预算单位	专管科室	年初预算	项目代码	功能科目代码	资金来源	科目类型	经济科目类级	经济科目
2007	农业局	农财	30万元	工作会议经费	行政运行	预算内资金	一般预算支出	商品和服务支出	办公费

表 11-10　　用款计划录入参考数据

计划年份	单位	支付方式	财政授权支付			
			小计	1 月份	2 月份	3 月份
2007 年第一季度	中南市农业局	授权支付	200 000	60 000	60 000	60 000

11.3.5　完成任务

利用兰贝斯预算执行系统教学版，进行传统支付业务管理操作，当完成用款申请的录入和审批后，则生成拨款通知书，并最终将生成的凭证记账入国库，即完成了整个任务。

11.3.6　教研交流与探讨

（1）用款申请及凭证错误单据如何处理?

（2）用款申请退回后如何处理?

（3）国库集中支付管理的系统功能有哪些?

参考文献

1. 金允坤、聂少林主编：《财政预算管理实务》，辽宁大学出版社 2006 年版。
2. 寇铁军主编：《财政学教程》，东北财经大学出版社 2009 年版。
3. 刘怡：《财政学》（第二版），北京大学出版社 2010 年版。
4. 财政部：《村集体经济组织会计制度》，2004 年 9 月 30 日。
5. 农业部：《农村集体财务管理规范化管理办法》，2006 年 6 月 26 日。
6. 农业部、监察部：《村集体经济组织财务公开制度》，1997 年 12 月 16 日。
7. 农业部：《村民一事一议筹资筹劳管理办法》，2007 年 1 月 16 日。
8. 中华会计函授学校：《村集体经济组织财务管理》，中国财政经济出版社 2009 年版。
9. 吴旭东、赵恒群：《税收管理》，中国人民大学出版社 2008 年版。
10. 李大明：《税收管理学》，经济科学出版社 2008 年版。
11. 国家税务总局：《税收会计核算办法》，国家税务总局网站。
12. 农业部财会［2007］15 号《农民专业合作社财务会计制度（试行）》。
13. 中华人民共和国：《农民专业合作社法》，2006 年 10 月 31 日。
14. 中华人民共和国国务院：《农民专业合作社登记管理条例》，2007 年 10 月 18 日。
15. 王曙光主编：《财政学》，科学出版社 2010 年版。